KB145031

Pandas Cookbook 2/e

파이썬 데이터 과학 기초

Pandas Cookbook 2/e

파이썬 데이터 과학 기초

매트 해리슨 · 시어도어 페트로우 지음   (주)크라스랩 옮김

i!i
에이콘

| 지은이 소개 |

매트 해리슨[Matt Harrison]

2000년부터 파이썬을 사용해 왔다. 파이썬과 데이터 과학에 대한 기업 교육을 제공하는 메타스네이크[MetaSnake]를 운영하고 있다.

『Machine Learning Pocket Reference』(O'Reilly, 2019), 베스트셀러인 『Illustrated Guide to Python3』(2017), 『Learning the Pandas Library』(2016) 등 여러 책의 저자다.

시어도어 페트로우[Theodore Petrou]

데이터 과학자이자 탐색적 데이터 분석에 중점을 두고 있는 교육 회사 던더 데이터[Dunder Data]의 설립자다. 밋업[meetup] 그룹인 휴스턴 데이터 과학[Houston Data Science]을 이끌고 있는데, 그룹에는 2,000여 명의 멤버가 있고 같은 공간에서 데이터 과학을 학습하기 위한 공동체를 형성하는 것을 주목적으로 한다. 던더 데이터를 설립하기 전에는 대규모 정유회사인 슐룸베르거[Schlumberger]에서 데이터 과학자로 근무했는데, 데이터 분석 업무에 대부분의 시간을 보냈다. 수행한 프로젝트에는 엔지니어 텍스트에서 부품 고장의 근본 원인을 파악하는 타깃화된 감정 분석, 맞춤형 대시보드 응용, 판매 상품 가격 산정 에러를 막기 위한 실시간 웹 서비스 등이 있다. 라이스대학교[Rice University]에서 통계학으로 석사 학위를 받았고, 데이터 과학자가 되기 전에는 분석 기술을 이용해 직업 포커 게임을 하거나 수학을 가르치기도 했다. 실습을 통한 학습을 강조하며 스택 오버플로의 pandas 관련해 자주 답변을 하곤 한다.

| 기술 감수자 소개 |

사이먼 호킨스 Simon Hawkins

런던 왕립 대학Imperial College London에서 항공공학 석사 학위를 받았다. 경력 초반에는 국방 및 원자력 부문에서만 다양한 모델링 기능과 고집적도 장비의 시뮬레이션 기술에 중점을 둔 기술 분석가로 일했다. 이후 전자상거래 분야로 전환해 데이터 분석으로 분야를 옮겼다. 현재 모든 데이터 과학에 관심이 있으며 pandas 핵심 개발 팀의 일원이다.

| 옮긴이 소개 |

(주)크라스랩(craslab@daum.net)

머신러닝을 기반으로 다양한 연구를 수행하고 있으며, 특히 머신러닝 기반의 금융 분석과 핀테크에 중점을 두고 있다. KAIST 전산학과 계산이론 연구실 출신의 이병욱 대표가 이끌고 있으며, 저서인 『블록체인 해설서』(에이콘, 2019)는 대한민국학술원 2019 교육부 우수학술 도서로 선정됐다.

구조화된 데이터를 다룰 때 최적의 편의성을 제공해주는 pandas 라이브러리의 거의 모든 것을 정리해 둔 책이다. 1판에서 이미 다양한 예제를 통해 pandas 라이브러리를 상세히 설명했지만, 2판에서는 더 많은 예제를 통해 좀 더 친절하고 풍부한 내용을 전달한다. 특히 pandas의 그룹화, 체인, 집계 함수를 동시에 사용하는 방법을 접하게 되면 기존의 까다롭고 복잡한 연산을 단순하게 구현할 수 있음에 놀랄 것이다.

데이터 분석의 중요성과 데이터 과학자의 필요성에 대한 목소리는 하루가 다르게 커져가고 있지만, 데이터 분석에서 소위 '정돈된 데이터Tidy data'의 필요성과 데이터 전처리의 중요성은 여전히 잘 인식하지 못하는 듯하다. 특히 파이썬을 이용해 데이터를 분석하는 대부분의 사람들은 늘 pandas를 사용하면서도 정작 pandas의 전체 기능을 제대로 학습하려는 노력은 많이 부족한 듯하다. 이 책을 통해 Data Frame과 Series 등 pandas의 근간이 되는 데이터 구조에서 자신이 원하는 부분만 정확히 선택하되 가장 효율적인 방식으로 처리하는 방법을 풍부한 예제를 통해 배우게 될 것이다.

| 차례 |

에이콘출판의 기틀을 마련하신 故 정완재 선생님(1935-2004)

| 들어가며 |

pandas는 파이썬을 사용해 구조화된 데이터를 만들고 조작하기 위한 라이브러리다. 구조화됐다는 것은 무슨 의미일까? 구조화란 스프레드시트나 데이터베이스에서와 같이 행과 열의 테이블 형식으로 된 데이터를 의미한다. 데이터 과학자, 분석가, 프로그래머, 엔지니어 등은 데이터를 활용하고자 이런 형식의 데이터를 활용하고 있다.

pandas는 '작은 데이터'(단일 시스템 메모리에 들어갈 수 있는 데이터)만 다룰 수 있다. 그러나 pandas의 구문과 연산은 PySpark, Dask, Modin, cuDF, Baloo, Dexplo, Tabel, StaticFrame 등 다른 프로젝트에서 채택되거나 영감을 줬다. 이러한 프로젝트에는 서로 다른 목표가 있지만 일부 프로젝트는 빅데이터로 확장된다. 따라서 pandas의 특징은 구조화된 데이터와 상호작용하기 위한 사실상의 표준 API가 되고 있으므로 작동 방식을 이해하는 것은 가치가 있다.

내 이름은 매트 해리슨^{Matt Harrison}이며 기업 교육을 수행하는 메타스네이크^{MetaSnake}라는 회사를 운영하고 있다. 직업은 파이썬과 데이터 기술을 향상시키고자 하는 대기업들을 훈련시키는 것이다. 따라서 수년 동안 수천 명의 파이썬과 pandas 사용자를 가르쳤다.

이 책의 2판을 제작할 때의 목표는 pandas와 관련해 많은 사람이 혼동을 겪는 부분을 집중적으로 돕는 것이었다. 여러 이점에도 불구하고 pandas에도 어렵고 혼란스러운 측면이 있다. 나는 독자 여러분을 이런 부분으로 안내해 실제 환경에서 그러한 문제점을 다룰 수 있도록 돕고자 한다. 귀사가 그러한 라이브 교육에 관심이 있다면 언제든지 문의하라(matt@metasnake).

▌이 책의 대상 독자

단순한 예제부터 고급 예제까지 거의 100가지 예제를 다루고 있다. 모든 예제는 간단명료하고 최신 파이썬 문법과 구문을 사용해 작성됐다. '작동 원리' 절에서는 예제의 복잡한 각 단계를 상세하게 설명한다. 종종 '추가 사항' 절에서 완전히 새로운 예제에 대한 정보를 얻을 수 있다. 이 책은 방대한 pandas 코드를 제공한다.

처음 6개 장은 간단한 예제로 구성됐으며, 나머지 5개 장에 비해 좀 더 기본적이고 근본적인 pandas 연산에 중점을 둔다. 나머지 5개 장은 고급 연산과 프로젝트에 기반을 둔 예제를 소개한다. 난이도가 광범위하므로 초보자나 숙련자 모두에게 유용하다. pandas는 방대한 영역을 다루기 때문에 pandas를 일상적으로 사용하는 사람이라도 관용구에 익숙해지지 않는다면 마스터하기 어렵다. 대부분의 경우 동일한 연산을 수행할 수 있는 방법이 여러 가지가 있기 때문에 사용자는 원하는 결과를 얻고자 비효율적인 방법을 사용하고 있을 수도 있다. 동일한 문제를 해결하는 pandas 솔루션의 속도 차이가 수십 배 이상 다른 경우도 빈번하다.

책을 읽기 위한 필수 지식은 오직 파이썬뿐이다. 리스트^{list}, 집합^{set}, 딕셔너리^{dictionary}, 튜플^{tuple} 등의 파이썬 내장 데이터 저장소에 어느 정도 익숙하다고 가정한다.

▌이 책의 구성

1장, pandas 기초에서는 pandas 데이터 구조를 이루는 두 구성 요소인 Series와 DataFrame을 해부하고 용어를 정리한다. 각 열은 동일한 데이터 형식을 가져야만 하는데, 각 데이터 형식을 알아본다. 이를 통해 Series와 DataFrame의 메서드를 호출하고 체인시키면서 두 요소의 진정한 힘을 배울 수 있다.

2장, 기본 DataFrame 연산에서는 데이터 분석을 위해 가장 중요하고 보편적인 연산을 알아본다.

3장, DataFrame 생성과 유지에서는 DataFrame을 생성하고 값을 넣는 다양한 방법을 알아본다.

4장, 데이터 분석 시작에서는 데이터를 읽어 들인 후 해야 할 반복적인 작업을 개발하는 데 도움을 주는 내용을 다룬다.

5장, 탐색적 데이터 분석에서는 수치와 범주 데이터를 비교하는 기본 분석 기법을 다룬다. 또한 일반적인 시각화 기법도 알아본다.

6장, 데이터의 부분집합 선택에서는 서로 다른 부분집합 선택에서 다양하고 혼동되는 부분 등의 여러 주제를 다룬다.

7장, 행 필터링에서는 불리언 조건을 이용해 데이터의 부분집합을 선택하는 쿼리 프로세스를 다룬다.

8장, 인덱스 정렬에서는 상당히 중요하면서도 종종 잘못 이해하는 인덱스 객체를 다룬다. 인덱스를 잘못 다루면 수많은 잘못된 결과를 초래한다. 따라서 예제에서 강력한 결과를 얻기 위한 올바른 사용법을 알아본다.

9장, 그룹화를 위한 집계, 필터링, 변환에서는 데이터 분석에 필요한 강력한 그룹화 기능을 다룬다. 따라서 목적에 맞는 그룹에 적용할 사용자 정의 함수를 구성할 수 있게 될 것이다.

10장, 정돈된 형식으로 데이터 재구성에서는 정돈된 데이터를 설명하고 왜 중요한지 알아보고 데이터를 정돈하는 방법을 다룬다.

11장, pandas 객체 병합에서는 DataFrame과 Series를 수직과 수평으로 병합하는 여러 메서드를 알아본다. 또한 웹 스크래핑으로 트럼프와 오바마 대통령의 국정 수행 평가 점수를 비교하고 웹 스크래핑과 SQL 관계형 데이터베이스의 연결을 실습해본다.

12장, 시계열 분석에서는 가능한 모든 시간 차원에 따라 분해할 수 있는 시계열의 강력한 고급 기능을 알아본다.

13장, matplotlib, pandas, seaborn을 이용한 시각화에서는 pandas에서 모든 도식화의 기본이 되는 matplotlib 라이브러리를 소개한다. 그런 다음 pandas **plot** 메서드와 seaborn 라이브러리 등 pandas에서 직접 제공하지 않는 다양하고 심미적인 시각화 기능을 알아본다.

14장, pandas 디버깅과 테스트에서는 DataFrame과 pandas 코드를 테스트하는 메커니즘을 살펴본다. 생산 라인에 pandas를 배포할 계획이라면 이 장을 통해 코드를 신뢰할 수 있게 돕는다.

▌ 이 책의 활용 방법

이 책을 가장 잘 활용할 수 있는 몇 가지 방법이 있다. 우선 가장 중요한 것은 모든 코드를 다운로드해 주피터 노트북^{Jupyter Notebook}에 저장하는 것이다. 각 예제를 읽으면서 코드의 각 단계를 노트북에서 실행해보라. 코드를 실행하며 직접 탐색해봐야 한다. 두 번째는 브라우저 탭에 pandas의 공식 문서(http://pandas.pydata.org/pandas-docs/stable/)를 열어두라. pandas의 공식 문서는 1,000페이지 분량의 훌륭한 자원이다. 문서에는 pandas 연산에 대한 대부분의 예제가 제공되고 종종 '추가 사항' 절과도 연계돼 있다. 문서는 대부분의 연산에 대한 기본을 설명하지만, 간단한 예이고 실생활 데이터가 아닌 가상의 데이터를 사용한다.

▌ 준비 사항

pandas는 파이썬 프로그래밍 언어를 위한 서드파티 패키지며 이 책을 집필하는 시점에서의 버전은 1.01이다. 현재 파이썬의 버전은 3.8이며, 책의 예제는 버전 3.6 이상에서는 문제없이 작동한다.

pandas와 나머지 책에서 언급된 라이브러리를 컴퓨터에 설치할 수 있는 수많은 방법이 있지만 간단한 방법은 아나콘다^{Anaconda}를 설치하는 것이다. 아나콘다는 과학 연산에 필요한 모든 주요 라이브러리를 한 번의 다운로드를 통해 윈도우, 맥OS, 리눅스 버전용으로 제공한다. 아나콘다 페이지(https://www.anaconda.com/distribution)를 방문해 다운로드하면 된다.

모든 과학 연산 라이브러리에 더해 아나콘다는 주피터 노트북을 제공하는데, 브라우저 기반으로 여러 언어 중 파이썬을 사용해 개발할 수 있게 해준다. 이 책의 모든 예제는 주피터 노트북을 사용해 개발됐으며, 각 장의 모든 개별 노트북을 제공한다.

아나콘다를 사용하지 않아도 이 책의 모든 라이브러리를 설치할 수 있다. 관심이 있다면 pandas의 설치 페이지(http://pandas.pydata.org/pandas-docs/stable/install.html)를 방문하면 된다.

▌ 예제 코드 다운로드

이 책에서 사용된 예제 코드는 http://www.packtpub.com/support를 방문해 이메일을 등록하면 파일을 직접 받을 수 있으며, 이 링크를 통해 원서의 Errata도 확인할 수 있다.

또한 깃허브 https://github.com/PacktPublishing/pandas-Cookbook-Second-Edition

에서도 예제 코드를 다운로드할 수 있으며, 에이콘출판사의 도서정보 페이지인 http://www.acornpub.co.kr/book/pandas-cookbook-2e에서도 동일한 예제 코드를 다운로드할 수 있다.

주피터 노트북 실행

책에 있는 내용은 주피터 노트북을 사용해 예제를 읽는 동안 직접 실행해볼 것을 권한다. 컴퓨터로 따라 하다 보면 책만 읽는 것보다 자신만의 탐색 방법을 통해 더 깊은 이해가 가능할 것이다.

아나콘다를 통해 설치했다고 가정하면 주피터 노트북을 실행할 수 있는 2가지 옵션이 있는데, 하나는 아나콘다 GUI를 이용하는 것이고 다른 하나는 커맨드라인을 이용하는 것이다. 커맨드라인을 이용할 것을 강력하게 권한다. 파이썬으로 더 많은 것을 해보고 싶다면 커맨드라인에 더 익숙해져야 한다.

아나콘다를 설치하고 나면 명령 창을 열고(윈도우에서 cmd 명령이나 맥 또는 리눅스에서 터미널을 열면 된다) 다음과 같이 입력하면 된다.

```
$ jupyter-notebook
```

반드시 홈 디렉터리에서 명령어를 실행해야 하는 것은 아니다. 어디서든 실행할수 있고 브라우저에서 실행 위치를 보여준다.

이제 주피터 노트북은 실행했지만 사실 파이썬 개발이 가능한 개별 노트북은 아직 실행하지 않았다. 그렇게 하려면 페이지 오른쪽의 New 버튼을 누르면 사용 가능한 커널을 표시하는 드롭다운 리스트가 표시될 것이다. 아나콘다를 다운로드하면 단일 커널만 보인다(파이썬 3). 파이썬 3 커널을 선택하면 새로운 탭이 브라우저에 나타나고 이제 파이썬 코드를 입력할 수 있게 된다.

물론 새로운 작업 외에 이전 작업도 불러올 수 있다. 그렇게 하려면 주피터 노트북 브라우저의 홈페이지에서 제공하는 파일 시스템을 탐색해 원하는 노트북을 선택하면 된다. 모든 노트북 파일의 확장자는 .ipynb다.

다른 방법으로는 노트북 환경의 클라우드 공급업체를 이용할 수도 있다. 구글이나 마이크로소프트 모두 pandas가 로딩돼 있는 무료 노트북 환경을 제공해준다.

컬러 이미지 다운로드

이 책에서 사용된 스크린샷/다이어그램의 컬러 이미지를 포함하고 있는 PDF 파일을 제공한다. 컬러 이미지를 보면 내용을 이해하는 데 도움이 될 것이다. https://static.packt-cdn.com/downloads/9781839213106_ColorImages.pdf. 에서 해당 파일을 다운로드할 수 있다. 또한 에이콘출판사의 도서정보 페이지인 http://www.acornpub.co.kr/book/pandas-cookbook-2e에서도 다운로드할 수 있다.

▌편집 규약

이 책에는 몇 가지 유형의 텍스트가 사용된다.

텍스트 안의 코드: 텍스트 내에 코드가 포함된 유형으로, 데이터베이스 테이블 이름, 사용자 입력란 등이 이에 포함된다. 예를 들어 다음과 같다.

"XLS와 XLSX 파일을 작성하려면 각각 xlwt나 openpyxl를 설치해야 한다."

코드 블록은 다음과 같이 표시한다.

```
import pandas as pd
import numpy as np
```

```
movies = pd.read_csv("data/movie.csv")
movies
```

코드블록 중 강조할 부분이 있다면 해당 줄이나 아이템을 굵은 글씨로 표시한다.

```
import pandas as pd
import numpy as np
movies = pd.read_csv("data/movie.csv")
movies
```

커맨드라인 입력이나 출력은 다음과 같이 표시한다.

```
>>> employee = pd.read_csv('data/employee.csv')
>>> max_dept_salary = employee.groupby('DEPARTMENT')['BASE_SALARY'].max()
```

새로운 용어와 중요한 단어는 고딕체로 표시한다. 메뉴 또는 대화상자와 같이 화면에 표시되는 단어는 본문에 다음과 같이 표시한다.

"Administration 패널에서 System info를 선택한다."

 경고나 중요한 노트는 이와 같이 나타낸다.

 팁이나 요령은 이와 같이 나타낸다.

각 예제의 가정

각 예제에서는 pandas, NumPy, matplotlib이 네임스페이스에 임포트돼 있다고 가정한다. 그림을 노트북에 바로 적절히 표시하려면 %matplotlib inline 명령어를 실행해야 한다. 또한 모든 데이터는 data 디렉터리에 있다고 가정하며, 대부분은 CSV 파일로 저장돼 read_csv 함수로 읽어 들일 수 있다.

```
>>> %matplotlib inline
>>> import numpy as np
>>> import matplotlib.pyplot as plt
>>> import pandas as pd
>>> my_dataframe = pd.read_csv('data/dataset_name.csv')
```

데이터셋 설명

사용된 데이터셋은 20여 가지 정도다. 각 데이터셋의 배경을 알아두면 각 예제를 수행하는 데 도움이 된다. 각 데이터셋의 설명은 https://github.com/PacktPublishing/pandas-Cookbook-Second-Edition에서 찾아볼 수 있다. 데이터셋의 각 열에 대한 설명과 데이터 수정에 대한 내용이 있는 열 리스트가 있다.

절의 구성

책에서는 빈번히 등장하는 표제가 있다.

예제를 명확히 이해하도록 각 표제는 다음과 같이 구성된다.

작동 방법

이 절은 예제에서 따라야 할 각 단계를 설명한다.

작동 원리

이 절은 '작동 방법' 절에서 있었던 각 부분에 대한 상세 설명을 담고 있다.

추가 사항

이 절은 예제에 대해 독자의 좀 더 심도 있는 지식을 위해 추가적인 정보를 제공한다.

독자 의견은 언제나 환영한다.

오탈자: 내용의 정확성을 위해 모든 노력을 기울였음에도 오류가 있을 수 있다. 이 책에서 잘못된 것을 발견하고 전달해준다면 매우 감사할 것이다. http://www.packtpub.com/submit-errata에서 해당 책을 선택하고 Errata Submission Form 링크를 클릭한 다음 발견한 오류 내용을 입력하면 된다. 한국어판의 정오표는 에이콘출판사의 도서정보 페이지 http://www.acornpub.co.kr/book/pandas-cookbook-2e에서 볼 수 있다.

저작권 침해: 어떤 형태로든 불법 복제물을 인터넷에서 발견한다면 적절한 조치를 취할 수 있도록 해당 주소나 사이트명을 알려주길 바란다. 의심되는 불법 복제물의 링크는 copyright@packtpub.com으로 보내주길 바란다.

질문: 이 책과 관련해 질문이 있다면 questions@packtpub.com으로 문의하길 바란다. 한국어판에 관한 질문은 에이콘출판사 편집 팀(editor@acornpub.co.kr)이나 옮긴이의 이메일로 문의하길 바란다.

01

pandas 기초

█ pandas 임포트

pandas 라이브러리의 대부분 사용자는 임포트할 때 **pd**라는 별칭을 사용해 참조한다. 이 책에서는 pandas와 NumPy를 임포트하는 부분을 따로 보여주지 않지만 일반적으로 다음과 같다.

```
>>> import pandas as pd
>>> import numpy as np
```

▌소개

1장의 목표는 Series와 DataFrame 데이터 구조를 철저히 살펴 pandas의 기초를 소개하는 것이다. pandas 사용자라면 Series와 DataFrame의 차이점을 이해하는 것이 매우 중요하다.

pandas 라이브러리는 구조화된 데이터를 처리하는 데 유용하다. 구조화된 데이터란 무엇인가? CSV 파일, 엑셀 스프레드시트, 데이터베이스 테이블처럼 테이블에 저장된 데이터는 모두 구조화돼 있다. 구조화되지 않은 데이터란 자유 형식의 텍스트, 이미지, 사운드, 비디오 등이다. 구조화된 데이터를 다뤄야 한다면 pandas가 매우 유용할 것이다.

1장에서는 DataFrame(2차원 데이터셋)에서 단일 열을 선택하는 방법을 알아보는데, 결과는 Series(1차원 데이터셋)로 반환된다. 1차원 객체로 작업해보면 다양한 메서드와 연산자의 작동 방식을 쉽게 이해할 수 있다. 많은 Series 메서드가 반환하는 출력은 다른 Series다. 이로 인해 추가적으로 메서드를 연속해서 호출할 수 있는데, 이를 메서드 체인method chaining이라 부른다.

Series와 DataFrame의 인덱스 구성 요소는 pandas가 다른 대부분의 데이터 분석 라이브러리와 구분되는 요소며, 여러 연산자의 작동 방식을 이해하는 데 핵심적인 역할을 한다. 인덱스를 Series 값에 대한 의미 있는 레이블로 활용해보면 이 강력한 객체의 힘을 맛볼 수 있다. 마지막 두 예제에는 데이터 분석 중 자주 발생하는 과제가 포함돼 있다.

▌pandas DataFrame

pandas를 자세히 알아보기 전에 DataFrame의 구성 요소를 먼저 알아두는 게 좋다. (주피터 노트북^{Jupyter Notebook}에) pandas DataFrame을 출력해보면 시각적으로는 단순히 행과 열로 구성된 일반적인 데이터 테이블에 불과하다는 것을 알 수 있다. 그러나 이면에는 DataFrame의 잠재력을 최대화하려면 꼭 알아야 하는 인덱스^{index}, 열^{columns}, 데이터^{data}라는 세 가지 구성 요소가 있다.

이 예제에서는 movie 데이터셋을 pandas DataFrame으로 읽고, 모든 주요 구성 요소에 대해 레이블된 다이어그램을 제공한다.

```
>>> movies = pd.read_csv("data/movie.csv")
>>> movies
      color      director_name  ...  aspect_ratio  movie_facebook_likes
0     Color      James Cameron  ...          1.78                 33000
1     Color      Gore Verbinski ...          2.35                     0
2     Color        Sam Mendes   ...          2.35                 85000
3     Color   Christopher Nolan ...          2.35                164000
4       NaN        Doug Walker  ...           NaN                     0
...     ...                ...  ...           ...                   ...
4911  Color        Scott Smith  ...           NaN                    84
4912  Color                NaN  ...         16.00                 32000
4913  Color    Benjamin Roberds ...           NaN                    16
4914  Color         Daniel Hsia ...          2.35                   660
4915  Color           Jon Gunn  ...          1.85                   456
```

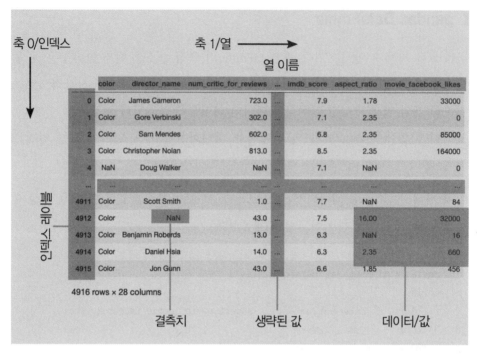

DataFrame의 구성

작동 원리

pandas는 먼저 **read_csv** 함수를 사용해 디스크에서 메모리와 DataFrame으로 데이터를 읽는다. 관례상 일반적으로 인덱스 레이블$^{index\ label}$과 열 이름$^{column\ name}$이라는 용어는 각각 인덱스와 열의 개별 멤버를 나타낸다. 열이라는 용어가 모든 열이름을 전체적으로 나타내는 것처럼 인덱스라는 용어도 모든 인덱스 레이블을 전체적으로 의미한다.

인덱스의 레이블과 열 이름들을 사용하면 인덱스와 열 이름을 기반으로 데이터를 가져올 수 있다. 이 방법은 나중에 살펴볼 것이다. 인덱스는 정렬^{alignment}에도 사용된다. 여러 Series나 DataFrame을 결합하면 계산이 수행되기 전에 먼저 인덱스가 정렬되는 연산이 일어난다. 뒤의 예제에서 확인할 수 있다.

열과 인덱스를 통칭해 축이라고 한다. 좀 더 구체적으로 인덱스는 축 0번이고 열은 축 1번이다.

pandas는 NaN(숫자가 아님Not a Number)을 사용해 결측치를 나타낸다. 열 'color'는 문자열 값으로 돼 있음에도 불구하고, NaN을 사용해 결측치를 나타낸다는 점에 주목하자.

열 중간에 있는 세 개의 연속 된 점(...)은 미리 정의된 열 개수 표시 제한이 초과돼서 표시가 생략된 열이 최소 하나 이상 있다는 것을 나타낸다. pandas의 기본 설정 값은 60행과 20열을 표시하지만 책에서는 내용이 한 페이지에 맞춰 들어갈 수 있게 맞춰 제한했다.[1]

.head 메서드는 표시되는 행수를 제어하는 선택적 매개변수 n을 취한다. n의 기본 설정 값은 5다. 유사하게 .tail 메서드는 마지막 n행을 반환한다.

▎DataFrame 속성

세 가지 DataFrame 구성 요소(인덱스, 열, 데이터) 각각은 개별적으로 접근할 수 있다. DataFrame 전체가 아닌 개별 구성 요소로만 작업하기 원할 때가 있다. 일반적으로 데이터를 NumPy 배열로 가져올 수도 있지만 모든 열이 수치가 아닌 이상 일반적으로 DataFrame에 그대로 둔다. DataFrame은 열들의 데이터 형식이 서로 다른 경우를 관리하는 데 이상적이지만 NumPy 배열은 그렇지 않다.

이 예제는 DataFrame의 인덱스, 열, 데이터를 자체 변수로 가져온 다음 열과 인덱스가 동일한 객체에서 어떻게 상속되는지 보여준다.

---

1. 따라서 독자의 실습 결과와 책의 결과 표시가 조금 다를 수 있다. - 옮긴이

작동 방법

1. DataFrame의 속성을 사용해 인덱스, 열, 데이터를 각자의 변수에 할당한다.

```
>>> movies = pd.read_csv("data/movie.csv")
>>> columns = movies.columns
>>> index = movies.index
>>> data = movies.to_numpy()
```

2. 각 구성 요소의 값을 표시해본다.

```
>>> columns
Index(['color', 'director_name', 'num_critic_for_reviews', 'duration',
       'director_facebook_likes', 'actor_3_facebook_likes',
       'actor_1_facebook_likes', 'gross', 'genres', 'actor_1_name',
       'movie_title', 'num_voted_users', 'cast_total_facebook_likes',
       'actor_3_name', 'facenumber_in_poster', 'plot_keywords',
       'movie_imdb_link', 'num_user_for_reviews', 'language', 'country',
       'content_rating', 'budget', 'title_year', 'actor_2_facebook_likes',
       'imdb_score', 'aspect_ratio', 'movie_facebook_likes'],
      dtype='object')
>>> index
RangeIndex(start=0, stop=4916, step=1)
>>> data
[['Color' 'James Cameron' 723.0 ... 7.9 1.78 33000]
 ['Color' 'Gore Verbinski' 302.0 ... 7.1 2.35 0]
 ['Color' 'Sam Mendes' 602.0 ... 6.8 2.35 85000]
 ...
 ['Color' 'Benjamin Roberds' 13.0 ... 6.3 nan 16]
 ['Color' 'Daniel Hsia' 14.0 ... 6.3 2.35 660]
 ['Color' 'Jon Gunn' 43.0 ... 6.6 1.85 456]]
```

3. 각 DataFrame 구성 요소의 파이썬^{Python} 형식(출력 마지막 마침표 다음에 있는 단어)을 출력해본다.

```
>>> type(index)
<class 'pandas.core.indexes.range.RangeIndex'>
>>> type(columns)
<class 'pandas.core.indexes.base.Index'>
>>> type(data)
<class 'numpy.ndarray'>
```

4. 인덱스와 열은 밀접한 관련이 있다. 둘 다 Index의 서브클래스이기 때문에 인덱스와 열은 서로 유사한 작업을 수행할 수 있다.

```
>>> issubclass(pd.RangeIndex, pd.Index)
True
>>> issubclass(columns.__class__, pd .Index)
True
```

작동 원리

인덱스와 열은 같은 것을 나타내지만 서로 축이 다르다. 이 둘을 각각 행 인덱스와 열 인덱스라 부르기도 한다.

pandas에는 여러 형식의 인덱스 객체가 있다. 인덱스를 지정하지 않으면 pandas 는 RangeIndex를 사용한다. RangeIndex는 Index의 하위 클래스로, 파이썬의 range 객체와 유사하다. 전체 값은 필요할 때까지 메모리에 로드되지 않으므로 메모리 가 절약된다. 이 객체는 시작^{start}, 중지^{stop}, 단계^{step} 값으로 완벽히 정의할 수 있다.

추가 사항

가능하다면 Index 객체는 매우 빠른 선택과 데이터 정렬이 가능한 해시hash 테이블을 사용해 구현한다. 이들은 교집합이나 합집합 등의 연산을 지원한다는 점에서는 파이썬의 집합set과 유사하지만, 순서가 있고 항목이 중복될 수 있다는 점에서는 다르다.

.values DataFrame 속성이 NumPy n차원 배열(또는 ndarray)를 어떻게 반환했는지 주목하자. pandas의 대부분은 ndarray에 크게 의존한다. 인덱스, 열, 데이터의 이면에는 NumPy ndarray가 있다. 이 객체는 pandas의 기저 객체로 간주될 수 있는데, 그 토대 위에 다른 여러 객체가 구축될 수 있다. 이를 확인해 인덱스와 열 값을 확인해보자.

```
>>> index.to_numpy()
array([    0,     1,     2, ..., 4913, 4914, 4915], dtype=int64))
>>> columns.to_numpy()
array(['color', 'director_name', 'num_critic_for_reviews', 'duration',
 'director_facebook_likes', 'actor_3_facebook_likes',
 'actor_2_name', 'actor_1_facebook_likes', 'gross', 'genres',
 'actor_1_name', 'movie_title', 'num_voted_users',
 'cast_total_facebook_likes', 'actor_3_name',
 'facenumber_in_poster', 'plot_keywords', 'movie_imdb_link',
 'num_user_for_reviews', 'language', 'country', 'content_rating',
 'budget', 'title_year', 'actor_2_facebook_likes', 'imdb_score',
 'aspect_ratio', 'movie_facebook_likes'], dtype=object)
```

일반적으로 기저 NumPy 객체에 접근하지는 않고, 대개 pandas 객체 그대로 두고 pandas 연산을 사용한다. 그러나 pandas 객체에 NumPy 함수를 지속적으로 적용한다.

▌데이터 형식 이해

데이터는 연속형^{continuous}과 범주형^{categorical}으로 크게 분류할 수 있다. 연속형 데이터는 항상 수치며 키, 급여와 같은 일종의 측정값을 나타낸다. 연속형 데이터의 값은 무한개다. 반면 범주형 데이터는 자동차 색상, 휴대폰 종류, 시리얼 브랜드와 같이 유한한 값을 나타낸다.

pandas는 데이터를 연속형이나 범주형처럼 광범위하게 분류하지는 않는다. 대신 다양한 고유 데이터 형식에 대한 정확한 기술적 정의가 있다. 다음은 일반적인 pandas 데이터 형식의 설명이다.

- **float:** NumPy 부동소수점수 형식으로, 결측치를 지원한다.
- **int:** NumPy 정수 형식으로, 결측치를 지원하지 않는다.
- **'Int64':** NULL 값을 지원하는 pandas 정수 형식이다.
- **object:** 문자열(과 혼합 형식)을 저장하는 NumPy 형식이다.
- **'category':** pandas 범주형으로, 결측치를 지원한다.
- **bool:** NumPy 불리언^{boolean} 형식으로, 결측치를 지원하지 않는다(None은 False, np.nan은 True로 취급).
- **'boolean':** NULL 값을 지원하는 pandas 불리언 형식이다.
- **datetime64[ns]:** NumPy 날짜 형식, 결측치(NaT)를 지원한다.

이 예제에서는 DataFrame에 각 열의 데이터 형식을 표시한다. 데이터를 수집한 후에는 데이터 형식에 따라 가능한 연산 종류가 달라지기 때문에 각 열의 데이터 형식을 파악하는 것이 매우 중요하다.

작동 방법

1. `.dtypes` 속성을 사용하면 각 열의 이름과 데이터 형식을 나란히 표시할 수 있다.

```
>>> movies = pd.read_csv("data/movie.csv")
>>> movies.dtypes
color                          object
director_name                  object
num_critic_for_reviews         float64
duration                       float64
director_facebook_likes        float64
                                ...
title_year                     float64
actor_2_facebook_likes         float64
imdb_score                     float64
aspect_ratio                   float64
movie_facebook_likes            int64
dtype: object
```

2. `.value_counts` 메서드를 사용하면 각 데이터 형식의 개수를 반환한다.

```
>>> movies.dtypes.value_counts()
float64    13
object     12
int64       3
dtype:    int64
```

3. `.info` 메서드도 살펴보자.

```
>>> movies.info()
<class 'pandas.core.frame.DataFrame'>
```

```
RangeIndex: 4916 entries, 0 to 4915
Data columns (total 28 columns):
 0   color                      4897 non-null  object
 1   director_name              4814 non-null  object
 2   num_critic_for_reviews     4867 non-null  float64
 3   duration                   4901 non-null  float64
 4   director_facebook_likes    4814 non-null  float64
 5   actor_3_facebook_likes     4893 non-null  float64
 6   actor_2_name               4903 non-null  object
 7   actor_1_facebook_likes     4909 non-null  float64
 8   gross                      4054 non-null  float64
 9   genres                     4916 non-null  object
 10  actor_1_name               4909 non-null  object
 11  movie_title                4916 non-null  object
 12  num_voted_users            4916 non-null  int64
 13  cast_total_facebook_likes  4916 non-null  int64
 14  actor_3_name               4893 non-null  object
 15  facenumber_in_poster       4903 non-null  float64
 16  plot_keywords              4764 non-null  object
 17  movie_imdb_link            4916 non-null  object
 18  num_user_for_reviews       4895 non-null  float64
 19  language                   4904 non-null  object
 20  country                    4911 non-null  object
 21  content_rating             4616 non-null  object
 22  budget                     4432 non-null  float64
 23  title_year                 4810 non-null  float64
 24  actor_2_facebook_likes     4903 non-null  float64
 25  imdb_score                 4916 non-null  float64
 26  aspect_ratio               4590 non-null  float64
 27  movie_facebook_likes       4916 non-null  int64
dtypes: float64(13), int64(3), object(12)
memory usage: 1.1+ MB
```

작동 원리

DataFrame의 각 열별로 하나의 데이터 형식이 나열된다. 예를 들어 aspect_ ratio 열의 모든 값은 64비트 부동소수점수이고 movie_facebook_likes의 모든 값은 정수이다. pandas는 데이터를 표현하기 위한 적정 메모리 용량과 상관없이 핵심 수치 형식인 정수와 부동소수점수를 나타내는 데 64비트를 사용한다. 열 전체가 정수 0으로만 구성돼 있더라도 여전히 데이터 형식인 int64인 것이다.

.value_counts 메서드가 .dtypes 속성에서 호출되면 DataFrame의 모든 데이터 형식의 개수를 반환한다.

object 데이터 형식은 다른 데이터 형식과는 조금 다르다. object 데이터 형식으로 된 열은 유효한 모든 파이썬 객체를 포함할 수 있다. 일반적으로 열이 object 데이터 형식이라면 전체 열이 문자열이라는 것을 나타낸다. CSV 파일을 로드할 때 문자열 중 결측치가 있다면 pandas는 해당 셀에 NaN(float 형식)을 채운다. 따라서 그 열에는 object와 float(결측치)가 모두 있을 수 있다. 그럴 경우 .dtypes 속성은 열을 object(Series의 경우에는 O)라고 표시할 것이며, 혼합된 형식(즉 문자열과 부동소수점수)이라고 표시하지는 않는다.

```
>>> pd.Series(["Paul", np.nan, "George"]).dtype
dtype('O')
```

.info 메서드는 null이 아닌 값의 개수와 함께 데이터 형식 정보를 출력한다. 또한 DataFrame에서 사용된 메모리 크기가 나열된다. 이는 유용한 정보지만 화면에만 출력된다. 이 데이터를 사용해야 할 경우라면 .dtypes 속성을 사용해 pandas Series로 반환할 수 있다.

추가 사항

거의 모든 pandas 데이터 형식은 NumPy 기반에서 구축된다. 이 긴밀한 통합 덕분에 사용자는 pandas와 NumPy 작업을 좀 더 쉽게 통합할 수 있다. pandas가 커지고 인기가 높아짐에 따라 문자열 값을 가진 모든 열을 object 데이터 형식으로 나타내는 것은 너무 포괄적이라는 것이 판명되고 있다. pandas는 가능한 가지 수로만 이뤄진 고정 개수의 문자열(또는 수치)을 처리하고자 고유의 범주형 데이터 형식을 만들었다.

▌열 선택

DataFrame에서 단일 열을 선택하면 (DataFrame과 동일한 인덱스를 가진) Series가 반환된다. 이 Series는 1차원 데이터로, 인덱스와 데이터로만 구성된다. DataFrame 없어도 단일 Series을 생성할 수 있지만 일반적으로는 DataFrame에서 끄집어내는 방식을 사용한다.

이번 예제는 두 가지 서로 다른 구문을 사용해 데이터의 단일 열, 즉 Series를 선택한다. 첫 번째 구문은 index 연산자를 사용하고 다른 구문은 속성 접근^{attribute access}(또는 점^{dot} 표기)을 사용한다.

작동 방법

1. 데이터 Series를 선택하고자 인덱스 연산자에 열 이름을 문자열로 전달한다.

```
0           James Cameron
1           Gore Verbinski
```

```
2            Sam Mendes
3       Christopher Nolan
4            Doug Walker
                ...
4911          Scott Smith
4912                  NaN
4913     Benjamin Roberds
4914          Daniel Hsia
4915             Jon Gunn
Name: director_name, Length: 4916, dtype: object
```

2. 다른 방법으로는 속성 접근을 통해 동일한 과제를 수행할 수 있다.

```
>>> movies.director_name
0           James Cameron
1          Gore Verbinski
2             Sam Mendes
3       Christopher Nolan
4            Doug Walker
                ...
4911          Scott Smith
4912                  NaN
4913     Benjamin Roberds
4914          Daniel Hsia
4915             Jon Gunn
Name: director_name, Length: 4916, dtype: object
```

3. Series를 추출하는 데 .loc와 .iloc 속성을 사용할 수도 있다. 전자는 열 이름을 끄집어내는 데 사용할 수 있고 후자는 위치로 지정한다. pandas 문서상에서 이 둘은 각각 '레이블 기반label-based'과 '위치 기반positional-based'으로 부른다.

.loc의 사용법은 콤마(,)를 사용해 행과 열 모두를 지정하는 것이다. 행 선

택자는 시작^{start}과 끝^{end} 이름이 없는 슬라이스^{slice}로, 콜론(:)으로 나타내며 전체 행을 선택한다. 열 선택자는 'director_name'이라는 이름의 열만 끄집어낸다.

.iloc 인덱스 연산도 행과 열 선택자를 모두 지정한다. 행 선택자는 시작과 끝 인덱스가 없는 슬라이스(:)다. 열 선택자(1)는 두 번째 열(파이썬의 인덱스는 0부터 시작한다는 것을 기억하자)을 끄집어낸다.

```
>>> movies.loc[:, "director_name"]
0              James Cameron
1              Gore Verbinski
2                 Sam Mendes
3           Christopher Nolan
4                 Doug Walker
                  ...
4911              Scott Smith
4912                      NaN
4913          Benjamin Roberds
4914               Daniel Hsia
4915                 Jon Gunn
Name: director_name, Length: 4916, dtype: object

>>> movies.iloc[:, 1]
0              James Cameron
1              Gore Verbinski
2                 Sam Mendes
3           Christopher Nolan
4                 Doug Walker
                  ...
4911              Scott Smith
4912                      NaN
4913          Benjamin Roberds
4914               Daniel Hsia
4915                 Jon Gunn
```

```
Name: director_name, Length: 4916, dtype: object
```

4. Jupyter는 series를 고정폭 폰트를 사용해서 표시하고, series의 인덱스, 형식, 길이, 이름을 출력한다. 또한 pandas 설정에 따라 데이터 일부를 잘라낸다. 다음 이미지를 통해 확인해보자.

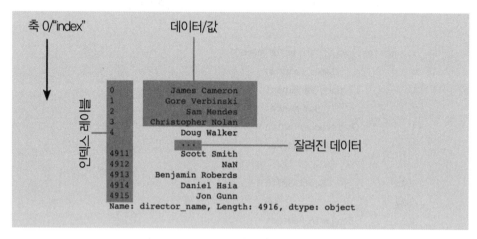

Series의 구성

또한 적절한 속성을 사용하면 Series의 인덱스, 형식, 길이, 이름도 볼 수있다.

```
>>> movies["director_name"].index
RangeIndex(start=0, stop=4916, step=1)

>>> movies["director_name"].dtype
dtype('O')

>>> movies["director_name"].size
4196

>>> movies["director_name"].name
```

```
'director_name'
```

5. 출력이 정말 Series가 맞는지 확인해보자.

```
>>> type(movies["director_name"])
<class 'pandas.core.series.Series'>
```

6. 데이터 형식이 object로 표시됐지만 결측치가 있으므로 Series는 부동소
   수점수 형식과 문자열 형식을 동시에 갖고 있다. .apply 메서드를 type 함
   수와 함께 사용하면 모든 멤버가 동일 형식을 가진 Series를 얻을 수 있다.
   전체 Series 결과를 살펴보는 대신 결과에 .unique 메서드를 체인^{chain}시켜
   director_name 열 중에서 고유한 형식만 살펴보자.

```
>>> movies["director_name"].apply(type).unique()
array([<class 'str'>, <class 'fl oat'>], dtype=object)
```

작동 원리

pandas DataFrame은 대개 여러 개의 열을 가진다(물론 단일 열도 가능하다). 각 열은
Series 형태로 끄집어내 사용할 수 있다.

DataFrame에서 열을 끄집어낼 수 있는 방법은 많지만 일반적으로 가장 쉬운 방법
은 속성을 사용하는 것이다. 속성은 점 연산자(.)를 사용한다. 이 방법에는 다음과
같은 장점이 있다.

- 타이핑이 최소화된다.
- Jupyter에는 이름을 자동 완성시키는 기능이 있다.
- Jupyter에는 Series 속성을 자동 완성시키는 기능이 있다.

몇 가지 단점도 있다.

- 기존 DataFrame 속성 이름과 중복되지 않는 유효한 파이썬 속성 이름을 가진 열에만 작동한다.
- 새로운 열을 생성할 수 없고 기존 데이터만을 그대로 갱신한다.

그렇다면 유효한 파이썬 속성이란 무엇일까? 유효한 속성이란 영문자나 밑줄로 시작하는 일련의 영문자와 숫자의 조합으로 된 이름을 가진 것이다. 일반적으로 표준 파이썬 명명 규칙을 따르고자 소문자를 사용한다. 공백이나 특수 문자가 있는 열 이름의 속성에서는 작동하지 않음을 의미한다.

인덱스 연산자([)를 사용해 열 이름을 선택하는 경우에는 어떤 열 이름에든 사용할 수 있다. 이 연산자를 사용해 열을 생성하고 갱신할 수도 있다. Jupyter는 인덱스 연산자를 사용하면 열 이름을 자동 완성하지만 안타깝게도 후속 Series 속성에서는 자동 완성 기능이 작동하지 않는다.

내 경우에는 Series 속성을 자동 완성하는 것이 매우 편리하기 때문에 종종 속성 액세스를 사용한다. 그러나 열 이름이 기존 DataFrame 속성과 충돌하지 않는 유효한 파이썬 속성 이름인지 반드시 확인한다. 이 책에서는 .assign을 사용하는 많은 예를 볼 수 있을 것이다.

추가 사항

Jupyter에서 자동 완성 기능을 사용하려면 점 다음에 탭 키를 누르거나 인덱스 액세스에서 문자열을 시작한 다음에 탭 키를 누르면 Jupyter가 자동 완성 후보 목록을 팝업시켜 보여주므로 화살표를 사용해 고른 다음 엔터 키를 눌러 완성하면 된다.

❚ Series 메서드 호출

pandas의 일반적인 작업흐름은 Series와 DataFrame 사이에서 명령문을 실행하는 과정을 왔다 갔다 하는 것이다. Series가 제공하는 능력을 사용하는 가장 기본적인 방법은 Series의 메서드를 호출하는 것이다.

Series와 DataFrame 모두 엄청난 기능을 갖고 있다. Series가 가진 모든 속성과 메서드를 찾아보려면 내장된 **dir** 함수를 사용하면 된다. 다음 코드에서는 Series와 DataFrame에서 공통적인 속성과 메서드 개수를 보여준다. 이 두 객체는 상당수의 속성과 메서드 이름을 공유한다.

```
>>> s_attr_methods = set(dir(pd.Series))
>>> len(s_attr_methods)
471
>>> df_attr_methods = set(dir(pd.DataFrame))
>>> len(df_attr_methods)
458
>>> len(s_attr_methods & df_attr_methods)
400
```

보다시피 두 객체에는 많은 기능이 있다. 그러나 너무 걱정할 필요는 없다. 대부분의 pandas 사용자는 그중 일부 부분집합만 사용하지만 그래도 여전히 충분하다.

다음 예제는 가장 일반적이고 강력한 Series 메서드와 속성을 다룬다. 많은 메서드가 DataFrame과 거의 동일하다.

작동 방법

1. movies 데이터셋을 읽은 후 데이터 형식이 다른 두 개의 Series를 선택한다. director_name 열은 문자열(pandas는 이를 **object** 또는 **0** 데이터 형식이라

한다)을 가지며 actor_1_facebook_likes 열은 수치 데이터를 갖고 있다(구체적으로는 float64).

```
>>> movies = pd.read_csv("data/movie.csv")
>>> director = movies["director_name"]
>>> fb_likes = movies["actor_1_facebook_likes"]

>>> director.dtype
dtype('O')

>>> fb_likes.dtype
dtype('float64')
```

2. .head 메서드는 Series의 첫 5개 원소를 표시한다. 반환되는 원소 개수를 조절하려면 옵션 인수를 사용하면 된다. 또 다른 옵션은 .sample 메서드를 사용해 데이터 중 일부를 살펴보는 것이다. 데이터셋에 따라 이 메서드가 더 유용할 수 있는데, 특히 첫 번째 행 근처의 데이터들이 다른 데이터들과 상당히 다를 경우 그렇다.

```
>>> director.head()
0           James Cameron
1           Gore Verbinski
2             Sam Mendes
3         Christopher Nolan
4             Doug Walker
Name: director_name, dtype: object

>>> director.sample(n=5, random_state=42)
2347        Brian Percival
4687          Lucio Fulci
691         Phillip Noyce
3911        Sam Peckinpah
2488       Rowdy Herrington
```

```
Name: director_name, dtype: object

>>> fb_likes.head()
0     1000.0
1    40000.0
2    11000.0
3    27000.0
4      131.0
Name: actor_1_facebook_likes, dtype: float64
```

3. 일반적으로 Series의 데이터 형식에 따라 가장 유용한 메서드가 달라진다. 예를 들어 **object** 데이터 형식의 Series에 가장 유용한 메서드 중 하나는 빈도를 계산하는 .value_counts다.

```
>>> director.value_counts()
Steven Spielberg    26
Woody Allen         22
Clint Eastwood      20
Martin Scorsese     20
Ridley Scott        16
                    ..
Tomas Alfredson      1
Emilio Estevez       1
Roger Vadim          1
Dennis Hopper        1
David Worth          1
Name: director_name, Length: 2397, dtype: int64
```

4. .value_counts는 일반적으로 **object** 데이터 형식의 Series에 가장 유용하지만 때로는 수치 형식의 Series에 대한 통찰력을 제공하기도 한다. fb_likes에 적용해보면 뒷자리 수가 가까운 천의 자리수로 모두 반올림된 것으로 추정해볼 수 있다. 그렇지 않다면 이렇게 많은 영화가 우연히 1,000

자리수에서 정확히 떨어지는 '좋아요' 개수를 받았을 가능성이 거의 없기
때문이다.

```
>>> fb_likes.value_counts()
1000.0     436
11000.0    206
2000.0     189
3000.0     150
12000.0    131
           ...
362.0        1
216.0        1
859.0        1
225.0        1
334.0        1
Name: actor_1_facebook_likes, Length: 877, dtype: int64
```

5. Series의 원소 개수는 .size나 .shape 속성이나 내장된 len 함수를 사용해
   계산할 수 있다. .unique 메서드는 고유한 값을 가진 NumPy 배열을 반환
   한다.

```
>>> director.size
4916
>>> director.shape
(4916,)
>>> len(director)
4916
>>> director.unique()
array(['James Cameron', 'Gore Verbinski', 'Sam Mendes', ...,
       'Scott Smith', 'Benjamin Roberds', 'Daniel Hsia'],
      dtype=object)
```

6. 추가적으로 .count 메서드가 있는데, 이 메서드는 아이템 개수를 반환하는 것이 아니라 결측치가 아닌 아이템 개수를 반환한다.

```
>>> director.count()
4814

>>> fb_likes.count()
4909
```

7. 기본적으로 .min, .max, .mean, .median, .std 등의 기본적 요약 통계량도 제공된다.

```
>>> fb_likes.min()
0.0

>>> fb_likes.max()
640000.0

>>> fb_likes.mean()
6494.488490527602

>>> fb_likes.median()
982.0

>>> fb_likes.std()
15106.986883848309
```

8. 7단계를 간소화하려면 .describe 메서드를 사용해 요약 통계량과 함께 몇 가지 분위수를 동시에 표시할 수 있다. .describe를 object 데이터 형식의 열에 적용하면 완전히 다른 출력이 반환된다.

```
>>> fb_likes.describe()
count       4909.000000
```

```
mean          6494.488491
std          15106.986884
min              0.000000
25%            607.000000
50%            982.000000
75%          11000.000000
max         640000.000000
Name: actor_1_facebook_likes, dtype: float64

>>> director.describe()
count                   4814
unique                  2397
top         Steven Spielberg
freq                      26
Name: director_name, dtype: object
```

9. .quantile 메서드는 수치 데이터의 분위수를 계산한다. 입력이 스칼라면 출력도 스칼라지만 입력이 리스트[list]면 출력은 pandas Series라는 점에 유의하자.

```
>>> fb_likes.quantile(0.2)
510.0
>>> fb_likes.quantile(
...     [0.1, 0.2, 0.3, 0.4, 0.5, 0.6, 0.7, 0.8, 0.9]
...     )
0.1      240.0
0.2      510.0
0.3      694.0
0.4      854.0
0.5      982.0
0.6     1000.0
0.7     8000.0
0.8    13000.0
```

```
0.9    18000.0
Name: actor_1_facebook_likes, dtype: float64
```

10. 6단계의 `.count` 메서드는 5단계에서의 Series가 가진 전체 개수보다 적은 수를 반환했으므로 각 Series에 결측치가 있다는 사실을 알 수 있다. `.isna` 메서드를 사용하면 각 개별 값의 결측치 여부를 알 수 있다. 결과는 Series로 반환되는데, 불리언^{boolean} 배열이라는 것을 알 수 있다(즉, 원시 Series와 동일한 인덱스와 길이를 가진 Series로, 불리언 값으로 채워져 있다).

```
>>> director.isna()
0       False
1       False
2       False
3       False
4       False
        ...
4911    False
4912     True
4913    False
4914    False
4915    False
Name: director_name, Length: 4916, dtype: bool
```

11. `.fillna` 메서드를 사용하면 Series 내의 모든 결측치를 다른 값으로 대체할 수 있다.

```
>>> fb_likes_filled = fb_likes.fillna(0)
>>> fb_likes_filled.count()
4916
```

12. Series 내의 결측치를 제거하려면 `.dropna` 메서드를 사용하면 된다.

```
>>> fb_likes_dropped = fb_likes.dropna()
>>> fb_likes_dropped.si ze
4909
```

작동 원리

이 예제에 사용된 메서드는 데이터 분석에 매우 빈번하게 사용되기 때문에 선택됐다.

이 예제의 각 단계에서 반환되는 객체들의 형식은 서로 다르다.

1단계에서 `.head` 메서드의 결과는 다른 Series다. `.value_counts` 메서드 역시 Series를 생성하지만 원래 Series의 고윳값을 인덱스로 하고 각각의 개수가 해당 값이 된다. 5단계에서 `.size` 속성과 `.count` 메서드는 스칼라 값을 반환하지만 `.shape` 속성은 단일 항목을 가진 튜플tuple을 반환한다. 이 방식은 NumPy의 규칙을 차용한 것이데, 임의의 차원의 배열이 가능하다.

7단계에서의 각 개별 메서드는 스칼라를 반환한다.

8단계에서 `.describe` 메서드는 모든 요약 통계 명칭을 인덱스로 하고 해당 통계치를 값으로 하는 Series를 반환한다.

9단계의 `.quantile` 메서드는 유동적이며 스칼라 값을 전달하면 스칼라 값을 반환하지만 리스트를 제공하면 Series를 반환한다.

10, 11, 12단계의 `.isna`, `.fillna`, `.dropna`는 모두 Series를 반환한다.

추가 사항

.value_counts 메서드는 가장 유익한 Series 메서드 중 하나며 탐색적 분석 중에서 특히 범주 열에 많이 사용된다. 기본 설정으로는 개수를 반환하지만 normalize 매개변수를 True로 설정하면 개수 대신 상대 빈도 값이 반환돼 분포에 대한 또 다른 시각을 제공한다.

```
>>> director.value_counts(normalize=True)
Steven Spielberg    0.005401
Woody Allen         0.004570
Clint Eastwood      0.004155
Martin Scorsese     0.004155
Ridley Scott        0.003324
                      ...
Tomas Alfredson     0.000208
Emilio Estevez      0.000208
Roger Vadim         0.000208
Dennis Hopper       0.000208
David Worth         0.000208
Name: director_name, Length: 2397, dtype: float64
```

이 예제에서는 .count 메서드의 결과가 .size 속성과 일치하지 않으므로 Series에 결측치가 있다는 것을 확인할 수 있다. 좀 더 직접적인 방식은 .hasnans 속성을 검사하는 것이다.

```
>>> director.hasnans
True
```

.isna와 반대되는 속성의 .notna 메서드도 있는데, 결측치가 아닌 모든 값에 대해 True를 반환한다.

```
>>> director.notna()
0        True
1        True
2        True
3        True
4        True
         ...
4911     True
4912     False
4913     True
4914     True
4915     True
Name: director_name, Length: 4916, dtype: bool
```

.isna의 별칭인 .isnull 메서드도 있다. 둘 다 기능은 같으므로 본인이 게으르다
면 더 짧은 것을 쓰면 된다. pandas는 모두 NaN을 사용하기 때문에 내 경우에는
.isnull보다는 .isna를 선호한다. pandas나 파이썬 세상에서는 NULL을 볼 일이
없을 것이다.

▌Series 연산

파이썬에는 객체를 조작하기 위한 수많은 연산자가 있다. 예를 들어 더하기 연산
자가 두 정수 사이에 있으면 파이썬은 그들을 함께 더한다.

```
>>> 5 + 9        # 더하기 연산자 예제로, 5와 9를 더한다.
14
```

Series와 DataFrame은 다양한 파이썬 연산자를 지원한다. 일반적으로 연산자를
사용하면 새 Series나 DataFrame이 반환된다.

이 예제에서는 다양한 연산자를 다른 Series 객체에 적용해 완전히 다른 값을 가진 새 Series를 생성한다.

작동 방법

1. imdb_score 열을 Series로 선택한다.

```
>>> movies = pd.read_csv("data/movie.csv")
>>> imdb_score = movies["imdb_score"]
>>> imdb_score
0       7.9
1       7.1
2       6.8
3       8.5
4       7.1
        ...
4911    7.7
4912    7.5
4913    6.3
4914    6.3
4915    6.6
Name: imdb_score, Length: 4916, dtype: float64
```

2. 더하기 연산자를 사용해 각 Series 원소에 1을 더한다.

```
>>> imdb_score + 1
0       8.9
1       8.1
2       7.8
3       9.5
4       8.1
        ...
```

```
4911    8.7
4912    8.5
4913    7.3
4914    7.3
4915    7.6
Name: imdb_score, Length: 4916, dtype: float64
```

3. 뺄셈(-), 곱셈(*), 나눗셈(/), 지수(**)와 같은 다른 기본 산술 연산자도 스칼라 값과 유사하게 작동한다. 이 단계에서는 series에 2.5를 곱해본다.

```
>>> imdb_score * 2.5
0       19.75
1       17.75
2       17.00
3       21.25
4       17.75
          ...
4911    19.25
4912    18.75
4913    15.75
4914    15.75
4915    16.50
Name: imdb_score, Length: 4916, dtype: float64
```

4. 파이썬에서 //는 몫을 구하는 나눗셈 연산이다. 이 연산은 결과를 내림한다. 퍼센트 기호(%)는 나머지를 구하는 연산으로, 나눗셈을 하고 난 나머지를 반환한다. Series 인스턴스는 이 연산들을 지원한다.

```
>>> imdb_score // 7
0       1.0
1       1.0
2       0.0
```

```
3       1.0
4       1.0

       ...
4911    1.0
4912    1.0
4913    0.0
4914    0.0
4915    0.0
Name: imdb_score, Length: 4916, dtype: float64
```

5. 6개의 비교 연산자도 존재하는데, 크다(>), 작다(<), 크거나 같다(>=), 작거나 같다(<=), 같다(==), 다르다(!=)가 있다. 각 비교 연산자는 각 조건 결과에 기반을 두고 Series 각 값에 대해 **True**나 **False**를 반환한다. 결과는 불리언 배열인데, 뒤에 나오는 예제에서는 필터링에서 매우 유용하게 쓰이는 것을 보게 될 것이다.

```
>>> imdb_score > 7
0       True
1       True
2       False
3       True
4       True

       ...
4911    True
4912    True
4913    False
4914    False
4915    False
Name: imdb_score, Length: 4916, dtype: bool
>>> director = movies["director_name"]
>>> director == "James Cameron"
0       True
```

```
1          False
2          False
3          False
4          False
           ...
4911       False
4912       False
4913       False
4914       False
4915       False
Name: director_name, Length: 4916, dtype: bool
```

작동 원리

이 예제에 사용된 모든 연산자는 Series의 각 원소에 대해 동일한 연산을 수행한다. 파이썬의 내장 기능만 사용했더라면 연산자를 적용하고자 for 루프를 통해 각 원소에 접근했어야 할 것이다. pandas는 NumPy 라이브러리에 크게 의존하고 있는데, 이는 벡터화 계산을 수행할 수 있다. 즉, 명시적으로 for 루프를 사용하지 않아도 전체 데이터 시퀀스에 연산을 적용할 수 있다. 각 연산은 인덱스는 같지만 새 값을 가진 새로운 Series를 반환한다.

추가 사항

이 예제에 사용된 모든 연산자에는 동일한 결과를 생성하는 메서드가 있다. 예를 들어 1단계에서는 .add 메서드를 사용해 imdb_score + 1을 재현할 수 있다.

연산자 대신 메서드를 사용하면 메서드를 체인시킬 때 매우 유용하다. 몇 가지 예를 보자.

```
>>> imdb_score.add(1) # imdb_score + 1
0         8.9
1         8.1
2         7.8
3         9.5
4         8.1
          ...
4911      8.7
4912      8.5
4913      7.3
4914      7.3
4915      7.6
Name: imdb_score, Length: 4916, dtype: float64

>>> imdb_score.gt(7) # imdb_score > 7
0         True
1         True
2         False
3         True
4         True
          ...
4911      True
4912      True
4913      False
4914      False
4915      False
Name: imdb_score, Length: 4916, dtype: bool
```

pandas는 연산자와 동등한 이런 메서드를 왜 제공하는 것일까? 본질적으로 연산자는 정확히 한 가지 방식으로만 작동한다. 반면 메서드는 기본 작동 방식을 변경할 수 있는 매개변수를 사용할 수 있다.

다른 예제에서 좀 더 자세히 설명하기로 하고 여기에서는 간단한 예만 들어본다. .sub 메서드는 Series에서 뺄셈을 수행한다. 연산자로 뺄셈을 하면 결측치가 무시된다. 그러나 .sub 메서드를 사용하면 결측치 대신 사용할 fill_value 매개변수를 지정할 수 있다.

```
>>> money = pd.Series([100, 20, None])
>>> money ? 15
0    85.0
1     5.0
2     NaN
dtype: float64

>>> money.sub(15, fill_value=0)
0    85.0
1     5.0
2   -15.0
dtype: float64
```

다음 표는 연산자들과 해당 메서드를 보여준다.

연산자 그룹	연산자	Series 메서드 이름
산술	+,-,*,/,//,%,**	.add, .sub, .mul, .div, .floordiv, .mod, .pow
비교	<,>,<=,>=,==,!=	.lt, .gt, .le, .ge, .eq, .ne

파이썬 Series 객체 등이 연산자를 만났을 때 어떻게 처리하는지 알고 싶을 것이다. 예를 들어 **imdb_ score** * 2.5 표현식에서 Series는 각 요소에 2.5를 곱해야 한다는 것을 어떻게 알 수 있을까? 파이썬의 객체는 특수 메서드를 사용해 연산자와 통신할 수 있는 표준화된 내장 방법을 갖고 있다.

특수 메서드는 객체가 연산자를 만날 때마다 내부적으로 호출되는 것이다. 특수 메서드는 항상 밑줄 두 개로 시작하고 끝난다. 이 때문에 연산자를 구현하는 메서드는 이중 밑줄로 둘러싸여 있기 때문에 던더[Dunder]('double under'를 줄여서) 메서드라고도 한다. 예를 들어 곱셈 연산자를 사용할 때마다 특수 메서드 `.__mul__`가 호출된다. 파이썬은 `imdb_score * 2.5` 표현식을 `imdb_score .__mul__ (2.5)`로 해석한다.

특수 메서드를 사용하는 것과 연산자를 사용하는 것은 똑같은 작업을 수행하므로 차이가 없다. 연산자는 특수 메서드에 대한 구문적 편의 요소일 뿐이다. 그러나 `.mul` 메서드를 호출하는 것은 `.__mul__` 메서드를 호출하는 것과 다르다.

▌ Series 메서드 체인

파이썬에서 모든 변수는 객체를 참조하며, 여러 속성과 메서드는 새로운 객체를 반환한다. 이 덕분에 속성 접근을 사용해 메서드를 연속으로 호출할 수 있다. 이러한 방법을 메서드 체인method chaining 또는 플로우 프로그래밍flow programming이라 부른다. Series와 DataFrame의 여러 메서드가 새로운 Series나 DataFrame을 반환하기 때문에 pandas도 메서드 체인에 잘 맞는 라이브러리다.

메서드 체인을 잘 설명하기 위해 영어 문장에 비유해서 연속된 이벤트를 메서드 체인으로 변환해보자. "A person drives to the store to buy food, then drives home and prepares, cooks, serves, and eats the food before cleaning the dishes."라는 문장을 살펴보자.

이 문장을 파이썬 버전으로 꾸민다면 다음과 비슷하게 될 것이다.

```
(person.drive('store')
.buy('food')
.drive('home')
.prepare('food')
.cook('food')
```

```
.serve('food')
.eat('food')
.cleanup('dishes')
)
```

앞의 코드에서 사람(person)은 메서드를 호출하는 객체(또는 클래스의 인스턴스)다. 각 메서드는 호출 체인이 발생할 수 있는 또 다른 인스턴스를 반환한다. 각 메서드에 전달된 매개변수는 메서드 작동 방식을 지정한다.

전체 메서드 체인을 연속된 단일 줄로도 작성할 수도 있지만, 줄당 단일 메서드를 작성하는 것이 훨씬 더 보기 좋다. 파이썬은 일반적으로 단일 표현식을 여러 줄에 쓸 수 없으므로 몇 가지 옵션을 사용해야 한다. 내가 선호하는 방식은 모든 것을 괄호로 묶는 것이다. 다른 방법은 각 줄을 백슬래시(\)로 끝내 줄이 다음 줄에서 계속됨을 나타내는 것이다. 가독성을 더욱 높이고자 메서드 호출을 수직으로 정렬할 수 있다.

다음 예제는 pandas Series를 사용해 유사한 메서드 체인을 보여준다.

작동 방법

1. movie 데이터셋을 읽은 다음 두 개의 열을 끄집어낸다.

```
>>> movies = pd.read_csv("data/movie.csv")
>>> fb_likes = movies["actor_1_facebook_likes"]
>>> director = movies["director_name"]
```

2. 체인 끝에 추가되는 가장 흔한 두 가지 메서드는 .head나 .sample이다. 이 방법은 출력이 길어지는 것을 방지해준다. 결과 DataFrame이 매우 와이드 wide할 경우 .T 속성을 사용해 결과를 전치하기도 한다(짧은 체인의 경우에는

60

각 메서드를 굳이 다른 줄에 배치해야 할 필요가 별로 없다).

```
>>> director.value_counts().head(3)
Steven Spielberg      26
Woody Allen           22
Clint Eastwood        20
Name: director_name, dtype: int64
```

3. 결측치의 개수를 알아내는 일반적인 방법은 .isna를 호출한 후 .sum 메서드를 체인시키는 것이다.

```
>>> fb_likes.isna().sum()
7
```

4. fb_likes에서 결측치가 아닌 모든 값은 모두 정수여야 한다. 페이스북의 '좋아요'는 분수가 없기 때문이다. 대부분의 pandas 버전에서 결측치가 있는 수치 열의 데이터 형식은 float 형식이어야 한다(pandas 0.24는 결측치를 지원하는 Int64 형식을 도입했지만, 기본 설정에서는 사용되지 않는다). fb_likes에서 결측치를 모두 0으로 대체하면 .astype 메서드를 사용해 정수로 변환할 수 있다.

```
>>> fb_likes.dtype
dtype('float64')
>>> (fb_likes.fillna(0).astype(int).head())
0     1000
1    40000
2    11000
3    27000
4      131
Name: actor_1_facebook_likes, dtype: int64
```

작동 원리

2단계는 먼저 `.value_counts` 메서드를 사용해 Series를 반환한 다음 `.head` 메서드를 체인시켜 처음 3개 원소를 선택한다. 마지막으로 반환된 객체는 Series며, 더 많은 메서드를 체인시킬 수도 있다.

3단계에서 `.isna` 메서드는 불리언 배열을 생성한다. pandas는 False와 True를 0과 1로 취급하므로 `.sum` 메서드는 결측치의 개수를 반환한다.

4단계에서 3개의 체인된 메서드는 각각 새로운 Series를 반환한다. 직관적이지 않아 보일 수 있지만 `.astype` 메서드는 데이터 형식이 다른 완전히 새로운 전체 Series를 반환한다.

추가 사항

체인의 잠재적 단점 중 하나는 디버깅이 어렵다는 것이다. 메서드 호출 중에 생성된 중간 객체는 별도의 변수에 저장되지 않으므로 체인 중에시 발생한 오류의 정확한 위치를 추적하기가 어려울 수 있다.

각 호출을 자체 줄에 두면 좋은 점 중 하나는 더 복잡한 명령을 디버깅하기에 용이하다는 것이다. 나는 일반적으로 한 번에 한 가지 메서드로 이러한 체인을 구축하지만 때로는 이전 코드로 돌아가거나 약간 조정해야 할 때가 있다.

이 코드를 디버깅할 때 나는 대개 먼저 첫 번째 명령을 제외한 나머지 모든 명령을 주석 처리한다. 그런 다음 첫 번째 체인의 주석을 제거하고 작동하는지 확인한 후 다음 체인으로 넘어간다.

내가 앞서의 코드를 디버깅한다면 마지막 두 메서드 호출을 주석으로 처리한 다음 `.fillna`의 작동 결과를 정확히 파악하려 했을 것이다.

```
>>> (
... fb_likes.fillna(0)
... # .astype(int)
... # .head()
... )
0        1000.0
1       40000.0
2       11000.0
3       27000.0
4         131.0
           ...
4911      637.0
4912      841.0
4913        0.0
4914      946.0
4915       86.0
Name: actor_1_facebook_likes, Length: 4916, dtype: float64
```

그런 후 다음 메서드를 주석에서 빼내 제대로 작동하는지 확인했을 것이다.

```
>>> (
... fb_likes.fillna(0).astype(int)
... # .head()
... )
0         1000
1        40000
2        11000
3        27000
4          131
          ...
4911       637
4912       841
4913         0
4914       946
```

```
4915            86
Name: actor_1_facebook_likes, Length: 4916, dtype: int64
```

체인 디버깅을 위한 또 다른 옵션은 .pipe 메서드를 호출해 중간값을 표시하는 것이다. Series에 대한 .pipe 메서드에는 Series를 입력으로 취하는 함수를 전달해야만 하고 함수의 출력은 무엇이든 가능하다(하지만 메서드 체인에서 사용하려는 경우 Series를 반환하고자 할 것이다).

함수 debug_ser는 중간 과정의 값을 출력한다.

```
>>> def debug_ser(ser):
...     print("BEFORE")
...     print(ser)
...     print("AFTER")
...     return ser

>>> (fb_likes.fillna(0).pipe(debug_ser).astype(int).head())
BEFORE
0        1000.0
1       40000.0
2       11000.0
3       27000.0
4         131.0
          ...
4911      637.0
4912      841.0
4913        0.0
4914      946.0
4915       86.0
Name: actor_1_facebook_likes, Length: 4916, dtype: float64
AFTER
0        1000
1       40000
```

```
2        11000
3        27000
4          131
Name: actor_1_facebook_likes, dtype: int64
```

중간값을 저장하는 전역 변수를 생성하려면 그 또한 .pipe를 사용할 수 있다.

```
>>> intermediate = None
>>> def get_intermediate(ser):
...     global intermediate
...     intermediate = ser
...     return ser

>>> res = (
...     fb_likes.fillna(0)
...     .pipe(get_intermediate)
...     .astype(int)
...     .head()
... )

>>> intermediate
0        1000.0
1       40000.0
2       11000.0
3       27000.0
4         131.0
             ...
4911      637.0
4912      841.0
4913        0.0
4914      946.0
4915       86.0
Name: actor_1_facebook_likes, Length: 4916, dtype: float64
```

예제의 시작 부분에서 언급했듯이 코드를 여러 줄에 걸쳐 작성하려면 백슬래시를 이용할 수 있다. 4단계는 다음과 같이 다시 작성할 수 있다.

```
>>> fb_likes.fillna(0) \
...     .astype(int) \
...     .head()

0     1000
1    40000
2    11000
3    27000
4      131
Name: actor_1_facebook_likes, dtype: int64
```

나는 체인을 괄호로 묶는 것을 선호한다. 체인에 메서드를 추가할 때마다 후행 백슬래시를 계속 추가해야 하는 것은 성가신 일이다.

▌열 이름 변경

DataFrame에서 가장 일반적인 작업 중 하나는 열 이름을 바꾸는 것이다. 열의 이름을 바꿔 항상 유효한 파이썬 속성 이름으로 만들어 주는 것이 좋다. 즉, 숫자로 시작하지 않으며 밑줄을 포함한 영소문자, 숫자라는 의미다. 좋은 열 이름은 설명적이고 간단해야 하며 기존 DataFrame이나 Series 속성과 충돌하지 않아야 한다.

이 예제에서는 코드를 쉽게 이해할 수 있는 환경을 만들고자 열 이름을 바꾼다. 점 표기법을 사용해 Series에 액세스하는 경우에는 Jupyter에서 Series 메서드를 자동 완성할 수 있다는 점을 기억하자(단, 인덱스 액세스에서는 메서드 자동 완성이 안 됨).

작동 방법

1. movies 데이터셋을 읽는다.

```
>>> movies = pd.read_csv("data/movie.csv")
```

2. .rename DataFrame 메서드는 예전 값과 새로운 값을 매칭하는 딕셔너리를 취한다. 열에 대해 딕셔너리를 생성해보자.

```
>>> col_map = {
...    "director_name": "director",
...    "num_critic_for_reviews": "critic_reviews",
... }
```

3. 딕셔너리를 .rename 메서드에 전달하고 결과를 새로운 변수에 할당한다.

```
>>> movies.rename(columns=col_map).head()
    color              director ... aspect_ratiomovie_facebook_likes
0   Color      James Cameron ...            1.78                    33000
1   Color      Gore Verbinski ...           2.35                        0
2   Color        Sam Mendes ...             2.35                    85000
3   Color Christopher Nolan ...             2.35                   164000
4     NaN        Doug Walker ...             NaN                        0
```

작동 원리

DataFrame의 .rename 메서드를 사용하면 열 레이블의 이름을 바꿀 수 있다. columns 속성에 대입하면 열 이름이 바뀐다. 그러나 이 대입을 체인시킬 수는 없다. 다시 말하지만 코드를 더 쉽게 읽을 수 있기 때문에 체인을 선호하는 것이다. 다음 절에서는 .column 속성에 대입해 이름을 바꾸는 예를 보여준다.

추가 사항

이 예제에서는 열 이름을 변경했다. 원하는 경우 **.rename** 메서드를 사용해 인덱스의 이름을 바꿀 수도 있다. 열이 문자열 값이라면 이 방법은 더 의미가 있다. 이제 인덱스를 **movie_title** 열로 설정한 다음 해당 값을 새 값으로 매핑해보자.

```
>>> idx_map = {
...     "Avatar": "Ratava",
...     "Spectre": "Ertceps",
...     "Pirates of the Caribbean: At World's End": "POC",
... }
>>> col_map = {
...     "aspect_ratio": "aspect",
...     "movie_facebook_likes": "fblikes",
... }
>>> (
...     movies.set_index("movie_title")
...     .rename(index=idx_map, columns=col_map)
...     .head(3)
... )
             color  director_name  ...  aspect  fblikes
movie_title                        ...
Ratava       Color  James Cameron  ...    1.78    33000
POC          Color  Gore Verbinski ...    2.35        0
Ertceps      Color    Sam Mendes   ...    2.35    85000
```

행과 열 레이블의 이름을 바꾸는 방법에는 여러 가지가 있다. 인덱스와 열 속성을 파이썬 리스트에 다시 대입할 수도 있다. 이 대입은 리스트에 행과 열 레이블과 동일한 개수의 원소가 있을 경우 작동한다.

다음 코드는 예를 보여준다. 여기서는 CSV 파일에서 데이터를 읽고 **index_col** 매개변수를 사용해 pandas에게 **movie_title** 열을 인덱스로 사용하도록 지시한다. 그런 다음 각 **Index** 객체에서 **.tolist** 메서드를 사용해 각 레이블의 파이썬 리스트를 만든다. 그런 다음 각 목록에서 3개의 값을 수정하고 이를 .index와 .column 속성에 다시 지정한다.

```
>>> movies = pd.read_csv(
...     "data/movie.csv", index_col="movie_title"
... )
>>> ids = movies.index.to_list()
>>> columns = movies.columns.to_list()
# 행과 열 레이블을 list 대입을 사용해 이름을 변경한다.
>>> ids[0] = "Ratava"
>>> ids[1] = "POC"
>>> ids[2] = "Ertceps"
>>> columns[1] = "director"
>>> columns[-2] = "aspect"
>>> columns[-1] = "fblikes"
>>> movies.index = ids
>>> movies.columns = columns
>>> movies.head(3)
             color   director_name ... aspect fblikes
movie_title                        ...
Ratava       Color   James Cameron ...   1.78   33000
POC          Color   Gore Verbinski ...  2.35       0
Ertceps      Color     Sam Mendes  ...   2.35   85000
```

다른 옵션은 .rename 메서드에 함수를 전달하는 것이다. 이 함수는 열 이름을 취한 뒤 새 이름을 반환한다. 열에 공백과 대문자가 있으면 다음 코드는 이를 정리한다.

```
>>> def to_clean(val):
...     return val.strip().lower().replace(" ", "_")
>>> movies.rename(columns=to_clean).head(3)
    color   director_name ... aspect_ratio  movie_facebook_likes
0   Color   James Cameron ...         1.78                 33000
```

```
1    Color    Gore Verbinski  ...         2.35                    0
2    Color       Sam Mendes   ...         2.35                85000
```

pandas 코드에는 열 이름을 정리하는 데 사용되는 리스트 컴프리핸션^{comprehensions} 도 볼 수 있다. 새로 정리된 목록을 사용하면 결과를 `.columns` 특성으로 다시 대입할 수 있다. 열에 공백과 대문자가 있다고 있으면 다음 코드는 이를 정리한다.

```
>>> cols = [
...    col.strip().lower().replace(" ", "_")
...    for col in movies.columns
... ]
>>> movies.columns = cols
>>> movies.head(3)
     color    director_name  ...  aspect_ratio  movie_facebook_likes
0    Color    James Cameron  ...          1.78                 33000
1    Color    Gore Verbinski ...          2.35                     0
2    Color       Sam Mendes  ...          2.35                 85000
```

이 코드는 원시 DataFrame을 변형시키므로 `.rename` 메서드를 고려하라.

열의 생성과 삭제

데이터를 분석하는 동안 새로운 변수를 위한 새 열을 생성할 필요가 있다. 일반적으로 이러한 새 열은 데이터셋에 이미 있는 이전 열에서 만들어진다. pandas에는 DataFrame에 새 열을 추가하는 몇 가지 방법이 있다.

이 예제에서는 `.assign` 메서드를 사용해 영화 데이터셋에 새 열을 만든 다음 `.drop` 메서드를 사용해 열을 삭제한다.

작동 방법

1. 새 열을 만드는 한 가지 방법은 인덱스 대입을 실행하는 것이다. 이 방법은 새 DataFrame을 반환하지 않고 기존 DataFrame을 변경한다는 점에 유의하자. 열에 스칼라 값을 대입하면 해당 열의 모든 셀에 그 값이 사용된다. 영화 데이터셋에 영화 관람 여부를 나타내는 has_seen 열을 만들어 보자. 모든 값에 0을 할당할 것이다. 기본적으로 새 열은 마지막에 추가된다.

```
>>> movies = pd.read_csv("data/movie.csv")
>>> movies["has_seen"] = 0
```

2. 이 방법은 잘 작동하고 많이 쓰이기도 하지만 체인을 많이 사용하는 내 경우는 .assign 메서드를 더 선호한다. .assign 메서드는 새 열이 추가된 새로운 DataFrame을 반환한다. 이 메서드는 매개변수 이름을 열 이름으로 사용하므로 열 이름은 유효한 매개변수 이름이어야 한다.

```
>>> movies = pd.read_csv("data/movie.csv")
>>> idx_map = {
...     "Avatar": "Ratava",
...     "Spectre": "Ertceps",
...     "Pirates of the Caribbean: At World's End": "POC",
... }
>>> col_map = {
...     "aspect_ratio": "aspect",
...     "movie_facebook_likes": "fblikes",
... }
>>> (
...     movies.rename(
...         index=idx_map, columns=col_map
...     ).assign(has_seen=0)
... )
```

```
       color       director_name    ...fblikes    has_seen
0      Color       James Cameron      ...   33000         0
1      Color       Gore Verbinski     ...       0         0
2      Color         Sam Mendes       ...   85000         0
3      Color    Christopher Nolan     ...  164000         0
4        NaN        Doug Walker        ...       0         0
...      ...                 ...      ...     ...       ...
4911   Color        Scott Smith       ...      84         0
4912   Color                NaN       ...   32000         0
4913   Color    Benjamin Roberds      ...      16         0
4914   Color         Daniel Hsia      ...     660         0
4915   Color           Jon Gunn       ...     456         0
```

3. 페이스북의 '좋아요' 개수에 대한 데이터가 포함된 열이 여러 개 있다. 배우와 감독에 대한 모든 '좋아요'를 합산해 total_ likes 열에 할당하자. 몇 가지 방법으로 이 작업을 수행할 수 있다.

다음과 같이 각 열을 더할 수 있다.

```
>>> total = (
...     movies["actor_1_facebook_likes"]
...     + movies["actor_2_facebook_likes"]
...     + movies["actor_3_facebook_likes"]
...     + movies["director_facebook_likes"]
... )

>>> total.head(5)
0     2791.0
1    46000.0
2    11554.0
3    73000.0
4        NaN
dtype: float64
```

내가 선호하는 방식은 체인할 수 있는 메서드를 사용하는 것이므로 .sum 을 호출하는 것을 선호한다. 선택하려는 열이 있는 리스트를 .loc에 전달해 합산하고자 하는 열만 끄집어낼 것이다.

```
>>> cols = [
...     "actor_1_facebook_likes",
...     "actor_2_facebook_likes",
...     "actor_3_facebook_likes",
...     "director_facebook_likes",
... ]
>>> sum_col = movies.loc[:, cols].sum(axis="columns")
>>> sum_col.head(5)
0     2791.0
1    46563.0
2    11554.0
3    95000.0
4      274.0
dtype: float64
```

그런 다음 이 Series에 새로운 열을 대입한다. + 연산자를 호출하면 결과에 결측치(NaN)가 남아있지만 .sum 메서드는 기본 설정에서 결측치를 무시하므로 두 경우는 다른 결과를 얻게 된다는 점에 유의하자.

```
>>> movies.assign(total_likes=sum_col).head(5)
     color       director_name  ...  movie_facebook_likes  total_likes
0    Color       James Cameron  ...                 33000       2791.0
1    Color       Gore Verbinski ...                     0      46563.0
2    Color         Sam Mendes   ...                 85000      11554.0
3    Color  Christopher Nolan   ...                164000      95000.0
4      NaN         Doug Walker  ...                     0        274.0
```

또 다른 옵션은 **.assign** 메서드 호출에서 매개변수 값으로 함수를 전달하는 것이다. 이 함수는 DataFrame을 입력으로 받아들이고 Series를 반환해야 한다.

```
>>> def sum_likes(df):
...     return df[
...         [
...             c
...             for c in df.columns
...             if "like" in c
...             and ("actor" in c or "director" in c)
...         ]
...     ].sum(axis=1)
>>> movies.assign(total_likes=sum_likes).head(5)
      color   director_name  ...  movie_facebook_likes  total_likes
0     Color   James Cameron  ...                 33000       2791.0
1     Color   Gore Verbinski ...                     0      46563.0
2     Color   Sam Mendes     ...                 85000      11554.0
3     Color Christopher Nolan ...               164000      95000.0
4     NaN     Doug Walker    ...                     0        274.0
```

4. 이전 예제를 통해 이 데이터셋에는 결측치가 있다는 사실을 알았다. 앞 단계에서처럼 + 연산자를 사용해 수치 열을 다른 열과 연산하면 결측치가 있을 경우 결과는 NaN이 된다. 그러나 **.sum** 메서드를 사용하면 NaN을 0으로 변환한다.

두 메서드를 사용해 새 열에 결측치가 있는지 확인하자.

```
>>> (
...     movies.assign(total_likes=sum_col)["total_likes"]
...     .isna()
...     .sum()
```

```
... )
0
>>> (
...    movies.assign(total_likes=total)["total_likes"]
...    .isna()
...    .sum()
... )
122
```

결측치를 0으로 채울 수도 있었다.

```
>>> (
...    movies.assign(total_likes=total.fillna(0))[
...       "total_likes"
...    ]
...    .isna()
...    .sum()
... )
0
```

5. 데이터셋에는 cast_total_facebook_likes라는 이름의 또 다른 열이 있다.
   이 열 중 얼마나 많은 부분이 방금 새로 만든 열인 total_likes에서 왔는지
   확인해보면 재미있을 것이다. 백분율 열을 만들기 전에 몇 가지 기본 데이
   터 유효성 검사를 수행하자. cast_total_facebook_likes가 total_likes보
   다 크거나 같아야 한다.

```
>>> def cast_like_gt_actor(df):
...    return (
...       df["cast_total_facebook_likes"]
...       >= df["total_likes"]
...    )
```

```
>>> df2 = movies.assign(
...    total_likes=total,
...    is_cast_likes_more=cast_like_gt_actor,
... )
```

6. is_cast_likes_more는 이제 불리언 배열로 된 열이다. .all 메서드를 사용하면 해당 열의 모든 값이 True인지 확인할 수 있다.

```
>>> df2["is_cast_likes_more"].all()
False
```

7. 적어도 하나 이상의 영화에서 cast_ total_facebook_likes보다 total_likes가 더 많은 것으로 나타났다. 아마도 감독이 받은 '좋아요'는 전체 출연진cast의 '좋아요' 개수에 포함되지 않았을 수 있다. 이제 되돌려서 total_likes 열을 삭제해보자. columns 매개변수를 .drop 메서드에 전달하면 삭제할 수 있다.

```
>>> df2 = df2.drop(columns="total_likes")
```

8. 배우들이 받은 '좋아요'만을 가진 새로운 Series를 생성해보자.

```
>>> actor_sum = movies[
...    [
...        c
...        for c in movies.columns
...        if "actor_" in c and "_likes" in c
...    ]
... ].sum(axis="columns")
```

```
>>> actor_sum.head(5)
0     2791.0
1    46000.0
2    11554.0
3    73000.0
4      143.0
dtype: float64
```

9. cast_total_facebook_likes에 있는 모든 값이 actor_sum보다 크거나 같은
   지 확인해보자. >= 연산자나 .ge 메서드를 사용하면 된다.

```
>>> movies["cast_total_facebook_likes"] >= actor_sum
0       True
1       True
2       True
3       True
4       True
        ...
4911    True
4912    True
4913    True
4914    True
4915    True
Length: 4916, dtype: bool

>>> movies["cast_total_facebook_likes"].ge(actor_sum)
0       True
1       True
2       True
3       True
4       True
        ...
4911    True
4912    True
```

```
4913    True
4914    True
4915    True
Length: 4916, dtype: bool

>>> movies["cast_total_facebook_likes"].ge(actor_sum).all()
True
```

10. 마지막으로 actor_sum에서 온 cast_total_facebook_likes의 퍼센티지를 계산해보자.

```
>>> pct_like = actor_sum.div(
...     movies["cast_total_facebook_likes"]
... ).mul(100)
```

11. Series의 최대와 최솟값이 0과 1이 맞는지 확인해보자.

```
>>> pct_like.describe()
count    4883.000000
mean       83.327889
std        14.056578
min        30.076696
25%        73.528368
50%        86.928884
75%        95.477440
max       100.000000
dtype: float64
```

12. 그런 다음 movie_title 열을 인덱스로 사용해 Series를 생성할 수 있다. Series 생성자에는 값과 인덱스 모두 전달할 수 있다.

```
>>> pd.Series(
...     pct_like.to_numpy(), index=movies["movie_title"]
... ).head()
movie_title
Avatar                                           57.736864
Pirates of the Caribbean: At World's End         95.139607
Spectre                                          98.752137
The Dark Knight Rises                            68.378310
Star Wars: Episode VII - The Force Awakens      100.000000
dtype: float64
```

작동 원리

많은 pandas 연산은 유연하며 열의 생성도 그중 하나다. 이 예제는 새 열을 생성할 때 1단계에서처럼 스칼라를 대입하거나 2단계에서처럼 Series를 대입할 수도 있다.

3단계는 네 개의 서로 다른 Series를 덧셈 연산자나 .sum 메서드로 더한다. 4단계는 메서드 체인을 사용해 결측치를 찾아내 채운다. 5단계는 '크거나 같다'는 비교 연산자를 사용해 불리언 Series를 반환한 다음, 6단계에서 .all 메서드를 사용해 각 개별 값이 True인지를 확인한다.

.drop 메서드는 삭제할 행이나 열 이름을 취한다. 기본 설정은 인덱스 이름을 기준으로 행을 삭제한다. 열을 삭제하려면 axis 매개변수를 1이나 'columns'로 설정해야 한다. 축의 기본 설정 값은 0이나 'index'다.

8단계와 9단계는 total_likes 열이 없이 3단계에서 6단계의 작업을 다시 실행한다. 10단계는 4단계부터 원했던 열을 최종적으로 계산한다. 11단계에서는 백분율이 0과 100 사이인지 확인한다.

추가 사항

.insert 메서드를 사용해 DataFrame의 특정 위치에 새 열을 삽입할 수 있다. .insert 메서드는 새 열의 정수 위치를 첫 번째 인수로, 새 열의 이름을 두 번째 인수로, 값을 세 번째 인수로 취한다. 열 이름의 정수 위치를 찾으려면 .get_loc 인덱스 메서드를 사용해야 한다.

.insert 메서드는 호출 DataFrame 자체를 수정하므로 대입 명령문이 없다. 또한 None을 반환한다. 이러한 이유로 나는 새 열을 만들때 .assign 메서드를 선호한다. 이들을 순서대로 정렬할 필요가 있으면 인덱스 연산자(또는 .loc)에 정렬된 열의 리스트를 전달할 수 있다.

각 영화의 수익을 계산하려면 총매출에서 비용을 제외한 후 gross 열 다음에 삽입하면 된다.

```
>>> profit_index = movies.columns.get_loc("gross") + 1
>>> profit_index
9
>>> movies.insert(
...    loc=profit_index,
...    column="profit",
...    value=movies["gross"] - movies["budget"],
... )
```

.drop 메서드를 사용해 칼럼을 삭제하는 대안은 del문을 사용하는 것이다. 그러나 이 또한 새로운 DataFrame을 반환하지 않으므로 .drop의 사용을 선호한다.

```
>>> del movies["director_name"]
```

기본 DataFrame 연산

▌소개

2장에서는 DataFrame의 여러 기본 연산을 설명한다. 많은 예제는 Series를 다뤘던 1장의 예제와 비슷하다.

▌여러 DataFrame 열 선택

열 이름을 DataFrame의 인덱스 연산자에 전달하면 단일 열을 선택할 수 있다. 이 방법은 1장에서 열을 선택하는 예제에서 다뤘다. 현재 작업 중인 데이터셋의 부분집합에 집중해야 할 경우가 종종 있는데, 그 때는 여러 개의 열을 선택하면 된다.

이 예제에서는 영화 데이터셋에서 actor와 director를 선택해본다.

작동 방법

1. movies 데이터셋을 읽은 다음 원하는 열의 리스트를 인덱스 연산자에 전달한다.

```
>>> import pandas as pd
>>> import numpy as np
>>> movies = pd.read_csv("data/movie.csv")
>>> movie_actor_director = movies[
...     [
...         "actor_1_name",
...         "actor_2_name",
...         "actor_3_name",
...         "director_name",
...     ]
... ]
>>> movie_actor_director.head()
        actor_1_name     actor_2_name          actor_3_name      director_name
0      CCH Pounder  Joel David Moore           Wes Studi      James Cameron
1      Johnny Depp     Orlando Bloom      Jack Davenport     Gore Verbinski
2  Christoph Waltz      Rory Kinnear   Stephanie Sigman        Sam Mendes
3        Tom Hardy    Christian Bale  Joseph Gordon-Levitt  Christopher Nolan
4      Doug Walker        Rob Walker                 NaN        Doug Walker
```

2. DataFrame 중 하나의 열만 선택할 경우가 있다. 인덱스 연산을 사용하면 Series나 DataFrame을 반환할 수 있다. 단일 아이템을 가진 리스트를 전달하면 DataFrame을 반환받는다. 문자열로 된 열의 이름을 전달하면 Series를 반환받게 된다.

```
>>> type(movies[["director_name"]])
<class 'pandas.core.frame.DataFrame'>

>>> type(movies["director_name"])
<class 'pandas.core.series.Series'>
```

3. .loc를 사용해 열 이름으로 끄집어낼 수도 있다. 이 인덱스 연산은 행 선택자를 먼저 전달해야 하므로 콜론(:)을 사용해 전체 행을 선택한다는 것을 명시해야 한다. 이 또한 DataFrame이나 Series를 반환할 수 있다.

```
>>> type(movies.loc[:, ["director_name"]])
<class 'pandas.core.frame.DataFrame'>

>>> type(movies.loc[:, "director_name"])
<class 'pandas.core.series.Series'>
```

작동 원리

DataFrame 인덱스 연산자는 매우 유연해서 여러 객체를 취할 수 있다. 문자열이 전달되면 1차원 Series가 반환된다. 리스트가 인덱스 연산자로 전달되면 리스트의 모든 열에 대해 지정된 순서대로 구성된 DataFrame을 반환한다.

2단계는 단일 열을 DataFrame과 Series로 선택하는 방법을 보여준다. 일반적으로 단일 열은 문자열로 선택하며 Series가 반환된다. DataFrame이 필요한 경우 열 이름을 단일 원소로 가진 리스트를 사용하면 된다.

3단계는 loc 속성을 사용해 Series나 DataFrame을 끄집어내는 것을 보여준다.

추가 사항

인덱스 연산자 내에 긴 리스트를 전달하면 가독성 문제가 발생할 수 있다. 이를 피하고자 모든 열 이름을 리스트 변수에 먼저 저장할 수 있다. 다음 코드는 1단계와 동일한 결과를 얻는다.

```
>>> cols = [
...     "actor_1_name",
...     "actor_2_name",
...     "actor_3_name",
...     "director_name",
... ]
>>> movie_actor_director = movies[cols]
```

pandas로 작업할 때 발생하는 가장 일반적인 예외 상황exception 중 하나는 KeyError다. 이 오류는 주로 열이나 인덱스 이름이 잘못됐을 경우 발생한다. 리스트를 사용하지 않고 여러 개의 열을 선택하려 시도할 때도 동일한 오류가 발생한다.

```
>>> movies[
...     "actor_1_name",
...     "actor_2_name",
...     "actor_3_name",
...     "director_name",
... ]
Traceback (most recent call last):
    ...
KeyError: ('actor_1_name', 'actor_2_name', 'actor_3_name', 'director_name ')
```

▌메서드를 사용해 열 선택

열을 선택할 때는 대개 인덱스 연산자를 사용하지만 DataFrame 메서드에도 이러한 선택을 가능케 해주는 것이 몇 개 있다. `.select_ dtypes`와 `.filter` 메서드는 선택을 수행하는 데 유용한 두 가지 메서드다.

데이터 형식으로 선택하려면 pandas의 데이터 형식에 익숙해져야 한다. 1장에서 데이터 형식을 설명했었다.

작동 방법

1. movies 데이터셋을 읽는다. 표시할 열 이름을 축약해보자. `.get_dtype_counts` 메서드를 사용해 각 특정 데이터 형식의 열 개수를 출력해본다.

```
>>> movies = pd.read_csv("data/movie.csv")
>>> def shorten(col):
...    return (
...        str(col)
...        .replace("facebook_likes", "fb")
...        .replace("_for_reviews", "")
...    )
>>> movies = movies.rename(columns=shorten)
>>> movies.dtypes.value_counts()
float64    13
object     12
int64       3
dtype: int64
```

2. `.select_dtypes` 메서드를 사용해 정수 열만 선택한다.

```
>>> movies.select_dtypes(include="int").head()
```

```
      num_voted_users   cast_total_facebook_likes   movie_facebook_likes
0            886204                         4834                   33000
1            471220                        48350                       0
2            275868                        11700                   85000
3           1144337                       106759                  164000
4                 8                          143                       0
```

3. 모든 수치 열만 선택하려면 include 매개변수에 number라는 문자열을 전달하면 된다.

```
>>> movies.select_dtypes(include="number").head()
   num_critic_for_reviews  duration ...  aspect_ratio movie_facebook_likes
0                   723.0     178.0 ...          1.78                33000
1                   302.0     169.0 ...          2.35                    0
2                   602.0     148.0 ...          2.35                85000
3                   813.0     164.0 ...          2.35               164000
4                     NaN       NaN ...           NaN                    0
```

4. 정수와 문자열로 된 열을 원하면 다음처럼 할 수 있다.

```
>>> movies.select_dtypes(include=["int", "object"]).head()
   color          director_name ...  content_rating  movie_facebook_likes
0  Color          James Cameron ...           PG-13                 33000
1  Color          Gore Verbinski ...          PG-13                     0
2  Color             Sam Mendes ...           PG-13                 85000
3  Color     Christopher Nolan ...            PG-13                164000
4    NaN            Doug Walker ...              NaN                     0
```

5. 부동소수점수 열만 제외하려면 다음과 같이 한다.

```
>>> movies.select_dtypes(exclude="float").head()
```

```
        color      director_name  ...  content_rating  movie_facebook_likes
0       Color      James Cameron  ...           PG-13                 33000
1       Color      Gore Verbinski ...           PG-13                     0
2       Color         Sam Mendes  ...           PG-13                 85000
3       Color  Christopher Nolan  ...           PG-13                164000
4         NaN        Doug Walker  ...             NaN                     0
```

6. 열을 선택하는 다른 방법은 `.filter` 메서드를 이용하는 것이다. 이 메서드는 유연하며 사용된 매개변수에 기반을 두고 열 이름(또는 인덱스 레이블)을 검색한다. 여기서는 `like` 매개변수를 사용해 모든 페이스북 열을 찾거나 `fb`라는 문자열을 정확히 포함하고 있는 열을 검색한다. `like` 매개변수는 열 이름에서 부분 문자열을 찾는다.

```
>>> movies.filter(like="fb").head()
   director_fb  actor_3_fb  actor_1_fb  cast_total_fb  actor_2_fb  movie_fb
0          0.0       855.0      1000.0           4834       936.0     33000
1        563.0      1000.0     40000.0          48350      5000.0         0
2          0.0       161.0     11000.0          11700       393.0     85000
3      22000.0     23000.0     27000.0         106759     23000.0    164000
4        131.0         NaN       131.0            143        12.0         0
```

7. `.filter` 메서드는 더 많은 기능(즉, 매개변수)을 갖고 있다. `items` 매개변수를 사용하면 열 이름을 리스트로 전달할 수 있다.

```
>>> cols = [
...     "actor_1_name",
...     "actor_2_name",
...     "actor_3_name",
...     "director_name",
... ]
>>> movies.filter(items=cols).head()
```

	actor_1_name	actor_2_name	actor_3_name	director_name
0	CCH Pounder	Joel David Moore	Wes Studi	James Cameron
1	Johnny Depp	Orlando Bloom	Jack Davenport	Gore Verbinski
2	Christoph Waltz	Rory Kinnear	Stephanie Sigman	Sam Mendes
3	Tom Hardy	Christian Bale	Joseph Gordon-Levitt	Christopher Nolan
4	Doug Walker	Rob Walker	NaN	Doug Walker

8. .filter 메서드를 사용하면 regex 매개변수로 정규 표현식^{regular expressions}을 사용해 열을 검색할 수 있다. 여기서는 이름에 숫자가 포함된 열을 모두 검색한다.

	actor_3_fb	actor_2_name	...	actor_3_name	actor_2_fb
0	855.0	Joel David Moore	...	Wes Studi	936.0
1	1000.0	Orlando Bloom	...	Jack Davenport	5000.0
2	161.0	Rory Kinnear	...	Stephanie Sigman	393.0
3	23000.0	Christian Bale	...	Joseph Gordon-Levitt	23000.0
4	NaN	Rob Walker	...	NaN	12.0

작동 원리

1단계는 모든 데이터 형식의 빈도수를 나타낸다. 다른 방법으로는 각 열에 정확한 데이터 형식을 얻고자 .dtypes 속성을 사용할 수도 있다. .select_dtypes 메서드는 리스트나 단일 데이터 형식을 include나 exclude 매개변수의 값으로 취하는데, 지정한 데이터 형식에 해당하는 열들로만 구성된 새로운 DataFrame을 반환한다 (또는 excluding에 지정하지 않은 것). 리스트 값은 데이터 형식의 문자열 이름이거나 실제 파이썬 객체일 수 있다.

.filter 메서드는 열 이름만을 보고 열을 검색하며 실제 데이터 값은 보지 않는다. 이 메서드는 상호 배타적인 3개의 매개변수를 갖고 있는데, 한 번에 items, like, regex 중 하나의 매개변수만 사용할 수 있다.

like 매개변수는 문자열을 취하고 지정한 문자열이 포함된 이름을 가진 모든 열을 찾는다. 좀 더 유연하게 사용하려면 regex를 사용해 정규 표현식을 쓸 수 있다. 예제의 특정 정규 표현식의 경우 r'\d'는 0부터 9까지의 모든 숫자와 적어도 하나의 숫자를 포함하고 있는 모든 문자열과 매치된다.

.filter 메서드에는 또 다른 매개변수인 items가 있는데, 이는 정확한 열 이름 리스트를 취한다. 이 매개변수는 거의 인덱스 연산을 복제한 것과 같다. 그러나 문자열 중 하나가 어떠한 열 이름과 매치되지 않더라도 KeyError 예외 상황은 발생하지 않는다. 예를 들어 movies.filter(items=['actor_1_name', 'asdf'])도 오류를 발생시키지 않고 단일 열을 가진 DataFrame을 반환한다.

추가 사항

.select_dtypes의 사용에 있어 혼란스러운 점 중 하나는 문자열과 파이썬 객체를 모두 사용할 수 있다는 유연성이다. 다음 목록은 다양한 열 데이터 형식을 선택할 수 있는 가능한 모든 방법을 설명한다. pandas의 데이터 형식을 참조하는 표준이나 선호되는 방법은 없으므로 두 가지 방법을 모두 알아두는 것이 좋다.

- np.number, 'number': 크기와 상관없이 정수와 부동소수를 모두 선택
- np.float64, np.float_, float, 'float64', 'float_', 'float': 64비트 부동소수점수만 선택
- np.float16, np.float32, np.float128, 'float16', 'float32', 'float128': 각각 정확히 16, 32, 128비트 부동소수점수 선택
- np.floating, 'floating': 크기와 상관없이 부동소수점수 선택
- np.int0, np.int64, np.int_, int, 'int0', 'int64', 'int_', 'int': 정확히 64비트 정수만 선택

- `np.int8, np.int16, np.int32, 'int8', 'int16', 'int32'`: 각각 정확히 8, 16, 32비트 정수 선택
- `np.integer, 'integer'`: 크기와 상관없이 모든 정수
- `'Int64'`: null 값을 허용하는 정수로, NumPy에는 없음
- `np.object, 'object', 'O'`: 모든 object 데이터 형식
- `np.datetime64, 'datetime64', 'datetime'`: 모든 datetimes는 64비트
- `np.timedelta64, 'timedelta64', 'timedelta'`: 모든 timedeltas는 64비트
- `pd.Categorical, 'category'`: pandas에만 존재하고 NumPy에는 없음

모든 정수와 부동소수점수는 기본적으로 64비트이므로 앞의 목록에서 볼 수 있듯이 문자열 `'int'`나 `'float'`를 사용해 선택할 수 있다. 특정 크기에 관계없이 모든 정수와 부동소수점수를 선택하려면 문자열 `'number'`를 사용한다.

▌열 이름 정렬

처음에 데이터셋을 DataFrame에 임포트하고 나서 고려해야 할 첫 번째 작업 중 하나는 열 순서를 분석하는 것이다. 대개 왼쪽에서 오른쪽으로 글자를 읽는 데 익숙하며, 이는 데이터에 대한 해석에도 영향을 미친다. 열 순서를 고려하면 정보를 좀 더 쉽게 찾고 해석할 수 있다.

데이터셋 내에서 열을 구성하는 방법을 지정하는 표준화된 규칙은 없다. 그러나 지속적으로 따를 수 있는 지침을 개발해 두는 것이 좋다. 특히 많은 데이터셋을 공유하는 분석가 그룹에서 함께 작업하는 경우는 더욱 그렇다.

다음은 열을 정렬하는 지침이다.

- 각 열을 범주형이나 연속형으로 분류하라.

- 범주형과 연속형 열 내에서 공통된 열을 그룹화하라.
- 가장 중요한 열 그룹을 먼저 위치시키고 연속형보다 범주형 열을 먼저 위치시켜라.

이 예제는 이 지침에 맞춰 열을 정렬하는 법을 보여준다. 여러 합리적인 정렬 방법이 가능하다.

작동 방법

1. movies 데이터셋을 읽은 다음 데이터를 살펴본다.

```
>>> movies = pd.read_csv("data/movie.csv")
>>> def shorten(col):
...     return col.replace("facebook_likes", "fb").replace(
...         "_for_reviews", "")
... )
>>> movies = movies.rename(columns=shorten)
```

2. 모든 열 이름을 출력하고 유사한 범주나 연속형 열을 찾아본다.

```
>>> movies.columns
Index(['color', 'director_name', 'num_critic', 'duration', 'director_fb',
    'actor_3_fb', 'actor_2_name', 'actor_1_fb', 'gross', 'genres',
    'actor_1_name', 'movie_title', 'num_voted_users', 'cast_total_fb',
    'actor_3_name', 'facenumber_in_poster', 'plot_keywords',
    'movie_imdb_link', 'num_user', 'language', 'country', 'content_rating',
    'budget', 'title_year', 'actor_2_fb', 'imdb_score', 'aspect_ratio',
    'movie_fb'],
    dtype='object')
```

3. 현재 열은 어떠한 논리적 순서도 갖고 있지 않은 것으로 보인다. 이름을 리스트로 구성해서 앞 절의 지침을 따라 해보자.

```
>>> cat_core = [
...     "movie_title",
...     "title_year",
...     "content_rating",
...     "genres",
... ]
>>> cat_people = [
...     "director_name",
...     "actor_1_name",
...     "actor_2_name",
...     "actor_3_name",
... ]
>>> cat_other = [
...     "color",
...     "country",
...     "language",
...     "plot_keywords",
...     "movie_imdb_link",
... ]

>>> cont_fb = [
...     "director_fb",
...     "actor_1_fb",
...     "actor_2_fb",
...     "actor_3_fb",
...     "cast_total_fb",
...     "movie_fb",
... ]
>>> cont_finance = ["budget", "gross"]
>>> cont_num_reviews = [
...     "num_voted_users",
...     "num_user",
```

```
...     "num_critic",
... ]
>>> cont_other = [
...     "imdb_score",
...     "duration",
...     "aspect_ratio",
...     "facenumber_in_poster",
... ]
```

4. 모든 리스트를 이어 붙여 최종 열 순서를 구한다. 또한 이 리스트가 원래 열을 모두 포함하도록 보장해야 한다.

```
>>> new_col_order = (
...     cat_core
...     + cat_people
...     + cat_other
...     + cont_fb
...     + cont_finance
...     + cont_num_reviews
...     + cont_other
... )
>>> set(movies.columns) == set(new_col_order)
True
```

5. 새로운 열 순서대로 된 리스트를 DataFrame의 인덱스 연산자에 전달하고 열을 재정렬한다.

```
>>> movies[new_col_order].head()
   movie_title   title_year ... aspect_ratio facenumber_in_poster
0       Avatar       2009.0 ...         1.78                  0.0
1   Pirates ...      2007.0 ...         2.35                  0.0
2      Spectre       2015.0 ...         2.35                  1.0
```

```
3    The Dark...     2012.0   ...          2.35                0.0
4    Star War...        NaN   ...           NaN                0.0
```

작동 원리

특정 열 이름으로 구성된 리스트를 사용하면 DataFrame에서 해당 열의 부분집합을 선택할 수 있다. 예를 들어 movies[['movie_title', 'director_name']]은 movie_title과 director_name 열만 있는 새 DataFrame을 만든다. 이름으로 열을 선택하는 것은 pandas DataFrame에 대한 인덱스 연산자의 기본 동작이다.

3단계는 데이터 형식(범주 또는 연속)과 데이터 유사성에 따라 모든 열 이름을 별도의 목록으로 정리한다. 영화 제목과 같이 가장 중요한 열이 먼저 배치된다.

4단계는 모든 열 이름 리스트를 연결하고 새 리스트가 원래 열 이름을 모두 포함하는지 확인한다. 파이썬 집합은 순서가 없으므로, 등식 명령문은 한 집합의 각 멤버가 다른 집합의 멤버인지 확인해준다. 이 예제에서 열을 수동으로 정렬하면 새 열 리스트에 있는 열은 잊어버리기 쉽기 때문에 실수가 유발될 수 있다.

5단계는 새 열 순서를 리스트로 인덱스 연산자에 전달해 재정렬을 완료한다. 이 새로운 순서는 이제 원본보다 훨씬 더 합리적이다.

추가 사항

앞에서 언급한 제시된 열 순서 외에 또 다른 지침이 있다. 해들리 위컴^{Hadley Wickham}의 논문에 설명된 정돈된 데이터는 먼저 고정 변수를 배치한 다음 측정 변수를 배치할 것을 제안한다. 이 데이터는 통제된 실험에서 나온 것이 아니므로 어떤 변수가 고정인지 어떤 변수가 측정인지 결정하는 데 약간의 유연성이 있다.

측정 변수가 되는 좋은 후보로는 gross, budget, imdb_score처럼 예측하고자 하는 변수다. 예를 들어 이 순서 정렬에서는 범주형 변수와 연속형 변수를 혼합할 수 있다. 해당 배우의 이름 바로 뒤에 페이스북의 '좋아요' 개수가 있는 열을 배치하는 것이 더 합리적일 수 있다. 물론 계산 부분이 영향을 받지는 않으므로 열 순서에 대한 본인만의 고유한 지침을 만들어 볼 수도 있다.

▌DataFrame 요약

1장의 예제 중 단일 열이나 Series 데이터를 대상으로 작동하는 다양한 메서드가 있었다. 그중 다수는 단일 스칼라 값을 반환하는 집계aggregation 혹은 축약reducing 메서드였다. DataFrame에서 이와 동일한 메서드를 호출하면 각 열에 대해 해당 작업을 한꺼번에 수행하고 DataFrame의 각 열에 대한 결과를 축약한다. 이들은 열 이름이 인덱스고 각 열의 요약을 값으로 가진 Series를 반환한다.

이 예제에서는 movies 데이터셋을 사용해 가장 일반적인 다양한 DataFrame 속성과 메서드를 살펴본다.

작동 방법

1. movies 데이터셋을 읽은 다음 몇 가지 기본 성질인 .shape, .size, ndim과 함께 len 함수를 실행해본다.

```
>>> movies = pd.read_csv("data/movie.csv")
>>> movies.shape
(4916, 28)
>>> movies.size
137648
>>> movies.ndim
2
```

```
>>> len(movies)
4916
```

2. .count 메서드는 각 열에서 결측치가 아닌 데이터 개수를 보여준다. 이는 각 열을 하나의 단일 값으로 요약하므로 집계^{aggregation} 메서드다. 출력은 원시 열 이름을 인덱스로 갖는 Series다.

```
>>> movies.count()
color                       4897
director_name               4814
num_critic_for_reviews      4867
duration                    4901
director_facebook_likes     4814
                            ...
title_year                  4810
actor_2_facebook_likes      4903
imdb_score                  4916
aspect_ratio                4590
movie_facebook_likes        4916
dtype: int64
```

3. 요약 통계량을 계산하는 또 다른 메서드 .min, .max, .mean, .median, std는 수치 열의 열 이름을 인덱스로 하고 각 집계치를 값으로 갖는 Series를 반환한다.

```
. >>> movies.min()
num_critic_for_reviews     1
duration                   7
director_facebook_likes    0
actor_3_facebook_likes     0
actor_1_facebook_likes     0
```

```
                                              ...
title_year                                   1916
actor_2_facebook_likes                          0
imdb_score                                    1.6
aspect_ratio                                 1.18
movie_facebook_likes                            0
dtype: object
```

4. `.describe` 메서드는 매우 강력하며 기술 통계량과 분위수를 동시에 계산한다. 결과는 기술 통계량 이름을 인덱스로 갖는 DataFrame이다. 나는 그 결과를 `.T`를 사용해 전치시키는 것을 좋아한다. 대개 그런 식으로 화면에 더 많은 정보를 표시할 수 있기 때문이다.

```
>>> movies.describe().T
                             count         mean ...          75%          max
num_critic_for_reviews      4867.0  1.379889e+02 ...       191.00  8.130000e+02
duration                    4901.0  1.070908e+02 ...       118.00  5.110000e+02
director_facebook_likes     4814.0  6.910145e+02 ...       189.75  2.300000e+04
actor_3_facebook_likes      4893.0  6.312763e+02 ...       633.00  2.300000e+04
actor_1_facebook_likes      4909.0  6.494488e+03 ...     11000.00  6.400000e+05
gross                       4054.0  4.764451e+07 ... 61108412.75  7.605058e+08
num_voted_users             4916.0  8.264492e+04 ...     93772.75  1.689764e+06
cast_total_facebook_likes   4916.0  9.579816e+03 ...     13616.75  6.567300e+05
facenumber_in_poster        4903.0  1.377320e+00 ...         2.00  4.300000e+01
num_user_for_reviews        4895.0  2.676688e+02 ...       320.50  5.060000e+03
budget                      4432.0  3.654749e+07 ... 43000000.00  4.200000e+09
title_year                  4810.0  2.002448e+03 ...      2011.00  2.016000e+03
actor_2_facebook_likes      4903.0  1.621924e+03 ...       912.00  1.370000e+05
imdb_score                  4916.0  6.437429e+00 ...         7.20  9.500000e+00
aspect_ratio                4590.0  2.222349e+00 ...         2.35  1.600000e+01
movie_facebook_likes        4916.0  7.348294e+03 ...      2000.00  3.490000e+05
```

5. percentiles 매개변수를 사용하면 .describe 메서드에 정확한 분위수를
   지정할 수 있다.

```
>>> movies.describe(percentiles=[0.01, 0.3, 0.99]).T
                             count        mean  ...           99%           max
num_critic_for_reviews      4867.0  1.379889e+02  ...  5.466800e+02  8.130000e+02
duration                    4901.0  1.070908e+02  ...  1.890000e+02  5.110000e+02
director_facebook_likes     4814.0  6.910145e+02  ...  1.600000e+04  2.300000e+04
actor_3_facebook_likes      4893.0  6.312763e+02  ...  1.100000e+04  2.300000e+04
actor_1_facebook_likes      4909.0  6.494488e+03  ...  4.492000e+04  6.400000e+05
gross                       4054.0  4.764451e+07  ...  3.264128e+08  7.605058e+08
num_voted_users             4916.0  8.264492e+04  ...  6.815846e+05  1.689764e+06
cast_total_facebook_likes   4916.0  9.579816e+03  ...  6.241390e+04  6.567300e+05
facenumber_in_poster        4903.0  1.377320e+00  ...  8.000000e+00  4.300000e+01
num_user_for_reviews        4895.0  2.676688e+02  ...  1.999240e+03  5.060000e+03
budget                      4432.0  3.654749e+07  ...  2.000000e+08  4.200000e+09
title_year                  4810.0  2.002448e+03  ...  2.016000e+03  2.016000e+03
actor_2_facebook_likes      4903.0  1.621924e+03  ...  1.700000e+04  1.370000e+05
imdb_score                  4916.0  6.437429e+00  ...  8.500000e+00  9.500000e+00
aspect_ratio                4590.0  2.222349e+00  ...  4.000000e+00  1.600000e+01
movie_facebook_likes        4916.0  7.348294e+03  ...  9.385000e+04  3.490000e+05
```

작동 원리

1단계는 데이터셋 크기에 대한 기본 정보를 제공한다. .shape 속성은 행과 열수를
가진 튜플을 반환한다. .size 속성은 DataFrame의 총 원소 개수를 반환하는데, 이
는 행과 열 개수의 곱이다. .ndim 속성은 차원 수를 반환하는데, 모든 DataFrame은
2다. DataFrame이 내장 함수인 len에 전달되면 행수를 반환한다.

2단계와 3단계의 메서드는 각 열을 단일 숫자로 집계한다. 각 열 이름은 이제 집계
된 결과를 해당 값으로 사용하는 Series의 인덱스 레이블이다.

자세히 살펴보면 3단계의 출력에는 2단계의 모든 object 열이 누락된 것을 알 수 있다. 이 메서드는 기본 설정에서 문자열로 된 열을 무시한다.

숫자 열에는 결측치가 있어도 결과는 .describe에 의해 반환된다는 점에 주목하자. 기본 설정에서 pandas는 숫자 열에서 누락된 값은 건너뛰고 처리한다. skipna 매개변수를 False로 설정하면 이 동작을 변경할 수 있다. 설정을 바꾸면 적어도 하나의 결측치가 존재하는 경우 pandas는 모든 집계 메서드에서 NaN을 반환한다.

.describe 메서드는 수치 열의 요약 통계량을 표시한다. percentile 매개변수에 0과 1 사이의 숫자 리스트를 전달하면 더 많은 분위수를 포함하도록 요약을 확장할 수 있다. .describe 메서드에 대한 자세한 정보는 데이터 분석 루틴 개발 예제를 참조하라.

추가 사항

.skipna 매개변수가 결과에 미치는 영향을 확인하고자 값을 False로 설정하고 이전 예제에서 3단계를 다시 실행할 수 있다. 결측치가 없는 수치 열만 결과를 계산할 것이다.

```
>>> movies.min(skipna=False)
num_critic_for_reviews         NaN
duration                       NaN
director_facebook_likes        NaN
actor_3_facebook_likes         NaN
actor_1_facebook_likes         NaN
                               ...
title_year                     NaN
actor_2_facebook_likes         NaN
imdb_score                     1.6
aspect_ratio                   NaN
```

```
movie_facebook_likes                    0.0
Length: 16, dtype: float6 4
```

▌DataFrame 메서드 체인

1장에서 Series의 메서드를 체인시키는 여러 예제를 살펴봤다. 2장의 모든 메서드 체인은 DataFrame으로 시작한다. 메서드 체인의 핵심 중 하나는 체인의 각 단계에서 반환되는 정확한 객체를 아는 것이다. pandas에서는 거의 항상 DataFrame이나 Series 또는 스칼라 값이다.

이 예제에서는 movies 데이터셋의 각 열에 있는 모든 결측치 개수를 알아본다.

작동 방법

1. .isnull 메서드를 사용해 결측치 개수를 알아낸다. 이 메서드는 모든 값을 불리언으로 바꿔서 누락 여부를 알려준다.

```
>>> movies = pd.read_csv("data/movie.csv")
>>> def shorten(col):
...    return col.replace("facebook_likes", "fb").replace(
...        "_for_reviews", ""
...    )
>>> movies = movies.rename(columns=shorten)
>>> movies.isnull().head()
   color director_name  num_critic  ...  imdb_score  aspect_ratio  movie_fb
0  False         False       False  ...       False         False     False
1  False         False       False  ...       False         False     False
2  False         False       False  ...       False         False     False
3  False         False       False  ...       False         False     False
```

4	True	False	True ...	False	True	False

2. .sum 메서드를 체인시켜 각각 True는 1로, False는 0으로 해석한다. 이는 축약 메서드이므로 결과를 Series로 집계한다.

```
>>> (movies.isnull().sum().head())
color               19
director_name      102
num_critic          49
duration            15
director_fb        102
dtype: int64
```

3. 한 단계 더 나아가 이 Series의 합계를 계산하고 전체 DataFrame에서 결측치의 전체 개수를 스칼라 값으로 반환한다.

```
>>> movies.isnull().sum().sum()
2654
```

4. DataFrame에 결측치가 있는지 확인할 수 있는 방법은 .any 메서드를 연속 두 번 사용하는 것이다.

```
>>> movies.isnull().any().any()
True
```

작동 원리

.isnull 메서드는 호출하는 DataFrame과 크기는 같지만 모든 값이 불리언으로 변환된 DataFrame을 반환한다. 이를 확인하려면 다음 데이터 형식의 개수를 참조하라.

```
>>> movies.isnull().dtypes.value_counts()
bool 28
dtype: int64
```

파이썬에서 불리언은 0과 1로 계산되므로 2단계에서와 같이 열별로 불리언을 합칠 수 있다. 결과 Series 자체에 .sum 메서드가 있어 DataFrame에서 누락된 총 개수를 얻을 수 있다.

4단계에서 DataFrame의 .any 메서드는 각 열에 대해 하나 이상의 True가 있는지 여부를 나타내는 일련의 불리언을 반환한다. .any 메서드는 결과로 생성된 불리언 Series에 다시 체인돼 결측치가 있는 열이 있는지 판별한다. 4단계에서 True로 평가되면 전체 DataFrame에 하나 이상의 결측치가 있다.

추가 사항

object 데이터 형식을 가진 movies 데이터셋의 대부분 열에 결측치가 있다. 기본 설정에서는 집계 메서드(.min, .max, .sum)는 object 열에 대해 아무것도 반환하지 않는다. 다음 코드에서는 세 개의 object 열을 선택하고 각 열의 최댓값을 찾지만 아무것도 반환하지 않는다.

```
>>> movies[["color", "movie_title", "color"]].max()
Series([], dtype: float64)
```

pandas가 각 열에 대해 무언가를 반환하게 하려면 결측치를 채워야 한다. 여기서는 빈 문자열로 채운다.

```
>>> movies.select_dtypes(["object"]).fillna("").max()
colo                                                    Color
```

```
director_name                              Étienne Faure
actor_2_name                               Zubaida Sahar
genres                                           Western
actor_1_name                               Óscar Jaenada
                                                      ...
plot_keywords                        zombie|zombie spoof
movie_imdb_link      http://www.imdb.com/title/tt5574490/?ref_=fn_t...
language                                             Zulu
country                                      West Germany
content_rating                                          X
dtype: object
```

가독성을 위해 메서드 체인은 종종 괄호로 묶어 한 줄당 하나의 메서드 호출로 작성된다. 이를 통해 체인의 가독성이 올라가고 각 단계에서 반환되는 내용을 설명한 주석을 삽입하거나 행을 주석 처리해 오류 상황에서 디버깅할 수 있다.

```
>>> (movies
    .select_dtypes(["object"])
    .fillna("")
    .max()
)
color                                              Color
director_name                              Étienne Faure
actor_2_name                               Zubaida Sahar
genres                                           Western
actor_1_name                               Óscar Jaenada
                                                      ...
plot_keywords                        zombie|zombie spoof
movie_imdb_link      http://www.imdb.com/title/tt5574490/?ref_=fn_t...
language                                             Zulu
country                                      West Germany
content_rating                                          X
dtype: object
```

▌DataFrame 연산

연산자에 대한 기초는 1장의 Series 작업 예제에서 설명했으며 여기에서 유용하게 사용된다. 파이썬의 산술과 비교 연산자는 Series와 마찬가지로 DataFrame에도 작동한다.

산술이나 비교 연산자를 DataFrame과 함께 사용하면 각 열의 각 값에 해당 연산이 적용된다. 연산자가 DataFrame과 함께 사용되는 경우에 대개 해당 열은 모두 숫자이거나 객체(일반적으로 문자열)다. DataFrame에 이질적인 데이터 형식이 있으면 연산이 실패할 수 있다. 숫자와 객체 데이터 형식을 모두 포함하는 college 데이터셋에서 이러한 실패의 예를 살펴보자. 정수를 문자열에 덧셈할 수는 없으므로 DataFrame의 각 값에 5를 더하려고 하면 TypeError가 발생한다.

```
>>> colleges = pd.read_csv("data/college.csv")
>>> colleges + 5
Traceback (most recent call last):
    ...
TypeError: can only concatenate str (not "int") to str
```

DataFrame과 함께 연산자를 성공적으로 사용하려면 먼저 동질의 데이터를 선택하라. 이 예제에서는 'UGDS_'로 시작하는 모든 열을 선택한다. 이 열은 학부생들의 인종별 비율을 나타낸다. 시작하려면 데이터를 임포트하고 기관 이름을 인덱스 레이블로 사용한 다음 .filter 메서드로 원하는 열을 선택한다.

```
>>> colleges = pd.read_csv(
...     "data/college.csv", index_col="INSTNM"
... )
>>> college_ugds = colleges.filter(like="UGDS_")
>>> college_ugds.head()
```

```
                           UGDS_WHITE  ...   UGDS_UNKN
INSTNM                                 ...
Alabama A & M University       0.0333  ...      0.0138
University of Alabama at Birmingham  0.5922  ...  0.0100
Amridge University             0.2990  ...      0.2715
University of Alabama in Huntsville  0.6988  ...  0.0350
Alabama State University       0.0158  ...      0.0137
```

이번 예제에서는 DataFrame에 여러 연산자를 사용해 학부 열을 가장 가까운 100의 자리수로 반올림한다. 그런 다음 결과가 .round 메서드와 동일한지 확인해볼 것이다.

작동 방법

1. pandas는 뱅커 반올림^{bankers rounding} 연산을 한다. 즉, 숫자가 양쪽의 한 가운데 있을 경우에는 가까운 짝수 쪽으로 만들어 버린다. 소수 두 자리수로 반올림할 때 이 series의 UGDS_BLACK 행이 어떻게 되는지 살펴보자.

```
>>> name = "Northwest-Shoals Community College"
>>> college_ugds.loc[name]
UGDS_WHITE     0.7912
UGDS_BLACK     0.1250
UGDS_HISP      0.0339
UGDS_ASIAN     0.0036
UGDS_AIAN      0.0088
UGDS_NHPI      0.0006
UGDS_2MOR      0.0012
UGDS_NRA       0.0033
UGDS_UNKN      0.0324
Name: Northwest-Shoals Community College, dtype: float64
```

```
>>> college_ugds.loc[name].round(2)
UGDS_WHITE    0.79
UGDS_BLACK    0.12
UGDS_HISP     0.03
UGDS_ASIAN    0.00
UGDS_AIAN     0.01
UGDS_NHPI     0.00
UGDS_2MOR     0.00
UGDS_NRA      0.00
UGDS_UNKN     0.03
Name: Northwest-Shoals Community College, dtype: float64
```

pandas가 뱅커 반올림하기 전에 .0001을 더하면 반올림된다.

```
>>> (college_ugds.loc[name] + 0.0001).round(2)
UGDS_WHITE    0.79
UGDS_BLACK    0.13
UGDS_HISP     0.03
UGDS_ASIAN    0.00
UGDS_AIAN     0.01
UGDS_NHPI     0.00
UGDS_2MOR     0.00
UGDS_NRA      0.00
UGDS_UNKN     0.03
Name: Northwest-Shoals Community College, dtype: float64
```

2. 이제 DataFrame에 연산을 적용해보자. 먼저 college_ugds의 각 값에 .00501
을 더해보자.

```
>>> college_ugds + 0.00501
                        UGDS_WHITE  ...  UGDS_UNKN
INSTNM                              ...
```

```
Alabama A & M University                               0.03831 ...   0.01881
University of Alabama at Birmingham                     0.59721 ...   0.01501
Amridge University                                     0.30401 ...   0.27651
University of Alabama in Huntsville                     0.70381 ...   0.04001
Alabama State University                               0.02081 ...   0.01871
...                                                         ... ...       ...
SAE Institute of Technology  San Francisco                 NaN ...       NaN
Rasmussen College - Overland Park                          NaN ...       NaN
National Personal Training Institute of Cleveland          NaN ...       NaN
Bay Area Medical Academy - San Jose Satellite L...         NaN ...       NaN
Excel Learning Center-San Antonio South                    NaN ...       NaN
```

3. 몫을 구하는 연산자 //를 사용해 가장 가까운 정수 퍼센트로 반내림하자.

```
>>> (college_ugds + 0.00501) // 0.01

                                            UGDS_WHITE ...   UGDS_UNKN
INSTNM                                                 ...
Alabama A & M University                           3.0 ...         1.0
University of Alabama at Birmingham               59.0 ...         1.0
Amridge University                                30.0 ...        27.0
University of Alabama in Huntsville                70.0 ...         4.0
Alabama State University                           2.0 ...         1.0
...                                                ... ...         ...
SAE Institute of Technology  San Francisco         NaN ...         NaN
Rasmussen College - Overland Park                  NaN ...         NaN
National Personal Training Institute of Cleveland  NaN ...         NaN
Bay Area Medical Academy - San Jose Satellite L... NaN ...         NaN
Excel Learning Center-San Antonio South            NaN ...         NaN
```

4. 반올림을 완성하려면 100으로 나눠야 한다.

```
>>> college_ugds_op_round = (
...     (college_ugds + 0.00501) // 0.01 / 100
```

```
... )
>>> college_ugds_op_round.head()
```

	UGDS_WHITE	...	UGDS_UNKN
INSTNM		...	
Alabama A & M University	0.03	...	0.01
University of Alabama at Birmingham	0.59	...	0.01
Amridge University	0.30	...	0.27
University of Alabama in Huntsville	0.70	...	0.04
Alabama State University	0.02	...	0.01

5. 이제 DataFrame의 **round** 메서드를 사용해 앞의 작업을 자동으로 해보자.
   뱅커 반올림을 고려하기 위해 연산 전에 작은 값을 더한다.

```
>>> college_ugds_round = (college_ugds + 0.00001).round(2)
>>> college_ugds_round
```

	UGDS_WHITE	...	UGDS_UNKN
INSTNM		...	
Alabama A & M University	0.03	...	0.01
University of Alabama at Birmingham	0.59	...	0.01
Amridge University	0.30	...	0.27
University of Alabama in Huntsville	0.70	...	0.04
Alabama State University	0.02	...	0.01
...	...	...	...
SAE Institute of Technology San Francisco	NaN	...	NaN
Rasmussen College - Overland Park	NaN	...	NaN
National Personal Training Institute of Cleveland	NaN	...	NaN
Bay Area Medical Academy - San Jose Satellite L...	NaN	...	NaN
Excel Learning Center-San Antonio South	NaN	...	NaN

6. DataFrame의 **equals** 메서드를 사용해 두 DataFrame이 동일한지 확인해
   보자.

```
>>> college_ugds_op_round.equals(college_ugds_round)
True
```

작동 원리

1단계와 2단계는 덧셈 연산자를 사용한다. 이 연산자는 스칼라 값을 DataFrame에서 각 열의 값에 더한다. 열이 모두 숫자이므로 이 작업은 예상대로 작동한다. 각 열에 결측치가 있지만 작업 후에도 결측치가 유지된다.

수학적으로는 .005를 더하면 다음 단계의 정수 나눗셈$^{floor\ division}$이 가장 가까운 정수 백분율로 반올림되게 하는 데 충분하다. 그러나 부동소수점수의 부정확성으로 인해 문제가 발생한다.

```
>>> 0.045 + 0.005
0.04999999999999996
```

부동소수점 표현의 첫 번째 4자리 숫자가 실제 값과 동일하게 각 숫자에 .00001이 더해진다. 데이터셋에서 모든 점의 최대 정밀도가 소수점 이하 네 자리이기 때문에 이 방법은 잘 작동한다.

3단계에서는 정수 나누기 연산자 //를 DataFrame의 모든 값에 적용한다. 백분율로 나눈다는 것은 본질적으로 각 값에 100을 곱하고 소수점을 자르는 것과 같다. 정수 나누기가 덧셈보다 우선순위가 높으므로 식의 첫 부분 주위에 괄호가 필요하다. 4단계에서는 나누기 연산자를 사용해 10진수를 올바른 위치로 되돌린다.

5단계에서는 round 메서드를 사용해 이전 단계를 재현한다. 이 작업을 수행하기 전에 2단계와 다른 이유로 각 DataFrame 값에 다시 .00001을 더해야 한다. NumPy와 파이썬 3는 정확히 절반 위치에 있는 수를 짝수 쪽으로 만든다. 뱅커 반올림(또는 동률을 짝수로, http://bit.ly/2x3V5TU) 기술은 일반적으로 학교에서 가르치는 공식과는 다르다. 이 방법은 숫자가 지속적으로 더 높은 쪽으로 치우치는 것을 막아준다(http://bit.ly/2zhsPy8).

여기서는 두 DataFrame 값이 같도록 반올림해야 한다. .equals 메서드는 두 DataFrame 사이의 모든 요소와 인덱스가 정확히 동일한지 여부를 판별하고 불리언을 반환한다.

추가 사항

Series와 마찬가지로 DataFrame에도 연산자와 동등한 메서드가 있다. 연산자를 동등한 메서드로 대체할 수 있다.

```
>>> college2 = (
...     college_ugds.add(0.00501).floordiv(0.01).div(100)
... )
>>> college2.equals(college_ugds_op_round)
True
```

▌ 결측치 비교

pandas는 NumPy NaN(np.nan) 객체를 사용해 결측치를 나타낸다. 이는 특이한 객체며 흥미로운 수학적 특성을 갖고 있다. 예를 들어 자신과 같지 않다. 파이썬의 None 객체조차도 자체와 비교할 때 True로 평가된다.

```
>>> np.nan == np.nan
False
```

```
>>> None == None
True
```

np.nan을 대상으로 한 모든 비교는 같지 않음(!=)을 제외하고는 모두 False가 반환된다.

```
>>> np.nan > 5
False
>>> 5 > np.nan
False
>>> np.nan != 5
True
```

준비

Series와 DataFrame은 요소별 비교를 위해 '같음' 연산자 ==를 사용한다. 결과는 동일한 차원의 객체다. 이 예제는 equals 연산자를 사용하는 방법을 보여주는데, 이는 equals 메서드와는 매우 다르다.

앞의 예제처럼 college 데이터셋 중 학부생들의 인종별 비율을 나타내는 열을 사용한다.

```
>>> college = pd.read_csv(
...     "data/college.csv", index_col="INSTNM"
... )
>>> college_ugds = college.filter(like="UGDS_")
```

작동 방법

1. 등호 연산자의 작동 방법을 알아보고자 각 원소를 스칼라와 비교해보자.

```
>>> college_ugds == 0.0019
```

	UGDS_WHITE	...	UGDS_UNKN
INSTNM		...	
Alabama A & M University	False	...	False
University of Alabama at Birmingham	False	...	False
Amridge University	False	...	False
University of Alabama in Huntsville	False	...	False
Alabama State University	False	...	False
...	...	...	...
SAE Institute of Technology San Francisco	False	...	False
Rasmussen College - Overland Park	False	...	False
National Personal Training Institute of Cleveland	False	...	False
Bay Area Medical Academy - San Jose Satellite L...	False	...	False
Excel Learning Center-San Antonio South	False	...	False

2. 이 방법은 예상한 대로 작동하지만 결측치가 있는 DataFrame과 비교하려 할 때마다 문제가 된다. 두 DataFrame을 원소별로 하나씩 비교할 때 등호 연산자를 사용하고 싶을 것이다. 예를 들어 college_ugds를 등호를 사용해 자신과 연산하면 다음과 같다.

```
>>> college_self_compare = college_ugds == college_ugds
>>> college_self_compare.head()
```

	UGDS_WHITE	...	UGDS_UNKN
INSTNM		...	
Alabama A & M University	True	...	True
University of Alabama at Birmingham	True	...	True
Amridge University	True	...	True
University of Alabama in Huntsville	True	...	True
Alabama State University	True	...	True

3. 얼핏 보기에는 예상대로 모든 값이 같아 보인다. 그러나 `.all` 메서드를 사용해 각 열이 모두 True 값만 갖고 있는지 확인해보면 예상과 다른 결과가 나온다.

```
>>> college_self_compare.all()
UGDS_WHITE    False
UGDS_BLACK    False
UGDS_HISP     False
UGDS_ASIAN    False
UGDS_AIAN     False
UGDS_NHPI     False
UGDS_2MOR     False
UGDS_NRA      False
UGDS_UNKN     False
dtype: bool
```

4. 이 문제는 결측치가 서로 같은 것으로 비교되지 않기 때문에 발생한다. 등호 연산자를 사용해 결측치를 '같음' 연산자를 사용해 세고 불리언 열을 합산하려고 하면 각각에 대해 0을 얻게 된다.

```
>>> (college_ugds == np.nan).sum()
UGDS_WHITE    0
UGDS_BLACK    0
UGDS_HISP     0
UGDS_ASIAN    0
UGDS_AIAN     0
UGDS_NHPI     0
UGDS_2MOR     0
UGDS_NRA      0
UGDS_UNKN     0
dtype: int64
```

5. 결측치 수를 얻는 데 **==**를 사용하는 대신 **.isna** 메서드를 사용하라.

```
>>> college_ugds.isna().sum()
UGDS_WHITE     661
UGDS_BLACK     661
UGDS_HISP      661
UGDS_ASIAN     661
UGDS_AIAN      661
UGDS_NHPI      661
UGDS_2MOR      661
UGDS_NRA       661
UGDS_UNKN      661
dtype: int64
```

6. 두 개의 전체 DataFrame을 서로 비교하는 올바른 방법은 등호 연산자(**==**)
   가 아니라 **.equals** 메서드를 사용하는 것이다. 이 메서드는 같은 위치에 있
   는 NaN을 동일하게 취급한다(**.eq** 메서드는 **==**와 동일하다는 점에 유의하자).

```
>>> college_ugds.equals(college_ugds)
True
```

작동 원리

1단계는 DataFrame을 스칼라 값과 비교하고 2단계는 DataFrame을 다른 DataFrame
과 비교한다. 두 연산 모두 처음에는 매우 간단하고 직관적인 것으로 보인다. 두
번째 연산은 DataFrame에 동일하게 레이블된 인덱스가 있고, 따라서 동일한 수의
원소가 있는지 확인한다. 그렇지 않다면 연산이 실패한다.

3단계는 DataFrame의 모든 열이 서로 동일하지 않다는 것을 보여준다. 4단계는
자신과 같지 않다는 것을 **np.nan**이 보여준다. 5단계는 DataFrame에 실제로 결측

치가 있다는 것을 확인해준다. 마지막으로 6단계는 DataFrame을 .equals 메서드를 사용해 비교하는 올바른 방법을 보여준다. 이 메서드는 항상 불리언 스칼라 값을 반환한다.

추가 사항

모든 비교 연산자에는 더 많은 기능을 가진 대응 메서드가 있다. 다소 혼란스럽지만 .eq DataFrame 메서드는 equals(==) 연산자와 마찬가지로 요소별 비교를 수행한다. .eq 메서드는 .equals 메서드와 전혀 다르다. 다음 코드는 1단계를 복제한다.

```
>>> college_ugds.eq(0.0019) # college_ugds == .0019와 동일
            UGDS_WHITE UGDS_BLACK ...  UGDS_NRA  UGDS_UNKN
INSTNM                   ...
Alabama A...   False     False  ...   False     False
Universit...   False     False  ...   False     False
Amridge U...   False     False  ...   False     False
Universit...   False     False  ...   False     False
Alabama S...   False     False  ...   False     False
...             ...       ...  ...    ...       ...
SAE Insti...   False     False  ...   False     False
Rasmussen...   False     False  ...   False     False
National ...   False     False  ...   False     False
Bay Area ...   False     False  ...   False     False
Excel Lea...   False     False  ...   False     False
```

pandas.testing 서브패키지 안에는 개발자들이 단위 테스트를 생성할 때 사용해야 하는 함수가 있다. assert_frame_equal 함수는 두 개의 DataFrame이 같지 않으면 AssertionError를 발생시킨다. 두 DataFrame이 같은 경우 None을 반환한다.

```
>>> from pandas.testing import assert_frame_equal
>>> assert_frame_equal(college_ugds, college_ugds) is None
True
```

단위 테스트는 소프트웨어 개발에서 매우 중요한 부분이며 코드가 올바르게 실행되고 있는지 확인해준다. pandas에는 제대로 작동하는지 확인하는 데 도움이 되는 수천 개의 단위 테스트가 포함돼 있다. pandas가 단위 테스트를 실행하는 방법의 자세한 내용은 설명서의 'Contributing to pandas(http://bit.ly/2vmCSU6)' 절을 참고하라.

▌ DataFrame 연산 방향 전환

많은 DataFrame 메서드에는 axis 매개변수가 있다. 이 매개변수는 연산이 진행되는 방향을 제어한다. axis 매개변수는 'index'(또는 0) 또는 'columns'(또는 1)일 수 있다. 나는 문자열 버전이 명확하고 코드를 읽기 쉽게 만드는 경향이 있으므로 더 선호한다.

거의 모든 DataFrame 메서드는 기본적으로 axis 매개변수를 0으로 설정하며 인덱스를 따르는 작업에 적용된다. 이번 예제는 두 축을 따라 동일한 메서드를 호출하는 방법을 보여준다.

작동 방법

1. college 데이터셋을 읽는다. UGDS로 시작하는 열은 특정 인종의 학부생 비율을 나타낸다. filter 메서드를 사용해 이 열들을 선택한다.

```
>>> college = pd.read_csv(
...     "data/college.csv", index_col="INSTNM"
... )
>>> college_ugds = college.filter(like="UGDS_")
>>> college_ugds.head()
                                        UGDS_WHITE  ...  UGDS_UNKN
INSTNM                                              ...
Alabama A & M University                    0.0333 ...     0.0138
University of Alabama at Birmingham         0.5922 ...     0.0100
Amridge University                          0.2990 ...     0.2715
University of Alabama in Huntsville         0.6988 ...     0.0350
Alabama State University                    0.0158 ...     0.0137
```

2. 이제 DataFrame은 동질의 열 데이터를 가지므로 연산자는 수직적이거나 수평적으로 적용할 수 있다. .count 메서드는 결측치가 아닌 개수를 반환 한다. 기본적으로 axis 매개변수는 0으로 설정된다.

```
>>> college_ugds.count()
UGDS_WHITE    6874
UGDS_BLACK    6874
UGDS_HISP     6874
UGDS_ASIAN    6874
UGDS_AIAN     6874
UGDS_NHPI     6874
UGDS_2MOR     6874
UGDS_NRA      6874
UGDS_UNKN     6874
dtype: int64
```

axis 매개변수는 거의 항상 0으로 설정된다. 따라서 2단계는 college_ ugds.count(axis = 0)과 college_ugds.count(axis = 'index') 모두 동일 하다.

3. axis 매개변수를 'columns'로 변경하면 연산의 방향이 변경된다.

```
>>> college_ugds.count(axis="columns").head()
INSTNM
Alabama A & M University                9
University of Alabama at Birmingham     9
Amridge University                      9
University of Alabama in Huntsville     9
Alabama State University                9
dtype: int64dtype: int64
```

4. 결측치를 계산하는 대신 각 행의 모든 값을 합할 수 있다. 각 백분율 행은 합산이 1이 돼야 한다. .sum 메서드를 사용해 확인할 수 있다.

```
>>> college_ugds.sum(axis="columns").head()
INSTNM
Alabama A & M University                1.0000
University of Alabama at Birmingham     0.9999
Amridge University                      1.0000
University of Alabama in Huntsville     1.0000
Alabama State University                1.0000
dtype: float64
```

5. 각 열의 분포를 알아보려면 .median 메서드를 사용할 수 있다.

```
>>> college_ugds.median(axis="index")
UGDS_WHITE    0.55570
UGDS_BLACK    0.10005
UGDS_HISP     0.07140
UGDS_ASIAN    0.01290
UGDS_AIAN     0.00260
UGDS_NHPI     0.00000
```

```
UGDS_2MOR      0.01750
UGDS_NRA       0.00000
UGDS_UNKN      0.01430
dtype: float64
```

작동 원리

축에 대한 연산의 작동 방향은 pandas에서 혼란스러운 측면 중 하나다. 많은 pandas 사용자가 **axis** 매개변수의 의미를 기억하는 것을 어려워한다. 나는 Series 에는 하나의 축, 즉 인덱스(또는 0)만 있다는 점을 상기한다. DataFrame에는 인덱스(축 0)와 열(축 1)이 있다.

추가 사항

axis = 1로 설정하고 .cumsum 메서드를 사용하면 각 행에 대해 인종의 백분율을 누적한다. 이는 데이터에 대해 약간 다른 관점을 제공한다. 예를 들어 각 학교의 정확한 백인과 흑인 학생 비율을 쉽게 확인할 수 있다.

```
>>> college_ugds_cumsum = college_ugds.cumsum(axis=1)
>>> college_ugds_cumsum.head()
```

	UGDS_WHITE	...	UGDS_UNKN
INSTNM		...	
Alabama A & M University	0.0333	...	1.0000
University of Alabama at Birmingham	0.5922	...	0.9999
Amridge University	0.2990	...	1.0000
University of Alabama in Huntsville	0.6988	...	1.0000
Alabama State University	0.0158	...	1.0000

▌ 대학 인종 다양성 지수 결정

매년 많은 기사가 대학 캠퍼스의 여러 다양성 측면과 영향에 대해 작성됐다. 많은 조직에서 다양성을 측정하려는 지표를 개발했다. <US News>는 다양한 범주를 사용해 대학 순위를 제공하는 데 앞서가고 있으며, 다양성 지수는 그중 하나다. 다양성 지수에 따른 상위 10개 대학은 다음과 같다.

```
>>> pd.read_csv(
...     "data/college_diversity.csv", index_col="School"
... )
D                                                    iversity Index
School
Rutgers University--Newark  Newark, NJ                         0.76
Andrews University  Berrien Springs, MI                        0.74
Stanford University  Stanford, CA                              0.74
University of Houston  Houston, TX                             0.74
University of Nevada--Las Vegas  Las Vegas, NV                 0.74
University of San Francisco  San Francisco, CA                 0.74
San Francisco State University  San Francisco, CA              0.73
University of Illinois--Chicago  Chicago, IL                   0.73
New Jersey Institute of Technology  Newark, NJ                 0.72
Texas Woman's University  Denton, TX                           0.72
```

여기서의 college 데이터셋은 인종을 9가지 범주로 분류한다. 다양성처럼 명확한 정의 없이 무엇인가를 정량화하려 시도하면 간단한 것부터 시작하는 것이 좋다. 이 예제에서의 다양성 척도란 학생수의 15% 이상을 차지하고 있는 인종의 수와 같은 의미다.

작동 방법

1. college 데이터셋을 읽고 학부생 인종 열에 대해서만 필터링한다.

```
>>> college = pd.read_csv(
...     "data/college.csv", index_col="INSTNM"
... )
>>> college_ugds = college.filter(like="UGDS_")
```

2. 많은 대학에서 인종 열에 결측치가 있다. 모든 열에 대해 결측치 개수를 파악하고 결과 Series를 내림차순으로 정렬한다. 이를 통해 결측치가 있는 대학을 알 수 있다.

```
>>> (
...     college_ugds.isnull()
...     .sum(axis="columns")
...     .sort_values(ascending=False)
...     .head()
... )
INSTNM
Excel Learning Center-San Antonio South         9
Philadelphia College of Osteopathic Medicine    9
Assemblies of God Theological Seminary          9
Episcopal Divinity School                       9
Phillips Graduate Institute                     9
dtype: int64
```

3. 인종 열 전체가 누락된 대학들을 봤으니 .dropna 메서드를 사용해 9개 인종 모두에 대한 값이 누락된 전체 행을 제거한다. 그런 다음 나머지 결측치를 알아본다.

```
>>> college_ugds = college_ugds.dropna(how="all")
>>> college_ugds.isnull().sum()
UGDS_WHITE      0
UGDS_BLACK      0
UGDS_HISP       0
UGDS_ASIAN      0
UGDS_AIAN       0
UGDS_NHPI       0
UGDS_2MOR       0
UGDS_NRA        0
UGDS_UNKN       0
dtype: int64
```

4. 이제 데이터셋에 남은 결측치가 없으므로 다양성 척도를 계산할 수 있다. 시작하려면 '크거나 같다'의 DataFrame 메서드인 **.ge**를 사용해 각 셀에 대한 불리언 값을 가진 DataFrame을 반환한다.

```
>>> college ugds.ge(0.15)
                                                   UGDS_WHITE ...   UGDS_UNKN
INSTNM                                                        ...
Alabama A & M University                                False ...      False
University of Alabama at Birmingham                      True ...      False
Amridge University                                       True ...       True
University of Alabama in Huntsville                      True ...      False
Alabama State University                                False ...      False
...                                                      ... ...        ...
Hollywood Institute of Beauty Careers-West Palm...       True ...      False
Hollywood Institute of Beauty Careers-Casselberry       False ...      False
Coachella Valley Beauty College-Beaumont                 True ...      False
Dewey University-Mayaguez                               False ...      False
Coastal Pines Technical College                          True ...      False
```

5. 여기서부터 .sum 메서드를 사용해 각 대학의 True 값을 알아본다. Series가 반환된다는 점에 유의하자.

```
>>> diversity_metric = college_ugds.ge(0.15).sum(
...    axis="columns"
... )
>>> diversity_metric.head()
INSTNM
Alabama A & M University                    1
University of Alabama at Birmingham         2
Amridge University                          3
University of Alabama in Huntsville         1
Alabama State University                    1
dtype: int64
```

6. 분포를 파악하고자 Series에 .value_counts 메서드를 적용해본다.

```
>>> diversity_metric.value_counts()
1    3042
2    2884
3     876
4      63
0       7
5       2
dtype: int64
```

7. 놀랍게도 두 학교가 5가지 인종 범주에 대해 15% 이상의 학생을 갖고 있다. diversity_metric Series를 정렬해 어느 학교인지 알아보자.

```
>>> diversity_metric.sort_values(ascending=False).head()
INSTNM
INSTNM
```

```
Regency Beauty Institute-Austin          5
Central Texas Beauty College-Temple      5
Sullivan and Cogliano Training Center    4
Ambria College of Nursing                4
Berkeley College-New York                4
dtype: int64
```

8. 학교의 다양성이 이렇게 클 수 있다는 것은 조금 의심스럽다. 상위 2개 학교의 원시 백분율을 살펴보자. .loc를 사용해 인덱스 레이블을 기준으로 행을 선택한다.

```
>>> college_ugds.loc[
...     [
...         "Regency Beauty Institute-Austin",
...         "Central Texas Beauty College-Temple",
...     ]
... ]
                                      UGDS_WHITE ...  UGDS_UNKN
INSTNM                                           ...
Regency Beauty Institute-Austin           0.1867 ...     0.2667
Central Texas Beauty College-Temple       0.1616 ...     0.1515
```

9. 여러 범주가 알 수 없는 둘 이상의 인종 열에 집계된 것으로 보인다. 이것과 관계없이 두 학교 모두 상당히 다양화된 것으로 보인다. 여기서 <US News>가 학교의 기본 다양성 척도를 어떻게 측정했는지 확인할 수 있다.

```
>>> us_news_top = [
...     "Rutgers University-Newark",
...     "Andrews University",
...     "Stanford University",
...     "University of Houston",
```

```
...     "University of Nevada-Las Vegas",
... ]
>>> diversity_metric.loc[us_news_top]
INSTNM
Rutgers University-Newark          4
Andrews University                 3
Stanford University                3
University of Houston              3
University of Nevada-Las Vegas     3
dtype: int64
```

작동 원리

2단계는 결측치가 가장 많은 학교를 세고 표시한다. DataFrame에 9개의 열이 있으므로 학교당 최대 결측치 개수는 9다. 많은 학교에서 각 열의 값이 누락됐다. 3단계는 모든 값이 누락된 행을 제거한다. 3단계의 .dropna 메서드에는 how라는 매개변수가 있으며 기본 설정 값은 문자열 'any'이지만 'all'로 변경할 수도 있다. 'any'로 설정하면 하나 이상의 결측치가 포함된 행이 삭제된다. 'all'로 설정하면 모든 값이 누락된 행만 삭제된다.

예제의 경우 보수적으로 모든 값이 누락된 행을 삭제한다. 이는 일부 결측치가 0%를 나타내는 것일 수 있기 때문이다. 그러나 .dropna 메서드를 수행한 후에 누락된 값이 없었기 때문에 여기서는 그런 경우가 아니었다. 여전히 누락된 값이 있었다면 .fillna(0) 메서드를 실행해 나머지 모든 값을 0으로 채웠을 것이다.

5단계는 '크거나 같음' 메서드인 .ge를 사용해 다양성 척도 계산을 시작한다. 결과적으로 모두 불리언 값을 갖는 DataFrame이 생성되며 axis = 'columns'를 설정해 가로로 합산된다.

.value_counts 메서드를 사용해 6단계에서 다양성 척도의 분포를 생성한다. 학부

생의 15% 이상을 차지하는 인종이 3이라는 것은 매우 드문 일이다. 7단계와 8단계는 측정 기준에 따른 가장 다양한 두 학교를 찾는다. 이 학교들은 다양화돼 있지만 모든 인종을 완전히 고려하지 않았고 일부는 '알 수 없음'이라는 범주와 둘 이상의 범주로 기본 설정돼 있는 것으로 보인다.

9단계는 <US News> 기사의 상위 5개 학교를 선택한다. 그런 다음 새로 생성된 Series에서 그들의 다양성 척도를 선택한다. 이 학교들은 여기서의 간단 순위 시스템상으로도 높은 점수를 얻었다.

추가 사항

다른 방법으로 최대 인종 비율 순서로 정렬해 가장 다양화되지 않은 학교를 찾을 수 있는 방법이 있다.

```
>>> (
...     college_ugds.max(axis=1)
...     .sort_values(ascending=False)
...     .head(10)
... )
INSTNM
Dewey University-Manati                              1.0
Yeshiva and Kollel Harbotzas Torah                  1.0
Mr Leon's School of Hair Design-Lewiston            1.0
Dewey University-Bayamon                            1.0
Shepherds Theological Seminary                      1.0
Yeshiva Gedolah Kesser Torah                        1.0
Monteclaro Escuela de Hoteleria y Artes Culinarias  1.0
Yeshiva Shaar Hatorah                               1.0
Bais Medrash Elyon                                  1.0
Yeshiva of Nitra Rabbinical College                 1.0
dtype: float64
```

9개 범주 모두가 1%를 넘는 학교에 대해서도 알아볼 수 있다.

```
>>> (college_ugds > 0.01).all(axis=1).any()
True
```

03

DataFrame 생성과 유지

소개

DataFrame을 생성할 수 있는 다양한 방법이 있다. 3장에서는 가장 흔한 방법을 살펴본다. 또한 DataFrame을 유지하는 방법도 살펴본다.

스크래치에서 DataFrame 생성

대개 기존 파일이나 데이터베이스에서 DataFrame을 생성한다. 그러나 스크래치에서 만들 수도 있다. 데이터의 병렬 리스트에서 DataFrame을 생성할 수 있다.

작동 방법

1. 데이터를 담은 병렬 리스트를 생성한다. 이 리스트 각각은 DataFrame의 열이 되므로 동일한 형식이어야 한다.

```
>>> import pandas as pd
>>> import numpy as np
>>> fname = ["Paul", "John", "Richard", "George"]
>>> lname = ["McCartney", "Lennon", "Starkey", "Harrison"]
>>> birth = [1942, 1940, 1940, 1943]
```

2. 리스트에서 딕셔너리를 생성하고 열 이름을 리스트와 매핑한다.

```
>>> people = {"first": fname, "last": lname, "birth": birth}
```

3. 딕셔너리에서 DataFrame을 생성한다.

```
>>> beatles = pd.DataFrame(people)
>>> beatles
     first      last  birth
0     Paul  McCartney   1942
1     John    Lennon   1940
2  Richard   Starkey   1940
3   George  Harrison   1943
```

작동 원리

기본 설정으로 pandas는 DataFrame의 생성자가 호출되면 **RangeIndex**를 생성한다.

```
>>> beatles.index
RangeIndex(start=0, stop=4, step=1)
```

원한다면 DataFrame에 다른 인덱스를 지정할 수도 있다.

```
>>> pd.DataFrame(people, index=["a", "b", "c", "d"])
    first       last  birth
a    Paul  McCartney   1942
b    John     Lennon   1940
c  Richard    Starkey   1940
d  George   Harrison   1943
```

추가 사항

딕셔너리의 리스트에서도 DataFrame을 생성할 수 있다.

```
>>> pd.DataFrame(
...    [
...        {
...            "first": "Paul",
...            "last": "McCartney",
...            "birth": 1942,
...        },
...        {
...            "first": "John",
...            "last": "Lennon",
...            "birth": 1940,
...        },
...        {
...            "first": "Richard",
...            "last": "Starkey",
...            "birth": 1940,
```

```
...         },
...         {
...             "first": "George",
...             "last": "Harrison",
...             "birth": 1943,
...         },
...     ]
... )
   birth    first       last
0   1942     Paul  McCartney
1   1940     John     Lennon
2   1940  Richard     Starkey
3   1943   George   Harrison
```

딕셔너리의 행을 사용하면 키의 알파벳순으로 열이 정렬된다는 점에 주목하자. 필요하면 columns 매개변수를 사용해 열 순서를 지정할 수 있다.

```
>>> pd.DataFrame(
...     [
...         {
...             "first": "Paul",
...             "last": "McCartney",
...             "birth": 1942,
...         },
...         {
...             "first": "John",
...             "last": "Lennon",
...             "birth": 1940,
...         },
...         {
...             "first": "Richard",
...             "last": "Starkey",
...             "birth": 1940,
...         },
```

```
...     {
...         "first": "George",
...         "last": "Harrison",
...         "birth": 1943,
...     },
...     ],
...     columns = ["last", "first", "birth"],
... )
        last    first  birth
0   McCartney     Paul   1942
1      Lennon     John   1940
2     Starkey  Richard   1940
3    Harrison   George   1943
```

CSV 작성

세상에는 좋든 싫든 엄청나게 많은 CSV 파일이 있다. 대부분의 기술처럼 CSV 파일도 장단점이 있다. 좋은 점은 사람이 읽을 수 있고, 텍스트 편집기에서 열리며, 대부분의 소프트웨어 스프레드시트에서 읽을 수 있다는 점이다. 나쁜 점은 CSV 표준이 없어 인코딩이 이상해 보일 수 있고, 형식을 지정할 수 없으며, 텍스트 기반이라 매우 커질 수 있다는(물론 압축 가능하다) 점이다.

이 예제에서는 pandas DataFrame으로 CSV 파일을 생성하는 것을 보여준다.

DataFrame에는 **to_**로 시작하는 몇 개의 메서드가 있다. 이 메서드들은 DataFrame을 익스포트^{export}한다. 여기서는 **.to_csv** 메서드를 사용할 것이다. 예제에서는 문자열 버퍼를 저장하지만 대개는 파일 이름을 대신 사용한다.

작동 방법

1. DataFrame을 CSV 파일에 쓴다.

```
>>> beatles
      first        last  birth
0      Paul  McCartney   1942
1      John     Lennon   1940
2   Richard    Starkey   1940
3    George   Harrison   1943
>>> from io import StringIO
>>> fout = StringIO()
>>> beatles.to_csv(fout) # fout 대신 파일 이름 사용
```

2. 파일 내용을 살펴본다.

```
>>> print(fout.getvalue())
,first,last,birth
0,Paul,McCartney,1942
1,John,Lennon,1940
2,Richard,Starkey,1940
3,George,Harrison, 1943
```

추가 사항

.to_csv에는 몇 가지 옵션이 있다. 출력에 인덱스가 포함돼 있음에도 불구하고 인덱스에 열 이름을 할당하지 않았다는 것을 알 수 있을 것이다. read_csv 함수를 사용해 CSV 파일을 DataFrame에 읽어 들이려 한다면 기본 설정에서는 이를 인덱스로 사용하지 않을 것이다. 그 대신 인덱스에 Unnamed:0라는 이름의 열을 얻게 된다. 이 열은 불필요하다.

```
>>> _ = fout.seek(0)
>>> pd.read_csv(fout)
   Unnamed: 0    first        last  birth
0           0     Paul  McCartney   1942
1           1     John     Lennon   1940
2           2  Richard    Starkey   1940
3           3   George   Harrison   1943
```

read_csv 함수에는 index_col 매개변수가 있어 인덱스의 위치를 지정할 수 있다.

```
>>> _ = fout.seek(0)
>>> pd.read_csv(fout, index_col=0)
     first        last  birth
0     Paul  McCartney   1942
1     John     Lennon   1940
2  Richard    Starkey   1940
3   George   Harrison   1943
```

다른 방법으로, CSV 파일을 읽을 때 인덱스를 포함하고 싶지 않다면 index 매개변
수를 False로 설정할 수 있다.

```
>>> fout = StringIO()
>>> beatles.to_csv(fout, index=False)
>>> print(fout.getvalue())
first,last,birth
Paul,McCartney,1942
John,Lennon,1940
Richard,Starkey,1940
George,Harrison ,1943
```

대형 CSV 파일 읽기

pandas 라이브러리는 인메모리in-memory 도구다. pandas로 데이터를 다루려면 먼저 모두 메모리로 읽어야 한다. 처리해야 할 것이 대규모 CSV 파일이라면 몇 가지 옵션이 있다. 한 번에 일부만 처리할 수 있다면 부분만 읽은 다음 각 부분을 처리하면 된다. 다른 방법으로는 파일을 읽을 만한 메모리가 충분하다면 파일 크기를 축소시킬 수 있는 몇 가지 힌트가 있다.

일반적으로 다루고자 하는 DataFrame의 3 ~ 10배 정도의 메모리가 필요하다. 추가적인 메모리는 다른 공통 연산을 처리하기 위한 충분한 공간을 제공해줄 것이다.

작동 방법

이 절에서는 diamonds 데이터셋을 살펴본다. 이 데이터셋은 나의 2015년 맥북 메모리에 간단히 로드되지만, 파일이 너무 크거나 혹은 메모리가 부족해서 read_csv 함수를 사용할 때 메모리 오류가 일어난 것처럼 꾸며보자.

1. 전체 파일이 차지할 메모리를 알아보자. read_csv의 nrows 매개변수를 사용하면 읽을 데이터를 작은 표본으로 제한할 수 있다.

```
>>> diamonds = pd.read_csv("data/diamonds.csv", nrows=1000)
>>> diamonds
     carat      cut color clarity  depth  table  price     x     y     z
0     0.23    Ideal     E     SI2   61.5   55.0    326  3.95  3.98  2.43
1     0.21  Premium     E     SI1   59.8   61.0    326  3.89  3.84  2.31
2     0.23     Good     E     VS1   56.9   65.0    327  4.05  4.07  2.31
3     0.29  Premium     I     VS2   62.4   58.0    334  4.20  4.23  2.63
4     0.31     Good     J     SI2   63.3   58.0    335  4.34  4.35  2.75
..     ...      ...   ...     ...    ...    ...    ...   ...   ...   ...
995   0.54    Ideal     D    VVS2   61.4   52.0   2897  5.30  5.34  3.26
```

```
996  0.72    Ideal    E    SI1  62.5  55.0  2897  5.69  5.74  3.57
997  0.72     Good    F    VS1  59.4  61.0  2897  5.82  5.89  3.48
998  0.74  Premium    D    VS2  61.8  58.0  2897  5.81  5.77  3.58
999  1.12  Premium    J    SI2  60.6  59.0  2898  6.68  6.61  4.03
```

2. .info 메서드를 사용해 데이터 표본이 사용하고 있는 메모리 용량을 살펴
   보자.

```
>>> diamonds.info()
<class 'pandas.core.frame.DataFrame'>
RangeIndex: 1000 entries, 0 to 999
Data columns (total 10 columns):
 0   carat    1000 non-null   float64
 1   cut      1000 non-null   object
 2   color    1000 non-null   object
 3   clarity  1000 non-null   object
 4   depth    1000 non-null   float64
 5   table    1000 non-null   float64
 6   price    1000 non-null   int64
 7   x        1000 non-null   float64
 8   y        1000 non-null   float64
 9   z        1000 non-null   float64
dtypes: float64(6), int64(1), object(3)
memory usage: 78.2+ KB
```

1,000개의 행이 78.2KB의 메모리를 사용하고 있다는 것을 알 수 있다. 10억
개의 행이 있다면 78GB의 메모리가 필요할 것이다. 이 정도면 클라우드
상에서 머신을 빌릴 수도 있지만, 이를 축소할 수 있는 방법이 있는지 알
아보자.

3. read_csv에 dtype 매개변수를 사용해 정확한(또는 더 적은) 수치 형식을 사
   용하도록 지정한다.

```
>>> diamonds2 = pd.read_csv(
...     "data/diamonds.csv",
...     nrows=1000,
...     dtype={
...         "carat": np.float32,
...         "depth": np.float32,
...         "table": np.float32,
...         "x": np.float32,
...         "y": np.float32,
...         "z": np.float32,
...         "price": np.int16,
...     },
... )
>>> diamonds2.info()
<class 'pandas.core.frame.DataFrame'>
RangeIndex: 1000 entries, 0 to 999
Data columns (total 10 columns):
 0   carat    1000 non-null   float32
 1   cut      1000 non-null   object
 2   color    1000 non-null   object
 3   clarity  1000 non-null   object
 4   depth    1000 non-null   float32
 5   table    1000 non-null   float32
 6   price    1000 non-null   int16
 7   x        1000 non-null   float32
 8   y        1000 non-null   float32
 9   z        1000 non-null   float32
dtypes: float32(6), int16(1), object(3)
memory usage: 49.0+ KB
```

새 데이터의 요약 통계량이 원시 데이터와 유사한지 확인해본다.

```
>>> diamonds.describe()
```

```
         carat       depth   ...            y           z
count  1000.000000  1000.000000  ...  1000.000000  1000.000000
mean      0.689280    61.722800  ...     5.599180     3.457530
std       0.195291     1.758879  ...     0.611974     0.389819
min       0.200000    53.000000  ...     3.750000     2.270000
25%       0.700000    60.900000  ...     5.630000     3.450000
50%       0.710000    61.800000  ...     5.760000     3.550000
75%       0.790000    62.600000  ...     5.910000     3.640000
max       1.270000    69.500000  ...       7.0500004.330000

>>> diamonds2.describe()
         carat       depth   ...            y           z
count  1000.000000  1000.000000  ...  1000.000000  1000.000000
mean      0.689281    61.722824  ...     5.599180     3.457533
std       0.195291     1.758878  ...     0.611972     0.389819
min       0.200000    53.000000  ...     3.750000     2.270000
25%       0.700000    60.900002  ...     5.630000     3.450000
50%       0.710000    61.799999  ...     5.760000     3.550000
75%       0.790000    62.599998  ...     5.910000     3.640000
max       1.270000    69.500000  ...     7.050000     4.330000
```

수치 형식을 변경하면 62% 정도의 메모리만 사용하게 된다. 약간의 정밀
도가 낮아졌는데, 경우에 따라 허용 여부가 달라진다.

4. dtype 매개변수를 사용해 객체 형식을 범주형으로 변경하라. 먼저 각
   object 열의 .value_counts 메서드를 살펴보라. 개수가 몇 개 없다면 범주
   형으로 변경해 메모리를 더 절약할 수 있다.

```
>>> diamonds2.cut.value_counts()
Ideal        333
Premium      290
Very Good    226
Good          89
Fair          62
```

```
Name: cut, dtype: int64

>>> diamonds2.color.value_counts()
E    240
F    226
G    139
D    129
H    125
I     95
J     46
Name: color, dtype: int64

>>> diamonds2.clarity.value_counts()
SI1    306
VS2    218
VS1    159
SI2    154
VVS2    62
VVS1    58
I1      29
IF      14
Name: clarity, dtype: int64
```

개수가 얼마 되지 않으므로 이를 범주형으로 변경해 원시 크기의 37%만 사용할 수 있다.

```
>>> diamonds3 = pd.read_csv(
...     "data/diamonds.csv",
...     nrows=1000,
...     dtype={
...         "carat": np.float32,
...         "depth": np.float32,
...         "table": np.float32,
...         "x": np.float32,
```

```
...        "y": np.float32,
...        "z": np.float32,
...        "price": np.int16,
...        "cut": "category",
...        "color": "category",
...        "clarity": "category",
...    },
... )

>>> diamonds3.info()
<class 'pandas.core.frame.DataFrame'>
RangeIndex: 1000 entries, 0 to 999
Data columns (total 10 columns):
 0   carat    1000 non-null  float32
 1   cut      1000 non-null  category
 2   color    1000 non-null  category
 3   clarity  1000 non-null  category
 4   depth    1000 non-null  float32
 5   table    1000 non-null  float32
 6   price    1000 non-null  int16
 7   x        1000 non-null  float32
 8   y        1000 non-null  float32
 9   z        1000 non-null  float32
dtypes: category(3), float32(6), int16(1)
memory usage: 29.4 KB
```

5. 무시해도 되는 열이 있다면 usecols를 사용해 로드할 열을 지정할 수 있다.
   여기서는 x, y, z 열을 무시한다.

```
>>> cols = [
...    "carat",
...    "cut",
...    "color",
...    "clarity",
```

```
...     "depth",
...     "table",
...     "price",
... ]
>>> diamonds4 = pd.read_csv(
...     "data/diamonds.csv",
...     nrows=1000,
...     dtype={
...         "carat": np.float32,
...         "depth": np.float32,
...         "table": np.float32,
...         "price": np.int16,
...         "cut": "category",
...         "color": "category",
...             "clarity": "category",
...     },
...     usecols=cols,
... )

>>> diamonds4.info()
<class 'pandas.core.frame.DataFrame'>
RangeIndex: 1000 entries, 0 to 999
Data columns (total 7 columns):
 0   carat    1000 non-null  float32
 1   cut      1000 non-null  category
 2   color    1000 non-null  category
 3   clarity  1000 non-null  category
 4   depth    1000 non-null  float32
 5   table    1000 non-null  float32
 6   price    1000 non-null  int16
dtypes: category(3), float32(3), int16(1)
memory usage: 17.7 KB
```

이제 원시 데이터의 21%만 사용한다.

6. 앞 단계를 거쳤어도 여전히 메모리가 부족하다면 아직도 방법이 있다. 한 꺼번에 전체 데이터를 메모리에 읽어 들이지 않고 일부만 처리해도 된다면 chunksize 매개변수를 쓸 수 있다.

```
>>> cols = [
...     "carat",
...     "cut",
...     "color",
...     "clarity",
...     "depth",
...     "table",
...     "price",
... ]
>>> diamonds_iter = pd.read_csv(
...     "data/diamonds.csv",
...     nrows=1000,
...     dtype={
...         "carat": np.float32,
...         "depth": np.float32,
...         "table": np.float32,
...         "price": np.int16,
...         "cut": "category",
...         "color": "category",
...         "clarity": "category",
...     },
...     usecols=cols,
...     chunksize=200,
... )

>>> def process(df):
...     return f"processed {df.size} items"

>>> for chunk in diamonds_iter:
...     process(chunk)
```

작동 원리

CSV 파일에는 데이터 형식에 대한 정보가 없으므로 pandas가 유추하려 한다. 열의 모든 값이 정수고 결측치가 없다면 int64 형식을 사용한다. 열이 수치지만 정수가 아닌 경우 또는 결측치가 있다면 float64를 사용한다. 이러한 데이터 형식은 필요 이상의 정보를 저장할 수 있다. 예를 들어 숫자가 모두 200 미만인 경우라면 np.int16과 같이 더 작은 형식을 사용할 수 있다(또는 모두 양수라면 np.int8).

pandas 0.24부터는 결측치가 있는 정수를 지원하는 새로운 형식 'Int64'(대문자에 유의)가 있다. 이 형식을 원하는 경우 dtype 매개변수를 사용해 지정해야 한다. 그렇지 않으면 pandas는 결측치가 있는 정수를 float64로 변환한다.

열이 숫자가 아니라면 pandas는 열을 object 열로 변환하고 값을 문자열로 취급한다. pandas의 문자열 값은 각각 파이썬 문자열로 저장되므로 많은 메모리를 차지한다. 이를 범주형으로 변환하면 각 행에서(중복이 있더라도) 새로운 문자열을 생성하지 않고 문자열을 한 번만 저장하므로 메모리를 절약할 수 있다.

또한 pandas 라이브러리는 인터넷상의 CSV 파일을 읽을 수 있다. read_csv 함수에 URL을 직접 전달할 수 있다.

추가 사항

int8을 사용하면 그에 따른 대가가 있는데, 바로 정보 손실이 발생한다. NumPy iinfo 함수를 사용해 NumPy integer 형식의 범위를 볼 수 있다.

```
>>> np.iinfo(np.int8)
iinfo(min=-128, max=127, dtype=int8)
```

부동소수점수 형식의 정보는 finfo 함수로 볼 수 있다.

```
>>> np.finfo(np.float16)
finfo(resolution=0.001, min=-6.55040e+04,
      max=6.55040e+04, dtype=float16)
```

또한 .memory_usage 메서드를 사용하면 DataFrame과 Series에 사용할 바이트를 지정할 수 있다. 인덱스에 대한 메모리 요구 사항도 포함해야 한다는 점에 유의하자. 또한 deep=True를 전달하면 객체 형식 Series의 사용량을 알 수 있다.

```
>>> diamonds.price.memory_usage()
8080

>>> diamonds.price.memory_usage(index=False)
8000

>>> diamonds.cut.memory_usage()
8080

>>> diamonds.cut.memory_usage(deep=True)
63413
```

원하는 형식으로 데이터를 가져오면 Feather 형식과 같이 형식을 추적하는 이진 형식으로 저장할 수 있다(pandas는 pyarrow 라이브러리를 사용해 수행). 이 형식은 언어 간에 구조화된 데이터를 메모리 내에서 전송할 수 있게 하기 위한 것으로, 내부 변환 없이 데이터를 그대로 사용할 수 있도록 최적화됐다. 이 형식으로 일단 정의하고 나면 훨씬 빠르고 쉽게 읽어 들일 수 있다.

```
>>> diamonds4.to_feather("d.arr")
>>> diamonds5 = pd.read_feather("d.arr")
```

또 다른 이진 옵션으로는 Parquet 형식이 있다. Feather가 인메모리 구조의 이진 데이터를 최적화하는 반면 Parquet은 온디스크^on-disk 형식을 최적화한다. Parquet

은 여러 빅데이터 제품에서 사용된다. pandas 라이브러리는 **Parquet**을 지원한다.

```
>>> diamonds4.to_parquet("/tmp/d.pqt")
```

이제 pandas가 **Parquet**와 **Feather**로부터 데이터를 로드하려면 약간의 변환이 필요하다. 그러나 CSV보다는 더 빠르며 형식을 유지한다.

▌엑셀 파일 사용

CSV 파일이 보편적으로 사용되기는 하지만 엑셀 파일이 더 지배적인 것으로 보인다. 컨설팅을 하면서 수많은 회사가 중요한 작업에 엑셀을 사용하는 것을 보고 놀랐다.

이 예제에서는 엑셀 파일을 생성하고 읽어본다. 각각 XLS와 XLSX로 저장하려면 **xlwt** 또는 **openpyxl**을 설치할 필요가 있다.

작동 방법

1. **.to_excel** 메서드를 사용해 엑셀 파일을 생성한다. xls 또는 xlsx 파일로 저장할 수 있다.

```
>>> beatles.to_excel("beat.xls")
>>> beatles.to_excel("beat.xlsx")
```

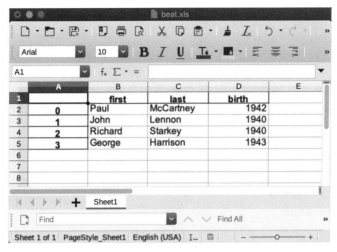

엑셀 파일

2. `read_excel` 함수로 엑셀 파일을 읽는다.

```
>>> beat2 = pd.read_excel("/tmp/beat.xls")
>>> beat2
   Unnamed: 0    first       last  birth
0           0     Paul  McCartney   1942
1           1     John     Lennon   1940
2           2  Richard    Starkey   1940
3           3   George   Harrison   1943
```

3. 이 파일에는 인덱스 열이 포함돼 있으므로 index_col 매개변수로 지정할
   수 있다.

```
>>> beat2 = pd.read_excel("/tmp/beat.xls", index_col=0)
>>> beat2
     first       last  birth
0     Paul  McCartney   1942
1     John     Lennon   1940
```

```
2  Richard    Starkey   1940
3  George     Harrison  1943
```

4. 엑셀 파일에 있는 데이터 형식을 확인한다.

```
>>> beat2.dtypes
first   object
last    object
birth   int64
dtype: object
```

작동 원리

파이썬 생태계에는 많은 패키지가 있는데, 엑셀로 읽거나 쓸 수 있는 기능이 포함돼 있다. 이 기능은 pandas에 통합됐으므로 엑셀을 읽고 쓰는 라이브러리가 적절히 설치됐는지 확인해보면 된다.

추가 사항

pandas를 사용해 스프레드시트 내의 특정 시트를 작성할 수 있다. .to_excel 메서드에 sheet_name 매개변수를 전달하면서 생성하려면 시트의 이름을 지정할 수 있다.

```
>>> xl_writer = pd.ExcelWriter("beat2.xlsx")
>>> beatles.to_excel(xl_writer, sheet_name="All")
>>> beatles[beatles.birth < 1941].to_excel(
...    xl_writer, sheet_name="1940"
... )
>>> xl_writer.save()
```

이 파일에는 두 개의 시트가 생성되는데, 하나는 All이라는 레이블로서 전체 DataFrame을 갖고 있고 다른 하나는 1940이라는 레이블로 돼 있고 1941년 이전 출생자로 필터링된 데이터가 들어 있다.

▌ZIP 파일로 작업

앞서 언급한 것처럼 CSV 파일은 데이터 공유에서 매우 흔히 사용된다. 텍스트 파일 형식이므로 크기가 매우 커질 수 있다. CSV 파일의 크기를 관리하는 방법 중하나는 압축을 사용하는 것이다. 이 예제에서는 ZIP 파일을 읽어 들이는 방법을 알아본다.

ZIP 파일로 압축된 것이 단일 CSV 파일인 경우를 읽어본다. 맥의 파인더^{Finder}에서 파일을 오른쪽 마우스로 클릭한 다음 'Compress beatles.csv'를 클릭하면 실행되는 것과 동일한 작동을 하는 것을 보게 될 것이다. 또한 여러 파일이 담긴 ZIP 파일에서 CSV 파일을 읽는 것도 알아보기로 하자.

첫 파일은 fueleconomy.gov 웹 사이트에서 얻은 것이다. 이 파일에는 1984~2018년까지 미국 내에서 생산된 모든 차량이 나열돼 있다.

두 번째 파일에는 캐글^{Kaggle} 웹 사이트 사용자의 설문조사가 들어있다. 이 조사는 사용자와 배경, 선호하는 도구들에 대한 정보를 얻기 위한 것이다.

작동 방법

1. CSV 파일이 ZIP 파일에 들어있는 유일한 파일이라면 단순히 read_csv 함수를 호출하면 된다.

```
>>> autos = pd.read_csv("data/vehicles.csv.zip")
>>> autos
        barrels08  barrelsA08  charge120  ...  phevCity  phevHwy  phevComb
0       15.695714         0.0        0.0  ...         0        0         0
1       29.964545         0.0        0.0  ...         0        0         0
2       12.207778         0.0        0.0  ...         0        0         0
3       29.964545         0.0        0.0  ...         0        0         0
4       17.347895         0.0        0.0  ...         0        0         0
...           ...         ...        ...  ... ...       ...      ...       ...
39096   14.982273         0.0        0.0  ...         0        0         0
39097   14.330870         0.0        0.0  ...         0        0         0
39098   15.695714         0.0        0.0  ...         0        0         0
39099   15.695714         0.0        0.0  ...         0        0         0
39100   18.311667         0.0        0.0  ...         0        0         0

>>> autos.modifiedOn.dtype
dtype('O')
```

2. 한 가지 알아둘 것은 CSV 파일에 날짜 열이 있다면 문자열로 남는다는 사
   실이다. 이를 변환하려면 두 가지 옵션이 있다. read_csv에서 parse_dates
   매개변수를 사용하거나 파일을 로딩할 때 변환할 수 있다. 다른 방법으로
   는 로딩 후에 좀 더 강력한 to_datetime을 사용하면 된다.

```
>>> autos.modifiedOn
0         Tue Jan 01 00:00:00 EST 2013
1         Tue Jan 01 00:00:00 EST 2013
2         Tue Jan 01 00:00:00 EST 2013
3         Tue Jan 01 00:00:00 EST 2013
4         Tue Jan 01 00:00:00 EST 2013
                      ...
39096     Tue Jan 01 00:00:00 EST 2013
39097     Tue Jan 01 00:00:00 EST 2013
39098     Tue Jan 01 00:00:00 EST 2013
```

```
39099    Tue Jan 01 00:00:00 EST 2013
39100    Tue Jan 01 00:00:00 EST 2013
Name: modifiedOn, Length: 39101, dtype: object

>>> pd.to_datetime(autos.modifiedOn)
0        2013-01-01
1        2013-01-01
2        2013-01-01
3        2013-01-01
4        2013-01-01
          ...
39096    2013-01-01
39097    2013-01-01
39098    2013-01-01
39099    2013-01-01
39100    2013-01-01
Name: modifiedOn, Length: 39101, dtype: datetime64[ns]
```

로딩 때 변환하는 코드는 다음과 같다.

```
>>> autos = pd.read_csv(
...     "data/vehicles.csv.zip", parse_dates=["modifiedOn"]
... )
>>> autos.modifiedOn
0        2013-01-01
1        2013-01-01
2        2013-01-01
3        2013-01-01
4        2013-01-01
          ...
39096    2013-01-01
39097    2013-01-01
39098    2013-01-01
39099    2013-01-01
```

```
39100    2013-01-01
Name: modifiedOn, Length: 39101, dtype: datetime64[ns]
```

3. ZIP 파일에 여러 파일이 담겨있다면 CSV 파일을 읽는 것은 조금 복잡해진다. read_csv 함수는 ZIP 파일 내부의 파일을 지정할 수 있는 기능이 없다. 그 대신 파이썬 표준 라이브러리에 있는 **zipfile** 모듈을 사용해야 한다. zip 파일에 있는 파일 이름들을 출력해보면 선택할 파일 이름을 쉽게 파악할 수 있다. 이 파일은 두 번째 행에 긴 질문지가 있다는 점에 주목하자(첫 번째 행은 질문지 식별번호로, 열 이름으로 두기로 하자). 두 번째 행은 **kag_questions**로 끄집어낸다. 응답은 **survey** 변수에 저장된다.

```
>>> import zipfile
>>> with zipfile.ZipFile(
...     "data/kaggle-survey-2018.zip"
... ) as z:
...     print("\n".join(z.namelist()))
...     kag = pd.read_csv(
...         z.open("multipleChoiceResponses.csv")
...     )
...     kag_questions = kag.iloc[0]
...     survey = kag.iloc[1:]
multipleChoiceResponses.csv
freeFormResponses.csv
SurveySchema.csv

>>> survey.head(2).T
                                                  1          2
Time from Start to Finish (seconds)             710        434
Q1                                           Female       Male
Q1_OTHER_TEXT                                    -1         -1
Q2                                            45-49      30-34
Q3                        United States of America  Indonesia
```

```
...                                           ...      ...
Q50_Part_5                                    NaN      NaN
Q50_Part_6                                    NaN      NaN
Q50_Part_7                                    NaN      NaN
Q50_Part_8                                    NaN      NaN
Q50_OTHER_TEXT                                 -1       -1
```

작동 원리

단일 파일만 있는 ZIP 파일은 read_csv 함수로 바로 읽을 수 있다. ZIP 파일이 여러 개 파일을 갖고 있으면 데이터를 읽기 위한 또 다른 메커니즘에 의존해야 한다. 표준 라이브러리에는 ZIP 파일에서 파일을 끄집어내는 zipfile 모듈이 들어있다.

불행히도 zipfile 모듈은 URL과는 작동하지 않는다(read_csv와는 다른 작동 방식). 따라서 ZIP 파일이 URL에 있으면 먼저 다운로드해야 한다.

추가 사항

read_csv 함수는 다른 압축 형식과도 작업할 수 있다. GZIP, BZ2, XZ 파일이 있고 압축한 것이 디렉터리가 아니라 단순 CSV 파일이라면 pandas로 처리할 수 있다.

▌데이터베이스와 작업

pandas는 테이블이나 구조화된 데이터와 작업하기에 유용하다고 언급했었다. 많은 조직은 테이블 데이터를 저장하는 데 데이터베이스를 사용한다. 이 예제에서는 데이터베이스를 사용해 데이터를 삽입하고 읽는다.

이 예제는 SQLite 데이터베이스를 사용하는데, 이는 파이썬에 포함돼 있다는 점에 주목하자. 그러나 파이썬은 대부분의 SQL 데이터베이스와 pandas를 연결하므로 이를 활용할 수 있다.

작동 방법

1. 비틀즈의 정보를 저장하기 위한 SQLite 데이터베이스를 생성한다.

```
>>> import sqlite3
>>> con = sqlite3.connect("d:/data/beat.db")
>>> with con:
...     cur = con.cursor()
...     cur.execute("""DROP TABLE Band""")
...     cur.execute(
...         """CREATE TABLE Band(id INTEGER PRIMARY KEY,
...             fname TEXT, lname TEXT, birthyear INT)"""
...     )
...     cur.execute(
...         """INSERT INTO Band VALUES(
...             0, 'Paul', 'McCartney', 1942)"""
...     )
...     cur.execute(
...         """INSERT INTO Band VALUES(
...             1, 'John', 'Lennon', 1940)"""
...     )
...     _ = con.commit()
```

2. 데이터베이스에서 테이블을 DataFrame으로 읽어 들인다. 테이블을 읽으려면 SQLAlchemy와 연결이 필요하다는 점에 유의하자. SQLAlchemy는 데이터베이스를 추상화해주는 라이브러리다.

```
>>> import sqlalchemy as sa
```

```
>>> engine = sa.create_engine(
...     "sqlite:///data/beat.db", echo=True
... )
>>> sa_connection = engine.connect()
>>> beat = pd.read_sql(
...     "Band", sa_connection, index_col="id"
... )
>>> beat
      fname       lname   birthyear
id
0      Paul   McCartney        1942
1      John      Lennon        1940
```

3. SQL 쿼리를 사용해 테이블을 읽는다. 이는 SQLite 연결이나 SQLAlchemy
   연결을 사용할 수 있다.

```
>>> sql = """SELECT fname, birthyear from Band"""
>>> fnames = pd.read_sql(sql, con)
>>> fnames
      fname   birthyear
0      Paul        1942
1      John        1940
```

작동 원리

pandas 라이브러리는 SQLAlchemy 라이브러리를 활용하는데, 이는 대부분의 SQL
데이터베이스와 소통할 수 있다. 이는 테이블에서 DataFrame를 생성하게 해주거
나 SQL select 쿼리를 실행하고 쿼리에서 DataFrame을 생성할 수 있게 해준다.

▌ JSON 파일 읽기

JSON^{JavaScript Object Notation}은 인터넷으로 데이터를 전송할 때 흔히 사용하는 형식이다. 이름과는 달리 읽거나 생성을 위해 자바스크립트가 필요한 것은 아니다. 파이썬 표준 라이브러리에는 JSON에서 인코딩과 디코딩되는 json 라이브러리가 들어 있다.

```
>>> import json
>>> encoded = json.dumps(people)
>>> encoded
'{"first": ["Paul", "John", "Richard", "George"], "last": ["McCartney",
"Lennon", "Starkey", "Harrison"], "birth": [1942, 1940, 1940, 1943]}'

>>> json.loads(encoded)
{'first': ['Paul', 'John', 'Richard', 'George'], 'last': ['McCartney',
'Lennon', 'Starkey', 'Harrison'], 'birth': [1942, 1940, 1940 , 1943]}
```

작동 방법

1. read_json 함수를 사용해 데이터를 읽는다. JSON 형식이 열 리스트의 딕셔너리 매핑이면 쉽게 할 수 있다. 이 방향은 pandas에서는 columns라고 한다.

```
>>> beatles = pd.read_json(encoded)
>>> beatles
       first       last  birth
0       Paul  McCartney   1942
1       John     Lennon   1940
2    Richard    Starkey   1940
3     George   Harrison   1943
```

2. JSON 파일을 읽을 때 알아둬야 할 것은 pandas가 로드할 수 있는 특정 형식이어야 한다는 것이다. 그러나 pandas는 몇 가지 데이터 방향을 지원하는데, 다음과 같다.

- columns: (기본 설정) 열 이름과 열에 있는 값 리스트의 매핑이다.
- records: 행의 리스트로, 각 행은 열과 값을 매핑하는 딕셔너리다.
- split: columns를 열 이름에, index를 인덱스 값에, data를 각 데이터의 행 리스트에 매핑(각 행도 리스트다)한다.
- index: 인덱스 값을 행에 매핑한다. 행은 열을 값에 매핑하는 딕셔너리다.
- values: 데이터에서 각 행의 리스트다(각 행도 리스트다). 열이나 인덱스 값을 포함하지 않는다.
- table: schema를 DataFrame 스키마에, data를 딕셔너리의 리스트에 연결한다.

다음은 이러한 형식의 예시다. columns 형식은 앞에서 보여준 예다.

```
>>> records = beatles.to_json(orient="records")
>>> records
'[{"first":"Paul","last":"McCartney","birth":1942},{"first":"John"
,"last":"Lennon","birth":1940},{"first":"Richard","last":"Starkey"
,"birth":1940},{"first":"George","last":"Harrison","birth":1943}]'

>>> pd.read_json(records, orient="records")
     first        last  birth
0     Paul   McCartney   1942
1     John      Lennon   1940
2  Richard     Starkey   1940
3   George    Harrison   1943

>>> split = beatles.to_json(orient="split")
```

```
>>> split
'{"columns":["first","last","birth"],"index":[0,1,2,3],"data":[["P
aul","McCartney",1942],["John","Lennon",1940],["Richard","Starkey"
,1940],["George","Harrison",1943]]}'

>>> pd.read_json(split, orient="split")
      first       last  birth
0      Paul  McCartney   1942
1      John     Lennon   1940
2   Richard    Starkey   1940
3    George   Harrison   1943

>>> index = beatles.to_json(orient="index")
>>> index
'{"0":{"first":"Paul","last":"McCartney","birth":1942},"1":{"first
":"John","last":"Lennon","birth":1940},"2":{"first":"Richard","las
t":"Starkey","birth":1940},"3":{"first":"George","last":"Harrison"
,"birth":1943}}'

>>> pd.read_json(index, orient="index")
      first       last  birth
0      Paul  McCartney   1942
1      John     Lennon   1940
2   Richard    Starkey   1940
3    George   Harrison   1943

>>> values = beatles.to_json(orient="values")
>>> values
'[["Paul","McCartney",1942],["John","Lennon",1940],["Richard","Sta
rkey",1940],["George","Harrison",1943]]'

>>> pd.read_json(values, orient="values")
          0          1     2
0      Paul  McCartney  1942
1      John     Lennon  1940
2   Richard    Starkey  1940
3    George   Harrison  1943
```

```
>>> (
... pd.read_json(values, orient="values").rename(
...     columns=dict(
...         enumerate(["first", "last", "birth"])
...     )
... )
... )
     first        last  birth
0      Paul  McCartney   1942
1      John     Lennon   1940
2   Richard    Starkey   1940
3    George   Harrison   1943

>>> table = beatles.to_json(orient="table")
>>> table
```

```
'{"schema": {"fields":[{"name":"index","type":"integer"},{"name
":"first","type":"string"},{"name":"last","type":"string"},{"n
ame":"birth","type":"integer"}],"primaryKey":["index"],"pandas_
version":"0.20.0"}, "data": [{"index":0,"first":"Paul","last":"M
cCartney","birth":1942},{"index":1,"first":"John","last":"Lennon
","birth":1940},{"index":2,"first":"Richard","last":"Starkey","
birth":1940},{"index":3,"first":"George","last":"Harrison","birth":1943}
]}'
```

```
>>> pd.read_json(table, orient="table")
     first        last  birth
0      Paul  McCartney   1942
1      John     Lennon   1940
2   Richard    Starkey   1940
3    George   Harrison   1943
```

작동 원리

JSON은 여러 가지 방법으로 형식화할 수 있다. JSON도 지원하는 방향^{orientation}으로 사용하는 것이 좋다. 그렇지 않으면 표준 파이썬을 사용해 열 이름 값을 매핑하고 DataFrame 생성자로 전달하는 딕셔너리 데이터를 만드는 것이 더 쉽다.

JSON을 생성해야 하는 경우(웹 서비스 작성 등)라면 columns나 records 방향을 권장한다.

추가 사항

웹 서비스에서 작업 중이고 JSON에 데이터를 추가해야 하는 경우라면 .to_dict 메서드를 사용해 딕셔너리를 생성하라. 새 데이터를 딕셔너리에 추가한 다음 해당 딕셔너리를 JSON으로 변환할 수 있다.

```
>>> output = beat.to_dict()
>>> output
{'fname': {0: 'Paul', 1: 'John'}, 'lname': {0: 'McCartney', 1: 'Lennon'},
'birthyear': {0: 1942, 1: 1940}}

>>> output["version"] = "0.4.1"
>>> json.dumps(output)
'{"fname": {"0": "Paul", "1": "John"}, "lname": {"0": "McCartney", "1":
"Lennon"}, "birthyear": {"0": 1942, "1": 1940}, "version": "0.4 .1"}'
```

▎ HTML 테이블 읽기

pandas를 사용해 웹 사이트에서 HTML 테이블을 읽을 수 있다. 이를 통해 위키피디아^{Wikipedia}나 다른 웹 사이트에 있는 테이블을 쉽게 수집할 수 있다.

160

이 예제에서는 'The Beatles Discography'라는 위키피디아 항목 테이블을 읽어온다. 특히 2019년 위키피디아에 있던 이미지에서 테이블을 읽어오고자 한다.

Title	Release	UK [1][2]	AUS [3]	CAN [4]	FRA [5]	GER [6]	NOR [7]	US [8][9]	Certifications
Please Please Me ‡	• Released: 22 March 1963 • Label: Parlophone (UK)	1	—	—	5	5	—	—	• BPI: Gold[10] • ARIA: Gold[11] • MC: Gold[12] • RIAA: Platinum[13]
With the Beatles[B] ‡	• Released: 22 November 1963 • Label: Parlophone (UK), Capitol (CAN), Odeon (FRA)	1	—	—	5	1	—	—	• BPI: Gold[10] • ARIA: Gold[11] • BVMI: Gold[15] • MC: Gold[12] • RIAA: Gold[13]

스튜디오 앨범에 대한 위키피디아 테이블

작동 방법

1. read_html 함수를 사용해 https://en.wikipedia.org/wiki/The_Beatles_discography에 있는 모든 테이블을 로드한다.

```
>>> url = https://en.wikipedia.org/wiki/The_Beatles_discography
>>> dfs = pd.read_html(url)
>>> len(dfs)
51
```

2. 첫 번째 DataFrame을 조사한다.

```
>>> dfs[0]
            The Beatles discography        The Beatles discography.1
0  The Beatles in 1964Clockwise (fro...The Beatles in 1964Clockwise (from
```

```
top-left): ...
1              Studio albums                 23
2                Live albums                  5
3          Compilation albums                53
4               Video albums                 15
5               Music videos                 68
6                        EPs                 21
7                    Singles                 63
8                   Mash-ups                  2
9                   Box sets                 16
```

3. 위 테이블은 스튜디오 앨범, 라이브 앨범, 편집 앨범 등의 수를 요약한 것이다. 이는 원하는 테이블이 아니다. read_html이 생성한 각 테이블을 루프를 통해 찾거나 특정 테이블에 대한 힌트를 줄 수 있다.

이 함수에는 문자열이나 정규 표현식으로 쓸 수 있는 match라는 매개변수가 있다. 또한 attrs 매개변수를 사용해 HTML 태그 속성 키와 값(딕셔너리)을 전달하고 이를 사용해 테이블을 시별할 수 있나.

나는 크롬Chrome 브라우저를 사용해 HTML을 검사해 table 원소의 속성이나 사용할 테이블의 고유 문자열이 있는지 확인했다. HTML의 일부는 다음과 같다.

```
<table class="wikitable plainrowheaders" style="textalign: center;">
<caption>List of studio albums,<sup id="cite_ref-1" class="reference">
   <a href="#cite_note-1">[A]</a></sup> with
   selected chart positions and certifications
</caption>
<tbody>
   <tr>
      <th scope="col" rowspan="2" style="width:20em;">Title
      </th>
      <th scope="col" rowspan="2" style="width:20em;">Release
```

```
. . .
```

테이블에는 속성이 없지만 문자열 "List of studio albums"를 사용해 테이블
과 매치시킬 수 있다. 또한 위키피디아 페이지에서 복사한 na_values의 값
도 사용한다.

```
>>> url = https://en.wikipedia.org/wiki/The_Beatles_discography
>>> dfs = pd.read_html(
...     url, match="List of studio albums", na_values="?"
... )
>>> len(dfs)
1

>>> dfs[0].columns
Int64Index([0, 1, 2, 3, 4, 5, 6, 7, 8, 9], dtype='int64')
```

4. 열들은 뒤죽박죽이다. 열의 처음 두 행을 사용할 수도 있지만 여전히 혼란
스럽다.

```
>>> url = https://en.wikipedia.org/wiki/The_Beatles_discography
>>> dfs = pd.read_html(
...     url,
...     match="List of studio albums",
...     na_values="?",
...     header=[0, 1],
... )
>>> len(dfs)
1

>>> dfs[0]
```

```
     Title           ...         Certifications
0  Please Please Me      ...  BPI: Gold[10] ARIA: Gold[11] MC: Gold[12] RIAA...
1  With the Beatles[B] ...  BPI: Gold[10] ARIA: Gold[11] BVMI: Gold[14] MC...
2  Introducing        ...  The Beatles   ...   RIAA: Platinum[13]
3  Meet the Beatles!    ...  MC: Platinum[12] RIAA: 5× Platinum[13]
4  Twist and Shout      ...  MC: 3× Platinum[12]
5  The Beatles' Second Album ...    MC: Platinum[12] RIAA: 2× Platinum[13]
6  The Beatles' Long Tall Sally ...  MC: Gold[12]
7  A Hard Day's Night   ...  MC: Platinum[12] RIAA: 4× Platinum[13]
8  A Hard Day's Night   ...  BPI: Platinum[10] ARIA: Gold[11]
9  Something New        ...  MC: Gold[12] RIAA: 2× Platinum[13]
10 Beatles for Sale     ...  BPI: Gold[10] ARIA: Gold[11] MC: Gold[12] RIAA...
11 Beatles '65          ...  MC: Platinum[12] RIAA: 3× Platinum[13]
12 Beatles VI           ...  MC: Gold[12] RIAA: Platinum[13]
13 Help!                ...  BPI: Platinum[10] ARIA: Gold[11]
14 Help!                ...  MC: 2× Platinum[12] RIAA: 3× Platinum[13]
15 Rubber Soul          ...  BPI: Platinum[10] ARIA: Platinum[11] BVMI: Gol...
16 Rubber Soul          ...  MC: 2× Platinum[12] RIAA: 6× Platinum[13]
17 Yesterday and Today ...  MC: Platinum[12] RIAA: 2× Platinum[13]
18 Revolver             ...  BPI: 2× Platinum[10] ARIA: Platinum[11]
19 Revolver             ...  MC: 2× Platinum[12] RIAA: 5× Platinum[13]
20 Sgt. Pepper's Lonely Hearts Club Band  ...  BPI: 17× Platinum[10] ARIA: 4×
Platinum[11] BV...
21 Magical Mystery Tour ...  BPI: Platinum[10] ARIA: Platinum[11] MC: 4× Pl...
22 The Beatles ("The White Album")  ...  BPI: 2× Platinum[10] ARIA: 2×
Platinum[11] MC:...
23 Yellow Submarine[D] ...  BPI: Gold[10] MC: Gold[12] RIAA: Platinum[13]
24 Abbey Road           ...  BPI: 3× Platinum[10] ARIA: 3× Platinum[11] BVM...
25 Let It Be            ...  BPI: Platinum[10] ARIA: Platinum[11] MC: 3× Pl...
26 "?" denotes that the recording did not chart o... ...  "?" denotes that the
recording did not chart o...

>>> dfs[0].columns
MultiIndex(levels=[['Certifications', 'Peak chart positions',
'Release', 'Title'], ['AUS[3]', 'CAN[4]', 'Certifications',
'FRA[5]', 'GER[6]', 'NOR[7]', 'Release', 'Title', 'UK[1][2]',
```

```
  'US[8][9]']],
 codes=[[3, 2, 1, 1, 1, 1, 1, 1, 1, 1, 0], [7, 6, 8, 0, 1, 3, 4, 5,9, 2]])
```

이 문제는 프로그램적으로 쉽게 해결할 수 있는 것이 아니다. 예제의 경우
가장 쉬운 해법은 열을 수작업으로 갱신하는 것이다.

```
>>> df = dfs[0]
>>> df.columns = [
...     "Title",
...     "Release",
...     "UK",
...     "AUS",
...     "CAN",
...     "FRA",
...     "GER",
...     "NOR",
...     "US",
...     "Certifications",
... ]

>>> df
            Title      Release ...      US  Certifications
0       Please P...  Released... ...    NaN   BPI: Gol...
1       With the...  Released... ...    NaN   BPI: Gol...
2       Introduc...  Released... ...      2   RIAA: Pl...
3       Meet the...  Released... ...      1   MC: Plat...
4       Twist an...  Released... ...    NaN   MC: 3× P...
..          ...          ... ...        ...          ...
22      The Beat...  Released... ...      1   BPI: 2× ...
23      Yellow S...  Released... ...      2   BPI: Gol...
24      Abbey Road   Released... ...      1   BPI: 2× ...
25      Let It Be    Released... ...      1   BPI: Gol...
26      "—." deno... "—." deno... ...  "—." deno...  "—." deno...
```

5. 데이터는 좀 더 정리할 필요가 있다. 제목이 Released로 시작되는 모든 행은 이전 행의 또 다른 출시 앨범이다. pandas는 rowspan이 1보다 큰 것을 해석하지 못한다(release 행이 그렇다). 위키피디아 페이지에서 이 행들은 다음처럼 보인다.

```
<th scope="row" rowspan="2">
    <i><a href="/wiki/A_Hard_Day%27s_Night_(album)" title="A Hard
    Day's Night (album)">A Hard Day's Night</a></i>
    <img alt="double-dagger" src="//upload.wikimedia.org/wikipedia/
    commons/f/f9/Double-dagger-14-plain.png" decoding="async"
    width="9" height="14" data-file-width="9" data-file-height="14">
</th>
```

이 행들은 무시한다. 이 행들은 pandas에게 혼란을 야기하고 pandas가 이 행들에 부여하는 데이터는 부정확하다. release 열을 두 개의 열 release_date와 label로 나눈다.

```
>>> res = (
...     df.pipe(
...         lambda df_: df_[
...             ~df_.Title.str.startswith("Released")
...         ]
...     )
...     .assign(
...         release_date=lambda df_: pd.to_datetime(
...             df_.Release.str.extract(
...                 r"Released: (.*) Label"
...             )[0].str.replace(r"\[E\]", "")
...         ),
...         label=lambda df_: df_.Release.str.extract(
...             r"Label: (.*)"
...         ),
```

```
...     )
...     .loc[
...         :,
...         [
...             "Title",
...             "UK",
...             "AUS",
...             "CAN",
...             "FRA",
...             "GER",
...             "NOR",
...             "US",
...             "release_date",
...             "label",
...         ],
...     ]
... )

>>> res
          Title  UK  ...  release_date      label
0   Please P...   1  ...    1963-03-22  Parlopho...
1   With the...   1  ...    1963-11-22  Parlopho...
2   Introduc... NaN  ...    1964-01-10  Vee-Jay ...
3   Meet the... NaN  ...    1964-01-20  Capitol ...
4   Twist an... NaN  ...    1964-02-03  Capitol ...
..          ... ...  ...           ...        ...
21  Magical ...  31  ...    1967-11-27  Parlopho...
22  The Beat...   1  ...    1968-11-22      Apple
23  Yellow S...   3  ...    1969-01-13  Apple (U...
24   Abbey Road   1  ...    1969-09-26      Apple
25    Let It Be   1  ...    1970-05-08      Apple
```

작동 원리

read_html 함수는 HTML에서 **table** 태그를 찾고 내용을 해석해 DataFrame에 넣는다. 이 작업은 웹 사이트 스크래핑을 용이하게 해준다. 불행히도 예제에서 볼 수 있듯 경우에 따라 HTML 테이블에 있는 데이터는 해석이 힘들 때가 있다. rowspan 이나 다중 헤더의 경우 pandas가 혼란을 느낄 수 있다. 결과에 이상이 없는지 확인할 필요가 있다.

가끔 HTML 테이블이 간단해서 pandas가 문제없이 해석할 수도 있다. 여기서 살펴본 테이블들에서는 몇 가지 연산을 체인시켜 출력을 정리해야 했다.

추가 사항

attrs 매개변수를 사용해 페이지에서 테이블을 선택할 수도 있다. 다음으로 깃허브^{GitHub}에서 뷰^{view}의 CSV 파일을 살펴보자. 나는 원시 CSV 데이터가 아니라 깃허브의 온라인 파일 뷰어에서 이것을 읽었다는 점에 주목하라. 테이블을 검사한 결과 **csv-data** 값을 가진 클래스 속성이 있다는 것을 알았다. 이를 사용해 선택할 테이블을 제한한다.

```
>>> url = https://github.com/mattharrison/datasets/blob/master/data/anscombes.csv
>>> dfs = pd.read_html(url, attrs={"class": "csv-data"})
>>> len(dfs)
1
>>> dfs[0]
[   Unnamed: 0  quadrant     x      y
0        NaN         I  10.0   8.04
1        NaN         I  14.0   9.96
2        NaN         I   6.0   7.24
3        NaN         I   9.0   8.81
4        NaN         I   4.0   4.26
```

```
...
39      NaN       IV   8.0   6.58
40      NaN       IV   8.0   7.91
41      NaN       IV   8.0   8.47
42      NaN       IV   8.0   5.25
43      NaN       IV   8.0   6.89]
```

깃허브는 td 원소를 가로채 줄 번호를 표시하므로 Unnamed : 0 열처럼 된다는 점에
유의하라. 자바스크립트를 사용해 웹 페이지에 행 번호를 동적으로 추가하는 것
처럼 보이므로 웹 페이지가 행 번호를 표시하는 동안 소스코드에 빈 셀이 있으므
로 해당 열의 값은 NaN이 된다. 이런 열은 쓸모없으므로 삭제하는 것이 좋다.

한 가지 알아둘 것은 웹 사이트가 변경될 수 있다는 점이다. 다음 주에도 거기에 같
은 데이터가 있기를 기대하지 말라. 데이터를 검색했으면 저장해두는 것이 좋다.

때로는 다른 도구를 사용해야 한다. read_html 함수가 웹 사이트에서 데이터를 가
져올 수 없는 경우 화면 스크래핑을 사용해야 할 수도 있다. 운 좋게도 파이썬에는
스크래핑 도구도 있다. 요청 라이브러리를 사용해 간단한 스크래핑을 수행할 수
있다. Beautiful Soup 라이브러리는 HTML 콘텐츠를 좀 더 쉽게 처리할 수 있게 해
주는 또 다른 도구다.

데이터 분석 시작

▌소개

데이터셋을 작업 영역에 DataFrame 형식으로 가져온 다음 처음 살펴볼 때 분석가로 수행해야 할 단계를 고려할 필요가 있다. 일반적으로 데이터 조사를 위해 늘 수행하는 일련의 작업이 있는가? 가능한 모든 데이터 형식을 파악하고 있는가? 4장은 처음으로 새로운 데이터셋을 만날 때 수행해야 할 작업을 알아보는 것으로 시작한다. 4장은 pandas에서 그리 쉽지 않은 작업에 대한 공통적인 질문에 대답하는 것으로 진행된다.

데이터 분석 루틴 개발

데이터 분석을 시작할 때 따라야 할 표준적인 방법은 없지만 일반적으로 데이터 셋을 처음 검토할 때에는 스스로의 루틴을 개발해 두는 것이 좋다. 아침에 일어나면 샤워하고 일하러 가거나 식사하는 등의 일상적 생활 루틴이 있는 것과 마찬가지로 데이터 분석 루틴을 통해 새로운 데이터셋을 빠르게 익힐 수 있다. 이 루틴은 pandas와 데이터 분석에 좀 더 익숙해지면서 점점 발전해 나가는 동적인 작업 체크리스트와 비슷할 수 있다.

탐색적 데이터 분석[EDA, Exploratory Data Analysis]은 데이터셋 분석 프로세스를 설명하는 데 사용되는 용어다. 일반적으로 모델 생성에는 포함되지 않지만 데이터의 특성을 요약하고 시각화한다. 이는 새로운 것은 아니며 존 튜키[John Tukey]가 1977년에 출간된 책『Exploratory Data Analysis[탐색적 데이터 분석]』(Pearson)에서 설명했다.

프로세스 중 많은 부분은 데이터셋을 이해하는 데 적용할 수 있고 유용하다. 실제로 나중에 다룰 머신러닝 모델을 만드는 데 도움이 될 수 있다.

이 예제는 EDA의 작지만 근본적인 부분인 일상적이고 체계적인 방식의 메타데이터[metadata]와 기술 통계량의 수집을 다룬다. 예제에서는 데이터셋을 pandas DataFrame으로 처음 가져올 때 수행할 수 있는 표준 작업을 설명한다. 또한 이 예제는 처음으로 데이터셋을 조사할 때 사용할 수 있는 루틴의 기초를 형성하는 데에도 도움이 될 수 있다.

메타데이터는 데이터셋 또는 좀 더 구체적으로는 '데이터에 관한 데이터'를 의미한다. 메타데이터의 예로는 열/행 개수, 열 이름, 각 열의 데이터 형식, 데이터셋의 소스, 수집 날짜, 다른 열에 허용되는 값 등이 있다. 일변량 요약 통계량은 다른 모든 변수와는 상관없는 데이터셋의 변수(열)에 대한 요약 통계량이다.

작동 방법

먼저 college 데이터셋에 대한 메타데이터 일부를 수집해본 후 각 열에 대한 기본 요약 통계량을 구해보자.

1. 데이터셋을 읽고 .sample 메서드를 써서 행의 샘플을 읽어보자.

```
>>> import pandas as pd
>>> import numpy as np
>>> college = pd.read_csv("data/college.csv")
>>> college.sample(random_state=42)
                      INSTNM        CITY ...           MD_EARN_WNE_P10
GRAD_DEBT_MDN_SUPP
3649 Career Point College  San Antonio ...        20700          14977
```

2. .shape 속성을 사용해 DataFrame의 차원을 알아낸다.

```
>>> college.shape
(7535, 27)
```

3. 각 열의 데이터 형식, 결측치 개수, 메모리 사용량을 .info 메서드로 나열한다.

```
>>> college.info()
<class 'pandas.core.frame.DataFrame'>
RangeIndex: 7535 entries, 0 to 7534
Data columns (total 27 columns):
 #   Column         Non-Null Count   Dtype
---  ------         --------------   -----
 0   INSTNM         7535 non-null    object
 1   CITY           7535 non-null    object
 2   STABBR         7535 non-null    object
```

```
3    HBCU                  7164 non-null    float64
4    MENONLY               7164 non-null    float64
5    WOMENONLY             7164 non-null    float64
6    RELAFFIL              7535 non-null    int64
7    SATVRMID              1185 non-null    float64
8    SATMTMID              1196 non-null    float64
9    DISTANCEONLY          7164 non-null    float64
10   UGDS                  6874 non-null    float64
11   UGDS_WHITE            6874 non-null    float64
12   UGDS_BLACK            6874 non-null    float64
13   UGDS_HISP             6874 non-null    float64
14   UGDS_ASIAN            6874 non-null    float64
15   UGDS_AIAN             6874 non-null    float64
16   UGDS_NHPI             6874 non-null    float64
17   UGDS_2MOR             6874 non-null    float64
18   UGDS_NRA              6874 non-null    float64
19   UGDS_UNKN             6874 non-null    float64
20   PPTUG_EF              6853 non-null    float64
21   CURROPER              7535 non-null    int64
22   PCTPELL               6849 non-null    float64
23   PCTFLOAN              6849 non-null    float64
24   UG25ABV               6718 non-null    float64
25   MD_EARN_WNE_P10       6413 non-null    object
26   GRAD_DEBT_MDN_SUPP    7503 non-null    object
dtypes: float64(20), int64(2), object(5)
memory usage: 1.6+ MB
```

4. 수치 열에 대한 요약 통계량을 구하고 DataFrame을 전치시켜 가독성을 높인다.

```
>>> college.describe(include=[np.number]).T
             count       mean    ...        75%        max
HBCU        7164.0    0.014238   ...   0.000000     1.0000
MENONLY     7164.0    0.009213   ...   0.000000     1.0000
```

WOMENONLY	7164.0	0.005304	...	0.000000	1.0000
RELAFFIL	7535.0	0.190975	...	0.000000	1.0000
SATVRMID	1185.0	522.819409	...	555.000000	765.0000
SATMTMID	1196.0	530.765050	...	565.000000	785.0000
DISTANCEONLY	7164.0	0.005583	...	0.000000	1.0000
UGDS	6874.0	2356.837940	...	1929.500000	151558.0000
UGDS_WHITE	6874.0	0.510207	...	0.747875	1.0000
UGDS_BLACK	6874.0	0.189997	...	0.257700	1.0000
UGDS_HISP	6874.0	0.161635	...	0.198875	1.0000
UGDS_ASIAN	6874.0	0.033544	...	0.032700	0.9727
UGDS_AIAN	6874.0	0.013813	...	0.007300	1.0000
UGDS_NHPI	6874.0	0.004569	...	0.002500	0.9983
UGDS_2MOR	6874.0	0.023950	...	0.033900	0.5333
UGDS_NRA	6874.0	0.016086	...	0.011700	0.9286
UGDS_UNKN	6874.0	0.045181	...	0.045400	0.9027
PPTUG_EF	6853.0	0.226639	...	0.376900	1.0000
CURROPER	7535.0	0.923291	...	1.000000	1.0000
PCTPELL	6849.0	0.530643	...	0.712900	1.0000
PCTFLOAN	6849.0	0.522211	...	0.745000	1.0000
UG25ABV	6718.0	0.410021	...	0.572275	1.0000

5. 객체(문자열) 열에 대한 요약 통계량을 구한다.

```
>>> college.describe(include=[np.object]).T
```

	count	unique	top	freq
INSTNM	7535	7535	University of Louisiana at Lafayette	1
CITY	7535	2514	New York	87
STABBR	7535	59	CA	773
MD_EARN_WNE_P10	6413	598	PrivacySuppressed	822
GRAD_DEBT_MDN_SUPP	7503	2038	PrivacySuppressed	1510

작동 원리

데이터셋을 가져온 후의 일반적인 작업은 .sample 메서드를 사용해 수작업으로 검사하고자 DataFrame 행의 샘플을 출력하는 것이다. .shape 속성은 메타데이터 중 일부를 반환한다. 즉, 행과 열의 개수를 갖고 있는 튜플을 반환한다.

한 번에 더 많은 메타데이터를 얻는 방법은 .info 메서드를 사용하는 것이다. 이 메서드는 각 열의 이름, 비결측치 개수, 각 열의 데이터 형식과 DataFrame의 대략적인 메모리 사용량을 제공한다. 일반적으로 pandas의 열은 단일 형식으로 돼 있다(형식이 혼합된 열도 가능하며 object로 표시된다). DataFrame은 전체적으로는 데이터 형식이 상이한 열들로 구성될 수 있다.

4단계와 5단계는 서로 다른 형식의 열에 대한 기술 통계량을 생성한다. 기본 설정에서 .describe는 모든 수치 열에 대한 요약을 출력하고 수치가 아닌 열의 출력은 자동으로 삭제한다. 수치가 아닌 데이터 형식의 열에 대해서도 개수와 빈도를 포함하도록 다른 옵션을 include 매개변수에 전달할 수 있다. 기술적으로 데이터 형식은 계층 구조의 일부로, np.number는 정수와 부동소수점수보다 더 상위 계층이다.

데이터는 연속형과 범주형으로 분류할 수 있다. 연속형 데이터는 항상 수치며, 일반적으로 키, 몸무게, 급여처럼 수많은 종류가 있다. 범주형 데이터는 민족성, 고용 상태, 자동차 색상처럼 유한한 값을 가진다. 범주형 데이터는 숫자나 문자로 표현할 수 있다.

범주형 열은 일반적으로 np.object나 pd.Categorical 형식 중 하나다. 5단계는 두 형식이 모두 표시되게 한다. 4단계와 5단계 모두에서 출력 DataFrame은 .T 속성을 사용해 전치된다. 이렇게 하면 대개 스크롤하지 않고도 더 많은 데이터를 화면에서 볼 수 있으므로 열이 많은 DataFrame의 가독성이 좋아질 수 있다.

추가 사항

수치 열을 다룰 때는 .describe 메서드를 사용해 반환된 정확한 분위수를 명시할
수 있다.

```
>>> college.describe(
...     include=[np.number],
...     percentiles=[
...         0.01,
...         0.05,
...         0.10,
...         0.25,
...         0.5,
...         0.75,
...         0.9,
...         0.95,
...         0.99,
...     ],
... ).T
```

	count	mean	...	99%	max
HBCU	7164.0	0.014238	...	1.000000	1.0000
MENONLY	7164.0	0.009213	...	0.000000	1.0000
WOMENONLY	7164.0	0.005304	...	0.000000	1.0000
RELAFFIL	7535.0	0.190975	...	1.000000	1.0000
SATVRMID	1185.0	522.819409	...	730.000000	765.0000
SATMTMID	1196.0	530.765050	...	745.250000	785.0000
DISTANCEONLY	7164.0	0.005583	...	0.000000	1.0000
UGDS	6874.0	2356.837940	...	26015.290000	151558.0000
UGDS_WHITE	6874.0	0.510207	...	1.000000	1.0000
UGDS_BLACK	6874.0	0.189997	...	0.961467	1.0000
UGDS_HISP	6874.0	0.161635	...	1.000000	1.0000
UGDS_ASIAN	6874.0	0.033544	...	0.346429	0.9727
UGDS_AIAN	6874.0	0.013813	...	0.209326	1.0000
UGDS_NHPI	6874.0	0.004569	...	0.050508	0.9983
UGDS_2MOR	6874.0	0.023950	...	0.133154	0.5333

```
UGDS_NRA      6874.0   0.016086  ...   0.236989   0.9286
UGDS_UNKN     6874.0   0.045181  ...   0.496581   0.9027
PPTUG_EF      6853.0   0.226639  ...   0.946724   1.0000
CURROPER      7535.0   0.923291  ...   1.000000   1.0000
PCTPELL       6849.0   0.530643  ...   0.993908   1.0000
PCTFLOAN      6849.0   0.522211  ...   0.986368   1.0000
UG25ABV       6718.0   0.410021  ...   0.917383   1.0000
```

▌ 데이터 딕셔너리

데이터 분석에서 중요한 것 중 하나는 데이터 딕셔너리^{dictionary}를 생성하고 유지하는 것이다. 데이터 딕셔너리는 메타데이터의 테이블이며, 각 데이터 열에 대한 메모다. 데이터 딕셔너리의 주요 목적 중 하나는 열 이름의 의미를 설명하는 것이다. college 데이터셋에는 처음 검사하는 분석가에게는 생소할 수 있는 많은 약어가 사용됐다.

college 데이터셋의 데이터 딕셔너리는 college_data_dictionary.csv 파일에 있다.

```
>>> pd.read_csv("data/college_data_dictionary.csv")
        column_name    description
0            INSTNM    Institution Name
1              CITY    City Location
2            STABBR    State Abbreviation
3              HBCU    Historically Black College or University
4           MENONLY    0/1 Men Only
5         WOMENONLY    0/1 Women only
6          RELAFFIL    0/1 Religious Affiliation
7           SATVRMID    SAT Verbal Median
8           SATMTMID    SAT Math Median
9      DISTANCEONLY    Distance Education Only
```

178

10	UGDS	Undergraduate Enrollment
11	UGDS_WHITE	Percent Undergrad White
12	UGDS_BLACK	Percent Undergrad Black
13	UGDS_HISP	Percent Undergrad Hispanic
14	UGDS_ASIAN	Percent Undergrad Asian
15	UGDS_AIAN	Percent Undergrad American Indian/Alaskan Native
16	UGDS_NHPI	Percent Undergrad Native Hawaiian/Pacific Isla...
17	UGDS_2MOR	Percent Undergrad 2 or more races
18	UGDS_NRA	Percent Undergrad non-resident aliens
19	UGDS_UNKN	Percent Undergrad race unknown
20	PPTUG_EF	Percent Students part-time
21	CURROPER	0/1 Currently Operating
22	PCTPELL	Percent Students with Pell grant
23	PCTFLOAN	Percent Students with federal loan
24	UG25ABV	Percent Students Older than 25
25	MD_EARN_WNE_P10	Median Earnings 10 years after enrollment
26	GRAD_DEBT_MDN_SUPP	Median debt of completers

보다시피 약어로 된 열 이름을 이해하는 데 큰 도움이 된다. DataFrame이 데이터 딕셔너리를 저장하기에 최적의 장소인 것은 아니다. 값을 편집하고 열을 쉽게 추가할 수 있는 엑셀이나 구글 스프레드시트와 같은 플랫폼이 더 좋다. 또는 Jupyter의 Markdown 셀cell을 이용할 수 있다. 데이터 딕셔너리는 분석가로서 공동 작업자와 공유할 수 있는 첫 번째 정보 중 하나다.

작업 중인 데이터셋에서 더 많은 정보를 얻으려면 데이터베이스를 생산한 관리자에게 문의해야만 하는 경우가 종종 있다. 데이터베이스에는 데이터 표현을 나타내는 형식이 있는데, 스키마schemas라고 한다. 가능하면 주제 전문가SME, Subject Matter Expert(해당 데이터에 대한 전문 지식이 있는 사람)라 불리는 사람에게서 데이터셋에 관해 조사하는 것이 좋다.

데이터 형식 변경으로 메모리 절약

pandas에는 많은 데이터 형식에 대한 정확한 기술적 정의가 있다. 그러나 CSV처럼 형식이 없는 형식에서 데이터를 로드할 때에는 pandas가 형식을 유추해야만 한다.

이번 예제는 college 데이터셋에서 객체 열을 특수 pandas 범주 데이터 형식으로 변경해 메모리 사용량을 대폭 줄이는 것을 보여준다.

작동 방법

1. college 데이터셋을 읽은 다음 서로 다른 데이터 형식을 가진 몇 개의 열을 선택한 다음 메모리를 얼마나 절약할 수 있는지 알아본다.

```
>>> college = pd.read_csv("data/college.csv")
>>> different_cols = [
...    "RELAFFIL",
...    "SATMTMID",
...    "CURROPER",
...    "INSTNM",
...    "STABBR",
... ]
>>> col2 = college.loc[:, different_cols]
>>> col2.head()
   RELAFFIL  SATMTMID CURROPER                            INSTNM STABBR
0         0     420.0        1             Alabama A & M University     AL
1         0     565.0        1 University of Alabama at Birmingham     AL
2         1       NaN        1                   Amridge University     AL
3         0     590.0        1 University of Alabama in Huntsville     AL
4         0     430.0        1             Alabama State University     AL
```

2. 각 열의 데이터 형식을 살펴본다.

```
>>> col2.dtypes
RELAFFIL        int64
SATMTMID      float64
CURROPER        int64
INSTNM         object
STABBR         object
dtype: object
```

3. .memory_usage 메서드를 사용해 각 열의 메모리 사용량을 알아본다.

```
>>> original_mem = col2.memory_usage(deep=True)
>>> original_mem
Index           128
RELAFFIL      60280
SATMTMID      60280
CURROPER      60280
INSTNM       660240
STABBR       444565
dtype: int64
```

4. RELAFFIL은 0과 1값만 갖고 있으므로 64비트를 사용할 이유가 없다. 이 열을 .astype 메서드를 사용해 8비트(1바이트) 정수 형식으로 변환하자.

```
>>> col2["RELAFFIL"] = col2["RELAFFIL"].astype(np.int8)
```

5. .dtypes 속성을 사용해 데이터 형식이 실제로 바뀌었는지 확인해보자.

```
>>> col2.dtypes
RELAFFIL         int8
```

```
SATMTMID    float64
CURROPER      int64
INSTNM       object
STABBR       object
dtype: object
```

6. 각 열의 메모리 사용량을 다시 확인해보자. 엄청난 메모리 절약을 보게 될
   것이다.

```
>>> col2.memory_usage(deep=True)
Index          128
RELAFFIL      7535
SATMTMID     60280
CURROPER     60280
INSTNM      660240
STABBR      444565
dtype: int64
```

7. 더 많은 메모리를 절약하려면 카디널리티^{cardinality}(유일한 값의 개수)가 상당
   히 낮은 객체의 경우에는 데이터 형식을 범주형으로 변경하는 것이 좋다.

```
>>> col2.select_dtypes(include=["object"]).nunique()
INSTNM    7535
STABBR      59
dtype: int64
```

8. STABBR 열은 고유한 값의 개수가 1% 미만이므로 범주형으로 전환하기에
   좋은 후보다.

```
>>> col2["STABBR"] = col2["STABBR"].astype("category")
```

```
>>> col2.dtypes
RELAFFIL        int8
SATMTMID     float64
CURROPER       int64
INSTNM        object
STABBR      category
dtype: object
```

9. 메모리 사용량을 다시 출력해보자.

```
>>> new_mem = col2.memory_usage(deep=True)
>>> new_mem
Index         128
RELAFFIL     7535
SATMTMID    60280
CURROPER    60280
INSTNM     660699
STABBR      13576
dtype: int64
```

10. 마지막으로 원래 메모리 사용량과 갱신된 사용량을 비교해보자. 예상대로 RELAFFIL 열은 원래의 1/8이고 STABBR 열은 원래의 3%로 줄었다.

```
>>> new_mem / original_mem
Index      1.000000
RELAFFIL   0.125000
SATMTMID   1.000000
CURROPER   1.000000
INSTNM     1.000000
STABBR     0.030538
dtype: float64
```

작동 원리

pandas는 특정 DataFrame에 필요한 최대 크기와 관계없이 integer와 float 데이터 형식은 64비트로 기본 설정한다. 정수, 부동소수점수와 불리언은 .astype 메서드를 사용해 다른 데이터 형식으로 강제 변환하고 4단계에서처럼 정확한 형식의 문자열이나 특정 객체로 전달할 수 있다.

RELAFFIL 열은 데이터 딕셔너리를 통해 0이나 1 값만 가진다는 것을 알았으므로 더 작은 정수 형식으로 변환하는 것이 좋다. RELAFFIL의 메모리는 이전 형식을 유지하고 있는 CURROPER와 비교해볼 때 8분의 1 수준이다.

INSTNM과 같이 object 데이터 형식이 있는 열은 다른 pandas 데이터 형식과는 다르다. 다른 모든 pandas 데이터 형식의 경우 같은 열에 있는 모든 값은 동일한 데이터 형식을 가진다. 예를 들어 int64 형식의 열에 있는 모든 값은 int64다. 그러나 object 데이터 형식의 열은 그렇지 않다. 각 열의 값은 모든 형식이 될 수 있다. 예컨대 문자열, 숫자, 날짜 시간, 리스트, 튜플과 같은 다른 파이썬 객체를 혼합해 사용할 수도 있다.

이 때문에 object 데이터 형식은 다른 데이터 형식과는 매치되지 않는 데이터 열에 대한 포괄 형식이라고도 한다. 그러나 대부분의 경우 object 데이터 형식으로 된 열은 모두 문자열이다.

따라서 object 데이터 형식 열에 있는 각 값의 메모리 사용량은 일치하지 않는다. 다른 데이터 형식처럼 각 값에 대해 미리 정의된 메모리양 같은 것은 없다. pandas에서 object 데이터 형식으로 된 열의 정확한 메모리양을 추출하려면 .memory_usage 메서드에서 deep 매개변수를 True로 설정해야 한다.

object 열은 메모리를 최대로 절약할 수 있는 대상이다. pandas에서는 NumPy에는 없는 추가적인 범주형 데이터 형식이 있다. 범주로 변환할 때 pandas는 내부적으로 정수에서 각 고유 문자열 값으로의 매핑을 생성한다. 따라서 각 문자열은 메모리에 한 개씩만 유지하면 된다. 보는 것처럼 이러한 데이터 형식 변경으로 메모리 사용량이 97%나 감소했다.

또한 인덱스는 매우 적은 양의 메모리를 사용한다는 것도 볼 수 있었을 것이다. 이 예제에서처럼 DataFrame 작성 중에 인덱스를 별도로 지정하지 않으면 pandas 는 기본적으로 인덱스를 RangeIndex로 설정한다. RangeIndex는 내장된 범위 함수 와 아주 유사하다. 필요시에만 값을 생성하고 인덱스를 생성하는 데 필요한 최소한의 정보만 저장한다.

추가 사항

object 데이터 형식의 열이 정수나 부동소수점수와 얼마나 다른지 더 잘 이해하고자 이러한 각 열의 값 하나를 수정하고 결과 메모리 사용량을 표시해볼 수 있다. CURROPER와 INSTNM 열은 각각 int64와 object 형식이다.

```
>>> college.loc[0, "CURROPER"] = 10000000
>>> college.loc[0, "INSTNM"] = (
...     college.loc[0, "INSTNM"] + "a"
... )
>>> college[["CURROPER", "INSTNM"]].memory_usage(deep=True)
Index           128
CURROPER      60280
INSTNM       660804
dtype: int64
```

CURROPER는 64비트 정수를 사용하므로 필요한 공간보다 훨씬 더 많고, 따라서 메모리 사용량이 그대로 남아 있다. 한편 INSTNM은 단 한 글자를 추가했는데, 105바이트나 더 늘었다.

파이썬 3는 세계의 모든 언어 시스템을 인코딩하고자 표준화된 문자 표현 방법인

유니코드를 사용한다. 유니코드 문자열이 컴퓨터에서 차지하는 메모리양은 파이썬이 구축된 방식에 따라 다르다. 예제를 실행한 기계에서는 문자당 최대 4바이트를 사용한다. pandas는 문자 값으로 첫 번째 수정을 할 때 약간의 오버헤드(100바이트)가 필요하다. 그 후 문자당 5바이트씩 증가한다.

모든 열을 원하는 형식으로 강제 변환할 수 있는 것은 아니다. 데이터 딕셔너리에서 0이나 1 값만 갖는 것으로 설명돼 있는 MENONLY 열을 살펴보자. 이 열을 임포트할 때 실제 데이터 형식은 예상과 달리 float64다. np.nan으로 표시되는 결측치가 있기 때문이다. int64 형식에는 결측치에 대한 정수 표현이 없다(pandas 0.24+에 있는 Int64 형식은 결측치를 지원하지만 기본 설정에서는 사용되지 않음). 결측치가 하나라도 있는 수치 열은 모두 부동소수점수 열로 바뀐다. 또한 정수 데이터 형식 열의 어떤 값 하나가 결측치가 되면 자동으로 부동소수점수로 바뀐다.

```
>>> college["MENONLY"].dtype
dtype('float64')
>>> college["MENONLY"].astype(np.int8)
Traceback (most recent call last):
    ...
ValueError: Cannot convert non-finite values (NA or inf) to integer
```

또한 데이터 형식을 참조할 때 파이썬 객체 대신 문자열 이름으로 대체할 수 있다. 예를 들어 .describe DataFrame 메서드에서 include 매개변수를 사용하는 경우 NumPy나 pandas 객체 모두 동등한 문자열 표현 리스트를 전달할 수 있다. 예를 들어 다음 각 항목은 동일한 결과를 생성한다.

```
college.describe(include=['int64', 'float64']).T

college.describe(include=[np.int64, np.float64]).T
```

```
college.describe(include=['int', 'float']).T

college.describe(include=['number']).T
```

문자열 형식은 .astype 메서드와도 함께 사용할 수 있다.

```
                                            INSTNM  ...  GRAD_DEBT_MDN_SUPP
0                           Alabama A & M Universitya  ...              33888
1                 University of Alabama at Birmingham  ...            21941.5
2                                   Amridge University  ...              23370
3                University of Alabama in Huntsville  ...              24097
4                            Alabama State University  ...            33118.5
...                                              ...  ...                 ...
7530        SAE Institute of Technology San Francisco  ...               9500
7531                Rasmussen College - Overland Park  ...              21163
7532  National Personal Training Institute of Cleveland  ...             6333
7533  Bay Area Medical Academy - San Jose Satellite ...  ...  PrivacySuppressed
7534             Excel Learning Center-San Antonio South  ...             12125~
```

끝으로 메모리에 모든 행 인덱스를 저장하는 최소 RangeIndex와 Int64Index 사이에는 엄청난 메모리 차이가 있다는 것을 알 수 있다.

```
>>> college.index = pd.Int64Index(college.index)
>>> college.index.memory_usage() # 앞에서는 단 80이었음
60280
```

▌최대 중에 최소 선택

이 예제는 흥미 있는 뉴스거리, 예컨대 '상위 100개 대학 중 가장 학비가 낮은 5개 대학' 또는 '가장 살기 좋은 상위 50개 도시 중 가장 저렴한 10가지' 등의 정보를 알

아내는 데 유용하다.

분석하는 동안 먼저 상위 n개 값을 포함하는 데이터 그룹을 찾아 하나의 열에 그룹화하고 이 부분집합에서 다른 열의 기준에 따른 하위 m개의 값을 찾으면 된다.

이 예제에서는 .nlargest와 .nsmallest 같은 편리한 메서드를 사용해 상위 100위의 최고 점수 영화 중에서 가장 저렴한 예산으로 제작된 영화를 찾아보자.

작동 방법

1. movies 데이터셋을 읽고 movie_title, imdb_score, budget 열을 선택한다.

```
>>> movie = pd.read_csv("data/movie.csv")
>>> movie2 = movie[["movie_title", "imdb_score", "budget"]]
>>> movie2.head()
    movie_title   imdb_score       budget
0        Avatar          7.9  237000000.0
1    Pirates ...         7.1  300000000.0
2       Spectre          6.8  245000000.0
3    The Dark...         8.5  250000000.0
4    Star War...         7.1          NaN
```

2. .nlargest 메서드를 사용해 imdb_score 기준에 따른 상위 100개 영화를 선택한다.

```
>>> movie2.nlargest(100, "imdb_score").head()
                 movie_title  imdb_score       budget
2725         Towering Inferno         9.5          NaN
1920  The Shawshank Redemption       9.3   25000000.0
3402             The Godfather        9.2    6000000.0
```

188

2779	Dekalog	9.1	NaN
4312	Kickboxer: Vengeance	9.1	17000000.0

3. `.nsmallest` 메서드를 체인시켜 상위 100개 영화 중 가장 저예산 영화 5개를 반환한다.

```
>>> (
...     movie2.nlargest(100, "imdb_score").nsmallest(5, "budget")
... )
             movie_title  imdb_score     budget
4804       Butterfly Girl         8.7   180000.0
4801   Children of Heaven         8.5   180000.0
4706         12 Angry Men         8.9   350000.0
4550         A Separation         8.4   500000.0
4636  The Other Dream Team         8.4   500000.0
```

작동 원리

`.nlargest` 메서드의 첫 번째 매개변수인 n은 정수여야 하며 반환할 행 개수를 선택한다. 두 번째 매개변수인 columns는 열 이름을 문자열로 취한다. 2단계는 최고 점수의 영화 100개를 반환한다. 중간 결과를 자체 변수에 저장할 수도 있지만 대신 3단계에서 `.nsmallest` 메서드를 체인해 예산에 따라 정렬된 5개의 행을 정확히 반환한다.

추가 사항

열 이름 리스트를 `.nlargest`와 `.nsmallest` 메서드의 columns 매개변수에 전달할 수도 있다. 이 방법은 리스트의 첫 번째 열에서 n번째 순위가 동일한 중복 값이 있는 경우에만 순서를 정해 주는 데 유용할 뿐이다.

▌정렬해 각 그룹에서 가장 큰 항목 선택

데이터 분석 중에 수행하게 되는 가장 기본적이고 일반적인 작업 중 하나는 그룹 내의 특정 열에서 가장 큰 값을 갖는 행을 선택하는 것이다. 예를 들어 연도별 최고 점수를 받은 영화 혹은 상영 등급별로 가장 높은 등급의 영화를 찾는 것과 같다. 이 작업을 수행하려면 그룹과 그룹의 각 구성원을 순위 매김하는 데 사용되는 열을 정렬한 다음 각 그룹의 최상위 구성원을 추출해야 한다.

이번 예제에서는 연도별 최고 점수의 영화를 찾아본다.

작동 방법

1. movie 데이터셋을 읽고 그중 관심 대상의 세 가지 열인 movie_title, title_year, imdb_score만 추출한다.

```
>>> movie = pd.read_csv("data/movie.csv")
>>> movie[["movie_title", "title_year", "imdb_score"]]
                                       movie_title  ...
0                                           Avatar  ...
1           Pirates of the Caribbean: At World's End  ...
2                                          Spectre  ...
3                            The Dark Knight Rises  ...
4      Star Wars: Episode VII - The Force Awakens  ...
...                                            ...  ...
4911                       Signed Sealed Delivered  ...
4912                                 The Following  ...
4913                         A Plague So Pleasant  ...
4914                              Shanghai Calling  ...
4915                               My Date with Drew  ...
```

2. `.sort_values` 메서드를 사용해 `title_year`를 기준으로 DataFrame을 정렬한다. 기본 설정은 오름차순으로 정렬한다. 이 작동을 내림차순으로 하려면 `ascending=False` 매개변수를 사용해야 한다.

```
>>> (
...     movie[
...         ["movie_title", "title_year", "imdb_score"]
...     ].sort_values("title_year", ascending=True)
... )
                                         movie_title  ...
4695    Intolerance: Love's Struggle Throughout the Ages  ...
4833                    Over the Hill to the Poorhouse  ...
4767                                   The Big Parade  ...
2694                                       Metropolis  ...
4697                              The Broadway Melody  ...
...                                              ...  ...
4683                                           Heroes  ...
4688                                      Home Movies  ...
4704                                       Revolution  ...
4752                                     Happy Valley  ...
4912                                    The Following  ...
```

3. 연도만 정렬됐다는 점에 주목하자. 여러 열을 동시에 정렬하려면 리스트를 사용해야 한다. 연도와 점수를 동시에 정렬하는 방법을 살펴보자.

```
>>> (
...     movie[
...         ["movie_title", "title_year", "imdb_score"]]
...     .sort_values(
...         ["title_year", "imdb_score"], ascending=False
...     )
... )
```

```
                        movie_title  title_year  imdb_score
4312             Kickboxer: Vengeance      2016.0         9.1
4277       A Beginner's Guide to Snuff      2016.0         8.7
3798                          Airlift      2016.0         8.5
27            Captain America: Civil War      2016.0         8.2
98              Godzilla Resurgence      2016.0         8.2
...                              ...         ...         ...
1391                      Rush Hour         NaN         5.8
4031                       Creature         NaN         5.0
2165                 Meet the Browns         NaN         3.5
3246       The Bold and the Beautiful         NaN         3.5
2119                    The Bachelor         NaN         2.9
```

4. 이제 .drop_duplicates 메서드를 사용해 각 연도에서 첫 번째 행만 남겨 둔다.

```
>>> (
...     movie[["movie_title", "title_year", "imdb_score"]]
...     .sort_values(
...         ["title_year", "imdb_score"], ascending=False
...     )
...     .drop_duplicates(subset="title_year")
... )
                  movie_title  title_year  imdb_score
4312            Kickboxe...      2016.0         9.1
3745            Running ...      2015.0         8.6
4369            Queen of...      2014.0         8.7
3935            Batman: ...      2013.0         8.4
3               The Dark...      2012.0         8.5
...                     ...         ...         ...
2694             Metropolis      1927.0         8.3
4767            The Big ...      1925.0         8.3
4833            Over the...      1920.0         4.8
4695            Intolera...      1916.0         8.0
```

192

2725	Towering...	NaN	9.5

작동 원리

이 예제는 체인을 사용해 일련의 pandas 작업을 구축하고 테스트하는 방법을 보여준다.

1단계에서는 중요한 열에만 집중하도록 데이터셋을 줄인다. 이 예제는 전체 DataFrame에서 동일하게 작동한다. 2단계는 단일 열을 기준으로 DataFrame을 정렬하는 방법을 보여주는데, 우리가 원하는 정확한 작동과는 다르다. 3단계에서는 여러 열을 동시에 정렬한다. 먼저 title_year를 모두 정렬한 다음 title_year의 각 값 내에서 imdb_score를 기준으로 정렬하면 된다.

.drop_duplicates 메서드의 기본 동작은 각 고유 행의 첫 번째 항목만 유지하는 것이다. 여기서는 모든 행이 고유하므로 행 삭제는 일어나지 않는다. 그러나 subset 매개변수는 지정한 열(또는 열의 리스트)만 고려하도록 예제를 변경한다. 이 예에서는 매년 하나의 행만 반환된다. 연도별로 정렬한 다음 마지막 단계에서 점수를 정렬하므로 매년 최고 점수 영화를 얻을 수 있는 것이다.

추가 사항

대부분의 pandas 연산과 마찬가지로 다른 방법도 있다. 그룹화 연산에 익숙한 경우 .groupby 메서드를 사용해 다음처럼 수행할 수 있다.

```
>>> (
...     movie[["movie_title", "title_year", "imdb_score"]]
...     .groupby("title_year", as_index=False)
...     .apply(
```

```
...        lambda df: df.sort_values(
...            "imdb_score", ascending=False
...        ).head(1)
...    )
...    .droplevel(0)
...    .sort_values("title_year", ascending=False)
... )
                        movie_title   title_year   imdb_score
90   4312              Kickboxe...      2016.0          9.1
89   3745              Running ...      2015.0          8.6
88   4369              Queen of...      2014.0          8.7
87   3935              Batman: ...      2013.0          8.4
86   3                 The Dark...      2012.0          8.5
...                            ...          ...          ...
4    4555              Pandora'...      1929.0          8.0
3    2694              Metropolis      1927.0          8.3
2    4767              The Big ...      1925.0          8.3
1    4833              Over the...      1920.0          4.8
0    4695              Intolera...      1916.0          8.0
```

한 열을 오름차순으로 정렬하면서 동시에 다른 열을 내림차순으로 정렬할 수도 있다. 이 작업을 수행하려면 ascending 매개변수에 각 열을 정렬하는 방법에 해당하는 불리언 리스트를 전달하면 된다. 다음은 title_year와 content_rating을 내림차순으로 정렬하고 budget은 오름차순으로 정렬한다. 그런 다음 연도별 저예산 영화와 상영 등급으로 정렬된 영화를 찾는다.

```
>>> (
...    movie[
...        [
...            "movie_title",
...            "title_year",
...            "content_rating",
```

```
...             "budget",
...         ]
...     ]
...     .sort_values(
...         ["title_year", "content_rating", "budget"],
...         ascending=[False, False, True],
...     )
...     .drop_duplicates(
...         subset=["title_year", "content_rating"]
...     )
... )
```

	movie_title	title_year	content_rating	budget
4026	Compadres	2016.0	R	3000000.0
4658	Fight to...	2016.0	PG-13	150000.0
4661	Rodeo Girl	2016.0	PG	500000.0
3252	The Wailing	2016.0	Not Rated	NaN
4659	Alleluia...	2016.0	NaN	500000.0
...	...	...	...	...
2558	Lilyhammer	NaN	TV-MA	34000000.0
807	Sabrina,...	NaN	TV-G	3000000.0
848	Stargate...	NaN	TV-14	1400000.0
2436	Carlos	NaN	Not Rated	NaN
2119	The Bach...	NaN	NaN	3000000.0

기본 설정에서 .drop_duplicates는 첫 번째 항목만 유지하지만 keep='last'를 사용해 각 그룹의 마지막 행을 선택하거나 keep = False를 전달해 모든 중복 항목을 삭제하는 식으로 이 동작을 수정할 수 있다.

▌sort_values를 사용해 nlargest 복제

앞의 두 예제에서는 약간 다른 방식의 정렬을 사용해 유사하게 작업한다. 데이터 열의 상위 *n*개 값을 찾는 것은 전체 열을 내림차순으로 정렬하고 첫 번째 *n*개 값을 취하는 것과 같다. pandas에는 이런 작업을 수행할 수 있는 다양한 방법이 있다.

이 예제에서는 .sort_values 메서드를 사용해 최대에서 최소를 찾는 예제를 복제해보고 둘 사이의 차이점을 살펴본다.

작동 방법

1. 최대에서 최소를 찾는 예제의 마지막 단계의 결과를 재생해보자.

```
>>> movie = pd.read_csv("data/movie.csv")
>>> (
...    movie[["movie_title", "imdb_score", "budget"]]
...    .nlargest(100, "imdb_score")
...    .nsmallest(5, "budget")
... )
               movie_title  imdb_score    budget
4804         Butterfly Girl         8.7  180000.0
4801      Children of Heaven         8.5  180000.0
4706           12 Angry Men         8.9  350000.0
4550            A Separation         8.4  500000.0
4636     The Other Dream Team         8.4  500000.0
```

2. .sort_values를 사용해 식의 첫 부분을 복제하고 .head 메서드에서 첫 100개의 행을 잡아낸다.

```
>>> (
...    movie[["movie_title", "imdb_score", "budget"]]
```

196

```
...        .sort_values("imdb_score", ascending=False)
...        .head(100)
... )
            movie_title    imdb_score        budget
2725        Towering...           9.5           NaN
1920        The Shaw...           9.3    25000000.0
3402        The Godf...           9.2     6000000.0
2779           Dekalog            9.1           NaN
4312        Kickboxe...           9.1    17000000.0
...                ...           ...           ...
3799        Anne of ...           8.4           NaN
3777        Requiem ...           8.4     4500000.0
3935        Batman: ...           8.4     3500000.0
4636        The Othe...           8.4      500000.0
2455             Aliens          8.4    18500000.0
```

3. 이제 상위 100개 영화가 있으니 .sort_values와 .head를 다시 사용해 예산 별로 가장 낮은 것을 찾는다.

```
>>> (
...     movie[["movie_title", "imdb_score", "budget"]]
...     .sort_values("imdb_score", ascending=False)
...     .head(100)
...     .sort_values("budget")
...     .head(5)
... )
                   movie_title    imdb_score      budget
4815     A Charlie Brown Christmas        8.4    150000.0
4801            Children of Heaven        8.5    180000.0
4804               Butterfly Girl        8.7    180000.0
4706                12 Angry Men        8.9    350000.0
4636          The Other Dream Team        8.4    500000.0
```

작동 원리

`.sort_values` 메서드는 2단계에서 볼 수 있듯이 연산 후 `.head` 메서드를 체인시키면 `.nlargest`의 작동을 거의 복제할 수 있다. 3단계는 또 다른 `.sort_values` 메서드를 체인시켜 `.nsmallest`를 복제하고 `.head` 메서드로 첫 번째 다섯 행만 가져와서 쿼리를 완료한다.

1단계의 첫 번째 DataFrame의 출력을 보고 3단계의 출력과 비교해보라. 그 둘이 동일한가? 그렇지 않다. 어떻게 된 것일까? 두 결과가 서로 다른 이유를 이해하고자 각 예제의 중간 단계 뒷부분을 살펴보자.

```
>>> (
...     movie[["movie_title", "imdb_score", "budget"]]
...     .nlargest(100, "imdb_score")
...     .tail()
... )
              movie_title  imdb_score     budget
4023                Oldboy         8.4  3000000.0
4163  To Kill a Mockingbird        8.4  2000000.0
4395         Reservoir Dogs        8.4  1200000.0
4550           A Separation        8.4   500000.0
4636    The Other Dream Team       8.4   500000.0

>>> (
...     movie[["movie_title", "imdb_score", "budget"]]
...     .sort_values("imdb_score", ascending=False)
...     .head(100)
...     .tail()
... )
           movie_title  imdb_score     budget
3799         Anne of ...        8.4        NaN
3777         Requiem ...        8.4  4500000.0
3935         Batman: ...        8.4  3500000.0
4636         The Othe...        8.4   500000.0
```

2455	Aliens	8.4 18500000.0

이 문제는 점수가 8.4 이상인 영화가 100개 이상 존재하기 때문에 발생한다. `.nlargest`와 `.sort_values` 메서드는 순서가 같은 것이 여러 개 있을 때 서로 다른 방식을 사용해 이들 간의 순서를 정렬하므로 DataFrame의 100개 행이 약간 다르다. `kind='mergsort'`를 `.sort_values` 메서드에 전달하면 `.nlargest`와 동일한 결과를 얻을 수 있다.

▍추적 지정가 주문 가격 계산

주식 거래에는 많은 전략이 있다. 많은 투자자가 사용하는 기본 거래 형식 중 하나는 지정가 주문^{stop order}이다. 지정가 주문이란 시장 가격이 특정 지점에 도달할 때마다 주식의 매매가 실행되도록 투자자가 설정해 둔 주문이다. 지정가 주문은 큰 손실을 방지하거나 이익을 보호하는 데 유용하다.

이 예제에서는 현재 소유한 주식을 판매하는 데 사용되는 지정가 주문만 살펴본다. 일반적인 지정가 주문에서는 주문이 실행되기 전까지 지정한 가격이 변경되지 않는다. 예를 들어 주당 100달러에 주식을 구입한 경우 지정가 주문을 90달러로 설정해 하락을 10%로 제한할 수 있다.

좀 더 진보된 전략은 주식의 가격이 상승하는 경우 주식 가격을 추적하고자 지정가 주문의 판매 가격을 지속적으로 수정하는 것이다. 이것을 추적 지정가 주문^{trailing stop order}이라고 한다. 구체적으로 살펴보면 100달러에 구매한 주식이 120달러로 상승하면 상승한 시가보다 10% 낮은 추적 지정가 주문이 가격을 108달러로 이동시킨다.

추적 지정가 주문 가격은 절대로 내려가지는 않으며, 구매 시점 이후 항상 최댓값과 연결된다. 주식 가격이 120달러에서 110달러로 하락한 경우 지정가 주문은 여전히 108달러로 유지된다. 지정 가격 변동은 오직 가격이 120달러 이상으로 상승한 경우에만 발생한다.

이번 예제에서는 온라인에서 주식 시장 가격을 읽어오는 타사 패키지 pandas-datareader를 사용해야 한다. 이 패키지는 pandas에 사전 설치돼 있지 않다. 이 패키지를 설치하려면 콘솔 창을 사용해 conda install pandas-datareader 또는 pip install pandas-datareader를 실행해야 한다. requests_cache 라이브러리를 설치해야 할 수도 있다.

이번 예제에서는 주식의 초기 구매 가격이 주어지면 추적 지정가 주문 가격을 결정한다.

작동 방법

1. 테슬라 자동차(종목코드, TLSA) 주식을 2017년 첫 거래일에 구매한 것으로 가정해보자.

```
>>> import datetime
>>> import pandas_datareader.data as web
>>> import requests_cache
>>> session = requests_cache.CachedSession(
...     cache_name="cache",
...     backend="sqlite",
...     expire_after=datetime.timedelta(days=90),
... )
>>> tsla = web.DataReader(
...     "tsla",
...     data_source="yahoo",
...     start="2017-1-1",
...     session=session,
```

```
... )
>>> tsla.head(8)
                    High          Low ...      Volume     Adj Close
Date                                  ...
2017-01-03   220.330002   210.960007 ...     5923300    216.990005
2017-01-04   228.000000   214.309998 ...    11213500    226.990005
2017-01-05   227.479996   221.949997 ...     5911700    226.750000
2017-01-06   230.309998   225.449997 ...     5527900    229.009995
2017-01-09   231.919998   228.000000 ...     3979500    231.279999
2017-01-10   232.000000   226.889999 ...     3660000    229.869995
2017-01-11   229.979996   226.679993 ...     3650800    229.729996
2017-01-12   230.699997   225.580002 ...     3790200    229.589996
```

2. 편의상 각 거래일의 종가를 기준으로 작업하자.

```
>>> tsla_close = tsla["Close"]
```

3. .cummax 메서드는 현재까지의 종가 중 최고가를 추적한다.

```
>>> tsla_cummax = tsla_close.cummax()
>>> tsla_cummax.head()
Date
2017-01-03    216.990005
2017-01-04    226.990005
2017-01-05    226.990005
2017-01-06    229.009995
2017-01-09    231.279999
Name: Close, dtype: float64
```

4. 손실을 10%로 제한하고자 결과에 0.9를 곱한다. 이제 추적 지정가 주문 가
   격이 생성됐다. 모든 단계를 체인시켜보자.

```
>>> (tsla["Close"].cummax().mul(0.9).head())
Date
2017-01-03     195.291005
2017-01-04     204.291005
2017-01-05     204.291005
2017-01-06     206.108995
2017-01-09     208.151999
Name: Close, dtype: float64
```

작동 원리

.cummax 메서드는 현재 값을 포함한 최댓값을 유지한다. 이 series에 0.9나 원하는 비율을 곱하면 추적 지정가 주문 가격이 생성된다. 이 특정 예에서는 TSLA의 가격이 증가했고, 따라서 추적 지정가도 상승했다.

추가 사항

이 예제는 유가 증권을 거래하는 데 있어 지정가 주문을 발동해 손실을 제한하는 방법을 통해 pandas를 유용하게 사용할 수 있다는 맛보기를 보여줬다.

체중 감량 프로그램에도 매우 유사한 전략이 사용될 수 있다. 최소 무게에서 너무 멀어지면 경고하도록 설정할 수 있다. pandas는 최솟값을 추적하는 .cummin 메서드를 제공한다. 일일 체중을 series에 보관해 추적하는 경우 다음 코드는 현재까지 기록된 최저 체중에서 5% 이상 벗어난 체중을 계산해 추적 체중 감소 값을 제공해준다.

```
weight.cummin() * 1.05
```

202

탐색적 데이터 분석

▌ 소개

5장에서는 **탐색적 데이터 분석**^{EDA, Exploratory Data Analysis}을 좀 더 자세히 알아본다. EDA는 데이터를 선별하고 개별 열을 의미 있게 만들며 각 열들 사이의 관계를 이해하려고 시도하는 프로세스다.

이 작업에는 많은 시간이 소요될 수 있지만 큰 성과를 거둘 수 있다. 데이터를 더 잘 이해할수록 더 많이 활용할 수 있기 마련이다. 머신러닝 모델을 만들려는 경우 데이터에 대한 통찰력을 갖추면 성능이 더 뛰어난 모델을 만들 수 있고 예측이 행해지는 논리를 이해할 수 있다.

여기서는 1984년부터 2018년까지의 자동차 제조업체와 자동차 모델에 관한 정보를 제공하는 www.fueleconomy.gov의 데이터셋을 사용한다. EDA를 사용해 이 데이터에서 발견된 많은 열과 관계를 탐색해본다.

▌요약 통계량

요약 통계량에는 평균, 분위수, 표준 편차가 있다. .describe 메서드는 DataFrame 의 모든 수치 열에서 이 값을 계산한다.

작동 방법

1. 데이터셋을 로드한다.

```
>>> import pandas as pd
>>> import numpy as np
>>> fueleco = pd.read_csv("data/vehicles.csv.zip")
>>> fueleco
        barrels08   barrelsA08  ...   phevHwy   phevComb
0       15.695714         0.0   ...         0          0
1       29.964545         0.0   ...         0          0
2       12.207778         0.0   ...         0          0
3       29.964545         0.0   ...         0          0
4       17.347895         0.0   ...         0          0
...           ...         ...   ...       ...        ...
39096   14.982273         0.0   ...         0          0
39097   14.330870         0.0   ...         0          0
39098   15.695714         0.0   ...         0          0
39099   15.695714         0.0   ...         0          0
39100   18.311667         0.0   ...         0          0
```

2. .mean, .std, .quantile와 같은 요약 통계량을 개별적으로 호출한다.

```
>>> fueleco.mean()
barrels08          17.442712
barrelsA08          0.219276
charge120           0.000000
charge240           0.029630
city08             18.077799
city08U             5.040648
...
youSaveSpend    -3459.572645
charge240b          0.005869
phevCity            0.094703
phevHwy             0.094269
phevComb            0.094141
dtype: float64

>>> fueleco.std()
barrels08           4.580230
barrelsA08          1.143837
charge120           0.000000
charge240           0.487408
city08              6.970672
city08U            10.462790
...
youSaveSpend     3010.284617
charge240b          0.165399
phevCity            2.279478
phevHwy             2.191115
phevComb            2.226500
dtype: float64

>>> fueleco.quantile(
...     [0, 0.25, 0.5, 0.75, 1]
... )
```

```
        barrels08    barrelsA08  ...   phevHwy   phevComb
0.00    0.060000      0.000000   ...      0.0        0.0
0.25   14.330870      0.000000   ...      0.0        0.0
0.50   17.347895      0.000000   ...      0.0        0.0
0.75   20.115000      0.000000   ...      0.0        0.0
1.00   47.087143     18.311667   ...     81.0       88.0
```

3. .describe 메서드를 호출한다.

```
>>> fueleco.describe()
          barrels08    barrelsA08  ...     phevHwy    phevComb
count    39101.00...   39101.00... ...   39101.00... 39101.00...
mean        17.442712      0.219276 ...      0.094269    0.094141
std          4.580230      1.143837 ...      2.191115    2.226500
min          0.060000      0.000000 ...      0.000000    0.000000
25%         14.330870      0.000000 ...      0.000000    0.000000
50%         17.347895      0.000000 ...      0.000000    0.000000
75%         20.115000      0.000000 ...      0.000000    0.000000
max         47.087143     18.311667 ...     81.000000   88.000000
```

4. 객체 열에 대한 요약 통계를 얻으려면 .include 매개변수를 사용한다.

```
>>> fueleco.describe(include=object)
          drive    eng_dscr  ...   modifiedOn   startStop
count     37912      23431   ...       39101        7405
unique        7        545   ...          68           2
top      Front-Wh...   (FFS) ...    Tue Jan ...       N
freq      13653       8827   ...       29438        5176
```

206

작동 원리

일전에 데이터 분석 교육을 해줬던 어떤 클라이언트가 .describe 메서드를 배우고 나서 머리를 한 대 얻어맞은 기분이라고 했다. 왜 그러냐고 물었더니 그동안 데이터베이스에서 동일한 기능을 구현하고자 무려 몇 주라는 시간을 소비했었다고 대답했다.

기본 설정으로 .describe는 수치 열에 대한 요약 통계량을 계산한다. include 매개변수에 수치가 아닌 데이터 형식을 포함하도록 지정할 수 있다. 이를 통해 고윳값의 개수, 최빈값(상단)과 객체 열의 빈도수를 보여준다.

추가 사항

화면에 더 많은 데이터를 표시할 수 있는 한 가지 팁은 DataFrame을 전치하는 것이다. 이 방법은 .describe 메서드의 출력에 유용하다.

```
>>> fueleco.describe().T
                count          mean   ...          75%          max
barrels08     39101.0     17.442712   ...       20.115    47.087143
barrelsA08    39101.0      0.219276   ...        0.000    18.311667
charge120     39101.0      0.000000   ...        0.000     0.000000
charge240     39101.0      0.029630   ...        0.000    12.000000
city08        39101.0     18.077799   ...       20.000   150.000000
...               ...           ...   ...          ...          ...
youSaveSpend  39101.0  -3459.572645   ...    -1500.000  5250.000000
charge240b    39101.0      0.005869   ...        0.000     7.000000
phevCity      39101.0      0.094703   ...        0.000    97.000000
phevHwy       39101.0      0.094269   ...        0.000    81.000000
phevComb      39101.0      0.094141   ...        0.000    88.000000
```

▌ 열 형식

열의 데이터 형식을 살펴보면 pandas의 데이터에 대한 정보를 수집할 수 있다. 이번 예제에서는 열의 데이터 형식을 탐색한다.

작동 방법

1. .dtypes 속성을 조사한다.

```
>>> fueleco.dtypes
barrels08        float64
barrelsA08       float64
charge120        float64
charge240        float64
city08             int64
...                  ...
modifiedOn        object
startStop         object
phevCity           int64
phevHwy            int64
phevComb           int64
Length: 83, dtype: object
```

2. 열의 데이터 형식을 요약한다.

```
>>> fueleco.dtypes.value_counts()
float64    32
int64      27
object     23
bool        1
dtype: int64
```

작동 원리

pandas에서 CSV 파일을 읽을 때는 열의 데이터 형식을 유추해야 한다. 프로세스는 다음과 유사하다.

- 열의 모든 값이 정수처럼 보이면 정수로 변환하고 int64 형식으로 열을 지정한다.
- 값들이 부동소수점수처럼 보이면 float64 형식으로 지정한다.
- 값들이 수치, 부동소수점수, 정수처럼 보이면서 결측치가 있다면 float64를 지정한다. 결측치에 일반적으로 사용되는 np.nan은 부동소수점수 형식이기 때문이다.
- 값이 false나 true면 불리언을 지정한다.
- 이외의 경우에는 열을 문자열로 남겨두고 object 형식을 지정한다(이는 float64 형식의 결측치일 수 있다).

parse_dates 매개변수를 사용하면 일부 열이 datetimes로 변환됐을 수 있다. 12장과 13장에서 날짜를 분석하는 예제를 보여준다.

.dtypes의 출력을 살펴보기만 하면 데이터 형식 외에도 데이터에 대해 더 많은 것을 알 수 있다. 어떤 것이 문자열인지 또는 결측치인지 확인할 수 있다. object 형식은 문자열이나 범주형 데이터일 수 있지만 숫자와 유사해서 조금만 손을 보면 수치가 될 수 있다. 일반적으로 정수 열만 남겨 둔다. 이들은 연속 수로 취급한다. 값이 부동소수점수라면 열은 다음과 같을 수 있다.

- 결측치가 없는 부동소수점수 값
- 결측치가 있는 부동소수점수 값
- 결측치를 가진 정수라서 부동소수점수로 변환된 경우

추가 사항

pandas가 열을 부동소수점수 또는 정수로 변환할 때 해당 형식의 64비트 버전을 사용한다. 정수가 어느 특정 범위에 속한다는 것을 알고 있다면(또는 부동소수점수의 정밀도를 희생할 수 있는 경우) 이 열을 메모리를 덜 사용하는 열로 변환해 메모리를 절약할 수 있다.

```
>>> fueleco.select_dtypes("int64").describe().T
                count         mean  ...      75%        max
city08        39101.0    18.077799  ...     20.0      150.0
cityA08       39101.0     0.569883  ...      0.0      145.0
co2           39101.0    72.538989  ...     -1.0      847.0
co2A          39101.0     5.543950  ...     -1.0      713.0
comb08        39101.0    20.323828  ...     23.0      136.0
...               ...          ...  ...      ...        ...
year          39101.0  2000.635406  ...   2010.0     2018.0
youSaveSpend  39101.0 -3459.572645  ...  -1500.0     5250.0
phevCity      39101.0     0.094703  ...      0.0       97.0
phevHwy       39101.0     0.094269  ...      0.0       81.0
phevComb      39101.0     0.094141  ...      0.0       88.0
```

city08과 comb08 열의 값은 150을 넘지 않는다는 것을 볼 수 있다. NumPy의 `iinfo` 함수는 정수 형식의 값 한도를 보여준다. 이 열에 int8을 사용하지는 않겠지만 int16을 사용할 수 있음을 알 수 있다. 해당 형식으로 변환하면 열은 메모리의 25%만 사용한다.

```
>>> np.iinfo(np.int8)
iinfo(min=-128, max=127, dtype=int8)
>>> np.iinfo(np.int16)
iinfo(min=-32768, max=32767, dtype=int16)

>>> fueleco[["city08", "comb08"]].info(memory_usage="deep")
```

210

```
<class 'pandas.core.frame.DataFrame'>
RangeIndex: 39101 entries, 0 to 39100
Data columns (total 2 columns):
 #   Column  Non-Null Count  Dtype
---  ------  --------------  -----
 0   city08  39101 non-null  int64
 1   comb08  39101 non-null  int64
dtypes: int64(2)
memory usage: 611.1 KB

>>> (
...    fueleco[["city08", "comb08"]]
...    .assign(
...        city08=fueleco.city08.astype(np.int16),
...        comb08=fueleco.comb08.astype(np.int16),
...    )
...    .info(memory_usage="deep")
... )
<class 'pandas.core.frame.DataFrame'>
RangeIndex: 39101 entries, 0 to 39100
Data columns (total 2 columns):
 #   Column  Non-Null Count  Dtype
---  ------  --------------  -----
 0   city08  39101 non-null  int16
 1   comb08  39101 non-null  int16
dtypes: int16(2)
memory usage: 152.9 KB
```

NumPy에는 부동소수점수 정보를 추출하는 유사한 **finfo** 함수가 있다는 것도 알아두자.

문자열 열의 메모리를 절약할 수 있는 옵션 중 하나는 열을 범주로 변환하는 것이다. 문자열 열의 각 값이 고유하다면 pandas의 속도는 느려지고 더 많은 메모리를 사용하지만 카디널리티가 낮은 경우라면 많은 메모리를 절약할 수 있다. make 열은 카디널리티가 낮지만 model 열은 카디널리티가 높으며 해당 열에 대한 메모리 절약은 크지 않다.

아래에서는 이 두 열을 꺼내는 것만 보여준다. 이렇게 하면 단일 열이 있는 Data Frame이 다시 반환된다. 열 형식을 범주형으로 갱신하고 메모리 사용량을 살펴보자. 객체 열의 메모리 사용량을 얻으려면 memory_usage='deep'을 전달해야 한다는 것을 기억하자.

```
>>> fueleco.make.nunique()
134
>>> fueleco.model.nunique()
3816

>>> fueleco[["make"]].info(memory_usage="deep")
<class 'pandas.core.frame.DataFrame'>
RangeIndex: 39101 entries, 0 to 39100
Data columns (total 1 columns):
 #   Column   Non-Null Count   Dtype
---  ------   --------------   -----
 0   make     39101 non-null   object
dtypes: object(1)
memory usage: 2.4 MB

>>> (
...    fueleco[["make"]]
...    .assign(make=fueleco.make.astype("category"))
...    .info(memory_usage="deep")
... )
<class 'pandas.core.frame.DataFrame'>
RangeIndex: 39101 entries, 0 to 39100
Data columns (total 1 columns):
 #   Column   Non-Null Count   Dtype
---  ------   --------------   -----
 0   make     39101 non-null   category
```

```
dtypes: category(1)
memory usage: 90.4 KB

>>> fueleco[["model"]].info(memory_usage="deep")
<class 'pandas.core.frame.DataFrame'>
RangeIndex: 39101 entries, 0 to 39100
Data columns (total 1 columns):
 #   Column   Non-Null Count   Dtype
---  ------   --------------   -----
 0   model    39101 non-null   object
dtypes: object(1)
memory usage: 2.5 MB

>>> (
...    fueleco[["model"]]
...    .assign(model=fueleco.model.astype("category"))
...    .info(memory_usage="deep")
... )
<class 'pandas.core.frame.DataFrame'>
RangeIndex: 39101 entries, 0 to 39100
Data columns (total 1 columns):
 #   Column   Non-Null Count   Dtype
---  ------   --------------   -----
 0   model    39101 non-null   category
dtypes: category(1)
memor y usage: 496.7 KB
```

▌범주형 데이터

나는 데이터를 날짜, 연속 값, 범주형 값으로 광범위하게 분류한다. 이 절에서는 범주형 데이터의 수량화와 시각화를 알아본다.

작동 방법

1. object 형식으로 돼 있는 열을 선택한다.

```
>>> fueleco.select_dtypes(object).columns
Index(['drive', 'eng_dscr', 'fuelType', 'fuelType1', 'make', 'model',
    'mpgData', 'trany', 'VClass', 'guzzler', 'trans_dscr', 'tCharger',
    'sCharger', 'atvType', 'fuelType2', 'rangeA', 'evMotor', 'mfrCode',
    'c240Dscr', 'c240bDscr', 'createdOn', 'modifiedOn', 'startStop'],
dtype='object')
```

2. .nunique를 사용해 카디널리티를 알아본다.

```
>>> fueleco.drive.nunique()
7
```

3. .sample을 사용해 값 일부를 살펴본다.

```
>>> fueleco.drive.sample(5, random_state=42)
4217       4-Wheel ...
1736       4-Wheel ...
36029      Rear-Whe...
37631      Front-Wh...
1668       Rear-Whe...
Name: drive, dtype: object
```

4. 결측치의 개수와 퍼센티지를 결정한다.

```
>>> fueleco.drive.isna().sum()
1189
>>> fueleco.drive.isna().mean() * 100
3.0408429451932175
```

5. .value_counts 메서드를 사용해 열을 요약한다.

```
>>> fueleco.drive.value_counts()
Front-Wheel Drive           13653
Rear-Wheel Drive            13284
4-Wheel or All-Wheel Drive   6648
All-Wheel Drive              2401
4-Wheel Drive                1221
2-Wheel Drive                 507
Part-time 4-Wheel Drive       198
Name: drive, dtype: int64
```

6. 요약 통계량에 너무 많은 값이 있으면 최상단 6개의 값을 살펴보고 나머지 값을 없앨 수 있다.

```
>>> top_n = fueleco.make.value_counts().index[:6]
>>> (
...    fueleco.assign(
...       make=fueleco.make.where(
...          fueleco.make.isin(top_n), "Other"
...       )
...    ).make.value_counts()
... )
Other       23211
Chevrolet    3900
Ford         3208
Dodge        2557
GMC          2442
Toyota       1976
BMW          1807
Name: make, dtype: int64
```

7. pandas를 사용해 개수를 도식화해 시각화한다.

```
>>> import matplotlib.pyplot as plt
>>> fig, ax = plt.subplots(figsize=(10, 8))
>>> top_n = fueleco.make.value_counts().index[:6]
>>> (
...    fueleco.assign(
...        make=fueleco.make.where(
...            fueleco.make.isin(top_n), "Other"
...        )
...    )
...    .make.value_counts()
...    .plot.bar(ax=ax)
... )
>>> fig.savefig("c5-catpan.png", dpi=300)
```

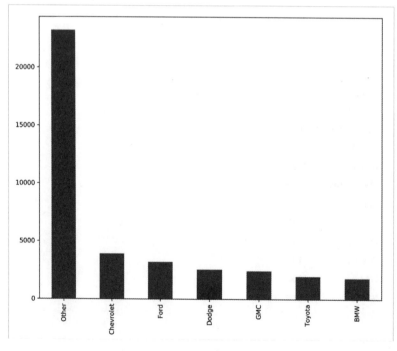

pandas 범주

8. seaborn을 사용해 개수를 도식화하고 시각화한다.

```
>>> import seaborn as sns
>>> fig, ax = plt.subplots(figsize=(10, 8))
>>> top_n = fueleco.make.value_counts().index[:6]
>>> sns.countplot(
...     y="make",
...     data=(
...         fueleco.assign(
...             make=fueleco.make.where(
...                 fueleco.make.isin(top_n), "Other"
...             )
...         ),
...     ),
... )
>>> fig.savefig("c5-catsns.png", dpi=300)
```

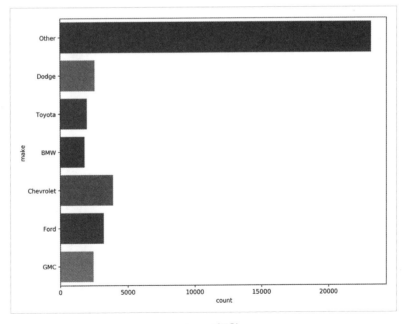

seaborn 범주형

작동 원리

범주형 변수를 검사할 때는 고유한 값이 몇 개인지 알 필요가 있다. 고유한 값이 아주 많다면 이 열은 범주형이 아닐 수 있으며 자유로운 형식의 문서이거나 유효하지 않은 숫자가 섞여 pandas가 수치로 어떻게 처리할지 판단하지 못했을 수도 있다.

`.sample` 메서드를 사용해 몇 가지 값을 들여다 볼 수 있다. 대부분의 열에서 결측치 개수를 알아내는 것이 중요하다. 1,000개가 넘는 행, 즉 약 3%의 값이 누락된 것 같다. 일반적으로 이러한 값이 누락된 이유와 이를 대치할지 삭제할지 여부를 결정하려면 SME에게 문의해야 한다.

다음은 drive 값이 누락된 행을 살펴보는 코드다.

```
>>> fueleco[fueleco.drive.isna()]
         barrels08   barrelsA08  ...   phevHwy   phevComb
7138      0.240000          0.0  ...         0          0
8144      0.312000          0.0  ...         0          0
8147      0.270000          0.0  ...         0          0
18215    15.695714          0.0  ...         0          0
18216    14.982273          0.0  ...         0          0
...            ...          ...  ...       ...        ...
23023     0.240000          0.0  ...         0          0
23024     0.546000          0.0  ...         0          0
23026     0.426000          0.0  ...         0          0
23031     0.426000          0.0  ...         0          0
23034     0.204000          0.0  ...         0          0
```

범주형 열을 검사할 때 내가 가장 선호하는 방법은 `.value_counts` 메서드를 쓰는 것이다. 이는 늘 내가 쓰는 방법으로, 항상 이 방법으로 시작하며 이 메서드의 출력에서 다른 많은 문제의 해답을 얻을 수 있다. 기본 설정에서는 결측치가 표시되지 않지만 dropna 매개변수를 사용해 해결할 수 있다.

```
>>> fueleco.drive.value_counts(dropna=False)
Front-Wheel Drive            13653
Rear-Wheel Drive             13284
4-Wheel or All-Wheel Drive    6648
All-Wheel Drive               2401
4-Wheel Drive                 1221
NaN                           1189
2-Wheel Drive                  507
Part-time 4-Wheel Drive        198
Name: drive, dtype: int64
```

마지막으로 pandas나 seaborn을 사용해 출력을 시각화할 수 있다. 막대그래프는 이런 목적에 적합하다. 그러나 열의 카디널리티가 크다면 효과적으로 도식화하기에는 막대가 너무 많을 수 있다. 6단계에서와 같이 열수를 제한하거나 seaborn에서 countplot에 order 매개변수를 사용해 제한할 수 있다.

대충 도식화해야 할 때 나는 pandas를 사용한다. 어쨌거나 메서드 호출이기 때문이다. 그러나 seaborn 라이브러리에는 pandas에서 하기 어려운 다양한 기능이 있고 이는 뒤의 예제에서 살펴볼 것이다.

추가 사항

일부 열은 object 데이터 형식이지만 실제로 범주형은 아닐 수 있다. 이 데이터셋에서 rangeA 열은 object 데이터 형식이다. 그러나 조사를 위해 범주형 메서드인 .value_counts를 사용해 검사하면 실제로 범주형이 아니며 범주로 표시되는 숫자열이 있다.

이는 .value_counts 출력에서 볼 수 있듯이 일부 항목에 슬래시(/)와 대시(-)가 있고 pandas는 이 값을 숫자로 변환하는 방법을 알지 못했기 때문에 전체 열을 문자열로 놔둔 것이다.

```
>>> fueleco.rangeA.value_counts()
290            74
270            56
280            53
310            41
277            38
...           ...
334            1
301            1
256            1
230/270/270    1
289/430        1
Name: rangeA, Length: 216, dtype: int64
```

문제를 일으키는 문자를 찾아내는 또 다른 방법은 .str.extract에 정규 표현식을
사용하는 것이다.

```
>>> (
...    fueleco.rangeA.str.extract(r"([^0-9.])")
...    .dropna()
...    .apply(lambda row: "".join(row), axis=1)
...    .value_counts()
... )
/  280
-   71
Name: rangeA, dtype: int64
```

이는 실제로 두 가지 형식(부동소수점수와 문자열)이 있는 열이다. 데이터 형식은
서로 다른 형식의 값을 담을 수 있는 object가 된다. 결측치는 NaN이 되고, 결측치
가 아닌 값은 문자열이 된다.

```
>>> set(fueleco.rangeA.apply(type))
```

```
{<class 'str'>, <class 'float'>}
```

결측치의 개수는 다음과 같다.

```
>>> fueleco.rangeA.isna().sum()
37616
```

fueleconomy.gov 웹 사이트에 따르면 **rangeA** 값은 이중 연료 차량의 두 번째 연료
형식(E85, 전기, CNG, LPG)의 범위를 나타낸다. pandas를 사용하면 결측치를 0으로
바꾸고 대시를 슬래시로 바꾼 다음 나누고 나서 각 행의 평균값을 취한다(대시/슬
래시의 경우).

```
>>> (
...     fueleco.rangeA.fillna("0")
...     .str.replace("-", "/")
...     .str.split("/", expand=True)
...     .astype(float)
...     .mean(axis=1)
... )
0          0.0
1          0.0
2          0.0
3          0.0
4          0.0
          ...
39096      0.0
39097      0.0
39098      0.0
39099      0.0
39100      0.0
Length: 39101, dtype: float64
```

숫자 열도 서로 묶어 구간으로 만들면 범주처럼 취급할 수 있다. pandas에는 cut
과 qcut이라는 강력한 두 함수를 사용해 구간을 만들 수 있다. cut은 지정한 크기
에 따른 동일한 너비의 구간을 생성한다. rangeA 열의 경우 대부분의 값이 비어 있
고 이는 0으로 대체하며, 10개의 동일한 너비 구간은 다음과 같다.

```
>>> (
...     fueleco.rangeA.fillna("0")
...     .str.replace("-", "/")
...     .str.split("/", expand=True)
...     .astype(float)
...     .mean(axis=1)
...     .pipe(lambda ser_: pd.cut(ser_, 10))
...     .value_counts()
... )

(-0.45, 44.95]      37688
(269.7, 314.65]       559
(314.65, 359.6]       352
(359.6, 404.55]       205
(224.75, 269./]       181
(404.55, 449.5]        82
(89.9, 134.85]         12
(179.8, 224.75]         9
(44.95, 89.9]           8
(134.85, 179.8]         5
dtype: int64
```

다른 방법으로 qcut(분위수 절단)은 항목을 동일한 크기의 구간으로 자른다. rangeA
열의 경우에는 심하게 치우쳐 있고 대부분의 항목이 0이다. 0을 여러 개의 구간으
로 정량화할 수는 없으므로 적용할 수 없다. 그러나 city08과는 어느 정도 작동한
다. 여기서 '어느 정도'라고 말한 이유는 city08의 값이 정수이므로 균등하게 10개
의 버킷으로 나뉘지는 않지만 크기는 유사하기 때문이다.

222

```
>>> (
...    fueleco.rangeA.fillna("0")
...    .str.replace("-", "/")
...    .str.split("/", expand=True)
...    .astype(float)
...    .mean(axis=1)
...    .pipe(lambda ser_: pd.qcut(ser_, 10))
...    .value_counts()
... )
Traceback (most recent call last):
...
ValueError: Bin edges must be unique: array([ 0. , 0. , 0. , 0. , 0. , 0. , 0. , 0. ,
0. , 0. , 449.5]).

>>> (
...    fueleco.city08.pipe(
...        lambda ser: pd.qcut(ser, q=10)
...    ).value_counts()
... )
(5.999, 13.0]    5939
(19.0, 21.0]     4477
(14.0, 15.0]     4381
(17.0, 18.0]     3912
(16.0, 17.0]     3881
(15.0, 16.0]     3855
(21.0, 24.0]     3676
(24.0, 150.0]    3235
(13.0, 14.0]     2898
(18.0, 19.0]     2847
Name: city08, dtype: int64
```

▌연속 데이터

연속 데이터에 대한 나의 광범위한 정의는 정수나 부동소수점수 등 수치로 저장되는 데이터다. 범주형 데이터와 연속형 데이터 사이에는 회색지대가 있다. 예를 들어 학년은 숫자로 표시될 수 있다(유치원을 무시하거나 혹은 0을 사용해 표시하면 된다). 이 경우 학년 열은 범주형 혹은 연속형일 수 있으므로 이 절과 앞 절의 기술이 모두 적용된다.

이 절에서는 연비^{fuel economy} 데이터셋에서 연속 열을 살펴본다. city08 열에는 저속에서 차량을 운행할 때 예상되는 갤런당 마일이 나열돼 있다.

작동 방법

1. 수치로 된(대개 int64 또는 float64) 열을 선택한다.

```
>>> fueleco.select_dtypes("number")
       barrels08  barrels∧08  ...  phevHwy  phevComb
0      15.695714         0.0  ...        0         0
1      29.964545         0.0  ...        0         0
2      12.207778         0.0  ...        0         0
3      29.964545         0.0  ...        0         0
4      17.347895         0.0  ...        0         0
...          ...         ...  ...      ...       ...
39096  14.982273         0.0  ...        0         0
39097  14.330870         0.0  ...        0         0
39098  15.695714         0.0  ...        0         0
39099  15.695714         0.0  ...        0         0
39100  18.311667         0.0  ...        0         0
```

2. .sample을 사용해 몇 개 값을 살펴보자.

224

```
>>> fueleco.city08.sample(5, random_state=42)
4217      11
1736      21
36029     16
37631     16
1668      17
Name: city08, dtype: int64
```

3. 결측치의 개수와 비율을 알아보자.

```
>>> fueleco.city08.isna().sum()
0

>>> fueleco.city08.isna().mean() * 100
0.0
```

4. 요약 통계량을 구해보자.

```
>>> fueleco.city08.describe()
count    39101.000000
mean        18.077799
std          6.970672
min          6.000000
25%         15.000000
50%         17.000000
75%         20.000000
max        150.000000
Name: city08, dtype: float64
```

5. pandas를 사용해 히스토그램을 그려보자.

```
>>> import matplotlib.pyplot as plt
```

```
>>> fig, ax = plt.subplots(figsize=(10, 8))
>>> fueleco.city08.hist(ax=ax)
>>> fig.savefig(
...    "c5-conthistpan.png", dpi=300
... )
```

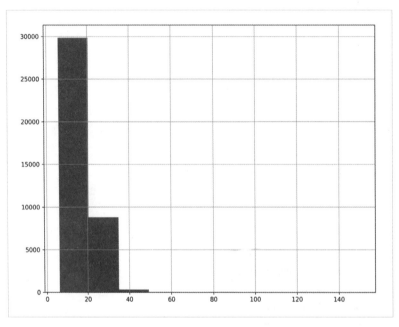

pandas 히스토그램

6. 도면은 한쪽으로 쏠려 있다. 따라서 히스토그램에서 빈[bin]의 개수를 증가시키면 한쪽 쏠림이 사라지는지 살펴보자(치우침은 빈 크기를 증가시킨다).

```
>>> import matplotlib.pyplot as plt
>>> fig, ax = plt.subplots(figsize=(10, 8))
>>> fueleco.city08.hist(ax=ax, bins=30)
>>> fig.savefig(
```

```
...     "c5-conthistpanbins.png", dpi=300
... )
```

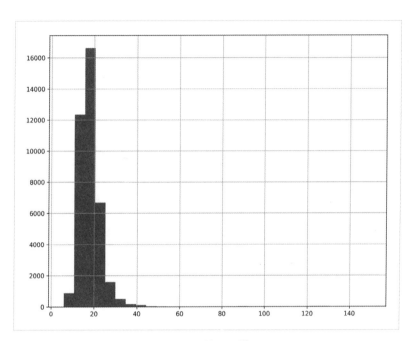

pandas 히스토그램

7. seaborn을 사용해 분포도를 그려보자. 여기에는 히스토그램, 커널 밀도 추
   정^{KDE, Kernel Density Estimation}, 러그 플롯^{rug plot}이 있다.

```
>>> fig, ax = plt.subplots(figsize=(10, 8))
>>> sns.distplot(fueleco.city08, rug=True, ax=ax)
>>> fig.savefig(
...     "c5-conthistsns.png", dpi=300
... )
```

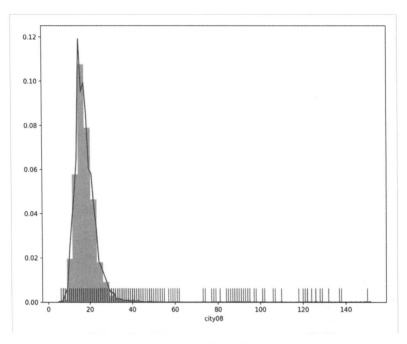

seaborn 히스토그램

작동 원리

숫자의 작동 방식을 이해해두면 좋다. 데이터 샘플을 보면 일부 값을 살펴볼 수 있다. 또한 결측치 여부도 궁금한 법이다. pandas는 열에 대한 작업을 수행할 때 결측치를 무시한다는 점을 기억하자.

.describe에서 제공하는 요약 통계량은 아주 유용하다. 이는 연속 값을 검사할 때 내가 가장 선호하는 메서드일 것이다. 최솟값과 최댓값을 확인해 값 자체가 유효한지 확인하고자 한다. 갤런당 마일의 최솟값에 음수가 있다면 이상한 것이다. 또한 분위수는 데이터가 얼마나 편중됐는지를 나타낸다. 분위수는 데이터 경향에 대한 신뢰할 수 있는 지표이므로, 이상치outlier의 영향을 받지 않는다.

주의해야 할 또 다른 사항은 양수든 음수든 무한대 값이다. 이 열에는 무한 값이 없지만 있다면 일부 수학 연산이나 도식화 작업이 실패할 수 있다. 무한 값이 있으면 처리 방법을 결정해야 한다. 무한 값을 절단하거나 제거하는 것은 pandas에서 간단한 일반적인 옵션이다.

나는 도식화의 열렬한 팬인데, pandas와 seaborn 모두 연속 데이터의 분포를 쉽게 시각화할 수 있다. 도식화의 장점을 충분히 활용하라는 말이 있듯이 그림은 수천 마디를 이야기해준다. 나는 데이터를 다루면서 그 진부한 이야기가 모두 사실이라는 것을 알았다.

추가 사항

seaborn 라이브러리에는 연속 데이터를 요약할 수 있는 많은 옵션이 있다. `distplot` 함수 외에도 상자 그림, 복센boxen 그림과 바이올린violin 그림을 생성하는 함수가 있다.

복센은 향상된 상자 그림이다. R 커뮤니티 사람들은 문자 값letter value 그림이라고 하는 도면을 만들었고 seaborn 개발자가 그 도면을 복제했을 때 이름을 복센으로 변경했다. 중앙값은 검은 선으로 표시되며, 중앙값 50으로부터 0과 100의 방향으로 절반씩, 즉 25 분위수만큼씩 간다. 따라서 가장 높은 블록은 25~75 분위수의 범위를 보여준다. 하단의 다음 상자는 25에서 그 절반(또는 12.5)이므로 12.5~25 분위수다. 이 패턴이 반복되므로 다음 상자는 6.25~12.5 분위수 등이다.

바이올린 도면은 기본적으로 다른 쪽에 복사본이 있는 히스토그램이다. 이중 모델bi-model 히스토그램이 있다면 바이올린처럼 보일 것이기 때문에 이런 이름이 나왔다.

```
>>> fig, axs = plt.subplots(nrows=3, figsize=(10, 8))
>>> sns.boxplot(fueleco.city08, ax=axs[0])
```

```
>>> sns.violinplot(fueleco.city08, ax=axs[1])
>>> sns.boxenplot(fueleco.city08, ax=axs[2])
>>> fig.savefig("c5-contothersns.png", dpi=300)
```

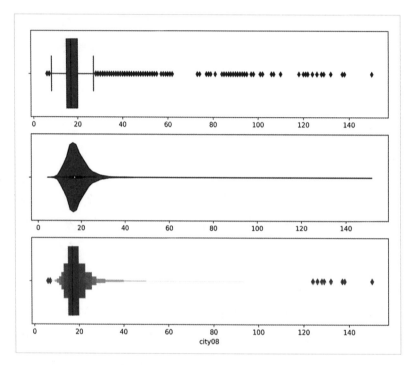

seaborn으로 생성한 상자 그림, 바이올린 그림, 복센 그림

데이터가 정상인지 여부가 걱정된다면 SciPy 라이브러리를 사용해 숫자를 정량화하고 시각화할 수 있다.

콜모고로프-스미로프Kolmogorov-Smirnov 검정은 정규 분포 여부를 평가할 수 있다. 검정은 p-값을 제공한다. 이 값이 유의하다면(<0.05) 데이터는 정규 분포가 아니다.

```
>>> from scipy import stats
>>> stats.kstest(fueleco.city08, cdf="norm")
KstestResult(statistic=0.9999999990134123, pvalue=0.0)
```

확률을 도식화하면 값이 정규 분포인지 확인할 수 있다. 샘플이 선을 추적한다면 데이터는 정규 분포다.

```
>>> from scipy import stats
>>> fig, ax = plt.subplots(figsize=(10, 8))
>>> stats.probplot(fueleco.city08, plot=ax)
>>> fig.savefig("c5-conprob.png", dpi=300)
```

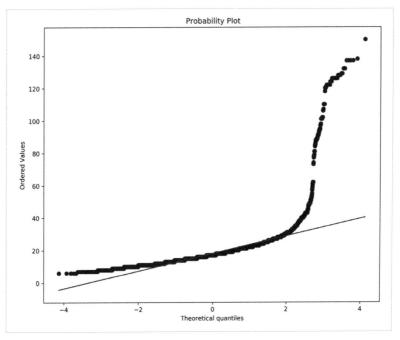

확률 도면은 수치가 정규 선을 따르는지 보여준다.

▌범주 간의 연속 값 비교

앞 절에서는 단일 열을 살펴봤다. 이번 절에서는 여러 범주의 연속 변수를 비교하는 방법을 보여준다. 포드, 혼다, 테슬라, BMW 등 서로 다른 브랜드의 마일리지

수치를 살펴볼 것이다.

작동 방법

1. 브랜드의 마스크를 만든 다음 groupby 연산을 통해 각 차량 그룹 city08 열의 평균과 표준 편차를 살펴본다.

```
>>> mask = fueleco.make.isin(
...     ["Ford", "Honda", "Tesla", "BMW"]
... )
>>> fueleco[mask].groupby("make").city08.agg(
...     ["mean", "std"]
... )
            mean       std
make
BMW    17.817377  7.372907
Ford   16.853803  6.701029
Honda  24.372973  9.154064
Tesla  92.826087  5.538970
```

2. 각 제조사별로 city08 값을 seaborn으로 시각화한다.

```
>>> g = sns.catplot(
...     x="make", y="city08", data=fueleco[mask], kind="box"
... )
>>> g.ax.figure.savefig("c5-catbox.png", dpi=300)
```

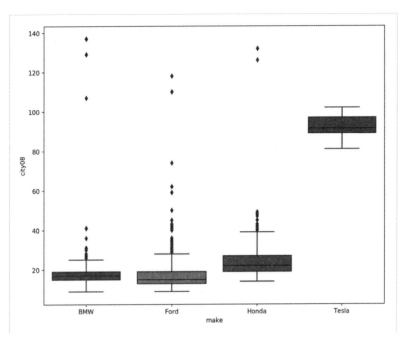

각 제조사별 상자 그림

작동 원리

다른 제조사에 대한 요약 통계량이 변경되면 해당 브랜드가 다른 특성을 갖고 있음을 나타내는 강력한 지표다. 중심 경향(평균이나 중앙값)과 분산(또는 표준 편차)은 좋은 비교 척도다. 혼다가 BMW와 포드보다 더 나은 도시 마일리지를 갖고 있지만 분산이 더 큰 반면 테슬라Tesla는 모든 것보다 낮고 가장 낮은 분산을 가짐을 알 수 있다.

seaborn과 같은 시각화 라이브러리를 사용하면 범주의 차이점을 빠르게 확인할 수 있다. 네 가지 자동차 제조사의 차이는 엄청나지만 테슬라 이외의 제조사들에게는 이상치가 있음을 알 수 있다. 테슬라보다 마일리지가 더 좋은 것으로 보이는 값이 보인다.

추가 사항

상자 그림의 한 가지 단점은 데이터의 산포를 나타내지만 각 제조사의 샘플 개수는 나타내지 않는다는 것이다. 각 상자 그림에 동일한 수의 샘플이 있다고 순진하게 생각할 수도 있다. pandas를 사용하면 그렇지 않다는 것을 정량화할 수 있다.

```
>>> mask = fueleco.make.isin(
...     ["Ford", "Honda", "Tesla", "BMW"]
... )
>>> (fueleco[mask].groupby("make").city08.count())
make
BMW      1807
Ford     3208
Honda     925
Tesla      46
Name: city08, dtype: int64
```

또 다른 옵션은 상자 그림 위에 스웜^{swarm} 도면을 그리는 것이다.

```
>>> g = sns.catplot(
...     x="make", y="city08", data=fueleco[mask], kind="box"
... )
>>> sns.swarmplot(
...     x="make",
...     y="city08",
...     data=fueleco[mask],
...     color="k",
...     size=1,
...     ax=g.ax,
... )
>>> g.ax.figure.savefig(
...     "c5-catbox2.png", dpi=300
... )
```

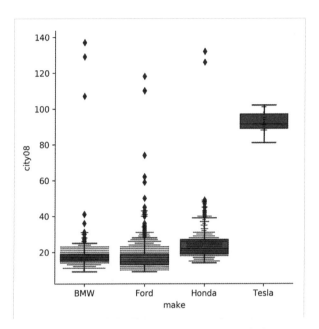

상자 그림 위에 스웜 도면을 seaborn으로 그린 것

또한 catplot 함수에는 더 많은 트릭이 있다. 현재 도면은 도시 마일리지와 제조사라는 2차원을 보여준다. 이 도면에 차원을 더 추가하거나 다른 특징으로 그리드를 단면화할 수 있다. col 매개변수를 사용하면 이러한 새 도표를 자체 그래프로 나눌 수 있다.

```
>>> g = sns.catplot(
...     x="make",
...     y="city08",
...     data=fueleco[mask],
...     kind="box",
...     col="year",
...     col_order=[2012, 2014, 2016, 2018],
...     col_wrap=2,
... )
>>> g.axes[0].figure.savefig(
```

```
...     "c5-catboxcol.png", dpi=300
... )
```

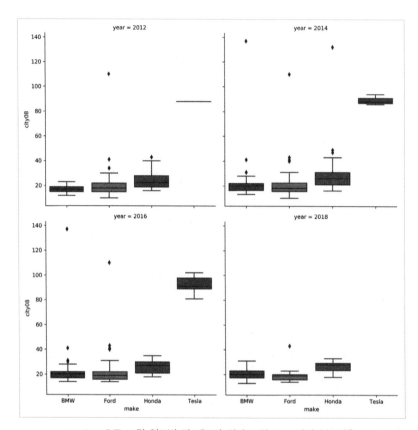

seaborn으로 그린 연도별 각 제조사 상자 그림, hue 매개변수 이용

다른 방법으로는 hue 매개변수를 사용해 동일한 도면에 새로운 차원을 임베드
embed할 수 있다.

```
>>> g = sns.catplot(
...     x="make",
...     y="city08",
...     data=fueleco[mask],
```

```
...     kind="box",
...     hue="year",
...     hue_order=[2012, 2014, 2016, 2018],
... )
>>> g.ax.figure.savefig(
...     "c5-catboxhue.png", dpi=300
... )
```

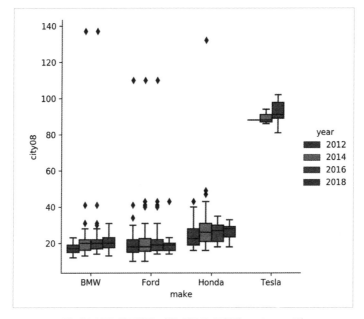

각 제조사를 연도별로 다른 색으로 표현한 seaborn 그림

Jupyter를 사용하는 경우 **groupby** 호출의 출력 스타일을 지정하면 극단치를 강조해서 표시할 수 있다. `.style.background_gradient` 메서드를 사용하면 이를 수행할 수 있다.

```
>>> mask = fueleco.make.isin(
...     ["Ford", "Honda", "Tesla", "BMW"]
... )
```

```
>>> (
...    fueleco[mask]
...    .groupby("make")
...    .city08.agg(["mean", "std"])
...    .style.background_gradient(cmap="RdBu", axis=0)
... )
```

Out[58]:

	mean	std
make		
BMW	17.8174	7.37291
Ford	16.8538	6.70103
Honda	24.373	9.15406
Tesla	92.8261	5.53897

pandas 스타일 기능을 사용해 평균과 표준 편차의 최소, 최댓값을 부각시킨다.

▌두 개의 연속 열 비교

두 개의 연속 열을 서로에 관해 평가하는 것이 회귀의 본질이다. 그러나 그 이상도 가능하다. 서로 상관관계가 높은 두 개의 열이 있는 경우 종종 그중 하나를 중복된 열로 취급해 삭제할 수 있다. 이 절에서는 연속 열의 쌍에 대해 EDA를 해본다.

작동 방법

1. 두 수치의 공분산을 계산해서 같은 크기인지 살펴본다.

   ```
   >>> fueleco.city08.cov(fueleco.highway08)
   46.33326023673625
   ```

```
>>> fueleco.city08.cov(fueleco.comb08)
47.41994667819079

>>> fueleco.city08.cov(fueleco.cylinders)
-5.931560263764761
```

2. 두 수 간의 피어슨^{Pearson} 상관계수를 살펴본다.

```
>>> fueleco.city08.corr(fueleco.highway08)
0.932494506228495

>>> fueleco.city08.corr(fueleco.cylinders)
-0.701654842382788
```

3. 상관관계를 히트맵에 시각화한다.

```
>>> import seaborn as sns
>>> fig, ax = plt.subplots(figsize=(8, 8))
>>> corr = fueleco[
...     ["city08", "highway08", "cylinders"]
... ].corr()
>>> mask = np.zeros_like(corr, dtype=np.bool)
>>> mask[np.triu_indices_from(mask)] = True
>>> sns.heatmap(
...     corr,
...     mask=mask,
...     fmt=".2f",
...     annot=True,
...     ax=ax,
...     cmap="RdBu",
...     vmin=-1,
...     vmax=1,
...     square=True,
```

```
... )
>>> fig.savefig(
...     "c5-heatmap.png", dpi=300, bbox_inches="tight"
... )
```

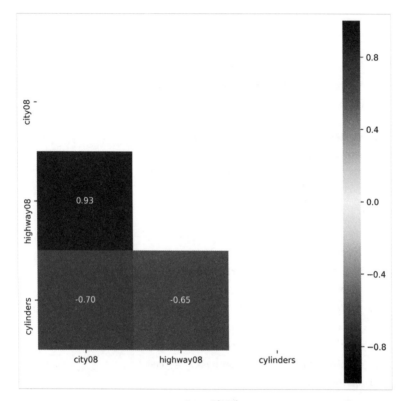

seaborn 히트맵

4. pandas를 사용해 관계의 산포도를 그린다.

```
>>> fig, ax = plt.subplots(figsize=(8, 8))
>>> fueleco.plot.scatter(
...     x="city08", y="highway08", alpha=0.1, ax=ax
... )
>>> fig.savefig(
```

```
...     "c5-scatpan.png", dpi=300, bbox_inches="tight"
... )
```

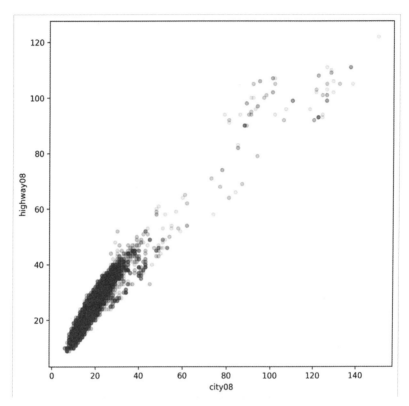

도시와 고속도로 마일리지의 상관관계를 보기 위한 pandas 산포도

```
>>> fig, ax = plt.subplots(figsize=(8, 8))
>>> fueleco.plot.scatter(
...     x="city08", y="cylinders", alpha=0.1, ax=ax
... )

>>> fig.savefig(
...     "c5-scatpan-cyl.png", dpi=300, bbox_inches="tight"
... )
```

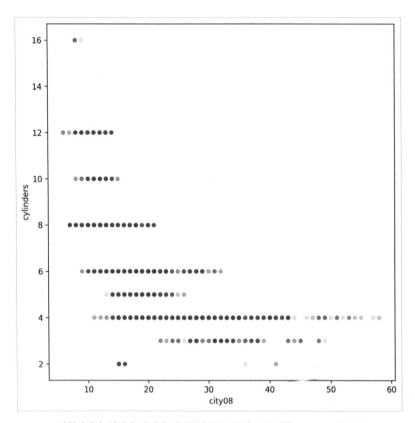

마일리지와 실린더 사이의 상관관계를 보여주는 또 다른 pandas 산포도

5. 일부 결측치를 채운다. 실린더 도면에서 상단의 일부 마일리지 값이 없다는 것을 알 수 있다. 이들은 전기차로 추정돼서 실린더가 없다. 이 값을 0으로 채워 이 문제를 고쳐보자.

```
>>> fueleco.cylinders.isna().sum()
145

>>> fig, ax = plt.subplots(figsize=(8, 8))
>>> (
...     fueleco.assign(
...         cylinders=fueleco.cylinders.fillna(0)
```

```
...    ).plot.scatter(
...        x="city08", y="cylinders", alpha=0.1, ax=ax
...    )
... )
>>> fig.savefig(
...    "c5-scatpan-cyl0.png", dpi=300, bbox_inches="tight"
... )
```

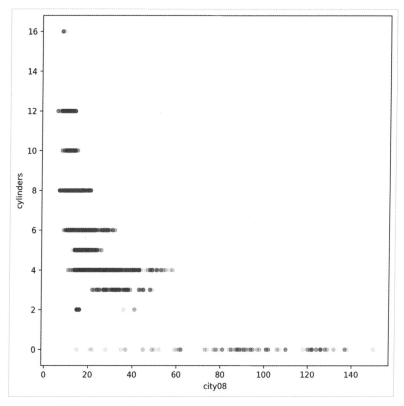

실린더의 결측치를 0으로 채운 뒤 마일리지와 실린더의 상관관계를 pandas로 그린 산포도

6. 이 상관관계에 회귀선을 추가하고자 seaborn을 사용한다.

```
>>> res = sns.lmplot(
```

```
...     x="city08", y="highway08", data=fueleco
... )

>>> res.fig.savefig(
...     "c5-lmplot.png", dpi=300, bbox_inches="tight"
... )
```

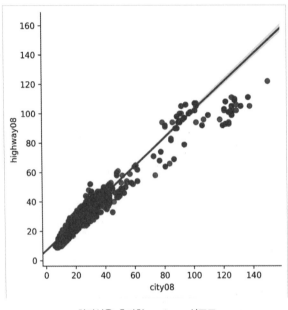

회귀선을 추가한 seaborn 산포도

작동 원리

피어슨[Pearson] 상관관계 분석은 하나의 값이 다른 값에 어떤 영향을 미치는지 알려준다. 그 값은 −1과 1 사이다. 예제의 경우 도시 마일리지와 고속도로 마일리지 사이에 강한 상관관계가 있음을 알 수 있다. 도심 마일리지가 좋으면 고속도로 마일리지도 높아지는 경향이 있다.

공분산은 이러한 값이 어떻게 변화되는지 알려준다. 공분산은 상관관계가 비슷

244

한 여러 개의 연속 열을 비교하는 데 유용하다. 예를 들어 상관관계는 크기 불변이지만 공분산은 그렇지 않다. 예컨대 `highway08` 값을 두 배로 키운 후에 `city08`을 비교하면 상관관계는 동일하지만 공분산은 변경된다.

```
>>> fueleco.city08.corr(fueleco.highway08 * 2)
0.932494506228495

>>> fueleco.city08.cov(fueleco.highway08 * 2)
92.6665204734725
```

히트맵은 상관관계를 종합적으로 볼 수 있는 좋은 방법이다. 가장 강한 상관관계를 찾으려면 제일 파란색과 빨간색 셀을 찾으면 된다. 색상이 올바르게 표시되도록 `vmin`과 `vmax` 매개변수를 각각 –1과 1로 설정해야 한다.

산포도는 연속 변수 간의 관계를 시각화하는 또 다른 방법이다. 산포도를 통해 두드려져 나온 경향을 탐지할 수 있다. 학생들에게 주는 팁 중 하나는 `alpha` 매개변수를 0.5 이하의 값으로 설정하라는 것이다. 이렇게 하면 점이 투명해지므로 완전히 불투명한 마커로 돼 있는 산포도와는 또 다른 정보를 얻을 수 있다.

추가 사항

비교할 변수가 더 있으면 seaborn을 사용해 산포도에 차원을 더 추가할 수 있다. `relplot` 함수를 사용해 연도별로 점을 색칠하고 차량이 소비하는 배럴 수로 크기를 조정할 수 있다. 여기서는 2차원을 4차원으로 만들었다.

```
>>> res = sns.relplot(
...     x="city08",
...     y="highway08",
...     data=fueleco.assign(
```

```
...       cylinders=fueleco.cylinders.fillna(0)
...     ),
...     hue="year",
...     size="barrels08",
...     alpha=0.5,
...     height=8,
... )
>>> res.fig.savefig(
...     "c5-relplot2.png", dpi=300, bbox_inches="tight"
... )
```

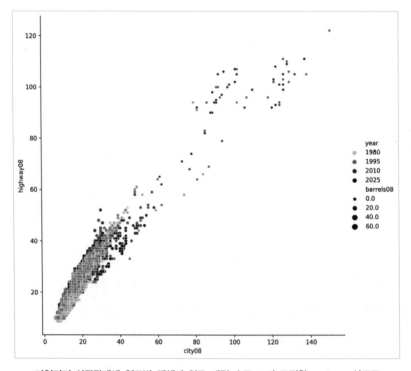

마일리지 상관관계에 연도별 채색과 연료 배럴 수로 크기 조정한 seaborn 산포도

hue에 대해서도 범주 차원을 추가할 수 있다. 또한 범주형 열에 따라 개별 도면을 그릴 수도 있다.

```
>>> res = sns.relplot(
...     x="city08",
...     y="highway08",
...     data=fueleco.assign(
...         cylinders=fueleco.cylinders.fillna(0)
...     ),
...     hue="year",
...     size="barrels08",
...     alpha=0.5,
...     height=8,
...     col="make",
...     col_order=["Ford", "Tesla"],
... )

>>> res.fig.savefig(
...     "c5-relplot3.png", dpi=300, bbox_inches="tight"
... )
```

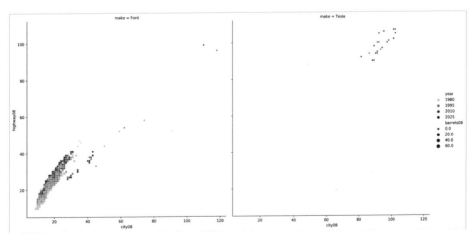

마일리지 상관관계에 연도별 채색, 연료 배럴별로 크기 조정, 제조사별로 개별 도면화한 seaborn 산포도

피어슨 상관관계는 선형 관계의 강도를 보여주기 위한 것이다. 두 개의 연속 열에 선형 관계가 없는 경우 다른 옵션은 스피어만Spearman 상관관계를 사용하는 것이

다. 상관관계 값은 –1부터 1 사이에서 변한다. 스피어만 지수는 단조^{monotonic} 상관 관계 여부를 측정한다(선형으로 가정하지 않음). 또한 숫자가 아닌 각 숫자의 순위 ^{rank}를 사용한다. 열 사이의 관계가 선형인지 확실하지 않은 경우에 이 척도를 사용 하는 것이 좋다.

```
>>> fueleco.city08.corr(
...    fueleco.barrels08, method="spearman"
... )
-0.9743658646193255
```

▌ 범주 값과 범주 값 비교

이 절에서는 여러 범주 값을 다루는 데 중점을 둘 것이다. 명심해야 할 것은 값을 구간으로 만들면 연속 열을 범주 열로 변환할 수 있다는 점이다. 이 절에서는 제조 사와 자동차 클래스를 살펴본다.

작동 방법

1. 카디널리티를 낮춘다. VClass 열의 값을 6개로 제한해 단순 열인 SClass에 넣는다. 그리고 Ford, Tesla, BMW, Toyota만 사용한다.

```
>>> def generalize(ser, match_name, default):
...     seen = None
...     for match, name in match_name:
...         mask = ser.str.contains(match)
...         if seen is None:
...             seen = mask
...         else:
```

```
...          seen |= mask
...      ser = ser.where(~mask, name)
...    ser = ser.where(seen, default)
...    return ser

>>> makes = ["Ford", "Tesla", "BMW", "Toyota"]
>>> data = fueleco[fueleco.make.isin(makes)].assign(
...    SClass=lambda df_: generalize(
...        df_.VClass,
...        [
...          ("Seaters", "Car"),
...          ("Car", "Car"),
...          ("Utility", "SUV"),
...          ("Truck", "Truck"),
...          ("Van", "Van"),
...          ("van", "Van"),
...          ("Wagon", "Wagon"),
...        ],
...        "other",
...    )
...)
```

2. 각 제조사별로 자동차 클래스의 개수를 요약한다.

```
>>> data.groupby(["make", "SClass"]).size().unstack()
SClass      Car     SUV  ...   Wagon   other
make                       ...
BMW      1557.0   158.0  ...    92.0     NaN
Ford     1075.0   372.0  ...   155.0   234.0
Tesla      36.0    10.0  ...     NaN     NaN
Toyota    773.0   376.0  ...   132.0   123.0
```

3. pandas 명령을 체인하는 대신 crosstab 함수를 사용한다.

```
>>> pd.crosstab(data.make, data.SClass)
SClass     Car    SUV ...   Wagon   other
make                   ...
BMW       1557    158 ...      92       0
Ford      1075    372 ...     155     234
Tesla       36     10 ...       0       0
Toyota     773    376 ...     132     123
```

4. 차원을 추가한다.

```
>>> pd.crosstab(
...   [data.year, data.make], [data.SClass, data.VClass]
... )
SClass                  Car              ...
other
VClass       Compact Cars  Large Cars ... Special Purpose Vehicle
4WD
year make ...
1984 BMW              6            0 ...                      0
     Ford            33            3 ...                     21
     Toyota          13            0 ...                      3
1985 BMW              7            0 ...                      0
     Ford            31            2 ...                      9
...                 ...          ... ...                    ...
2017 Tesla            0            8 ...                      0
     Toyota           3            0 ...                      0
2018 BMW             37           12 ...                      0
     Ford             0            0 ...                      0
     Toyota           4            0 ...                      0
```

5. 크래머^{Cramér}의 V 척도(https://stackoverflow.com/questions/46498455/categorical-featurescorrelation/46498792#46498792)를 사용해 범주 간의 상관관계를 알아본다.

```
>>> import scipy.stats as ss
>>> import numpy as np
>>> def cramers_v(x, y):
...     confusion_matrix = pd.crosstab(x, y)
...     chi2 = ss.chi2_contingency(confusion_matrix)[0]
...     n = confusion_matrix.sum().sum()
...     phi2 = chi2 / n
...     r, k = confusion_matrix.shape
...     phi2corr = max(
...         0, phi2 - ((k - 1) * (r - 1)) / (n - 1)
...     )
...     rcorr = r - ((r - 1) ** 2) / (n - 1)
...     kcorr = k - ((k - 1) ** 2) / (n - 1)
...     return np.sqrt(
...         phi2corr / min((kcorr - 1), (rcorr - 1))
...     )

>>> cramers_v(data.make, data.SClass)
0.2859720982171866
```

.corr 메서드는 호출 가능한 인수를 취하므로 다음과 같이 할 수도 있다.

```
>>> data.make.corr(data.SClass, cramers_v)
0.2859720982171866
```

6. 교차 탭을 막대 그림으로 시각화할 수 있다.

```
>>> fig, ax = plt.subplots(figsize=(10, 8))
```

```
>>> (
...     data.pipe(
...         lambda df_: pd.crosstab(df_.make, df_.SClass)
...     ).plot.bar(ax=ax)
... )
>>> fig.savefig("c5-bar.png", dpi=300, bbox_inches="tight")
```

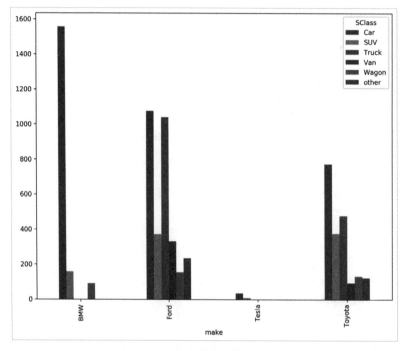

pandas 막대그래프

7. seaborn을 사용해 교차 탭을 막대그래프로 그린다.

```
>>> res = sns.catplot(
...     kind="count", x="make", hue="SClass", data=data
... )

>>> res.fig.savefig(
```

```
...     "c5-barsns.png", dpi=300, bbox_inches="tight"
... )
```

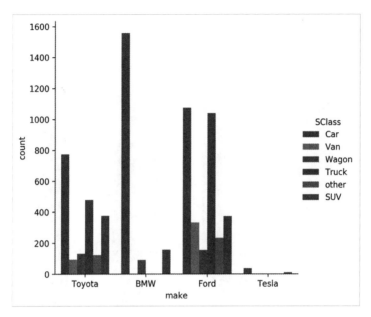

seaborn 막대그래프

8. 교차 테이블을 정규화해 그룹의 상대적 크기를 시각화하고 스택된 막대그래프로 그린다.

```
>>> fig, ax = plt.subplots(figsize=(10, 8))
>>> (
...     data.pipe(
...         lambda df_: pd.crosstab(df_.make, df_.SClass)
...     )
...     .pipe(lambda df_: df_.div(df_.sum(axis=1), axis=0))
...     .plot.bar(stacked=True, ax=ax)
... )

>>> fig.savefig(
```

```
...     "c5-barstacked.png", dpi=300, bbox_inches="tight"
... )
```

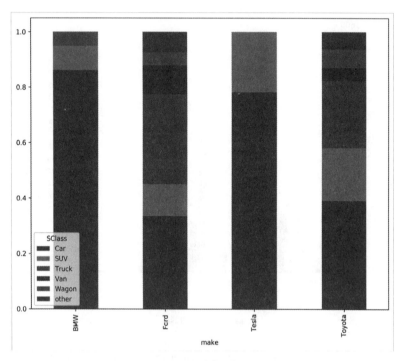

pandas 막대그래프

작동 원리

나는 generalize라는 함수를 직접 만들어 VClass 열의 카디널리티를 줄였다. 이 작업은 막대그래프에 간격이 필요하기 때문에 수행했다(간격이 너무 좁았다). 일반 적으로 막대 수는 30개 미만으로 제한한다. generalize 함수는 데이터 정리에 유 용하며 여러분이 데이터 분석에 다시 참조할 수도 있다.

교차 테이블을 만들어 범주형 열수를 요약할 수 있다. groupby를 사용해 결과를 언스택unstack하거나 pandas의 내장 함수 crosstab을 활용할 수 있다. crosstab은 누락된 숫자를 0으로 채우고 형식을 정수로 변환한다. .unstack 메서드는 잠재적으로 희소성을 유발하고(결측치) 정수(int64 형식)는 결측치를 지원하지 않으므로 형식이 부동소수점수로 변환되기 때문이다.

교차 테이블에서 계층을 만들고자 인덱스나 열에 임의의 깊이를 추가할 수 있다.

두 범주 열 사이의 관계를 정량화하기 위한 수치인 크레이머의 V 값이 있다. 그 범위는 0에서 1까지다. 값이 0이면 다른 열과 상관관계를 갖지 않는다. 값이 1일 경우 한쪽의 값이 변경되면 다른 쪽도 변경된다.

예를 들어 make 열과 trany 열을 비교하면 그 값이 커진다.

```
>>> cramers_v(data.make, data.trany)
0.6335899102918267
```

이 값이 알려주는 것은 제조사가 포드에서 토요타로 변경되면 trany 열도 변경된다는 것이다. 이 값을 make와 model에 대해 비교해보라. 그 값은 1에 매우 가깝다. 직관적으로 모델은 제조사에서 파생된 것이므로 이해가 된다.

```
>>> cramers_v(data.make, data.model)
0.9542350243671587
```

마지막으로 다양한 막대 그림을 사용해 개수나 개수의 상대적 크기를 볼 수 있다. seaborn을 사용하는 경우라면 hue나 col 값을 설정해 여러 차원을 추가할 수 있다는 점에 주목하자.

pandas 프로파일링 라이브러리 사용

서드파티 라이브러리인 pandas Profiling(https://pandas-profiling.github.io/pandas-profiling/docs/)이 있는데, 각 열에 대한 정보를 제공한다. 이 보고 형식은 `.describe` 메서드의 출력과 유사하지만 도면과 다른 기술 통계량도 포함한다.

이 절에서는 연비 데이터에 pandas Profiling 라이브러리를 사용해본다. `pip install pandas-profiling`을 사용해 라이브러리를 설치한다.

작동 방법

1. `profile_report` 함수를 실행해 HTML 보고서를 만든다.

```
>>> import pandas_profiling as pp
>>> pp.ProfileReport(fueleco)
```

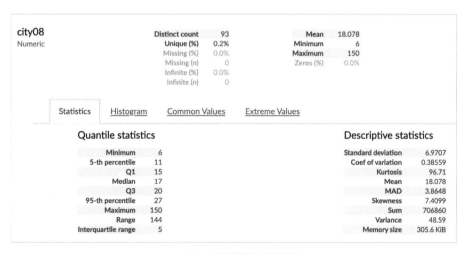

Overview

Dataset info

Number of variables	83
Number of observations	39101
Total Missing (%)	13.5%
Total size in memory	24.5 MiB
Average record size in memory	657.0 B

Variables types

Numeric	23
Categorical	23
Boolean	1
Date	0
Text (Unique)	0
Rejected	36
Unsupported	0

Warnings

- barrelsA08 has 37611 / 96.2% zeros `Zeros`
- charge120 has constant value 0 `Rejected`
- charge240 has 38903 / 99.5% zeros `Zeros`
- city08U has 29662 / 75.9% zeros `Zeros`
- cityA08 has 37611 / 96.2% zeros `Zeros`
- cityA08U is highly correlated with cityA08 (ρ = 0.94672) `Rejected`
- cityCD is highly skewed (γ1 = 107.76) `Skewed`
- cityCD has 39080 / 99.9% zeros `Zeros`
- cityE has 38880 / 99.4% zeros `Zeros`
- cityUF is highly skewed (γ1 = 25.742) `Skewed`
- cityUF has 39022 / 99.8% zeros `Zeros`

pandas 프로파일링 요약

city08
Numeric

Distinct count	93	Mean	18.078
Unique (%)	0.2%	Minimum	6
Missing (%)	0.0%	Maximum	150
Missing (n)	0	Zeros (%)	0.0%
Infinite (%)	0.0%		
Infinite (n)	0		

Statistics | Histogram | Common Values | Extreme Values

Quantile statistics

Minimum	6
5-th percentile	11
Q1	15
Median	17
Q3	20
95-th percentile	27
Maximum	150
Range	144
Interquartile range	5

Descriptive statistics

Standard deviation	6.9707
Coef of variation	0.38559
Kurtosis	96.71
Mean	18.078
MAD	3.8648
Skewness	7.4099
Sum	706860
Variance	48.59
Memory size	305.6 KiB

pandas 프로파일링 상세 정보

작동 원리

pandas Profiling 라이브러리는 HTML 보고서를 생성한다. Jupyter를 사용하는 경우라면 인라인으로 생성된다. 이 보고서를 파일에 저장하려면(또는 Jupyter를 사용하지 않는 경우) `.to_file` 메서드를 사용할 수 있다.

```
>>> report = pp.ProfileReport(fueleco)
>>> report.to_file("fuel.html")
```

이는 EDA용 훌륭한 라이브러리다. 이 라이브러리를 통해 데이터를 이해하는 과정을 거쳐야 한다. 출력량이 엄청나므로 때때로 정보에 압도 당해 깊이 파고들지 않고 건너뛰고 싶은 유혹이 들기도 한다. 이 라이브러리는 EDA를 시작하는 데 있어 매우 우수하지만 이 장의 일부 예제에서 보여 준 것과 같은 열들 간의 상관관계 비교는 수행하지 않는다.

데이터의 부분집합 선택

▌소개

Series나 DataFrame의 모든 데이터 차원은 인덱스 객체에 레이블돼 있다. pandas 데이터 구조와 NumPy의 n차원 배열이 다른 점이 바로 인덱스다. 인덱스는 데이터의 각 행과 열에 의미 있는 레이블을 제공하며 pandas 사용자는 이러한 레이블을 사용해 데이터를 선택할 수 있다. 또한 pandas를 사용하면 사용자가 행과 열의 위치에 따라 데이터를 선택할 수 있다. 하나는 이름을 사용하고 다른 하나는 위치를 사용하는 이중 선택 기능은 다소 혼란스러운 구문이기는 하지만 데이터의 부분집합을 선택하는 강력한 기능을 제공한다.

레이블이나 위치별로 데이터를 선택하는 기능이 pandas에만 있는 것은 아니다.

파이썬 딕셔너리나 리스트는 이러한 방법 중 하나를 사용해 데이터를 선택하는 내장 데이터 구조다. 딕셔너리와 리스트에는 구체적인 지침이 있고 인덱스로 사용하는 데 제약이 있다. 딕셔너리의 키(레이블)는 문자열, 정수, 튜플처럼 변경 불가능한 객체여야 한다. 리스트는 선택을 위해 정수(위치)나 슬라이스 객체를 사용해야 한다. 딕셔너리는 인덱스 연산자에 키를 전달해 한 번에 하나의 객체만 선택할 수 있다. 이러한 방식으로 pandas는 리스트처럼 정수를 사용하고 딕셔너리처럼 레이블을 사용해 데이터를 선택하는 기능을 병합했다.

▌Series 데이터 선택

Series와 DataFrame은 여러 특성을 가진 복잡한 데이터 저장소로, 인덱스 연산을 사용해 다양한 방법으로 데이터를 선택할 수 있다. 인덱스 연산자 자체 외에도 `.iloc`와 `.loc` 속성을 사용할 수 있고 고유한 방식으로 인덱스 연산자를 사용한다.

Series와 DataFrame를 사용하면 위치(파이썬 리스트와 유사)와 레이블(파이썬 딕셔너리와 유사)로 선택할 수 있다. `.iloc` 속성으로 인덱스를 사용하면 pandas는 오직 위치별로만 선택하고 파이썬 리스트와 유사하게 작동한다. `.loc` 속성은 파이썬 딕셔너리의 작동 방식과 유사하게 인덱스 레이블로만 선택한다.

`.loc`와 `.iloc` 속성은 Series와 DataFrame에서 모두 사용할 수 있다. 이 예제는 Series 데이터에서 `.iloc`를 통해 위치로, `.loc`를 사용해 레이블로 선택하는 방법을 보여준다. 이 인덱서는 스칼라 값, 리스트, 슬라이스를 허용한다.

용어가 다소 혼란스러울 수 있다. 인덱스 연산은 변수 다음에 대괄호 []를 넣는다. 예를 들어 Series가 주어지면 `s[item]`이나 `s.loc[item]`과 같은 방식으로 데이터를 선택할 수 있다. 전자는 Series에서 인덱스 작업을 직접 수행하고 후자는 `.loc` 속성에서 인덱스 작업을 수행한다.

작동 방법

1. 기관 이름을 인덱스로 해서 college 데이터셋을 읽은 다음 인덱스 연산을
   사용해 단일 열을 Series로 선택한다.

```
>>> import pandas as pd
>>> import numpy as np
>>> college = pd.read_csv(
...     "data/college.csv", index_col="INSTNM"
... )
>>> city = college["CITY"]
>>> city
INSTNM
Alabama A & M University
Normal
University of Alabama at Birmingham
Birmingham
Amridge University
Montgomery
University of Alabama in Huntsville
Huntsville
Alabama State University
Montgomery
                      ...
SAE Institute of Technology San Francisco
Emeryville
Rasmussen College - Overland Park
Overland Park
National Personal Training Institute of Cleveland
Highland Heights
Bay Area Medical Academy - San Jose Satellite Location
San Jose
Excel Learning Center-San Antonio South
San Antonio
Name: CITY, Length: 7535, dtype: object
```

2. Series에서 스칼라 값을 직접 끄집어낸다.

```
>>> city["Alabama A & M University"]
'Normal'
```

3. .loc 속성을 사용해 이름으로 스칼라 값을 끄집어낸다.

```
>>> city.loc["Alabama A & M University"]
'Normal'
```

4. .iloc 속성을 사용해 위치로 스칼라 값을 끄집어낸다.

```
>>> city.iloc[0]
'Normal'
```

5. 인덱싱으로 여러 값을 추출한다. 인덱스 연산자에 리스트를 전달하면 pandas
는 스칼라 대신 Series를 반환한다는 것에 주목하자.

```
>>> city[
...    [
...        "Alabama A & M University",
...        "Alabama State University",
...    ]
... ]
INSTNM
Alabama A & M University          Normal
Alabama State University      Montgomery
Name: CITY, dtype: object
```

6. `.loc`를 사용해 앞의 작업을 반복한다.

```
>>> city.loc[
...    [
...        "Alabama A & M University",
...        "Alabama State University",
...    ]
... ]
INSTNM
Alabama A & M University        Normal
Alabama State University      Montgomery
Name: CITY, dtype: object
```

7. `.iloc`를 사용해 앞의 작업을 반복한다.

```
>>> city.iloc[[0, 4]]
INSTNM
Alabama A & M University        Normal
Alabama State University      Montgomery
Name: CITY, dtype: object
```

8. 슬라이스를 사용해 여러 값을 추출할 수 있다.

```
>>> city[
...    "Alabama A & M University":"Alabama State University"
... ]
INSTNM
Alabama A & M University               Normal
University of Alabama at Birmingham    Birmingham
Amridge University                     Montgomery
University of Alabama in Huntsville     Huntsville
Alabama State University               Montgomery
Name: CITY, dtype: object
```

9. 슬라이스를 사용해 위치로 여러 값을 추출할 수 있다.

```
>>> city[0:5]
INSTNM
Alabama A & M University                 Normal
University of Alabama at Birmingham      Birmingham
Amridge University                       Montgomery
University of Alabama in Huntsville       Huntsville
Alabama State University                 Montgomery
Name: CITY, dtype: object
```

10. 슬라이스를 .loc와 함께 사용해 여러 값을 추출한다.

```
>>> city.loc[
...    "Alabama A & M University":"Alabama State University"
... ]
INSTNM
Alabama A & M University                 Normal
University of Alabama at Birmingham      Birmingham
Amridge University                       Montgomery
University of Alabama in Huntsville       Huntsville
Alabama State University                 Montgomery
Name: CITY, dtype: object
```

11. 슬라이스를 .iloc와 함께 사용해 여러 값을 추출한다.

```
>>> city.iloc[0:5]
INSTNM
Alabama A & M University                 Normal
University of Alabama at Birmingham      Birmingham
Amridge University                       Montgomery
University of Alabama in Huntsville       Huntsville
Alabama State University                 Montgomery
```

```
Name: CITY, dtype: object
```

12. 불리언 배열을 사용해 특정 값을 추출한다.

```
>>> alabama_mask = city.isin(["Birmingham", "Montgomery"])
>>> city[alabama_mask]
INSTNM
University of Alabama at Birmingham        Birmingham
Amridge University                         Montgomery
Alabama State University                   Montgomery
Auburn University at Montgomery            Montgomery
Birmingham Southern College                Birmingham
...
Fortis Institute-Birmingham                Birmingham
Hair Academy                               Montgomery
Brown Mackie College-Birmingham            Birmingham
Nunation School of Cosmetology             Birmingham
Troy University-Montgomery Campus          Montgomery
Name: CITY, dtype: object
```

작동 원리

Series가 있다면 인덱스 연산을 사용해 데이터를 가져올 수 있다. 어떤 것을 인덱스로 정했는가에 따라 다른 형식의 출력이 표시될 수 있다. Series의 스칼라를 인덱스로 사용하면 스칼라 값을 얻는다. 리스트나 슬라이스로 인덱싱하면 Series가 반환된다.

예제를 살펴보면 Series에서 직접 인덱싱하면 두 이점 모두를 얻을 수 있는 것으로 보인다. 즉, 위치나 레이블로 인덱싱할 수 있다. 그러나 나라면 전혀 사용하지 않도록 주의할 것이다. 파이썬 세계의 금언은 "명시적인 것이 묵시적인 것보다 낫다"는 것이다. `.iloc`와 `.loc`는 명시적이지만 Series에서 직접 인덱싱하는 것은 명시적이지 않다. 인덱스할 대상과 인덱스 데이터 형식을 생각해야 한다.

인덱스에 정수를 사용하는 다음의 간단한 Series를 살펴보자.

```
>>> s = pd.Series([10, 20, 35, 28], index=[5, 2, 3, 1])
>>> s
5    10
2    20
3    35
1    28
dtype: int64

>>> s[0:4]
5    10
2    20
3    35
1    28
dtype: int64

>>> s[5]
10
>>> s[1]
28
```

Series에서 슬라이스로 직접 인덱싱할 때는 위치를 사용하지만 그렇지 않을 때는 레이블을 사용한다. 이 방식은 나중에 이 코드를 다시 볼 때 혼란을 준다. 가독성을 최적화하는 것이 코딩을 쉽게 최적화하는 것보다 낫다는 것을 기억하라. 명심할 점은 .iloc와 .loc 인덱서를 사용하라는 것이다.

위치로 슬라이스할 때 pandas는 반개 구간^{half-open interval}을 사용한다. 이 반개 구간의 개념은 고등학교에서 배우고 바로 잊어 버렸을 것이다. 반개 구간은 처음 인덱스는 포함하지만 최종 인덱스는 포함하지 않는다. 그러나 레이블로 슬라이스할 때 pandas는 닫힌 구간을 사용하며 시작과 끝 인덱스를 모두 포함한다. 이 동작은 일반적인 파이썬 방식과 일관되지 않지만, 레이블로서는 실용적이다.

추가 사항

이 절의 모든 예제는 .loc나 .iloc를 사용해 원본 DataFrame에서 직접 수행할 수 있다. 각각 행과 열 레이블의 튜플(괄호 없이)이나 위치를 전달할 것이다.

```
>>> college.loc["Alabama A & M University", "CITY"]
'Normal'

>>> college.iloc[0, 0]
'Normal'

>>> college.loc[
...    [
...        "Alabama A & M University",
...        "Alabama State University",
...    ],
..."CITY",
... ]
INSTNM
Alabama A & M University          Normal
Alabama State University       Montgomery
Name: CITY, dtype: object

>>> college.iloc[[0, 4], 0]
INSTNM
Alabama A & M University          Normal
Alabama State University       Montgomery
Name: CITY, dtype: object

>>> college.loc[
...    "Alabama A & M University":"Alabama State University",
...    "CITY",
... ]
```

```
INSTNM
Alabama A & M University                    Normal
University of Alabama at Birmingham         Birmingham
Amridge University                          Montgomery
University of Alabama in Huntsville         Huntsville
Alabama State University                    Montgomery
Name: CITY, dtype: object

>>> college.iloc[0:5, 0]
INSTNM
Alabama A & M University                    Normal
University of Alabama at Birmingham         Birmingham
Amridge University                          Montgomery
University of Alabama in Huntsville         Huntsville
Alabama State University                    Montgomery
Name: CITY, dtype: object
```

.loc로 슬라이싱을 사용할 때는 주의를 기울여야 한다. 정지^{stop} 인덱스 다음에 시작^{start} 인덱스가 나타나면 예외^{exception} 발생 없이 빈 Series만 반환된다.

```
>>> city.loc[
...     "Reid State Technical College":"Alabama State University"
... ]
Series([], Name: CITY, dtype: object)
```

▌ DataFrame 행 선택

DataFrame 행을 선택하는 가장 명확하면서 동시에 선호되는 방법은 .iloc와 .loc를 사용하는 것이다. 이 둘은 행 또는 행과 열로 선택할 수 있다.

이 예제는 .iloc와 .loc를 사용해 DataFrame에서 행을 선택하는 방법을 보여준다.

268

1. college 데이터셋을 읽은 다음 기관 이름을 인덱스로 설정한다.

```
>>> college = pd.read_csv(
...     "data/college.csv", index_col="INSTNM"
... )
>>> college.sample(5, random_state=42)
                      CITY STABBR ... MD_EARN_WNE_P10 GRAD_DEBT_MDN_SUPP
INSTNM                            ...
Career Po... San Antonio    TX    ...           20700             14977
Ner Israe...   Baltimore    MD    ...       PrivacyS...       PrivacyS...
Reflectio...     Decatur    IL    ...             NaN       PrivacyS...
Capital A... Baton Rouge    LA    ...           26400       PrivacyS...
West Virg...  Montgomery    WV    ...           43400             23969
<BLANKLINE>
[5 rows x 26 columns]
```

2. 그 위치의 전체 행을 선택하려면 .iloc에 정수를 전달한다.

```
>>> college.iloc[60]
CITY                Anchorage
STABBR                     AK
HBCU                        0
MENONLY                     0
WOMENONLY                   0
                      ...
PCTPELL                0.2385
PCTFLOAN               0.2647
UG25ABV                0.4386
MD_EARN_WNE_P10         42500
GRAD_DEBT_MDN_SUPP    19449.5
Name: University of Alaska Anchorage, Length: 26, dtype: object
```

파이썬의 인덱스는 0부터 시작하므로 사실 61번째 행이다. pandas는 이 행을 Series로 표현한다는 점에 유의하자.

3. 이전 단계에서와 동일한 행을 선택하려면 .loc에 인덱스 레이블을 전달한다.

```
>>> college.loc["University of Alaska Anchorage"]
CITY                Anchorage
STABBR                     AK
HBCU                        0
MENONLY                     0
WOMENONLY                   0
                        ...
PCTPELL                0.2385
PCTFLOAN               0.2647
UG25ABV                0.4386
MD_EARN_WNE_P10         42500
GRAD_DEBT_MDN_SUPP    19449.5
Name: University of Alaska Anchorage, Length: 26, dtype: object
```

4. 불연속된 행을 DataFrame에서 선택하려면 .iloc에 정수 리스트를 전달하면 된다.

```
>>> college.iloc[[60, 99, 3]]
                  CITY STABBR ... MD_EARN_WNE_P10 GRAD_DEBT_MDN_SUPP
INSTNM ...
Universit...  Anchorage     AK ...           42500           19449.5
Internati...      Tempe     AZ ...           22200             10556
Universit... Huntsville     AL ...           45500             24097
<BLANKLINE>
[3 rows x 26 columns]
```

행 위치의 리스트를 전달했으므로 이 명령은 DataFrame을 반환한다.

5. 4단계에서와 동일한 DataFrame은 .loc에 기관 이름을 전달하면 복제할 수 있다.

```
>>> labels = [
...     "University of Alaska Anchorage",
...     "International Academy of Hair Design",
...     "University of Alabama in Huntsville",
... ]
>>> college.loc[labels]
                    CITY STABBR ... MD_EARN_WNE_P10 GRAD_DEBT_MDN_SUPP
INSTNM ...
Universit...   Anchorage     AK ...           42500           19449.5
Internati...       Tempe     AZ ...           22200             10556
Universit...  Huntsville     AL ...           45500             24097
<BLANKLINE>
[3 rows x 26 columns]
```

6. .iloc에 슬라이스 표기를 사용해 데이터에서 연속된 행을 선택한다.

```
>>> college.iloc[99:102]
                    CITY STABBR ... MD_EARN_WNE_P10 GRAD_DEBT_MDN_SUPP
INSTNM ...
Internati...       Tempe     AZ ...           22200             10556
GateWay C...     Phoenix     AZ ...           29800              7283
Mesa Comm...        Mesa     AZ ...           35200              8000
<BLANKLINE>
[3 rows x 26 columns]
```

7. 슬라이스 표기는 .loc에도 사용할 수 있으며 닫힌 구간closed interval이다(시작과 중단 레이블을 모두 포함한다).

```
>>> start = "International Academy of Hair Design"
```

```
>>> stop = "Mesa Community College"
>>> college.loc[start:stop]
                    CITY STABBR ... MD_EARN_WNE_P10  GRAD_DEBT_MDN_SUPP
INSTNM ...
Internati...       Tempe     AZ ...           22200               10556
GateWay C...     Phoenix     AZ ...           29800                7283
Mesa Comm...        Mesa     AZ ...           35200                8000
<BLANKLINE>
[3 rows x 2 6 columns]
```

작동 원리

스칼라 값, 스칼라 리스트, 슬라이스를 .iloc나 .loc에 전달하면 pandas는 해당 행
에 대한 인덱스를 스캔해 반환한다. 단일 스칼라 값이 전달되면 Series가 반환된
다. 리스트나 슬라이스가 전달되면 DataFrame이 반환된다.

추가 사항

5단계에서는 복사나 붙여 쓰기 할 필요 없이 4단계에서 반환된 DataFrame에서 직
접 인덱스 레이블의 리스트를 선택할 수 있다.

```
>>> college.iloc[[60, 99, 3]].index.tolist()
['University of Alaska Anchorage', 'International Academy of Hair
Design', 'University of Alabama in Huntsville']
```

▌ DataFrame 행과 열을 동시에 선택

행과 열을 선택하는 방법에는 여러 가지가 있다. DataFrame에서 하나 이상의 열을 선택하는 가장 쉬운 방법은 DataFrame에서 인덱스를 사용하는 것이다. 그러나 이 방법에는 한계가 있다. DataFrame에서 직접 인덱싱하면 행과 열을 동시에 선택할 수 없다. 행과 열을 선택하려면 유효한 행과 열 선택을 쉼표로 구분해 .iloc 나 .loc에 전달해야 한다.

행과 열을 선택하는 전형적인 형태는 다음 코드와 비슷하다.

```
df.iloc[row_idxs, column_idxs]
df.loc[row_names, column_names]
```

여기서 row_idxs와 column_idxs는 스칼라 정수, 정수 리스트, 정수 슬라이스일 수 있다. row_names와 column_names는 스칼라 이름, 이름 리스트, 이름 슬라이스일 수 있지만 row_names는 불리언 배열일 수도 있다.

이 예제에서 각 단계는 .iloc와 .loc를 모두 사용해 행과 열을 동시에 선택하는 것을 보여준다.

작동 방법

1. college 데이터셋을 읽은 다음 인덱스를 기관 이름으로 지정한다. 처음 3개 행과 처음 4개 열을 슬라이스 표기를 써서 선택한다.

   ```
   >>> college = pd.read_csv(
   ...     "data/college.csv", index_col="INSTNM"
   ... )
   >>> college.iloc[:3, :4]
   ```

```
              CITY    STABBR   HBCU   MENONLY
INSTNM
Alabama A...   Normal     AL    1.0      0.0
Universit...   Birmingham AL    0.0      0.0
Amridge U...   Montgomery AL    0.0      0.0
>>> college.loc[:"Amridge University", :"MENONLY"]
              CITY    STABBR   HBCU   MENONLY
INSTNM
Alabama A...   Normal     AL    1.0      0.0
Universit...   Birmingham AL    0.0      0.0
Amridge U...   Montgomery AL    0.0      0.0
```

2. 서로 다른 두 열에서 모든 행을 선택한다.

```
>>> college.iloc[:, [4, 6]].head()
                                    WOMENONLY   SATVRMID
INSTNM
Alabama A & M University               0.0      424.0
University of Alabama at Birmingham    0.0      570.0
Amridge University                     0.0        NaN
University of Alabama in Huntsville     0.0      595.0
Alabama State University               0.0      425.0
>>> college.loc[:, ["WOMENONLY", "SATVRMID"]].head()
                                    WOMENONLY   SATVRMID
INSTNM
Alabama A & M University               0.0      424.0
University of Alabama at Birmingham    0.0      570.0
Amridge University                     0.0        NaN
University of Alabama in Huntsville     0.0      595.0
Alabama State University               0.0      425.0
```

3. 불연속된 행과 열을 선택한다.

```
>>> college.iloc[[100, 200], [7, 15]]
                                             SATMTMID    UGDS_NHPI

INSTNM
GateWay Community College                         NaN       0.0029
American Baptist Seminary of the West             NaN          NaN
>>> rows = [
...    "GateWay Community College",
...    "American Baptist Seminary of the West",
... ]
>>> columns = ["SATMTMID", "UGDS_NHPI"]
>>> college.loc[rows, columns]
                                             SATMTMID    UGDS_NHPI

INSTNM
GateWay Community College                         NaN       0.0029
American Baptist Seminary of the West             NaN          NaN
```

4. 단일 스칼라 값을 선택한다.

```
>>> college.iloc[5, -4]
0.401
>>> college.loc["The University of Alabama", "PCTFLOAN"]
0.401
```

5. 행을 슬라이스하고 단일 열을 선택한다.

```
>>> college.iloc[90:80:-2, 5]
INSTNM
Empire Beauty School-Flagstaff          0
Charles of Italy Beauty College         0
Central Arizona College                 0
University of Arizona                    0
Arizona State University-Tempe          0
Name: RELAFFIL, dtype: int64
```

```
>>> start = "Empire Beauty School-Flagstaff"
>>> stop = "Arizona State University-Tempe"
>>> college.loc[start:stop:-2, "RELAFFIL"]
INSTNM
Empire Beauty School-Flagstaff      0
Charles of Italy Beauty College     0
Central Arizona College             0
University of Arizona                0
Arizona State University-Tempe      0
Name: RELAFFIL, dtype: int64
```

작동 원리

행과 열을 동시에 선택하는 핵심 중 하나는 대괄호 안에 쉼표를 사용하는 방법을 이해하는 것이다. 쉼표 왼쪽은 항상 행 인덱스를 기준으로 행을 선택한다. 쉼표 오른쪽은 항상 열 인덱스를 기준으로 열을 선택한다.

행과 열을 동시에 선택할 필요는 없다. 2단계는 행 전체와 열의 일부를 선택하는 방법을 보여준다. 콜론(:)은 해당 차원의 모든 값을 반환하는 슬라이스 객체를 나타낸다.

추가 사항

행만 선택하려면(모든 열과 함께) 쉼표 뒤에 콜론을 사용할 필요가 없다. 기본 설정은 쉼표가 없는 경우 모든 열을 선택하는 것이다. 이전 예제는 정확하게 이런 방식으로 행을 선택했다. 그러나 콜론을 사용해 모든 열의 슬라이스를 나타낼 수도 있다.

다음 두 코드는 동일하다.

276

```
college.iloc[:10]

college.iloc[:10, : ]
```

▌ 정수와 레이블 모두로 데이터 선택

경우에 따라 위치와 레이블 모두를 사용해 데이터를 선택하고자 .iloc와 .loc의 기능 모두를 원할 때가 있다. 이전 버전의 pandas에서는 .ix를 사용해 위치와 레이블로 데이터를 선택할 수 있었다. 이 방법은 특정 상황에서는 편리하게 작동했지만 자체로 구문이 모호하고 많은 pandas 사용자에게는 혼란의 원인이었다. .ix 인덱서는 이후 디프리시에이션^{depreciation}됐으므로 이제 사용을 피해야 한다.

.ix 지원이 중단되기 이전에는 college.ix[:5, 'UGDS_ WHITE':'UGDS_UNKN'] 식으로 사용하면 첫 다섯 행과 함께 UGDS_WHITE에서 UGDS_UNKN까지의 열을 college 데이터셋에서 선택할 수 있었다. 이 작업은 이제 .loc 또는 .iloc를 직접 사용하면 가능하다. 다음 예제는 열의 정수 위치를 찾은 다음 .iloc를 사용해 선택을 완료하는 방법을 보여준다.

작동 방법

1. college 데이터셋을 읽은 다음 기관 이름(INSTNM)을 인덱스로 지정한다.

```
>>> college = pd.read_csv(
...    "data/college.csv", index_col="INSTNM"
... )
```

2. 인덱서 메서드 .get_loc를 사용해 원하는 열의 정수 위치를 찾는다.

```
>>> col_start = college.columns.get_loc("UGDS_WHITE")
>>> col_end = college.columns.get_loc("UGDS_UNKN") + 1
>>> col_start, col_end
(10, 19)
```

3. .iloc를 사용해 col_start와 col_end로 위치로 열을 선택한다.

```
>>> college.iloc[:5, col_start:col_end]
             UGDS_WHITE  UGDS_BLACK  ...   UGDS_NRA  UGDS_UNKN
INSTNM ...
Alabama A...     0.0333      0.9353  ...     0.0059     0.0138
Universit...     0.5922      0.2600  ...     0.0179     0.0100
Amridge U...     0.2990      0.4192  ...     0.0000     0.2715
Universit...     0.6988      0.1255  ...     0.0332     0.0350
Alabama S...     0.0158      0.9208  ...     0.0243     0.0137
<BLANKLINE>
[5 rows x 9 columns]
```

작동 원리

2단계는 먼저 .columns 속성을 사용해 열 인덱스를 검색한다. 인덱스에는 .get_loc 메서드가 있으며, 인덱스 레이블을 취해 정수 위치를 반환한다. 슬라이스하려는 열의 시작과 끝에 해당하는 정수 위치를 모두 찾는다. .iloc를 사용한 슬라이싱은 반개 구간을 사용하므로 마지막 항목이 제외되기 때문에 1을 더한다. 3단계는 행과 열 위치에 슬라이스 표기법을 사용한다.

추가 사항

.loc로 작업할 레이블을 얻고자 위치를 사용하는 아주 유사한 연산을 할 수 있다. 다음은 열 UGDS_WHITE ~ UGDS_UNKN과 함께 10 ~ 15번째(포함) 행을 선택하는 방법을 보여준다.

```
>>> row_start = college.index[10]
>>> row_end = college.index[15]
>>> college.loc[row_start:row_end, "UGDS_WHITE":"UGDS_UNKN"]
            UGDS_WHITE   UGDS_BLACK   ...   UGDS_NRA   UGDS_UNKN
INSTNM ...
Birmingha...    0.7983       0.1102   ...     0.0000      0.0051
Chattahoo...    0.4661       0.4372   ...     0.0000      0.0139
Concordia...    0.0280       0.8758   ...     0.0466      0.0000
South Uni...    0.3046       0.6054   ...     0.0019      0.0326
Enterpris...    0.6408       0.2435   ...     0.0012      0.0069
James H F...    0.6979       0.2259   ...     0.0007      0.0009
<BLANKLINE>
[6 rows x 9 columns]
```

.ix(pandas 1.0 이후에는 없어졌으니 이 연산은 쓰지 말자)로 동일한 연산을 하면 다음과 비슷하게 된다.

```
>>> college.ix[10:16, "UGDS_WHITE":"UGDS_UNKN"]
            UGDS_WHITE   UGDS_BLACK   ...   UGDS_NRA   UGDS_UNKN
INSTNM ...
Birmingha...    0.7983       0.1102   ...     0.0000      0.0051
Chattahoo...    0.4661       0.4372   ...     0.0000      0.0139
Concordia...    0.0280       0.8758   ...     0.0466      0.0000
South Uni...    0.3046       0.6054   ...     0.0019      0.0326
Enterpris...    0.6408       0.2435   ...     0.0012      0.0069
James H F...    0.6979       0.2259   ...     0.0007      0.0009
<BLANKLINE>
```

```
[6 rows x 9 columns]
```

.loc와 .iloc를 체인시켜 동일한 결과를 얻을 수 있지만 인덱서를 체인시키는 것
은 일반적으로 좋지 않다. 속도가 느릴 수 있으며 뷰^{view}를 반환할지 사본을 반환하
는지 결정되지 않았다(데이터를 조회할 때는 문제가 되지 않지만 데이터를 갱신할 때는
문제가 발생할 수 있다. 악명 높은 SettingWithCopyWarning 경고가 표시될 수 있다).

```
>>> college.iloc[10:16].loc[:, "UGDS_WHITE":"UGDS_UNKN"]
             UGDS_WHITE  UGDS_BLACK  ...  UGDS_NRA  UGDS_UNKN
INSTNM ...
Birmingha...      0.7983      0.1102  ...    0.0000     0.0051
Chattahoo...      0.4661      0.4372  ...    0.0000     0.0139
Concordia...      0.0280      0.8758  ...    0.0466     0.0000
South Uni...      0.3046      0.6054  ...    0.0019     0.0326
Enterpris...      0.6408      0.2435  ...    0.0012     0.0069
James H F...      0.6979      0.2259  ...    0.0007     0.0009
<BLANKLINE>
[6 rows x 9 columns]
```

▎ 사전식으로 슬라이싱

.loc 속성은 일반적으로 인덱스의 정확한 문자열 레이블을 기반으로 데이터를 선
택한다. 그러나 인덱스 값의 사전식 순서에 따라 데이터를 선택할 수도 있다. 구체
적으로는 .loc를 사용하면 슬라이스 표기법을 사용해 사전식으로 인덱스에 있는
모든 행을 선택할 수 있다. 이 방법은 인덱스가 정렬됐을 경우에만 작동한다.

이 예제에서는 먼저 인덱스를 정렬한 다음 .loc 인덱서에서 슬라이스 표기법을 사
용해 두 문자열 사이의 모든 행을 선택한다.

작동 방법

1. college 데이터셋을 읽은 다음 기관 이름을 인덱스로 설정한다.

```
>>> college = pd.read_csv(
...     "data/college.csv", index_col="INSTNM"
... )
```

2. Sp와 Su 사이에 있는 사전 순서상의 모든 이름을 가진 대학을 선택해보자.

```
>>> college.loc["Sp":"Su"]
Traceback (most recent call last):
...
ValueError: index must be monotonic increasing or decreasing

During handling of the above exception, another exception
occurred:

Traceback (most recent call last):
...
KeyError: 'Sp'
```

3. 인덱스가 정렬돼 있지 않으므로 앞의 명령은 실패한다. 이제 먼저 인덱스를 정렬해보자.

```
>>> college = college.sort_index()
```

4. 이제 2단계를 다시 실행해보자.

```
>>> college.loc["Sp":"Su"]
```

```
              CITY  STABBR  ...  MD_EARN_WNE_P10  GRAD_DEBT_MDN_SUPP
INSTNM ...
Spa Tech ...    Ipswich     MA  ...          21500                6333
Spa Tech ...   Plymouth     MA  ...          21500                6333
Spa Tech ...   Westboro     MA  ...          21500                6333
Spa Tech ...  Westbrook     ME  ...          21500                6333
Spalding ... Louisville     KY  ...          41700               25000
     ...          ...      ... ...            ...                 ...
Studio Ac...   Chandler     AZ  ...            NaN                6333
Studio Je...   New York     NY  ...      PrivacyS...          PrivacyS...
Stylemast...   Longview     WA  ...          17000               13320
Styles an...     Selmer     TN  ...      PrivacyS...          PrivacyS...
Styletren...  Rock Hill     SC  ...      PrivacyS...            9495.5
<BLANKLINE>

[201 r ows x 26 columns]
```

작동 원리

.loc의 일반적인 동작은 전달된 정확한 레이블에 기준해 데이터를 선택하는 것이다. 인덱스에서 이러한 레이블을 찾을 수 없으면 KeyError가 발생한다. 그러나 이 동작에는 한 가지 예외가 있는데, 인덱스가 사전순으로 정렬돼 있고 슬라이스가 전달될 때다. 이 경우 해당 값이 인덱스에 없어도 슬라이스의 시작과 중지 레이블 사이에서 선택할 수 있다.

추가 사항

이 예제를 사용하면 알파벳 두 글자 사이에 있는 대학을 쉽게 선택할 수 있다. 예를 들어 문자 D에서 S로 시작하는 모든 대학을 선택하려면 college.loc['D':'T']처럼 하면 된다. 이와 같은 슬라이스는 역시 폐구간으로, 마지막 인덱스를 포함하므로 기술적으로는 대학 이름이 정확히 T인 것까지 반환한다.

이 형식의 슬라이싱은 인덱스가 반대 방향으로 정렬된 경우도 작동한다. 인덱스 속성 .is_monotonic_ increasing 또는 .is_monotonic_decreasing을 사용하면 인덱스가 정렬되는 방향을 결정할 수 있다. 사전식 슬라이싱이 작동하려면 그중 하나가 True여야 한다. 예를 들어 다음 코드는 인덱스를 사전순으로 Z에서 A로 정렬한다.

```
>>> college = college.sort_index(ascending=False)
>>> college.index.is_monotonic_decreasing
True
>>> college.loc["E":"B"]
                                              CITY  ...
                                                    ...
INSTNM                                              ...
Dyersburg State Community College        Dyersburg  ...
Dutchess Community College             Poughkeepsie  ...
Dutchess BOCES-Practical Nursing Program Poughkeepsie  ...
Durham Technical Community College          Durham  ...
Durham Beauty Academy                       Durham  ...
...                                            ...  ...
Bacone College                            Muskogee  ...
Babson College                           Wellesley  ...
BJ's Beauty & Barber College                Auburn  ...
BIR Training Center                        Chicago  ...
B M Spurr School of Practical Nursing    Glen Dale  ...
```

행 필터링

▌소개

데이터셋에서 데이터를 필터링하는 것은 가장 일반적이고 기본적인 작업 중 하나다. pandas에는 불리언 인덱싱을 사용해 데이터를 필터링(또는 부분집합화)하는 여러 가지 방법이 있다. 불리언 인덱싱(불리언 선택이라고도 함)이라는 용어가 다소 생소할 수 있지만 pandas 세계에서 불리언 인덱싱이란 불리언 배열을 사용해 행을 선택하는 것을 의미하는데, 불리언 배열이란 원시 데이터와 동일한 인덱스를 가진 pandas Series지만 값은 True나 False로 채워져 있는 것을 의미한다. 이 이름은 비슷한 필터링 논리를 가진 NumPy에서 유래했기 때문에 실제로는 불리언 값을 가진 Series지만 명칭은 불리언 배열이다.

여기서는 먼저 불리언 Series를 생성하고 통계량을 계산한 후 불리언 인덱싱을 사용해 데이터를 필터링하는 다양한 방법을 알아보기 전에 좀 더 복잡한 조건을 생성하는 것을 살펴본다.

┃ 불리언 통계량 계산

불리언 배열에 대한 기본 요약 통계량을 계산해보면 유익하다. 불리언 배열의 각 값인 True나 False는 각각 1과 0에 해당되므로 숫자 값을 사용하는 모든 Series 메서드는 불리언에도 사용할 수 있다.

이 예제에서는 데이터 열에 조건을 적용해 불리언 배열을 생성한 후 요약 통계량을 계산한다.

작동 방법

1. movie 데이터셋을 읽고 인덱스를 영화 제목으로 설정하고 duration 열의 처음 몇 행을 살펴본다.

```
>>> import pandas as pd
>>> import numpy as np
>>> movie = pd.read_csv(
...     "data/movie.csv", index_col="movie_title"
... )
>>> movie[["duration"]].head()
                                    Duration
movie_title
```

Avatar	178.0
Pirates of the Caribbean: At World's End	169.0
Spectre	148.0
The Dark Knight Rises	164.0
Star Wars: Episode VII - The Force Awakens	NaN

2. duration 열에 '더 큼greater than' 비교 연산자를 사용해 각 영화의 상영 시간이 두 시간 이상인지 파악한다.

```
>>> movie_2_hours = movie["duration"] > 120
>>> movie_2_hours.head(10)
movie_title
Avatar                                        True
Pirates of the Caribbean: At World's End      True
Spectre                                       True
The Dark Knight Rises                         True
Star Wars: Episode VII - The Force Awakens    False
John Carter                                   True
Spider-Man 3                                  True
Tangled                                       False
Avengers: Age of Ultron                       True
Harry Potter and the Half-Blood Prince        True
Name: duration, dtype: bool
```

3. 이제 이 Series를 사용해 상영 시간이 두 시간 이상인 영화를 알아낸다.

```
>>> movie_2_hours.sum()
1039
```

4. 데이터셋에서 상영 시간이 두 시간 이상인 영화의 비율을 알아내고자 .mean 메서드를 사용한다.

```
>>> movie_2_hours.mean() * 100
21.13506916192026
```

5. 불행히도 4단계의 결과는 잘못된 것이다. duration 열에는 몇 가지 결측치가 포함돼 있다. 1단계의 DataFrame 출력을 다시 살펴보면 마지막 행의 duration 값이 누락된 것을 볼 수 있다. 이 때문에 2단계의 불리언 조건이 False를 반환한 것이다. 먼저 누락된 값을 삭제한 후 조건을 계산하고 평균을 구해야 한다.

```
>>> movie["duration"].dropna().gt(120).mean() * 100
21.199755152009794
```

6. .describe 메서드를 사용해 불리언 배열에 대한 요약 통계량을 출력해본다.

```
>>> movie_2_hours.describe()
count      4916
unique        2
top       False
freq       3877
Name: duration, dtype: object
```

작동 원리

대부분의 DataFrame에는 영화 데이터셋에서처럼 불리언 열이 없다. 불리언 배열을 생성하는 가장 간단한 방법은 열 중 하나에 조건부 연산자를 적용하는 것이다. 2단계에서 '더 큼' 비교 연산자를 사용해 각 영화의 상영 시간이 120분 이상인지 테스트한다. 3단계와 4단계는 불리언 Series에서 합과 평균이라는 두 가지 중요한 수치를 계산한다. 이 연산은 파이썬이 False와 True를 각각 0과 1로 계산하기 때문에 가능하다.

불리언 배열의 평균은 곧 True 값의 백분율을 나타낸다는 것을 쉽게 증명할 수 있다. 이를 위해 normalize 매개변수를 True로 설정해 .value_counts 메서드를 사용함으로써 분포를 얻는다.

```
>>> movie_2_hours.value_counts(normalize=True)
False    0.788649
True     0.211351
Name: duration, dtype: float64
```

5단계는 4단계의 잘못된 결과를 알려준다. duration 열에 결측치가 있었지만 불리언 조건은 결측치에 대한 비교를 모두 False로 계산했다. 이러한 결측치를 삭제하면 올바른 통계를 계산할 수 있다. 이 계산은 메서드 체인을 사용하면 한 단계로 수행된다.

중요 사항: 계산하기 전에 결측치를 처리했는지 확인하라.

6단계에서는 pandas가 .describe 메서드를 객체나 문자열 열에 적용하는 것과 동일한 방식으로 불리언 배열에도 적용해 빈도 정보를 표시하는 것을 보여준다. 불리언 배열을 살필 때는 분위수보다 빈도수가 더 자연스러운 방법이다.

분위수를 알고자 한다면 Series를 정수로 변환하면 된다.

```
>>> movie_2_hours.astype(int).describe()
count    4916.000000
mean        0.211351
std         0.408308
min         0.000000
25%         0.000000
```

```
50%         0.000000
75%         0.000000
max         1.000000
Name: duration, dtype: float64
```

추가 사항

동일한 DataFrame에서 두 개의 열을 서로 비교해 불리언 Series를 생성할 수 있다.
예를 들어 배우 1이 배우 2보다 페이스북의 '좋아요'를 더 많이 받은 영화의 비율을
알아낼 수 있다. 이를 위해 비교하려는 두 열을 선택한 다음 두 영화에서 값이 누락
된 행은 삭제한다. 그런 다음 비교를 수행하고 평균을 계산한다.

```
>>> actors = movie[
...     ["actor_1_facebook_likes", "actor_2_facebook_likes"]
... ].dropna()
>>> (
...     actors["actor_1_facebook_likes"]
...     > actors["actor_2_facebook_likes"]
... ).mean()
0.9777687130328 371
```

▌다중 불리언 조건 구성

파이썬에서 불리언 표현식은 내장 논리 연산자 and, or, not을 사용한다. 이 키워드
는 pandas의 불리언 인덱싱에는 작동하지 않으며 각각 &, |, ~로 대체된다. 또한
식을 결합할 때 각 식은 괄호로 묶어야 한다. 그렇지 않으면 연산자 우선순위로
인해 오류가 발생한다.

```
```

데이터셋에 대한 필터를 구성하다 보면 필요한 행을 꺼내고자 여러 불리언 식을 결합해야 할 수 있다. 이 예제에서는 imdb_score가 8보다 크고, content_rating이 PG-13이며, title_year가 2000년 이전 또는 2009년 이후인 모든 영화를 찾고자 여러 불리언 표현식을 결합해 구성하는 것을 보여준다.

작동 방법

1. movie 데이터셋을 로드한 다음 영화 제목을 인덱스로 설정한다.

```
>>> movie = pd.read_csv(
...     "data/movie.csv", index_col="movie_title"
... )
```

2. 각 필터를 불리언 배열로 갖고 있을 변수를 생성한다.

```
>>> criteria1 = movie.imdb_score > 8
>>> criteria2 = movie.content_rating == "PG-13"
>>> criteria3 = (movie.title_year < 2000) | (
...     movie.title_year > 2009
... )
```

3. 모든 필터를 병합해 단일 불리언 배열로 만든다.

```
>>> criteria_final = criteria1 & criteria2 & criteria3
>>> criteria_final.head()
movie_title
Avatar                                        False
Pirates of the Caribbean: At World's End      False
Spectre                                       False
The Dark Knight Rises                          True
```

```
Star Wars: Episode VII - The Force Awakens      False
dtype: bool
```

작동 원리

표준 비교 연산자(<, >, ==, !=, <=, >=)를 사용하면 Series의 모든 값을 스칼라 값과 비교할 수 있다. `movie.imdb_score` > 8이라는 표현식은 8을 초과하는 모든 `imdb_score` 값이 True이고 8보다 작거나 같은 값이 False인 값을 갖는 불리언 배열을 생성한다. 이 불리언 배열의 인덱스는 movie DataFrame과 동일한 인덱스를 갖는다.

`criteria3` 변수는 두 개의 불리언 배열이 결합돼 생성된다. 제대로 작동하려면 각 표현식을 괄호로 묶어야 한다. 파이프 문자(|)는 두 Series의 각 값 사이에 논리 or 조건을 작성하는 데 사용된다.

예제의 요구 사항을 만족하려면 세 가지 기준이 모두 True여야 한다. 문자 &를 사용해 병합해 각 Series 값 사이에 논리 and 조건을 만든다.

추가 사항

논리 연산자에 다른 구문을 사용했을 때는 pandas의 연산자 우선순위가 달라져 결과도 달라질 수 있다. 비교 연산자는 and 또는 or보다 우선순위가 높다. 그러나 pandas가 사용하는 연산자(비트별 연산자, 즉 &, |, ~)는 비교 연산자보다 우선순위가 높으므로 괄호가 필요하다. 다음 예를 보면 쉽게 정리할 수 있다. 다음 식을 살펴보자.

```
>>> 5 < 10 and 3 > 4
False
```

앞의 식에서 5 < 10이 먼저 계산된 다음 3 > 4를 계산하고 마지막에 and를 계산한다. 파이썬은 다음과 같이 표현식을 진행한다.

```
>>> 5 < 10 and 3 > 4
False
>>> True and 3 > 4
False
>>> True and False
False
>>> False
False
```

criteria3의 표현식을 다음과 같이 썼다면 어떤 결과가 발생하는지 살펴보자.

```
>>> movie.title_year < 2000 | movie.title_year > 2009
Traceback (most recent call last):
    ...
TypeError: ufunc 'bitwise_or' not supported for the input types, and the
inputs could not be safely coerced to any supported types according to
the casting rule ''safe''

During handling of the above exception, another exception occurred:

Traceback (most recent call last):
    ...
TypeError: cannot compare a dtyped [float64] array with a scalar of type
[bool]
```

비트별 연산자는 비교 연산자보다 우선순위가 높으므로 2000 | movie.title_year 가 먼저 계산되고, 이는 상식에 어긋나 오류가 발생한다. 따라서 연산자 우선순위를 적용하려면 괄호가 필요하다.

pandas는 왜 and, or, not을 사용하지 않는 것일까? 이 키워드가 계산될 때 파이썬은 객체 전체의 트루시니스^{truthiness}를 찾으려고 시도한다. Series 전체가 True인지 False인지를 보는 것은 이치에 맞지 않기 때문에(개별 값의 True나 False만 있다) pandas는 오류를 발생시킨다.

파이썬의 모든 객체는 불리언 표현을 갖고 있으며, 이를 종종 트루시니스라고 한다. 예를 들어 0을 제외한 모든 정수는 True로 간주된다. 빈 문자열을 제외한 모든 문자열은 True다. 비어 있지 않은 집합, 튜플, 딕셔너리와 리스트는 모두 True다. 일반적으로 파이썬 객체의 트루시니스를 알아보려면 bool 함수에 전달해보면 된다. 빈 DataFrame이나 Series는 True도 False도 아닌 오류가 발생한다.

▌ 불리언 배열을 사용한 필터링

Series와 DataFrame 모두 불리언 배열을 사용해 필터링할 수 있다. 객체나 .loc 속성에서 직접 인덱스를 생성할 수 있다.

이 예제는 서로 다른 영화의 행에 대해 두 개의 복잡한 필터를 구성한다. 첫 번째는 8보다 큰 imdb_score, PG-13의 content_rating, 2000년 이전이나 2009년 이후의 값을 갖는 title_year의 영화를 필터링한다. 두 번째 필터는 imdb_score가 5 미만이고, content_rating이 R이며, title_year가 2000에서 2010 사이인 항목으로 구성된다. 마지막으로 이 필터를 결합한다.

작동 방법

1. movie 데이터셋을 읽은 다음 인덱스를 movie_title로 설정하고 처음 기준을 생성한다.

```
>>> movie = pd.read_csv(
...     "data/movie.csv", index_col="movie_title"
... )
>>> crit_a1 = movie.imdb_score > 8
>>> crit_a2 = movie.content_rating == "PG-13"
>>> crit_a3 = (movie.title_year < 2000) | (
...     movie.title_year > 2009
... )
>>> final_crit_a = crit_a1 & crit_a2 & crit_a3
```

2. 두 번째 조건의 영화에 대한 기준을 생성한다.

```
>>> crit_b1 = movie.imdb_score < 5
>>> crit_b2 = movie.content_rating == "R"
>>> crit_b3 = (movie.title_year >= 2000) & (
...     movie.title_year <= 2010
... )
>>> final_crit_b = crit_b1 & crit_b2 & crit_b3
```

3. pandas의 or 연산자를 사용해 두 집합을 병합한다. 결과는 두 집합 중 하나
   에 해당하는 모든 영화의 불리언 배열이다.

```
>>> final_crit_all = final_crit_a | final_crit_b
>>> final_crit_all.head()
movie_title
Avatar                                          False
Pirates of the Caribbean: At World's End        False
Spectre                                         False
The Dark Knight Rises                           False
Star Wars: Episode VII - The Force Awakens      False
dtype: bool
```

4. 불리언 배열을 얻었으면 이를 인덱스 연산자에 전달해 데이터를 필터링한다.

```
>>> movie[final_crit_all].head()
                          color  ...    movie/likes
movie_title                      ...
The Dark Knight Rises     Color  ...         164000
The Avengers              Color  ...         123000
Captain America: Civil War Color ...          72000
Guardians of the Galaxy   Color  ...          96000
Interstellar Color ... 349000
```

5. .loc 속성을 사용해 필터링할 수도 있다.

```
>>> movie.loc[final_crit_all].head()
                          color  ...    movie/likes
movie_title                      ...
The Dark Knight Rises     Color  ...         164000
The Avengers              Color  ...         123000
Captain America: Civil War Color ...          72000
Guardians of the Galaxy   Color  ...          96000
Interstellar              Color  ...         349000
```

6. .loc 속성으로 선택할 열을 지정할 수도 있다.

```
>>> cols = ["imdb_score", "content_rating", "title_year"]
>>> movie_filtered = movie.loc[final_crit_all, cols]
>>> movie_filtered.head(10)
               imdb_score   content_rating   title_year
movie_title
The Dark ...          8.5            PG-13       2012.0
The Avengers          8.1            PG-13       2012.0
```

296

```
Captain A...        8.2         PG-13       2016.0
Guardians...        8.1         PG-13       2014.0
Interstellar        8.6         PG-13       2014.0
Inception           8.8         PG-13       2010.0
The Martian         8.1         PG-13       2015.0
Town & Co...        4.4            R        2001.0
Sex and t...        4.3            R        2010.0
Rollerball          3.0            R        2002.0
```

작동 원리

1단계와 2단계에서 각 기준 집합은 모두 단순한 불리언 배열에서 구성된다. 여기에서와 같이 각 불리언 식마다 다른 변수를 만들 필요는 없지만 이렇게 하면 논리 오류를 파악하고 디버깅하기 훨씬 쉽다. 두 영화 집합 모두에 속하는 결과를 원하므로 3단계는 pandas 논리 or 연산자를 사용해 결합한다.

4단계는 3단계에서 작성된 불리언 Series들을 인덱스 연산자에 직접 전달한다. final_crit_all에서 True 값을 가진 영화만 선택된다.

6단계에서 볼 수 있듯이 필터링은 .loc 속성으로 행과 열을 동시에 선택(불리언 배열 사용)할 수도 있다. 이 간소화된 DataFrame은 논리가 올바르게 구현됐는지 여부를 수동으로 확인하기가 훨씬 쉽다.

.iloc 속성은 불리언 배열을 지원하지 않는다. 불리언 Series를 전달하면 예외가 발생한다. 그러나 NumPy 배열에서는 작동하므로 .to_ numpy() 메서드를 호출하면 다음과 같이 필터링할 수 있다.

```
>>> movie.iloc[final_crit_all]
Traceback (most recent call last):
...
```

```
ValueError: iLocation based boolean indexing cannot use an indexable
as a mask
>>> movie.iloc[final_crit_all.to_numpy()]
                           color  ...  movie/likes
movie_title                       ...
The Dark Knight Rises      Color  ...       164000
The Avengers               Color  ...       123000
Captain America: Civil War Color  ...        72000
Guardians of the Galaxy    Color  ...        96000
Interstellar               Color  ...       349000
...                          ...  ...          ...
The Young Unknowns         Color  ...            4
Bled                       Color  ...          128
Hoop Dreams                Color  ...            0
Death Calls                Color  ...           16
The Legend of God's Gun    Color  ...           13
```

추가 사항

앞서 언급했듯이 여러 개의 더 짧은 불리언 대신 하나의 긴 불리언 식을 사용할 수도 있다. 하나의 긴 코드 행으로 1단계의 **final_crit_a** 변수를 복제하려면 다음과 같이 하면 된다.

```
>>> final_crit_a2 = (
...     (movie.imdb_score > 8)
...     & (movie.content_rating == "PG-13")
...     & (
...         (movie.title_year < 2000)
...         | (movie.title_year > 2009)
...     )
... )
>>> final_crit_a2.equals(final_c rit_a)
```

True

행 필터링과 인덱스 필터링 비교

인덱스를 활용하면 불리언 선택의 특정 사례를 복제할 수 있다.

이 예제에서는 college 데이터셋을 사용해 불리언 인덱싱과 인덱스 선택을 통해 특정 상태의 모든 기관을 선택한 후 두 가지 방법의 성능을 서로 비교해본다.

개인적으로는 인덱스가 아닌 열을 기준으로(불리언 배열을 사용) 필터링하는 것을 선호한다.

열 필터링은 다른 논리 연산자를 사용할 수 있고 여러 열에서 필터를 사용할 수 있으므로 더욱 강력하다.

작동 방법

1. college 데이터셋을 읽고 불리언 인덱싱을 사용해 텍사스(TX) 주의 모든 대학을 선택한다.

```
>>> college = pd.read_csv("data/college.csv")
>>> college[college["STABBR"] == "TX"].head()
                         INSTNM ...          GRAD_/_SUPP
3610  Abilene Christian University ...              25985
3611          Alvin Community College ...               6750
3612                  Amarillo College ...              10950
3613                 Angelina College ...  PrivacySuppressed
3614           Angelo State University ...            21319.5
```

2. 인덱스 선택을 사용해 같은 작업을 수행하고자 STABBR 열을 인덱스로 옮긴다. 그런 다음 .loc 인덱서를 사용하면 레이블 기반의 선택을 사용할 수 있다.

```
>>> college2 = college.set_index("STABBR")
>>> college2.loc["TX"].head()
                        INSTNM ...         GRAD_/_SUPP
3610  Abilene Christian University ...            25985
3611        Alvin Community College ...             6750
3612               Amarillo College ...            10950
3613               Angelina College ...  PrivacySuppressed
3614        Angelo State University ...           21319.5
```

3. 두 방법의 속도를 비교해보자.

```
>>> %timeit college[college['STABBR'] == 'TX']
1.75 ms ± 187 µs per loop (mean ± std. dev. of 7 runs, 1000 loops each)

>>> %timeit college2.loc['TX']
882 µs ± 69.3 µs per loop (mean ± std. dev. of 7 runs, 1000 loops each)
```

4. 불리언 인덱싱이 인덱스 선택보다 두 배 정도 걸린다. 인덱스 설정도 시간이 걸리기는 마찬가지이므로 시간을 측정해보자.

```
>>> %timeit college2 = college.set_index('STABBR')
2.01 ms ± 107 µs per loop (mean ± std. dev. of 7 runs, 100 loops each)
```

작동 원리

1단계는 STABBR이 TX와 같은 데이터 행을 확인해 불리언 Series를 만든다. 이 Series 는 인덱스 연산자로 전달돼 데이터 선택에 사용된다. 이 프로세스는 같은 열을 인덱스로 이동하고 .loc로 기본 레이블 기반의 인덱스 선택 방법을 사용해 그대로 복제할 수 있다. 인덱스를 통한 선택은 불리언 선택보다 훨씬 빠르다. 그러나 여러 열을 필터링해야 하는 경우라면 인덱스를 반복적으로 전환하면 오버헤드(및 혼란스러운 코드)가 발생한다. 다시 한 번 말하지만 인덱스를 바꾸지 말고 그저 인덱스로 필터링하는 것이 좋다.

추가 사항

이 예제는 단일 주^{state}만 선택한다. 불리언과 인덱스 선택을 사용하면 여러 개의 주를 선택할 수 있다. 텍사스(TX), 캘리포니아(CA), 뉴욕(NY)을 선택해보자. 불리언 선택을 사용하면 .isin 메서드를 쓸 수 있지만 인덱싱을 사용하면 리스트를 .loc 에 전달하면 된다.

```
>>> states = ["TX", "CA", "NY"]
>>> college[college["STABBR"].isin(states)]
```

	INSTNM	CITY	...	MD_EARN_WNE_P10	GRAD_DEBT_MDN_SUPP
192	Academy ...	San Fran...	...	36000	35093
193	ITT Tech...	Rancho C...	...	38800	25827.5
194	Academy ...	Oakland	...	NaN	PrivacyS...
195	The Acad...	Huntingt...	...	28400	9500
196	Avalon S...	Alameda	...	21600	9860
...	...	...	...	...	...
7528	WestMed ...	Merced	...	NaN	15623.5
7529	Vantage ...	El Paso	...	NaN	9500
7530	SAE Inst...	Emeryville	...	NaN	9500
7533	Bay Area...	San Jose	...	NaN	PrivacyS...

```
7534       Excel Le... San Antonio ...          NaN           12125

>>> college2.loc[states]
                INSTNM          CITY ...  MD_EARN_WNE_P10  GRAD_DEBT_MDN_SUPP
STABBR                              ...
TX           Abilene ...      Abilene ...         40200              25985
TX           Alvin Co...        Alvin ...         34500               6750
TX           Amarillo...     Amarillo ...         31700              10950
TX           Angelina...       Lufkin ...         26900          PrivacyS...
TX           Angelo S...   San Angelo ...         37700            21319.5
...              ...          ... ...            ...                ...
NY           Briarcli...    Patchogue ...         38200            28720.5
NY           Jamestow...    Salamanca ...           NaN              12050
NY           Pratt Ma...     New York ...         40900              26691
NY           Saint Jo...    Patchogue ...         52000            22143.5
NY           Franklin...     Brooklyn ...         20000          PrivacyS...
```

이 예제에 설명한 것보다 더 많은 것이 있다. pandas는 인덱스가 고유한지 또는
정렬돼 있는지에 따라 인덱스를 다르게 구현한다. 좀 더 자세한 내용은 다음 예제
를 참조하라.

▎ 유일하고 정렬된 인덱스를 사용한 선택

인덱스가 고유하고 정렬돼 있으면 인덱스 선택 성능이 크게 향상된다. 이전의
예제는 중복이 포함된 정렬되지 않은 인덱스를 사용해 상대적으로 느린 선택을
한다.

이 예제에서는 college 데이터셋을 사용해 고유하거나 정렬된 인덱스를 형성해
인덱스 선택 성능을 향상시킨다. 그런 다음 불리언 인덱싱과 성능을 비교해볼 것
이다.

단일 열에서만 선택하고 있으며 병목현상이 되고 있다면 이 예제가 10배 정도의 노력을 절감시켜줄 수도 있다.

작동 방법

1. college 데이터셋을 읽어 들인 다음 STABBR를 인덱스로 하는 별도의 DataFrame을 생성하고 인덱스가 정렬돼 있는지 알아본다.

```
>>> college = pd.read_csv("data/college.csv")
>>> college2 = college.set_index("STABBR")
>>> college2.index.is_monotonic
False
```

2. college2에서 인덱스를 정렬한 다음 개별 객체로 저장한다.

```
>>> college3 = college2.sort_index()
>>> college3.index.is_monotonic
True
```

3. 3가지 DataFrame 모두에서 텍사스 주(TX)를 선택하는 시간을 측정해본다.

```
>>> %timeit college[college['STABBR'] == 'TX']
1.75 ms ± 187 µs per loop (mean ± std. dev. of 7 runs, 1000 loops each)

>>> %timeit college2.loc['TX']
1.09 ms ± 232 µs per loop (mean ± std. dev. of 7 runs, 1000 loops each)

>>> %timeit college3.loc['TX']
304 µs ± 17.8 µs per loop (mean ± std. dev. of 7 runs, 1000 loops each)
```

4. 정렬된 인덱스에서의 성능은 불리언 선택에 비해 10여 배 정도 더 빠르다. 이제 고유한 인덱스를 알아보자. 이를 위해 기관 이름을 인덱스로 사용한다.

```
>>> college_unique = college.set_index("INSTNM")
>>> college_unique.index.is_unique
True
```

5. 불리언 인덱싱으로 스탠포드 대학을 선택해보자. 다음 명령은 DataFrame을 반환한다는 점에 유의하자.

```
>>> college[college["INSTNM"] == "Stanford University"]
         INSTNM      CITY  ...  MD_EARN_WNE_P10  GRAD_DEBT_MDN_SUPP
4217  Stanford...  Stanford  ...          86000               12782
```

6. 인덱스 선택으로 스탠포드 대학을 선택해보자. 다음 명령의 결과는 Series라는 점에 유의하자.

```
>>> college_unique.loc["Stanford University"]
CITY                 Stanford
STABBR                     CA
HBCU                        0
MENONLY                     0
WOMENONLY                   0
                      ...
PCTPELL                0.1556
PCTFLOAN               0.1256
UG25ABV                0.0401
MD_EARN_WNE_P10         86000
GRAD_DEBT_MDN_SUPP      12782
Name: Stanford University, Length: 26, dtype: object
```

7. Series 대신 Dataframe을 원한다면 인덱스 값의 리스트를 `.loc`에 전달하면
   된다.

```
>>> college_unique.loc[["Stanford University"]]
          INSTNM       CITY  ...  MD_EARN_WNE_P10  GRAD_DEBT_MDN_
SUPP
4217  Stanford...  Stanford  ...            86000            12782
```

8. 둘 다 동일한 데이터를 사용하고 객체만 다를 뿐이다. 이제 각 방법의 시간
   을 측정해보자.

```
>>> %timeit college[college['INSTNM'] == 'Stanford University']
1.92 ms ± 396 µs per loop (mean ± std. dev. of 7 runs, 1000 loops each)

>>> %timeit college_unique.loc[['Stanford University']]
988 µs ± 122 µs per loop (mean ± std. dev. of 7 runs, 1000 loops each)
```

작동 원리

college2와 같이 인덱스가 정렬되지 않고 중복이 포함된 경우에 pandas는 인덱
스의 모든 단일 값을 확인해 올바른 선택을 해야 한다. college3과 같이 인덱스가
정렬되면 pandas는 검색 성능을 향상시키고자 이진 검색이라는 알고리즘을 활
용한다.

예제 후반부에서는 고유 열을 인덱스로 사용한다. pandas는 해시 테이블을 사용
해 고유한 인덱스를 구현하므로 더 빠른 선택이 가능하다. 각 인덱스 위치는 길이
에 관계없이 거의 같은 시간으로 조회할 수 있다.

추가 사항

불리언 선택은 여러 열을 조건으로 할 수 있기 때문에 인덱스 선택보다 훨씬 더 많은 유연성을 제공한다. 이 예제에서는 단일 열을 인덱스로 사용했다. 여러 열을 함께 연결해 인덱스를 형성할 수도 있다. 예를 들어 다음 코드에서는 인덱스를 도시와 주 열을 이어 붙인 것과 동일하게 설정했다.

```
>>> college.index = (
...    college["CITY"] + ", " + college["STABBR"]
... )
>>> college = college.sort_index()
>>> college.head()
                    INSTNM      CITY  ...  MD_EARN_WNE_P10  GRAD_DEBT_MDN_
SUPP
ARTESIA, CA     Angeles ...   ARTESIA  ...             NaN            16850
Aberdeen, SD    Presenta...  Aberdeen  ...           35900            25000
Aberdeen, SD    Northern...  Aberdeen  ...           33600            24847
Aberdeen, WA    Grays Ha...  Aberdeen  ...           27000            11490
Abilene, TX     Hardin-S...   Abilene  ...           38700            25864
```

이제 여기서부터 불리언 인덱싱 없이 특정 도시와 주의 조합에서 모든 대학을 선택할 수 있다. 플로리다주의 마이애미에 있는 모든 대학을 선택해보자.

```
>>> college.loc["Miami, FL"].head()
                    INSTNM    CITY  ...  MD_EARN_WNE_P10  GRAD_DEBT_MDN_SUPP
Miami, FL   New Prof...   Miami  ...           18700                8682
Miami, FL   Manageme...   Miami  ...        PrivacyS...            12182
Miami, FL   Strayer ...   Miami  ...           49200             36173.5
Miami, FL   Keiser U...   Miami  ...           29700               26063
Miami, FL   George T...   Miami  ...           38600          PrivacyS...
```

이 복합 인덱스 선택 속도를 불리언 인덱스와 비교해볼 수 있다. 거의 10여 배의 차이가 있다.

```
>>> %%timeit
>>> crit1 = college["CITY"] == "Miami"
>>> crit2 = college["STABBR"] == "FL"
>>> college[crit1 & crit2]
3.05 ms ± 66.4 µs per loop (mean ± std. dev. of 7 runs, 100 loops each)

>>> %timeit college.loc['Miami, FL']
369 µs ± 130 µs per loop (mean ± std. dev. of 7 runs, 1000 loops each)
```

▌ SQL WHERE 절 해석

많은 pandas 사용자는 SQL^{Structured Query Language}을 사용해 데이터베이스와 상호작용한 경험이 있을 것이다. SQL은 데이터베이스에 저장된 데이터를 정의하고 조작, 제어하는 표준이다.

SQL은 데이터 과학자가 알아야 할 중요한 언어다. 전 세계 많은 데이터는 SQL로 조작하는 데이터베이스에 저장된다. SQL 구문은 매우 간단하고 배우기 쉽다. 오라클^{Oracle}, 마이크로소프트^{Microsoft}, IBM 등 여러 회사에서 다양한 SQL을 구현하고 있다.

SQL SELECT문에서 WHERE 절은 매우 일반적이며 데이터를 필터링한다. 이 예제는 employee 데이터셋 중 특정 부분집합을 선택하는 SQL 쿼리와 동등한 pandas 코드를 작성한다.

경찰이나 소방서에서 근무하는 모든 여성 직원 중 기본 급여가 8만에서 12만 달러인 사람을 찾아내는 과제가 있다고 가정해보자.

다음 SQL 문장은 이 쿼리의 해답이다.

```
SELECT
    UNIQUE_ID,
    DEPARTMENT,
    GENDER,
    BASE_SALARY
FROM
    EMPLOYEE
WHERE
    DEPARTMENT IN ('Houston Police Department-HPD',
                   'Houston Fire Department (HFD)') AND
    GENDER = 'Female' AND
    BASE_SALARY BETWEEN 80000 AND 120000;
```

이 예제는 EMPLOYEE 데이터베이스의 덤프가 CSV 파일에 있고 pandas를 사용해 위 쿼리를 복제한다고 가정한다.

작동 방법

1. employee 데이터셋을 DataFrame에 읽어 들인다.

   ```
   >>> employee = pd.read_csv("data/employee.csv")
   ```

2. 데이터를 필터링하기 전에 필터에서 사용할 정확한 값을 알고자 필터링된 각 열을 수작업으로 조사해보면 도움이 된다.

   ```
   >>> employee.dtypes
   UNIQUE_ID           int64
   POSITION_TITLE      object
   DEPARTMENT          object
   ```

```
BASE_SALARY          float64
RACE                  object
EMPLOYMENT_TYPE       object
GENDER                object
EMPLOYMENT_STATUS     object
HIRE_DATE             object
JOB_DATE              object
dtype: object

>>> employee.DEPARTMENT.value_counts().head()
Houston Police Department-HPD        638
Houston Fire Department (HFD)        384
Public Works & Engineering-PWE       343
Health & Human Services              110
Houston Airport System (HAS)         106
Name: DEPARTMENT, dtype: int64

>>> employee.GENDER.value_counts()
Male      1397
Female     603
Name: GENDER, dtype: int64

>>> employee.BASE_SALARY.describe()
count      1886.000000
mean      55767.931601
std       21693.706679
min       24960.000000
25%       40170.000000
50%       54461.000000
75%       66614.000000
max      275000.000000
Name: BASE_SALARY, dtype: float64
```

3. 각 기준에 대해 단일 문장을 작성한다. .isin 메서드를 사용해 많은 값 중
   하나가 같은지 테스트한다.

```
>>> depts = [
...     "Houston Police Department-HPD",
...     "Houston Fire Department (HFD)",
... ]
>>> criteria_dept = employee.DEPARTMENT.isin(depts)
>>> criteria_gender = employee.GENDER == "Female"
>>> criteria_sal = (employee.BASE_SALARY >= 80000) & (
...     employee.BASE_SALARY <= 120000
... )
```

4. 모든 불리언 배열을 병합한다.

```
>>> criteria_final = (
...     criteria_dept & criteria_gender & criteria_sal
... )
```

5. 불리언 인덱싱을 사용해 최종 조건에 맞는 행만을 신택한다.

```
>>> select_columns = [
...     "UNIQUE_ID",
...     "DEPARTMENT",
...     "GENDER",
...     "BASE_SALARY",
... ]
>>> employee.loc[criteria_final, select_columns].head()
      UNIQUE_ID   DEPARTMENT   GENDER   BASE_SALARY
61           61   Houston ...  Female       96668.0
136         136   Houston ...  Female       81239.0
367         367   Houston ...  Female       86534.0
474         474   Houston ...  Female       91181.0
513         513   Houston ...  Female       81239.0
```

작동 원리

필터링을 수행하기 전에 필터링하려는 정확한 문자열 이름을 알아야 한다. .value_ counts 메서드는 정확한 문자열 이름과 문자열 값의 발생 횟수를 모두 얻을 수 있 는 한 가지 방법이다.

.isin 메서드는 SQL IN 연산자와 동일하며 유지하려는 모든 가능한 값 목록을 취 한다. 이 표현식을 복제하고자 일련의 OR 조건을 사용할 수도 있지만 효율적이지 도 않고 관용적이지도 않다.

급여 기준 criteria_sal은 두 개의 단순 부등식을 결합해 구성된다. 모든 기준은 pandas and 연산자 &와 결합돼 단일 불리언 배열을 필터로 생성한다.

추가 사항

많은 연산에서 pandas는 동일한 작업을 수행할 수 있는 다수의 방법을 갖고 있다. 앞의 예제에서 급여 기준은 두 개의 개별 불리언 표현식을 사용한다. SQL과 유사 하게 Series도 .between 메서드를 갖고 있으며 급여 기준은 다음과 같이 작성해도 동등하다. 가독성을 위해 하드 코드된 숫자에 밑줄을 계속 붙이기로 하자.

```pycon
''' {.sourceCode .pycon}
>>> criteria_sal = employee.BASE_SALARY.between(
...    80_000, 120_000
... )
'''
```

.isin의 또 다른 유용한 응용은 다른 pandas 문에 의해 자동으로 생성된 일련의 값을 제공하는 것이다. 이렇게 하면 리스트에 저장할 정확한 문자열 이름을 찾고 자 수동으로 조사하지 않아도 된다. 반대로 가장 자주 발생하는 상위 5개 부서의

행을 제외시키자.

```
>>> top_5_depts = employee.DEPARTMENT.value_counts().index[
...   :5
... ]
>>> criteria = ~employee.DEPARTMENT.isin(top_5_depts)
>>> employee[criteria]
      UNIQUE_ID POSITION_TITLE  ...   HIRE_DATE   JOB_DATE
0             0     ASSISTAN...  ...  2006-06-12  2012-10-13
1             1     LIBRARY ...  ...  2000-07-19  2010-09-18
4             4     ELECTRICIAN  ...  1989-06-19  1994-10-22
18           18     MAINTENA...  ...  2008-12-29  2008-12-29
32           32     SENIOR A...  ...  1991-02-11  2016-02-13
...         ...             ...  ...         ...         ...
1976       1976     SENIOR S...  ...  2015-07-20  2016-01-30
1983       1983     ADMINIST...  ...  2006-10-16  2006-10-16
1985       1985     TRUCK DR...  ...  2013-06-10  2015-08-01
1988       1988     SENIOR A...  ...  2013-01-23  2013-03-02
1990       1990     BUILDING...  ...  1995-10-14  2010-03-20
```

이 문장과 동일한 SQL문은 다음과 같다.

```
SELECT *
  FROM
      EMPLOYEE
  WHERE
      DEPARTMENT not in
      (
          SELECT
              DEPARTMENT
      FROM ( SELECT
          DEPARTMENT,
              COUNT(1) as CT
          FROM
```

```
            EMPLOYEE
    GROUP BY
            DEPARTMENT
    ORDER BY
            CT DESC
        LIMIT 5
    ) );
```

not 연산자(~)를 사용해 Series의 불리언 값을 역으로 만든 점에 주목하자.

▌쿼리 메서드를 사용한 불리언 인덱싱의 가독성 향상

불리언 인덱싱이 읽거나 쓰기에 가장 뛰어난 구문을 가진 것은 아니며, 특히 한 줄을 사용해 복잡한 필터를 작성하는 경우에는 더 그렇다. pandas는 DataFrame 쿼리 메서드를 통해 좀 더 명확성을 제공하는 대체 문자열 기반 구문을 갖고 있다.

이 예제는 'SQL WHERE 절 해석' 절의 예제를 복제하지만 이번에는 DataFrame의 .query 메서드를 활용한다. 여기서 목표는 8만에서 12만 달러 사이의 급여를 받는 경찰서나 소방서의 여성 직원을 선택하도록 데이터를 필터링하는 것이다.

작동 방법

1. employee 데이터를 읽은 다음 선택된 부서를 할당하고 열을 변수로 임포트한다.

```
>>> employee = pd.read_csv("data/employee.csv")
>>> depts = [
...     "Houston Police Department-HPD",
```

```
...      "Houston Fire Department (HFD)",
... ]
>>> select_columns = [
...      "UNIQUE_ID",
...      "DEPARTMENT",
...      "GENDER",
...      "BASE_SALARY",
... ]
```

2. 쿼리 문자열을 작성하고 메서드를 실행한다. .query 메서드는 여러 줄에
   걸쳐있는 삼중 인용 문자열을 좋아하지 않는다.

```
>>> qs = (
...      "DEPARTMENT in @depts "
...      " and GENDER == 'Female' "
...      " and 80000 <= BASE_SALARY <= 120000"
... )
>>> emp_filtered = employee.query(qs)
>>> emp_filtered[select_columns].head()
      UNIQUE_ID   DEPARTMENT   GENDER   BASE_SALARY
61           61   Houston ...  Female       96668.0
136         136   Houston ...  Female       81239.0
367         367   Houston ...  Female       86534.0
474         474   Houston ...  Female       91181.0
513         513   Houston ...  Female       81239.0
```

작동 원리

.query 메서드에 전달된 문자열은 pandas 코드보다 일반 영어에 가까워 보인다.
depts에서처럼 at 기호(@)를 사용해 파이썬 변수를 참조할 수 있다. 모든 Data
Frame 열 이름은 추가 인용부호 없이 이름을 참조해 쿼리 네임스페이스에서 사용

할 수 있다. Female처럼 문자열이 필요한 경우 내부 따옴표로 묶어야 한다.

쿼리 구문의 또 다른 멋진 기능은 and, or, not을 사용해 불리언 연산자를 결합하는 것이다.

추가 사항

부서 이름 목록을 수동으로 입력하는 대신 프로그래밍 방식으로 만들 수 있다. 예를 들어 상위 10개 부서의 구성원에 속하지 않는 모든 여성 직원을 빈도별로 찾으려면 다음 코드를 실행할 수 있다.

```
>>> top10_depts = (
...     employee.DEPARTMENT.value_counts()
...     .index[:10]
...     .tolist()
... )
>>> qs = "DEPARTMENT not in @top10_depts and GENDER == 'Female'"
>>> employee_filtered2 = employee.query(qs)
>>> employee_filtered2.head()
     UNIQUE_ID   POSITION_TITLE   ...    HIRE_DATE    JOB_DATE
0            0    ASSISTAN...     ...   2006-06-12  2012-10-13
73          73    ADMINIST...     ...   2011-12-19  2013-11-23
96          96    ASSISTAN...     ...   2013-06-10  2013-06-10
117        117    SENIOR A...     ...   1998-03-20  2012-07-21
146        146    SENIOR S...     ...   2014-03-17  2014-03-17
```

▌.where 메서드를 사용해 Series 크기 유지

불리언 배열을 사용하면 결과 Series나 DataFrame은 대개 더 작아진다. .where 메서드는 Series나 DataFrame의 크기를 그대로 유지하고 기준을 충족하지 않는 값은 결측치로 설정하거나 다른 것으로 대체한다. 이러한 모든 값을 삭제하는 대신 유지할 수도 있다.

이 기능을 other 매개변수와 결합하면 데이터베이스와 유사한 통합 기능을 작성할 수 있다.

이 예제에서는 .where 메서드 불리언 조건을 전달해 영화 데이터셋에서 배우 1에 대한 페이스북 '좋아요'의 최소 및 최대 수에 대한 상한과 하한을 설정하는 연산을 수행한다.

작동 방법

1. movie 데이터셋을 읽고 영화 제목을 인덱스로 설정한 다음 actor_1_facebook_likes 열의 값 중 결측치가 아닌 모든 값을 선택한다.

```
>>> movie = pd.read_csv(
...     "data/movie.csv", index_col="movie_title"
... )
>>> fb_likes = movie["actor_1_facebook_likes"].dropna()
>>> fb_likes.head()
movie_title
Avatar                                      1000.0
Pirates of the Caribbean: At World's End   40000.0
Spectre                                    11000.0
The Dark Knight Rises                      27000.0
Star Wars: Episode VII - The Force Awakens   131.0
Name: actor_1_facebook_likes, dtype: float64
```

2. .describe 메서드를 사용해 분포에 대해 알아보자.

```
>>> fb_likes.describe()
count     4909.000000
mean      6494.488491
std      15106.986884
min          0.000000
25%        607.000000
50%        982.000000
75%      11000.000000
max     640000.000000
Name: actor_1_facebook_likes, dtype: float64
```

3. 추가적으로 이 Series의 히스토그램을 도식화해 시각적으로 분포를 살펴
   볼 수 있다. 다음 코드는 plt.subplots를 호출해 그림 크기를 지정하지만
   일반적으로는 지정하지 않아도 된다.

```
>>> import matplotlib.pyplot as plt
>>> fig, ax = plt.subplots(figsize=(10, 8))
>>> fb_likes.hist(ax=ax)
>>> fig.savefig(
...     "c7-hist.png", dpi=300
... )
```

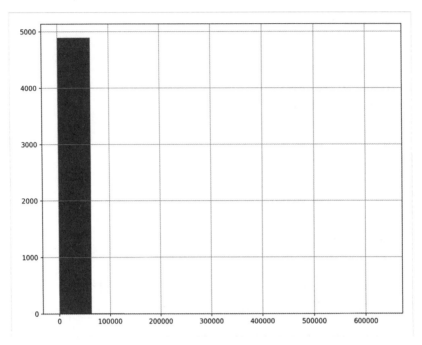

기본 pandas 히스토그램

4. 이 시각화로는 분포를 이해하기가 쉽지 않다. 반면에 **2**단계의 요약 통계는 데이터가 몇 개의 매우 큰(중앙값보다 10배 이상) 관측치로 인해 오른쪽으로 치우친 것으로 나타난다. '좋아요' 수가 20,000개 미만인지 테스트하는 기준을 작성해보자.

```
>>> criteria_high = fb_likes < 20_000
>>> criteria_high.mean().round(2)
0.91
```

5. 영화의 약 91%에서 배우 1은 20,000보다 적은 '좋아요'를 갖고 있다. 이제 불리언 배열을 허용하는 .where 메서드를 사용한다. 기본 동작은 원본과 동일한 크기를 가진 Series를 반환하지만 모든 False 위치는 결측치로 대체된다.

```
>>> fb_likes.where(criteria_high).head()
movie_title
Avatar                                            1000.0
Pirates of the Caribbean: At World's End            NaN
Spectre                                          11000.0
The Dark Knight Rises                               NaN
Star Wars: Episode VII - The Force Awakens        131.0
Name: actor_1_facebook_likes, dtype: float64
```

6. .where 메서드의 두 번째 매개변수인 other를 통해 대체할 값을 정할 수 있다. 여기서는 모든 결측치를 20,000으로 대체하자.

```
>>> fb_likes.where(criteria_high, other=20000).head()
movie_title
Avatar                                            1000.0
Pirates of the Caribbean: At World's End         20000.0
Spectre                                          11000.0
The Dark Knight Rises                            20000.0
Star Wars: Episode VII - The Force Awakens        131.0
Name: actor_1_facebook_likes, dtype: float64
```

7. 마찬가지로 최소 '좋아요' 수를 올림하기 위한 기준을 만들 수 있다. 여기서는 다른 .where 메서드를 연결하고 조건을 만족하지 않는 값은 300으로 바꾼다.

```
>>> criteria_low = fb_likes > 300
>>> fb_likes_cap = fb_likes.where(
...     criteria_high, other=20_000
... ).where(criteria_low, 300)
>>> fb_likes_cap.head()
movie_title
Avatar                                            1000.0
```

```
Pirates of the Caribbean: At World's End       20000.0
Spectre                                        11000.0
The Dark Knight Rises                          20000.0
Star Wars: Episode VII - The Force Awakens       131.0
Name: actor_1_facebook_likes, dtype: float64
```

8. 원시 Series나 수정된 Series의 크기는 동일하다.

```
>>> len(fb_likes), len(fb_likes_cap)
(4909, 4909)
```

9. 수정된 Series로 히스토그램을 만들어 보자. 좀 더 좁아진 범위로 인해 더 나은 도면이 돼야 한다.

```
>>> fig, ax = plt.subplots(figsize=(10, 8))
>>> fb_likes_cap.hist(ax=ax)
>>> fig.savefig(
...     "c7-hist2.png", dpi=300
... )
```

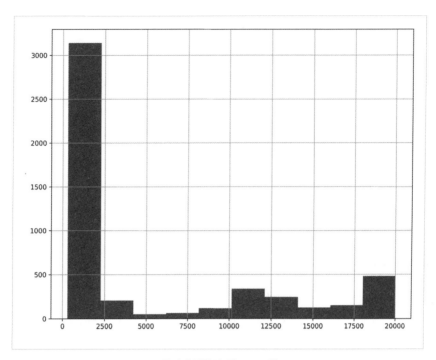

좁혀진 범위의 히스토 그램

작동 원리

.where 메서드 역시 호출 객체의 크기와 모양을 유지하며 전달된 불리언이 True인 값은 수정하지 않는다. .where 메서드는 후속 단계에서 결측치를 유효 값으로 대체하기 때문에 1단계에서 누락된 값을 삭제하는 과정이 중요했다.

2단계의 요약 통계량에서 데이터의 상한선을 두는 것이 적절할 수 있다는 점을 알수 있다. 반면에 3단계의 히스토그램은 모든 데이터를 하나의 구간으로 묶은 것으로 보인다. 데이터에 상당한 이상치가 포함돼 있어 일반 히스토그램이 좋은 도식을 만들기 힘들다. .where 메서드를 사용하면 데이터에 상한과 하한을 둘 수 있어편차가 적은 히스토그램을 생성한다.

추가 사항

사실 pandas에는 이러한 연산을 복제할 수 있는 .clip, .clip_lower, .clip_upper 라는 내장 메서드가 있다. .clip 메서드는 동시에 상한과 하한을 설정할 수 있다.

```
>>> fb_likes_cap2 = fb_likes.clip(lower=300, upper=20000)
>>> fb_likes_cap2.equals(fb_likes_cap)
True
```

▌ DataFrame 행 마스킹

.mask 메서드는 .where 메서드의 역을 수행한다. 기본적으로 불리언 조건이 True 인 경우에 결측치를 생성한다. 본질적으로 데이터셋의 값을 글자 그대로 마스킹 (숨기고)하고 있다.

이 예제에서는 2010년 이후에 만들어진 영화 데이터셋의 모든 행을 마스킹한 다음 누락된 값이 있는 모든 행을 필터링한다.

작동 방법

1. movie 데이터셋을 읽은 다음 영화 제목을 인덱스로 설정하고 조건을 생성한다.

```
>>> movie = pd.read_csv(
...     "data/movie.csv", index_col="movie_title"
... )
>>> c1 = movie["title_year"] >= 2010
>>> c2 = movie["title_year"].isna()
>>> criteria = c1 | c2
```

2. .mask 메서드를 DataFrame에 적용해 2010년 이전에 만들어진 영화의 행에 있는 모든 값을 제거한다. title_year에 원래 결측치가 있던 모든 영화도 마스킹된다.

```
>>> movie.mask(criteria).head()
                                                color ...
movie_title                                       ...
Avatar                                          Color ...
Pirates of the Caribbean: At World's End        Color ...
Spectre                                           NaN ...
The Dark Knight Rises                             NaN ...
Star Wars: Episode VII - The Force Awakens        NaN ...
```

3. 앞 DataFrame의 3, 4, 5번째 행의 모든 값이 모두 결측치임에 주목하자. .dropna 메서드를 체인시켜 결측치인 행을 제거한다.

```
>>> movie_mask = movie.mask(criteria).dropna(how="all")
>>> movie_mask.head()
                                                color ...
movie_title                                       ...
Avatar                                          Color ...
Pirates of the Caribbean: At World's End        Color ...
Spider-Man 3                                    Color ...
Harry Potter and the Half-Blood Prince          Color ...
Superman Returns                                Color ...
```

4. 3단계의 연산은 기본 불리언 인덱싱을 다소 복잡하게 한 것에 불과하다. 두 방법이 동일한 DataFrame을 생성하는지 비교해보자.

```
>>> movie_boolean = movie[movie["title_year"] < 2010]
>>> movie_mask.equals(movie_boolean)
```

```
False
```

5. .equals 메서드는 두 DataFrame이 같지 않다고 알려준다. 뭔가 잘못됐다. 우선 두 가지가 동일한 모양인지부터 확인해보자.

```
>>> movie_mask.shape == movie_boolean.shape
True
```

6. 이전 .mask 메서드를 사용했을 때 많은 결측치를 생성했다. 결측치 값은 float 데이터 형식이므로 이전에 결측치가 있던 integer 열은 모두 float 형식으로 변환됐다. .equals 메서드는 열의 형식이 다르면 두 값이 동일하더라도 False를 반환한다. 과연 이것 때문인지 데이터 형식이 동일한지 비교해보자.

```
>>> movie_mask.dtypes == movie_boolean.dtypes
color                       True
director_name               True
num_critic_for_reviews      True
duration                    True
director_facebook_likes     True
                           ...
title_year                  True
actor_2_facebook_likes      True
imdb_score                  True
aspect_ratio                True
movie_facebook_likes        False
Length: 27, dtype: bool
```

7. 두 개의 열이 동일한 데이터 형식을 갖고 있지 않다는 것을 알았다. pandas 에는 이러한 상황에 대한 대안이 있다. 개발자가 주로 사용하는 testing 모듈에는 assert_frame_equal 함수가 있어 데이터 형식의 동등성을 확인 하지 않고도 Series와 DataFrame의 동등성을 확인할 수 있다.

```
>>> from pandas.testing import assert_frame_equal
>>> assert_frame_equal(
...     movie_boolean, movie_mask, check_dtype=Fal se
... )
```

작동 원리

기본적으로 .mask 메서드는 불리언 배열에서 True인 행을 NaN으로 채운다. .mask 메서드의 첫 번째 매개변수는 불리언 배열이다. .mask 메서드는 DataFrame에서 호출되므로 조건이 True인 각 행의 모든 값이 missing으로 변경된다. 3단계는 이 마스크된 DataFrame을 사용해 모든 결측치가 포함된 행을 삭제한다. 4단계는 인 덱스 연산으로 동일한 절차를 수행하는 방법을 보여준다.

데이터 분석 중에는 지속적으로 결과를 검증하는 것이 중요하다. Series와 Data Frame의 동등성을 확인하는 것은 유효성 검사 중 한 가지다. 4단계의 처음 시도에 서는 예기치 않은 결과가 발생했다. 행과 열의 수를 동일하게 하거나 행과 열의 이름을 동일하게 하는 것과 같은 일부 기본 무결성 검사는 더 깊은 검사에 들어가 기 전에 확인하는 것이 좋다.

6단계는 두 Series의 데이터 형식을 비교한다. 여기에서 DataFrame이 동일하지 않 았던 이유가 밝혀진다. .equals 메서드는 값과 데이터 형식이 모두 동일한지 확인 한다. 7단계의 assert_frame_equal 함수에는 다양한 방법으로 동등성을 테스트할 수 있게 설정하는 많은 매개변수가 있다. assert_frame_equal 호출은 결과 출력이 별도로 없다. 이 메서드는 두 개의 DataFrame이 같으면 **None**을 반환하고 같지 않을 경우 오류를 발생시킨다.

추가 사항

마스킹과 결측치를 삭제하고 불리언 배열로 필터링하는 방법 간의 속도 차이를 비교해보자. 이 경우 필터링 속도가 10여 배 정도 빠르다.

```
>>> %timeit movie.mask(criteria).dropna(how='all')
11.2 ms ± 144 µs per loop (mean ± std. dev. of 7 runs, 100 loops each)

>>> %timeit movie[movie['title_year'] < 2010]
1.07 ms ± 34.9 µs per loop (mean ± std. dev. of 7 runs, 1000 loops each )
```

▌불리언, 정수 위치, 레이블을 사용해 선택

앞서 `.iloc`와 `.loc` 속성을 통해 다양한 데이터의 부분집합을 선택하는 방법에 관한 광범위한 예제를 다뤘다. 이 둘은 모두 정수 위치나 레이블로 행과 열을 동시에 선택한다.

이 예제에서는 `.iloc`와 `.loc` 속성을 사용해 행과 열을 모두 필터링한다.

작동 방법

1. movie 데이터셋을 읽은 다음 제목을 인덱스로 설정하고 상영 등급이 G이고 IMDB 점수가 4 미만인 모든 영화와 매칭되는 불리언 행렬을 생성한다.

```
>>> movie = pd.read_csv(
...     "data/movie.csv", index_col="movie_title"
... )
>>> c1 = movie["content_rating"] == "G"
>>> c2 = movie["imdb_score"] < 4
>>> criteria = c1 & c2
```

2. 이 조건을 .loc에 전달해 행을 필터링해보자.

```
>>> movie_loc = movie.loc[criteria]
>>> movie_loc.head()
                                  color ...    movie/likes
movie_title                             ...
The True Story of Puss'N Boots    Color ...          90
Doogal                            Color ...         346
Thomas and the Magic Railroad     Color ...         663
Barney's Great Adventure          Color ...         436
Justin Bieber: Never Say Never    Color ...       62000
```

3. DataFrame이 인덱스 연산자로 생성된 것과 정확히 동일한지 확인해보자.

```
>>> movie_loc.equals(movie[criteria])
True
```

4. 이제 .iloc 인덱서를 사용해 동일한 불리언 인덱싱을 해보자.

```
>>> movie_iloc = movie.iloc[criteria]
Traceback (most recent call last):
    ...
ValueError: iLocation based boolean indexing cannot use an
indexable as a mask
```

5. 인덱스 때문에 불리언 Series를 직접 사용할 수 없다는 것을 알게 됐다. 그러나 불리언 ndarray를 사용할 수 있다. 배열을 얻으려면 .to_numpy() 메서드를 쓰면 된다.

```
>>> movie_iloc = movie.iloc[criteria.to_numpy()]
>>> movie_iloc.equals(movie_loc)
True
```

6. 흔하지는 않지만 특정 열을 선택할 때 불리언 인덱싱을 쓰기도 한다. 여기서는 형식이 64비트 정수인 모든 열을 선택한다.

```
>>> criteria_col = movie.dtypes == np.int64
>>> criteria_col.head()
color                    False
director_name            False
num_critic_for_reviews   False
duration                 False
director_facebook_likes  False
dtype: bool

>>> movie.loc[:, criteria_col].head()
                num_voted_users  cast_total_facebook_likes  movie_
facebook_likes
movie_title
Avatar                   886204                       4834   33000
Pirates o...             471220                      48350       0
Spectre                  275868                      11700   85000
The Dark ...            1144337                     106759  164000
Star Wars...                  8                        143       0
```

7. criteria_col은 Series이므로 항상 인덱스를 갖기 때문에 .iloc와 작동하려면 기저 ndarray를 반드시 사용해야 한다. 다음 절차는 6단계와 동일한 결과를 생성한다.

```
>>> movie.iloc[:, criteria_col.to_numpy()].head()
             num_voted_users  cast_total_facebook_likes        movie_
facebook_likes
movie_title
Avatar                886204                        4834         33000
Pirates o...          471220                       48350             0
Spectre               275868                       11700         85000
The Dark ...         1144337                      106759        164000
Star Wars...               8                         143             0
```

8. .loc를 사용할 경우 행을 선택할 때 불리언 배열을 사용하고, 열을 선택할 때 레이블의 리스트를 사용할 수 있다. 행과 열 선택 사이에 쉼표를 사용해야 한다는 점을 잊지 말자. 행 선택 기준은 그대로 두고 content_rating, imdb_score, title_year, gross 열을 선택해보자.

```
>>> cols = [
...     "content_rating",
...     "imdb_score",
...     "title_year",
...     "gross",
... ]
>>> movie.loc[criteria, cols].sort_values("imdb_score")
             content_rating  imdb_score  title_year         gross
movie_title
Justin Bi...              G         1.6      2011.0    73000942.0
Sunday Sc...              G         2.5      2008.0           NaN
Doogal                   G         2.8      2006.0     7382993.0
Barney's ...              G         2.8      1998.0    11144518.0
```

```
The True ...           G          2.9        2009.0            NaN
Thomas an...           G          3.6        2000.0      15911333.0
```

9. .iloc를 사용해서도 동일한 연산을 할 수 있지만 열의 위치를 지정해야만
   한다.

```
>>> col_index = [movie.columns.get_loc(col) for col in cols]
>>> col_index
[20, 24, 22, 8]
>>> movie.iloc[criteria.to_numpy(), col_index].sort_values(
...     "imdb_score"
... )
             content_rating   imdb_score   title_year        gross
movie_title
Justin Bi...           G          1.6        2011.0     73000942.0
Sunday Sc...           G          2.5        2008.0            NaN
Doogal                 G          2.8        2006.0      7382993.0
Barney's ...           G          2.8        1998.0     11144518.0
The True ...           G          2.9        2009.0            NaN
Thomas an...           G          3.6        2000.  0 15911333.0
```

작동 원리

.iloc와 .loc 속성은 불리언 배열로 필터링하는 일부 기능을 지원한다(.iloc는
Series를 바로 전달할 수 없고 ndarray를 전달해야 한다는 점을 명심해야 한다). criteria
의 기저를 이루는 1차원 ndarray를 살펴보자.

```
>>> a = criteria.to_numpy()
>>> a[:5]
array([False, False, False, False, False])
```

```
>>> len(a), len(criteria)
(4916, 4916)
```

배열은 Series와 동일한 길이며 movie DataFrame과 같은 길이다. 불리언 배열의 정수 위치는 DataFrame의 정수 위치와 같으므로 필터링은 예상대로 수행된다. 이 배열들은 .loc 속성과도 작동하지만 .iloc에서도 늘 그런 것은 아니다.

6단계와 7단계는 행 대신 열로 필터링하는 것을 보여준다. 콜론(:)을 사용해 모든 행을 선택한다는 것을 지정한다. 콜론 다음의 쉼표가 행과 열 선택 지정을 분리해준다. 그러나 사실 정수 데이터 형식의 열을 선택하는 훨씬 쉬운 방법이 있는데, .select_dtypes 메서드를 사용하는 것이다.

```
>>> movie.select_dtypes(int)
                num_voted_users  cast_total_facebook_likes
movie_title
Avatar                   886204                       4834
Pirates o...             471220                      48350
Spectre                  275868                      11700
The Dark ...            1144337                     106759
Star Wars...                  8                        143
...                         ...                        ...
Signed Se...                629                       2283
The Follo...              73839                       1753
A Plague ...                 38                          0
Shanghai ...               1255                       2386
My Date w...               4285                        163
```

8단계와 9단계는 행과 열 선택을 동시에 하는 방법을 보여준다. 행은 불리언 배열을 통해 지정하고, 열은 열의 리스트를 통해 지정한다. 행과 열 선택 사이에는 쉼표를 사용한다. 9단계는 리스트에서 루프를 돌며 인덱스 메서드 .get_loc를 사용해 열 이름에 해당하는 열 위치를 찾는 것을 보여준다.

08

인덱스 정렬

▌소개

Series나 DataFrame을 병합하면 연산이 수행되기 전에 데이터의 각 차원이 각 축에 대해 자동으로 정렬^{align}된다. 이 묵시적 자동 정렬은 초보자에게는 혼동을 줄 수 있지만 파워 사용자에게는 유연성을 제공한다. 8장에서는 자동 정렬 기능을 활용하는 다양한 예제를 살펴보기 전에 인덱스 객체를 자세히 알아본다.

인덱스 객체 검사

앞서 설명한 것처럼 Series와 DataFrame의 각 축에는 값을 레이블하는 인덱스 객체가 있다. 다양한 형식의 인덱스 객체가 있지만 동작은 모두 같다. MultiIndex를 제외한 모든 인덱스 객체는 파이썬 집합과 NumPy ndarray의 기능을 결합한 1차원 데이터 구조다.

이 예제에서는 college 데이터셋의 열 인덱스를 살펴보고 그 기능 중 많은 부분을 알아본다.

작동 방법

1. college 데이터셋을 읽고 열 인덱스를 담을 columns 변수를 생성한다.

```
>>> import pandas as pd
>>> import numpy as np
Index Alignment
246
>>> college = pd.read_csv("data/college.csv")
>>> columns = college.columns
>>> columns
Index(['INSTNM', 'CITY', 'STABBR', 'HBCU', 'MENONLY', 'WOMENONLY',
       'RELAFFIL', 'SATVRMID', 'SATMTMID', 'DISTANCEONLY', 'UGDS',
       'UGDS_WHITE', 'UGDS_BLACK', 'UGDS_HISP', 'UGDS_ASIAN', 'UGDS_AIAN',
       'UGDS_NHPI', 'UGDS_2MOR', 'UGDS_NRA', 'UGDS_UNKN', 'PPTUG_EF',
       'CURROPER', 'PCTPELL', 'PCTFLOAN', 'UG25ABV', 'MD_EARN_WNE_P10',
       'GRAD_DEBT_MDN_SUPP'],
      dtype='object')
```

2. .values 속성을 사용해 기저 Numpy 배열에 접근한다.

```
>>> columns.values
array(['INSTNM', 'CITY', 'STABBR', 'HBCU', 'MENONLY', 'WOMENONLY',
       'RELAFFIL', 'SATVRMID', 'SATMTMID', 'DISTANCEONLY', 'UGDS',
       'UGDS_WHITE', 'UGDS_BLACK', 'UGDS_HISP', 'UGDS_ASIAN', 'UGDS_AIAN',
       'UGDS_NHPI', 'UGDS_2MOR', 'UGDS_NRA', 'UGDS_UNKN', 'PPTUG_EF',
       'CURROPER', 'PCTPELL', 'PCTFLOAN', 'UG25ABV', 'MD_EARN_WNE_P10',
       'GRAD_DEBT_MDN_SUPP'], dtype=object)
```

3. 스칼라, 리스트, 슬라이스로 위치에 따른 인덱스에서 아이템을 선택한다.

```
>>> columns[5]
'WOMENONLY'
>>> columns[[1, 8, 10]]
Index(['CITY', 'SATMTMID', 'UGDS'], dtype='object')
>>> columns[-7:-4]
Index(['PPTUG_EF', 'CURROPER', 'PCTPELL'], dtype='object')
```

4. 인덱스는 Series와 DataFrame의 여러 메서드를 공유한다.

```
>>> columns.min(), columns.max(), columns.isnull().sum()
('CITY', 'WOMENONLY', 0)
```

5. 인덱스 객체에는 기본 산술과 비교 연산자를 적용할 수 있다.

```
>>> columns + "_A"
Index(['INSTNM_A', 'CITY_A', 'STABBR_A', 'HBCU_A', 'MENONLY_A',
'WOMENONLY_A',
       'RELAFFIL_A', 'SATVRMID_A', 'SATMTMID_A', 'DISTANCEONLY_A', 'UGDS_A',
       'UGDS_WHITE_A', 'UGDS_BLACK_A', 'UGDS_HISP_A', 'UGDS_ASIAN_A',
       'UGDS_AIAN_A', 'UGDS_NHPI_A', 'UGDS_2MOR_A', 'UGDS_NRA_A',
       'UGDS_UNKN_A', 'PPTUG_EF_A', 'CURROPER_A', 'PCTPELL_A', 'PCTFLOAN_A',
       'UG25ABV_A', 'MD_EARN_WNE_P10_A', 'GRAD_DEBT_MDN_SUPP_A'],
```

```
dtype='object')
>>> columns > "G"
array([ True, False, True, True, True, True, True, True, True,
    False, True, True, True, True, True, True, True, True,
    True, True, True, False, True, True, True, True, True])
```

6. 인덱스를 생성한 후 값을 변경하려 시도한다면 실패한다. 인덱스는 변경 불가능한 객체다.

```
>>> columns[1] = "city"
Traceback (most recent call last):
    ...
TypeError: Index does not support mutable operations
```

작동 원리

여러 인덱스 객체 연산에서 볼 수 있듯이 Series, ndarray와 공통적인 부분이 많아 보인다. 가장 중요한 차이점 중 하나는 6단계다. 인덱스는 변경 불가이므로 일단 생성된 값은 바꿀 수 없다.

추가 사항

인덱스는 여러 집합 연산, 예컨대 합집합, 교집합, 차집합, 대칭 차집합을 지원한다.

```
>>> c1 = columns[:4]
>>> c1
Index(['INSTNM', 'CITY', 'STABBR', 'HBCU'], dtype='object')
```

```
>>> c2 = columns[2:6]
>>> c2
Index(['STABBR', 'HBCU', 'MENONLY', 'WOMENONLY'], dtype='object')

>>> c1.union(c2) # or 'c1 | c2'
Index(['CITY', 'HBCU', 'INSTNM', 'MENONLY', 'STABBR', 'WOMENONLY'],
dtype='object')

>>> c1.symmetric_difference(c2) # or 'c1 ^ c2'
Index(['CITY', 'INSTNM', 'MENONLY', 'WOMENONLY'], dtype='object')
```

인덱스는 파이썬 집합과 동일한 연산을 많이 갖고 있으며 또 다른 중요한 방법에서 파이썬 집합과 유사점을 가진다. 인덱스는 (일반적으로) 해시 테이블을 사용해 구현되므로 DataFrame에서 행이나 열을 선택할 때 매우 빠르게 접근할 수 있다. 값은 해시 가능해야 하므로 인덱스 객체의 값은 파이썬 딕셔너리의 키와 마찬가지로 문자열, 정수, 튜플과 같은 변경 불가immutable 형식이어야 한다.

인덱스는 중복 값을 지원하는데, 인덱스에 중복 값이 발생하면 더 이상 해시 테이블을 구현할 수 없으므로 객체 접근이 훨씬 느려진다.

▌ 카티션 곱 생성

Series나 DataFrame이 다른 Series나 DataFrame과 함께 연산할 때마다 각 객체의 인덱스(행 인덱스와 열 인덱스)는 연산을 시작하기 전에 먼저 정렬align된다. 이 인덱스 정렬은 묵시적으로 발생하며 pandas를 처음 접하는 사람에게는 매우 놀라운 일이다. 이 정렬 과정은 양쪽의 인덱스가 동일하지 않다면 항상 인덱스 간에 카티션cartesian 곱을 생성한다.

카티션 곱은 일반적으로 집합 이론에 등장하는 수학 용어다. 두 집합 사이의 카티션 곱이란 두 집합에서 쌍의 모든 조합이다. 예를 들어 표준 카드 덱에서 52장의 카드는 13개의 랭크(A, 2, 3, ..., Q, K)와 무늬 4벌 사이의 카티션 곱을 나타낸다.

카티션 곱의 생성이 항상 의도된 결과인 것은 아니지만 예상치 않은 결과를 피하려면 언제 발생하는지 방법과 시기를 알고 있어야 한다. 이 예제에서는 서로 겹치지만 동일하지는 않은 인덱스를 가진 두 개의 Series를 덧셈할 때 놀라운 결과를 얻는 것을 볼 수 있다. 또한 동일한 인덱스가 있는 경우에는 어떻게 되는지도 보여준다.

작동 방법

카티션 곱을 얻으려면 다음 단계를 따라 한다.

1. 서로 다른 인덱스를 갖지만 일부 동일한 값을 갖는 두 Series를 생성한다.

```
>>> s1 = pd.Series(index=list("aaab"), data=np.arange(4))
>>> s1
a    0
a    1
a    2
b    3
dtype: int64

>>> s2 = pd.Series(index=list("cababb"), data=np.arange(6))
>>> s2
c    0
a    1
b    2
a    3
b    4
b    5
dtype: int64
```

2. 두 Series를 더하고 카티션 곱을 생성한다. s1에 있는 각 인덱스 a에 대해 s2에 있는 모든 a를 더한다.

```
>>> s1 + s2
a      1.0
a      3.0
a      2.0
a      4.0
a      3.0
a      5.0
b      5.0
b      7.0
b      8.0
c      NaN
dtype: f loat64
```

작동 원리

s1의 각 a 레이블은 s2의 각 a 레이블과 쌍을 이룬다. 이 쌍의 결과로 Series에서는 6개의 a 레이블, 3개의 b 레이블, 1개의 c 레이블이 생성된다. 카티션 곱은 모든 동일한 인덱스 레이블 사이에서 발생한다.

레이블 c를 가진 원소는 Series s2에만 고유하므로 s1에 정렬할 레이블이 없으므로 pandas는 기본적으로 해당 값을 결측치로 설정한다. pandas는 기본적으로 인덱스 레이블이 한 객체에만 고유할 때는 항상 결측치로 설정한다. 이 때문에 각 Series는 오직 정수 값만 갖고 있음에도 불구하고 불행히도 Series의 데이터 형식이 부동소수점수로 변경되는 결과를 가져온다. 이는 NumPy의 결측치 객체 np.nan은 부동소수점수로만 존재하고 정수에는 없으므로 형식 변경이 발생했기 때문이다. Series와 DataFrame 열에는 동질의 숫자 데이터 형식이 있어야 한다. 따라서 열의 각 값은 부동소수점수로 변환됐다. 예제에서 작은 데이터셋의 경우 형식의 변경은 별 차이가 없지만 큰 데이터셋의 경우 메모리에 크게 영향을 줄 수 있다.

추가 사항

인덱스가 고유하거나 둘 다 정확히 동일한 요소와 순서를 가질 경우 카티션 곱은 생성되지 않는다. 인덱스 값이 고유하거나 인덱스가 같고 순서가 같으면 카티션 곱이 생성되지 않고 대신 인덱스가 해당 위치에 따라 정렬된다. 여기서 각 요소는 위치에 따라 정확하게 정렬되고 데이터 형식은 정수로 유지된다.

```
>>> s1 = pd.Series(index=list("aaabb"), data=np.arange(5))
>>> s2 = pd.Series(index=list("aaabb"), data=np.arange(5))
>>> s1 + s2
a    0
a    2
a    4
b    6
b    8
dtype: int64
```

인덱스의 요소는 동일하지만 Series 간에 순서가 다른 경우 카티션 곱이 생성된다. s2에서 인덱스 순서를 변경하고 동일한 작업을 다시 실행해보자.

```
>>> s1 = pd.Series(index=list("aaabb"), data=np.arange(5))
>>> s2 = pd.Series(index=list("bbaaa"), data=np.arange(5))
>>> s1 + s2
a    2
a    3
a    4
a    3
a    4
    ..
```

```
a    6
b    3
b    4
b    4
b    5
Length: 13, dtype: int64
```

pandas가 동일한 작업에 대해 크게 다른 두 가지 결과를 생성했음에 유의하라. 이런 일이 발생할 수 있는 또 다른 경우는 groupby 작업 중이다. 여러 열로 groupby 연산을 하거나 열 중 하나가 categorical 형식인 경우 각 외부 인덱스가 모든 내부 인덱스와 쌍을 이루는 카티션 곱이 생성된다.

마지막으로 인덱스 값은 다른 순서로 돼 있지만 중복 값은 없는 두 개의 Series를 덧셈해본다. 이 덧셈에서는 카티션 곱이 생성되지 않는다.

```
>>> s3 = pd.Series(index=list("ab"), data=np.arange(2))
>>> s4 = pd.Series(index=list("ba"), data=np.arange(2))
>>> s3 + s4
a    1
b    1
dtype: int64
```

이 예제에서 각 Series는 다른 개수의 원소를 가진다. 일반적으로 파이썬이나 기타 언어에서 배열 형식의 데이터 구조는 연산 차원이 서로 동일한 원소를 갖지 않는 다면 작업이 수행되지 않는다. pandas에서는 작업을 수행하기 전에 먼저 인덱스를 정렬해 이 연산을 수행한다.

7장에서는 열을 인덱스로 설정한 다음 필터로 사용할 수 있음을 보여줬다. 내가 선호하는 방식은 인덱스를 그대로 두고 열에 대해 필터링하는 것이다. 이 절에서는 인덱스를 사용할 때 주의해야 할 또 다른 경우의 예제를 보여준다.

▌인덱스 폭발

이전의 예제는 인덱스가 다른 두 개의 작은 Series를 덧셈하는 간단한 예를 살펴봤다. 이번 예제는 '금지 예제'에 가깝다. 인덱스 정렬을 통한 카티션 곱은 많은 양의 데이터를 처리할 때 경우에 따라 어이없는 잘못된 결과를 생성할 수 있다.

이 예제에서는 몇 개의 고유한 값을 갖지만 다른 순서로 인덱스돼 있는 두 개의 더 큰 Series를 덧셈해본다. 그 결과는 인덱스 값 개수의 폭발적 증가다.

작동 방법

1. employee 데이터를 읽고 인덱스를 RACE 열로 설정한다.

```
>>> employee = pd.read_csv(
...     "data/employee.csv", index_col="RACE"
... )
>>> employee.head()
              UNIQUE_ID   POSITION_TITLE  ...    HIRE_DATE    JOB_DATE
RACE ...
Hispanic/...         0   ASSISTAN...  ...   2006-06-12   2012-10-13
Hispanic/...         1   LIBRARY ...  ...   2000-07-19   2010-09-18
White                2   POLICE O...  ...   2015-02-03   2015-02-03
White                3   ENGINEER...  ...   1982-02-08   1991-05-25
White                4   ELECTRICIAN  ...   1989-06-19   1994-10-22
```

2. BASE_SALARY 열을 두 개의 서로 다른 Series로 선택한다. 이 연산이 두 개의 새로운 객체를 생성했는지 확인해본다.

```
>>> salary1 = employee["BASE_SALARY"]
>>> salary2 = employee["BASE_SALARY"]
>>> salary1 is salary2
```

```
True
```

3. salary1과 salary2 변수는 동일한 객체를 참조한다. 즉, 어느 한쪽 객체의
   값을 변경하면 다른 쪽도 바뀐다는 의미다. 새로운 데이터를 복제하고자
   `.copy` 메서드를 사용하자.

```
>>> salary2 = employee["BASE_SALARY"].copy()
>>> salary1 is salary2
False
```

4. Series 중 하나를 정렬해 순서를 바꿔보자.

```
>>> salary1 = salary1.sort_index()
>>> salary1.head()
RACE
American Indian or Alaskan Native      78355.0
American Indian or Alaskan Native      26125.0
American Indian or Alaskan Native      98536.0
American Indian or Alaskan Native          NaN
American Indian or Alaskan Native      55461.0
Name: BASE_SALARY, dtype: float64

>>> salary2.head()
RACE
Hispanic/Latino   121862.0
Hispanic/Latino    26125.0
White              45279.0
White              63166.0
White              56347.0
Name: BASE_SALARY, dtype: float64
```

5. 이 급여 Series를 서로 더해보자.

```
>>> salary_add = salary1 + salary2
>>> salary_add.head()
RACE
American Indian or Alaskan Native     138702.0
American Indian or Alaskan Native     156710.0
American Indian or Alaskan Native     176891.0
American Indian or Alaskan Native     159594.0
American Indian or Alaskan Native     127734.0
Name: BASE_SALARY, dtype: float64
```

6. 연산은 성공적으로 끝이 났다. **salary1** Series를 하나 이상 더 생성해서 스스로와 덧셈한 다음 각 Series의 길이를 출력해보자. 지금 2,000개 인덱스를 1백만 개로 폭발시켰다.

```
>>> salary_add1 = salary1 + salary1
>>> len(salary1), len(salary2), len(salary_add), len(
...     salary_add1
... )
(2000, 2000, 11 75424, 2000)
```

작동 원리

2단계는 처음에 두 개의 고유한 객체를 생성한 것으로 보이지만 실제로는 동일 객체가 두 개의 다른 변수 이름으로 참조되는 경우다. 표현식 employee ['BASE_SALARY']는 기술적으로 새로운 사본이 아닌 뷰^{view}를 생성한다. is 연산자를 사용해보면 이 사실을 검증할 수 있다.

pandas에서 뷰는 새 객체가 아니라 다른 객체의 참조로, 대개 DataFrame의 부분집합이다. 이 공유 객체는 많은 문제를 야기할 수 있다.

변수가 완전히 다른 객체를 참조하게 하고자 .copy 메서드를 사용한 다음 is 연산자를 사용해 다른 객체인지 확인한다. 4단계는 .sort_index 메서드를 사용해 Series를 인종별로 정렬한다. 이 Series는 동일한 인덱스 항목을 갖지만 이제는 salary1과 다른 순서로 돼 있다는 점에 주목하자. 5단계에서는 이 다른 Series를 더해 합계를 생성한다. 앞부분만 봐서는 생성된 내용이 아직 명확하지 않다.

6단계는 salary1을 자신과 덧셈해 두 개의 다른 Series 덧셈 간의 비교를 보여준다. 이 예제에서 모든 Series의 길이가 출력됐으며 salary_add가 이제 100만 개 이상의 값으로 폭발한 것을 알 수 있다. 인덱스가 고유하지 않고 동일한 순서로 돼 있기 때문에 카티션 곱이 발생했다. 이 예제는 인덱스가 다를 때 발생하는 상황에 대한 좀 더 극적인 예를 보여준다.

추가 사항

약간의 수학을 통해 salary_add 값의 개수를 확인할 수 있다. 카티션 곱은 동일한 인덱스 값 사이 모두에서 발생하므로 개수의 제곱을 계산할 수 있다. 인덱스의 결측치조차 카티션 곱을 생산한다.

```
>>> index_vc = salary1.index.value_counts(dropna=False)
>>> index_vc
Black or African American           700
White                               665
Hispanic/Latino                     480
Asian/Pacific Islander              107
NaN                                  35
American Indian or Alaskan Native    11
Others                                2
Name: RACE, dtype: int64
```

▌동일하지 않은 인덱스로 값 채우기

덧셈 연산자를 사용해 두 Series를 함께 더할 때 인덱스 레이블 중 하나가 다른 Series의 레이블에 나타나지 않으면 결과 값은 항상 결측치가 된다. pandas에는 .add 메서드가 있어 결측치를 다른 값으로 채울 수 있는 옵션을 제공한다. 이 Series는 중복 항목을 포함하지 않으므로 카티션 곱이 항목 수를 폭발적으로 늘릴 걱정은 할 필요가 없다.

이 예제에서는 동등하지 않은(그러나 고유한) 인덱스를 가진 baseball 데이터셋의 Series를 함께 덧셈하되 .add 메서드의 fill_value 매개변수를 사용해 결과 값에 결측치가 없게 한다.

작동 방법

1. 3개의 baseball 데이터셋을 읽고 playerID를 인덱스로 설정한다.

```
>>> baseball_14 = pd.read_csv(
...     "data/baseball14.csv", index_col="playerID"
... )
>>> baseball_15 = pd.read_csv(
...     "data/baseball15.csv", index_col="playerID"
... )
>>> baseball_16 = pd.read_csv(
...     "data/baseball16.csv", index_col="playerID"
... )
>>> baseball_14.head()
          yearID  stint  teamID  lgID ...  HBP   SH   SF  GIDP
playerID          ...
altuvjo01   2014      1    HOU     AL ...  5.0  1.0  5.0  20.0
cartech02   2014      1    HOU     AL ...  5.0  0.0  4.0  12.0
castrja01   2014      1    HOU     AL ...  9.0  1.0  3.0  11.0
```

```
corpoca01    2014    1    HOU    AL ... 3.0  1.0  2.0   3.0
dominma01    2014    1    HOU    AL ... 5.0  2.0  7.0  23.0
```

2. 인덱스에 .difference 메서드를 사용해 어떤 인덱스 레이블이 baseball_14
   에는 있지만 baseball_15에는 없는지 혹은 그 반대인지 알아본다.

```
>>> baseball_14.index.difference(baseball_15.index)
Index(['corpoca01', 'dominma01', 'fowlede01', 'grossro01', 'guzmaje01',
    'hoeslj01', 'krausma01', 'preslal01', 'singljo02'],
    dtype='object', name='playerID')

>>> baseball_15.index.difference(baseball_14.index)
Index(['congeha01', 'correca01', 'gattiev01', 'gomezca01', 'lowrije01',
    'rasmuco01', 'tuckepr01', 'valbulu01'],
    dtype='object', name='playerID')
```

3. 각 인덱스에 고유한 선수가 꽤 있다. 3개년 동안 각 선수가 몇 개의 안타를
   기록했는지 살펴보자. H 열에 안타의 개수가 들어있다.

```
>>> hits_14 = baseball_14["H"]
>>> hits_15 = baseball_15["H"]
>>> hits_16 = baseball_16["H"]
>>> hits_14.head()
playerID
altuvjo01    225
cartech02    115
castrja01    103
corpoca01     40
dominma01    121
Name: H, dtype: int64
```

4. 먼저 덧셈 연산자를 사용해 두 Series를 더해보자.

```
>>> (hits_14 + hits_15).head()
playerID
altuvjo01    425.0
cartech02    193.0
castrja01    174.0
congeha01     NaN
corpoca01     NaN
Name: H, dtype: float64
```

5. congeha01과 corpoca01이 2015년도의 값을 갖고 있지만 결과는 결측치가 됐다. .add 메서드와 fill_value 매개변수를 사용해 결측치가 생기지 않게 해보자.

```
>>> hits_14.add(hits_15, fill_value=0).head()
playerID
altuvjo01    425.0
cartech02    193.0
castrja01    174.0
congeha01     46.0
corpoca01     40.0
Name: H, dtype: float64
```

6. add 메서드를 한 번 더 체인시켜 2016년부터의 안타 개수를 더해보자.

```
>>> hits_total = hits_14.add(hits_15, fill_value=0).add(
...    hits_16, fill_value=0
... )
>>> hits_total.head()
playerID
altuvjo01    641.0
```

```
bregmal01       53.0
cartech02      193.0
castrja01      243.0
congeha01       46.0
Name: H, dtype: float64
```

7. 결과에서 결측치를 살펴보자.

```
>>> hits_ total.hasnans
False
```

작동 원리

.add 메서드는 덧셈 연산자와 유사한 방식으로 작동하지만 불일치된 인덱스를 대체하고자 fill_value 매개변수를 제공하므로 유연성을 높일 수 있다. 이 문제에서는 일치하지 않는 인덱스의 기본값을 0으로 설정하는 것이 좋지만 다른 숫자를 사용할 수도 있다.

각 Series에서 인덱스 레이블 자체에 결측치가 포함된 경우가 있다. 이 특별한 경우에는 두 Series가 더해질 때 fill_value 매개변수의 사용 여부에 관계없이 인덱스 레이블은 여전히 결측치에 해당한다. 이를 명확히 하고자 인덱스 레이블 a가 각 계열의 결측치에 해당하는 다음 예를 살펴보자.

```
>>> s = pd.Series(
...     index=["a", "b", "c", "d"],
...     data=[np.nan, 3, np.nan, 1],
... )
>>> s
a      NaN
```

```
b    3.0
c    NaN
d    1.0
dtype: float64

>>> s1 = pd.Series(
...    index=["a", "b", "c"], data=[np.nan, 6, 10]
... )
>>> s1
a    NaN
b    6.0
c    10.0
dtype: float64

>>> s.add(s1, fill_value=5)
a    NaN
b    9.0
c    15.0
d    6.0
dtype: float64
```

추가 사항

이 예제는 단일 인덱스를 가진 Series를 덧셈하는 방법을 보여준다. DataFrame을 함께 더할 수도 있다. 두 개의 DataFrame을 함께 덧셈하면 계산 전에 인덱스와 열을 정렬하고 일치하지 않는 인덱스에는 결측치를 삽입한다. 2014년 baseball 데이터셋에서 몇 개의 열을 선택해 계산해보자.

```
>>> df_14 = baseball_14[["G", "AB", "R", "H"]]
>>> df_14.head()
            G    AB    R    H
playerID
```

```
altuvjo01    158    660    85    225
cartech02    145    507    68    115
castrja01    126    465    43    103
corpoca01     55    170    22     40
dominma01    157    564    51    121
```

2015년 baseball 데이터셋에서도 열 중 일부는 앞과 동일하고 일부는 다르게 선택
해보자.

```
>>> df_15 = baseball_15[["AB", "R", "H", "HR"]]
>>> df_15.head()
            AB     R     H    HR
playerID
altuvjo01   638    86   200    15
cartech02   391    50    78    24
castrja01   337    38    71    11
congeha01   201    25    46    11
correca01   387    52   108    22
```

두 개의 DataFrame을 함께 더하면 행이나 열 레이블을 정렬할 수 없는 경우 결측
치가 생성된다. .style 속성을 사용하고 .highlight_null 메서드를 호출해 결측
치 위치를 확인할 수 있다.

```
(df_14 + df_15).head(10).style.highlight_null('yellow')
```

	AB	G	H	HR	R
playerID					
altuvjo01	1298	nan	425	nan	171
cartech02	898	nan	193	nan	118
castrja01	802	nan	174	nan	81
congeha01	nan	nan	nan	nan	nan
corpoca01	nan	nan	nan	nan	nan
correca01	nan	nan	nan	nan	nan
dominma01	nan	nan	nan	nan	nan
fowlede01	nan	nan	nan	nan	nan
gattiev01	nan	nan	nan	nan	nan
gomezca01	nan	nan	nan	nan	nan

덧셈 연산자를 사용할 때 결측치를 부각시킨다.

두 DataFrame 모두에서 `playerID`가 나타나는 행만 사용할 수 있다. 마찬가지로 열 AB, H, R만 두 DataFrame에 모두 나타난다. `fill_value` 매개변수가 지정된 `.add` 메서드를 사용하더라도 여전히 결측치가 있을 수 있다. 이는 행과 열의 일부 조합은 입력 데이터에 존재하지 않기 때문이다. 예를 들어 `playerID` congeha01과 열 G의 교차점 같은 부분이다. 해당 선수는 G 열이 없는 2015 데이터셋에만 나타났기 때문에 해당 값이 누락됐다.

```
(df_14
    .add(df_15, fill_value=0)
    .head(10)
    .style.highlight_null('yellow')
)
```

playerID	AB	G	H	HR	R
altuvjo01	1298	158	425	15	171
cartech02	898	145	193	24	118
castrja01	802	126	174	11	81
congeha01	201	nan	46	11	25
corpoca01	170	55	40	nan	22
correca01	387	nan	108	22	52
dominma01	564	157	121	nan	51
fowlede01	434	116	120	nan	61
gattiev01	566	nan	139	27	66
gomezca01	149	nan	36	4	19

.add 메서드를 사용할 때 결측치를 부각시킨다.

▌다른 DataFrame의 열 더하기

모든 DataFrame에는 새로운 열을 추가할 수 있다. 그러나 늘 그렇듯 DataFrame이 다른 DataFrame이나 Series에서 새 열을 추가할 때마다 인덱스가 먼저 정렬된 다음 새 열이 생성된다.

이 예제는 employee 데이터셋을 사용해 해당 직원이 소속된 부서의 최대 급여를 기록한 새로운 열을 추가한다.

작동 방법

1. employee 데이터셋을 임포트한 다음 새로운 DataFrame에 DEPARTMENT와 BASE_SALARY 열을 선택한다.

```
>>> employee = pd.read_csv("data/employee.csv")
>>> dept_sal = employee[["DEPARTMENT", "BASE_SALARY"]]
```

2. 이 더 작은 DataFrame을 각각 부서별로 급여 순서대로 정렬한다.

```
>>> dept_sal = dept_sal.sort_values(
...     ["DEPARTMENT", "BASE_SALARY"],
...     ascending=[True, False],
... )
```

3. .drop_duplicates 메서드를 사용해 각 DEPARTMENT의 첫 행을 유지한다.

```
>>> max_dept_sal = dept_sal.drop_duplicates(
...     subset="DEPARTMENT"
... )
>>> max_dept_sal.head()
        DEPARTMENT   BASE_SALARY

                          DEPARTMENT   BASE_SALARY
1494    Admn. & Regulatory Affairs      140416.0
149          City Controller's Office    64251.0
236                      City Council   100000.0
647     Convention and Entertainment     38397.0
1500      Dept of Neighborhoods (DON)     89221.0
```

4. 각 DataFrame의 인덱스에 DEPARTMENT 열을 넣는다.

```
>>> max_dept_sal = max_dept_sal.set_index("DEPARTMENT")
>>> employee = employee.set_index("DEPARTMENT")
```

5. 이제 인덱스가 매칭되는 값을 가지므로 직원 DataFrame에 새로운 열을 넣을 수 있다.

```
>>> employee = employee.assign(
...     MAX_DEPT_SALARY=max_dept_sal["BASE_SALARY"]
... )
>>> employee
                               UNIQUE_ID ...    MAX_D/ALARY
DEPARTMENT                               ...
Municipal Courts Department        0 ...      121862.0
Library                            1 ...      107763.0
Houston Police Department-HPD      2 ...      199596.0
Houston Fire Department (HFD)      3 ...      210588.0
General Services Department        4 ...       89194.0
...                              ... ...          ...
Houston Police Department-HPD   1995 ...      199596.0
Houston Fire Department (HFD)   1996 ...      210588.0
Houston Police Department-HPD   1997 ...      199596.0
Houston Police Department-HPD   1998 ...      199596.0
Houston Fire Department (HFD)   1999 ...      210588.0
```

6. 결과를 query 메서드로 검증해 BASE_SALARY가 MAX_DEPT_SALARY보다 높은 행이 존재하는지 검사해볼 수 있다.

```
>>> employee.query("BASE_SALARY > MAX_DEPT_SALARY")
Empty DataFrame
Columns: [UNIQUE_ID, POSITION_TITLE, BASE_SALARY, RACE,
EMPLOYMENT_TYPE, GENDER, EMPLOYMENT_STATUS, HIRE_DATE, JOB_DATE,
MAX_DEPT_SALARY]
```

```
Index: []
```

7. 체인을 사용해 코드를 재구성해보자.

```
>>> employee = pd.read_csv("data/employee.csv")
>>> max_dept_sal = (
...     employee
...     [["DEPARTMENT", "BASE_SALARY"]]
...     .sort_values(
...         ["DEPARTMENT", "BASE_SALARY"],
...         ascending=[True, False],
...     )
...     .drop_duplicates(subset="DEPARTMENT")
...     .set_index("DEPARTMENT")
... )
>>> (
...     employee
...     .set_index("DEPARTMENT")
...     .assign(
...         MAX_DEPT_SALARY=max_dept_sal["BASE_SALARY"]
...     )
... )
              UNIQUE_ID  POSITION_TITLE ...  JOB_DATE  MAX_DEPT_SALARY
DEPARTMENT               ...
Municipal...          0  ASSISTAN... ...  2012-10-13       121862.0
Library               1  LIBRARY ...  ...  2010-09-18       107763.0
Houston P...          2  POLICE O... ...  2015-02-03       199596.0
Houston F...          3  ENGINEER... ...  1991-05-25       210588.0
General S...          4  ELECTRICIAN  ...  1994-10-22        89194.0
...                 ...         ...  ...       ...            ...
Houston P...       1995  POLICE O... ...  2015-06-09       199596.0
Houston F...       1996  COMMUNIC... ...  2013-10-06       210588.0
Houston P...       1997  POLICE O... ...  2015-10-13       199596.0
Houston P...       1998  POLICE O... ...  2011-07-02       199596.0
```

| Houston F... | 1999 | FIRE FIG... | ... | 2010-07-12 | 2105 88.0 |

작동 원리

2단계와 3단계는 각 부서의 최대 급여를 찾는다. 자동 인덱스 정렬이 제대로 작동하게 하려고 각 DataFrame 인덱스를 부서로 설정했다. 5단계는 왼쪽 DataFrame(employee)의 각 행 인덱스가 오른쪽 DataFrame(max_dept_sal)의 인덱스 중 하나와만 정렬되므로 작동한다. max_dept_sal의 인덱스에 중복된 부서가 있었다면 카티션 곱이 생성됐을 것이다.

예를 들어 등식 우변의 반복된 인덱스 값을 가진 DataFrame을 사용하면 어떤 일이 발생하는지 살펴보자. .sample DataFrame 메서드를 사용해 복원 없이 10개의 행을 임의로 선택하자.

```
>>> random_salary = dept_sal.sample(
...     n=10, random_state=42
... ).set_index("DEPARTMENT")
>>> random_salary
                                     BASE_SALARY
DEPARTMENT
Public Works & Engineering-PWE          34861.0
Houston Airport System (HAS)            29286.0
Houston Police Department-HPD           31907.0
Houston Police Department-HPD           66614.0
Houston Police Department-HPD           42000.0
Houston Police Department-HPD           43443.0
Houston Police Department-HPD           66614.0
Public Works & Engineering-PWE          52582.0
Finance                                 93168.0
Houston Police Department-HPD           35318.0
```

인덱스에 여러 부서가 반복돼 있음에 주목하자. 새 열을 생성할 때 중복이 있으면 오류가 발생한다. 직원 DataFrame에서 적어도 하나 이상의 인덱스 레이블이 random_salary의 둘 이상의 인덱스 레이블과 결합됐다.

추가 사항

정렬하는 동안 DataFrame 인덱스가 정렬할 항목이 없으면 결괏값이 누락된다. 이런 일이 발생하는 예를 만들어 보자. max_dept_sal Series의 처음 세 행만 사용해 새 열을 만든다.

```
>>> (
...     employee
...     .set_index("DEPARTMENT")
...     .assign(
...         MAX_SALARY2=max_dept_sal["BASE_SALARY"].head(3)
...     )
...     .MAX_SALARY2
...     .value_counts(dropna=False)
... )
NaN         1955
140416.0      29
100000.0      11
64251.0        5
Name: MAX_SALARY2, dtype: int64
```

이 연산은 성공적으로 완료됐지만 3개 부서의 급여로만 채워졌다. max_dept_sal Series의 처음 3개 행에 나타나지 않은 다른 모든 부서는 결측치를 가진다.

내가 선호하는 방식은 7단계의 코드 대신 다음 코드를 사용하는 것이다. 이 코드는 .transform 메서드와 결합된 .groupby 메서드를 사용한다. 이 메서드는 9장에서 설명한다. 이 코드는 내게 훨씬 깔끔하게 읽힌다. 더 짧은 데다 인덱스를 다시 할당하는 번거로움도 없다.

```
>>> max_sal = (
...    employee
...    .groupby("DEPARTMENT")
...    .BASE_SALARY
...    .transform("max")
... )

>>> (employee.assign(MAX_DEPT_SALARY=max_sal))
      UNIQUE_ID   POSITION_TITLE  ...     JOB_DATE   MAX_DEPT_SALARY
0             0       ASSISTAN...  ...   2012-10-13          121862.0
1             1       LIBRARY ...  ...   2010-09-18          107763.0
2             2       POLICE O...  ...   2015-02-03          199596.0
3             3       ENGINEER...  ...   1991-05-25          210588.0
4             4       ELECTRICIAN  ...   1994-10-22           89194.0
...         ...              ...  ...          ...               ...
1995       1995       POLICE O...  ...   2015-06-09          199596.0
1996       1996       COMMUNIC...  ...   2013-10-06          210588.0
1997       1997       POLICE O...  ...   2015-10-13          199596.0
1998       1998       POLICE O...  ...   2011-07-02          199596.0
1999       1999       FIRE FIG...  ...   2010-07-12          210588.0
```

이 작업은 .transform이 원래 인덱스를 유지하기 때문에 작동한다. 새로운 인덱스를 작성하는 .groupby를 수행한 경우 .merge 메서드를 사용해 데이터를 병합할수 있다. 왼쪽의 DEPARTMENT와 오른쪽의 인덱스를 병합하도록 지시하면 된다.

```
>>> max_sal = (
...    employee
...    .groupby("DEPARTMENT")
...    .BASE_SALARY
...    .max()
... )
```

```
>>> (
...    employee.merge(
...        max_sal.rename("MAX_DEPT_SALARY"),
...        how="left",
...        left_on="DEPARTMENT",
...        right_index=True,
...    )
... )
     UNIQUE_ID  POSITION_TITLE  ...    JOB_DATE  MAX_DEPT_SALARY
0            0     ASSISTAN...   ...  2012-10-13        121862.0
1            1     LIBRARY ...   ...  2010-09-18        107763.0
2            2     POLICE O...   ...  2015-02-03        199596.0
3            3     ENGINEER...   ...  1991-05-25        210588.0
4            4     ELECTRICIAN   ...  1994-10-22         89194.0
...        ...            ...   ...         ...             ...
1995      1995     POLICE O...   ...  2015-06-09        199596.0
1996      1996     COMMUNIC...   ...  2013-10-06        210588.0
1997      1997     POLICE O...   ...  2015-10-13        199596.0
1998      1998     POLICE O...   ...  2011-07-02        199596.0
1999      1999     FIRE FIG...   ...  2010-07-12        210588.0
```

각 열의 최댓값 강조

college 데이터셋에는 각 학교의 다양한 척도를 설명하는 많은 숫자 열이 있다. 많은 사람은 특정 지표에 최고 수준인 학교에 관심이 있다.

이 예제는 각 숫자 열의 최댓값을 갖는 학교를 발견하고 정보를 강조하고자 Data Frame의 스타일을 지정한다.

작동 방법

1. college 데이터셋을 읽은 다음 기관 이름을 인덱스로 설정한다.

```
>>> college = pd.read_csv(
...     "data/college.csv", index_col="INSTNM"
... )
>>> college.dtypes
CITY                      object
STABBR                    object
HBCU                     float64
MENONLY                  float64
WOMENONLY                float64
                          ...
PCTPELL                  float64
PCTFLOAN                 float64
UG25ABV                  float64
MD_EARN_WNE_P10           object
GRAD_DEBT_MDN_SUPP        object
Length: 26, dtype: object
```

2. CITY와 STABBR를 제외한 모든 열은 수치인 것처럼 보인다. 앞 단계에서 데이터 형식을 살펴보면 예기치 않게 MD_EARN_WNE_P10과 GRAD_DEBT_MDN_SUPP 열이 object 형식이며 수치가 아님을 알 수 있다. 이 열에 대체 어떤 값이 들어 있는지 좀 더 알아보기 위해 몇 가지 샘플을 살펴보자.

```
>>> college.MD_EARN_WNE_P10.sample(10, random_state=42)
INSTNM
Career Point College                                  20700
Ner Israel Rabbinical College                      PrivacyS...
Reflections Academy of Beauty                           NaN
Capital Area Technical College                        26400
West Virginia University Institute of Technology      43400
```

```
Mid-State Technical College                                              32000
Strayer University-Huntsville Campus                                     49200
National Aviation Academy of Tampa Bay                                   45000
University of California-Santa Cruz                                      43000
Lexington Theological Seminary                                             NaN
Name: MD_EARN_WNE_P10, dtype: object

>>> college.GRAD_DEBT_MDN_SUPP.sample(10, random_state=42)
INSTNM
Career Point College                                                     14977
Ner Israel Rabbinical College                                         PrivacyS...
Reflections Academy of Beauty                                         PrivacyS...
Capital Area Technical College                                        PrivacyS...
West Virginia University Institute of Technology                         23969
Mid-State Technical College                                               8025
Strayer University-Huntsville Campus                                    36173.5
National Aviation Academy of Tampa Bay                                   22778
University of California-Santa Cruz                                      19884
Lexington Theological Seminary                                        PrivacyS...
Name: GRAD_DEBT_MDN_SUPP, dtype: object
```

3. 이 값들은 문자열이지만 수치로 만들고 싶다. 이 경우 나는 .value_counts 메서드를 사용해 이 열을 비수치화가 되도록 만든 값이 들어있는지 찾아보곤 한다.

```
>>> college.MD_EARN_WNE_P10.value_counts()
PrivacySuppressed     822
38800                 151
21500                  97
49200                  78
27400                  46
                     ...
66700                   1
```

```
163900                    1
64400                     1
58700                     1
64100                     1
Name: MD_EARN_WNE_P10, Length: 598, dtype: int64

>>> set(college.MD_EARN_WNE_P10.apply(type))
{<class 'float'>, <class 'str'>}

>>> college.GRAD_DEBT_MDN_SUPP.value_counts()
PrivacySuppressed      1510
9500                    514
27000                   306
25827.5                 136
25000                   124
                        ...
16078.5                   1
27763.5                   1
6382                      1
27625                     1
11300                     1
Name: GRAD_DEBT_MDN_SUPP, Length: 2038, dtype: int64
```

4. 원인은 일부 학교가 프라이버시 보호를 위해 이 두 열을 숨긴 것 때문으로 보인다. 이 열을 강제로 수치로 만들려면 pandas 함수 to_numeric을 사용해야 한다. errors='coerce' 매개변수를 사용하면 이 값들을 NaN으로 만들 것이다.

```
>>> cols = ["MD_EARN_WNE_P10", "GRAD_DEBT_MDN_SUPP"]
>>> for col in cols:
...     college[col] = pd.to_numeric(
...         college[col], errors="coerce"
...     )
```

```
>>> college.dtypes.loc[cols]
MD_EARN_WNE_P10        float64
GRAD_DEBT_MDN_SUPP     float64
dtype: object
```

5. `.select_dtypes` 메서드를 사용해 수치 열만 필터링한다. 이를 통해 최대와 최솟값이 정의될 수 없는 STABBR과 CITY 열을 제외시킨다.

```
>>> college_n = college.select_dtypes("number")
>>> college_n.head()
               HBCU  MENONLY  ...   MD_EARN_WNE_P10  GRAD_DEBT_MDN_SUPP
INSTNM                        ...
Alabama A...    1.0      0.0  ...           30300.0             33888.0
Universit...    0.0      0.0  ...           39700.0             21941.5
Amridge U...    0.0      0.0  ...           40100.0             23370.0
Universit...    0.0      0.0  ...           45500.0             24097.0
Alabama S...    1.0      0.0  ...           26600.0             33118.5
```

6. 일부 열은 오직 이진 값(0 또는 1)만 가지므로 최대, 최소에 있어 그다지 유용한 정보를 주지 못한다. 이러한 열을 찾고자 불리언 Series를 생성하고 `.nunique` 메서드를 써서 두 개의 고윳값만 갖는 열을 찾아낸다.

```
>>> binary_only = college_n.nunique() == 2
>>> binary_only.head()
HBCU         True
MENONLY      True
WOMENONLY    True
RELAFFIL     True
SATVRMID     False
dtype: bool
```

7. 불리언 배열을 사용해 이진 열의 리스트를 생성한다.

```
>>> binary_cols = binary_only[binary_only].index
>>> binary_cols
Index(['HBCU', 'MENONLY', 'WOMENONLY', 'RELAFFIL', 'DISTANCEONLY',
'CURROPER'], dtype='object')
```

8. 최댓값을 찾고 있으므로 .drop 메서드를 사용해 이진 열을 삭제한다.

```
>>> college_n2 = college_n.drop(columns=binary_cols)
>>> college_n2.head()
            SATVRMID  SATMTMID  ... MD_EARN_WNE_P10  GRAD_DEBT_MDN_SUPP
INSTNM                          ...
Alabama A...   424.0     420.0  ...         30300.0             33888.0
Universit...   570.0     565.0  ...         39700.0             21941.5
Amridge U...     NaN       NaN  ...         40100.0             23370.0
Universit...   595.0     590.0  ...         45500.0             24097.0
Alabama S...   425.0     430.0  ...         26600.0             33118.5
```

9. 이제 .idxmax 메서드를 사용해 각 열에서 최댓값을 갖는 인덱스 레이블을 찾을 수 있다.

```
>>> max_cols = college_n2.idxmax()
>>> max_cols
SATVRMID                   California Institute of Technology
SATMTMID                   California Institute of Technology
UGDS                            University of Phoenix-Arizona
UGDS_WHITE             Mr Leon's School of Hair Design-Moscow
UGDS_BLACK                Velvatex College of Beauty Culture

                                                         ...
PCTPELL                              MTI Business College Inc
PCTFLOAN                              ABC Beauty College Inc
```

10. max_cols Series에 .unique 메서드를 호출하자. 이를 통해 college_n2에서 최댓값을 갖는 인덱스 값을 가진 ndarray가 반환된다.

```
>>> unique_max_cols = max_cols.unique()
>>> unique_max_cols[:5]
array(['California Institute of Technology',
        'University of Phoenix-Arizona',
        "Mr Leon's School of Hair Design-Moscow",
        'Velvatex College of Beauty Culture',
        'Thunderbird School of Global Management'], dtype=object)
```

11. max_cols의 값을 사용해 최댓값을 가진 학교가 있는 행만을 골라낸 다음 .style 속성으로 이 값을 강조해본다.

```
college_n2.loc[unique_max_cols].style.highlight_max()
```

```
college_n2.loc[unique_max_cols].style.highlight_max()
```

INSTNM	SATVRMID	SATMTMID	UGDS	UGDS_WHITE	UGDS_BLACK	UGDS_HISP	UGDS_ASIAN	UGDS_AIAN	UGDS_NHPI	UGDS_2MOR	UGDS_NRA	UGD
California Institute of Technology	765	785	983	0.2787	0.0153	0.1221	0.4385	0.001	0	0.057	0.0875	
University of Phoenix-Arizona	nan	nan	151558	0.3098	0.1555	0.076	0.0082	0.0042	0.005	0.1131	0.0131	
Mr Leon's School of Hair Design-Moscow	nan	nan	16	1	0	0	0	0	0	0	0	
Velvatex College of Beauty Culture	nan	nan	25	0	1	0	0	0	0	0	0	
Thunderbird School of Global Management	nan	nan	1	0	0	1	0	0	0	0	0	
Cosmopolitan Beauty and Tech School	nan	nan	110	0.0091	0	0.0182	0.9727	0	0	0	0	
Haskell Indian Nations University	430	440	805	0	0	0	0	1	0	0	0	

최댓값 열의 값 표시

12. 가독성을 위해 다음과 같이 코드를 다시 정렬할 수 있다.

```python
>>> def remove_binary_cols(df):
...     binary_only = df.nunique() == 2
...     cols = binary_only[binary_only].index.tolist()
...     return df.drop(columns=cols)

>>> def select_rows_with_max_cols(df):
...     max_cols = df.idxmax()
...     unique = max_cols.unique()
...     return df.loc[unique]

>>> (
...     college
...     .assign(
...         MD_EARN_WNE_P10=pd.to_numeric(
...             college.MD_EARN_WNE_P10, errors="coerce"
...         ),
...         GRAD_DEBT_MDN_SUPP=pd.to_numeric(
...             college.GRAD_DEBT_MDN_SUPP, errors="coerce"
```

```
...        ),
...    )
...    .select_dtypes("number")
...    .pipe(remove_binary_cols)
...    .pipe(select_rows_with_max_cols)
... )
            SATVRMID  SATMTMID ... MD_EARN_WNE_P10  GRAD_DEBT_MDN_SUPP
INSTNM ...
Californi...   765.0     785.0 ...         77800.0             11812.5
Universit...     NaN       NaN ...             NaN             33000.0
Mr Leon's...     NaN       NaN ...             NaN             15710.0
Velvatex ...     NaN       NaN ...             NaN                 NaN
Thunderbi...     NaN       NaN ...        118900.0                 NaN
...              ...       ... ...             ...                 ...
MTI Busin...     NaN       NaN ...         23000.0              9500.0
ABC Beaut...     NaN       NaN ...             NaN             16500.0
Dongguk U...     NaN       NaN ...             NaN                 NaN
Medical C...     NaN       NaN ...        233100.0                 NaN
Southwest...     NaN       NaN ...         27200.0             49750.0
```

작동 원리

.idxmax 메서드는 인덱스에 의미 있는 레이블이 지정된 경우 특히 유용한 방법이다. MD_EARN_WNE_P10과 GRAD_DEBT_MDN_SUPP가 모두 object 데이터 형식인 것은 예상치 못한 결과다. CSV 파일을 로드할 때 pandas는 열에 하나 이상의 문자열이 포함된 경우 열을 object 형식(숫자와 문자열 형식을 모두 포함할 수 있음)으로 나열한다.

2단계에서 특정 열 값을 검사해 이러한 열에 문자열이 있음을 알 수 있었다. 3단계에서 .value_counts 메서드를 사용해 문제의 문자를 파악했다. 혼란을 야기한 것은 바로 PrivacySuppressed라는 값이었음을 밝혔다.

pandas는 to_numeric 함수를 사용해 숫자만 포함된 모든 문자열을 숫자 데이터 형식으로 강제로 변환할 수 있다. 4단계에서 이 작업을 수행한다. to_numeric이 변환할 수 없는 문자열을 발견했을 때 오류를 발생시키게 돼 있는 기본 동작을 무시하게 하려면 errors 매개변수에 coerce 값을 전달해야 한다. 이를 통해 숫자가 아닌 모든 문자열이 결측치(np.nan)가 되게 한다.

일부 열은 최댓값이 정의되지 않는다. 이들은 5단계에서 8단계까지를 통해 제거됐다. .select_dtypes 메서드는 열 개수가 많은 와이드^{wide} DataFrame에 사용하면 유리할 수 있다.

9단계에서 .idxmax는 모든 열을 반복해 각 열에서 최댓값이 속한 인덱스를 찾는다. 결과는 Series로 출력한다. SAT 수학과 구두 점수가 가장 높은 학교는 캘리포니아 공과 대학이며, 로스앤젤레스 동국대학교는 25세 이상의 학생이 가장 많다.

.idxmax가 제공하는 정보는 편리하지만 해당 최댓값을 산출하지는 않는다. 이를 위해 10단계에서는 max_cols Series 값에서 고유한 학교 이름을 모두 수집한다.

그런 다음 11단계에서 .loc로 인덱싱해 첫 번째 단계에서 CSV 파일을 로드할 때 학교 이름으로 설정된 인덱스 레이블을 기반으로 행을 선택한다. 이를 통해 최댓값을 가진 학교만 필터링된다. DataFrame에는 .style 속성이 있는데 자체에 표시된 DataFrame의 모습을 바꿀 수 있는 메서드를 갖고 있다. 최댓값을 강조 표시하면 결과가 훨씬 명확해진다.

마지막으로 코드를 재편집해서 간결한 파이프라인으로 표시한다.

추가 사항

기본적으로 .highlight_max 메서드는 각 열의 최댓값을 강조해서 표시한다. axis 매개변수를 사용하면 대신 각 행의 최댓값을 강조 표시할 수 있다. 여기서는

college 데이터셋의 인종 비율 열만 선택하고 각 학교에서 가장 높은 비율의 인종을 강조 표시한다.

```
>>> college = pd.read_csv(
...     "data/college.csv", index_col="INSTNM"
... )
>>> college_ugds = college.filter(like="UGDS_").head()
```

`college_ugds.style.highlight_max(axis='columns')`

INSTNM	UGDS_WHITE	UGDS_BLACK	UGDS_HISP	UGDS_ASIAN	UGDS_AIAN	UGDS_NHPI	UGDS_2MOR	UGDS_NRA	UGDS_UNKN
Alabama A & M University	0.0333	0.9353	0.0055	0.0019	0.0024	0.0019	0	0.0059	0.0138
University of Alabama at Birmingham	0.5922	0.26	0.0283	0.0518	0.0022	0.0007	0.0368	0.0179	0.01
Amridge University	0.299	0.4192	0.0069	0.0034	0	0	0	0	0.2715
University of Alabama in Huntsville	0.6988	0.1255	0.0382	0.0376	0.0143	0.0002	0.0172	0.0332	0.035
Alabama State University	0.0158	0.9208	0.0121	0.0019	0.001	0.0006	0.0098	0.0243	0.0137

최대 열 값을 표시

▌메서드 체인으로 idxmax 복제

좋은 학습 방법 중 하나는 내장 DataFrame 메서드를 본인이 직접 구현해보는 것이다. 이러한 복제를 해보면 일반적으로 접할 수 없었던 다른 pandas 메서드를 더 깊이 이해할 수 있다. .idxmax는 지금까지 이 책에서 다룬 방법만 사용해서는 복제하기 어려운 메서드다.

이 예제는 기본 메서드를 천천히 체인시켜 궁극적으로 최대 열 값을 포함하는 모든 행 인덱스 값을 찾는다.

작동 방법

1. college 데이터셋을 읽은 다음 이전 예제와 동일한 연산을 실행해 관심 있는 수치 열만 얻는다.

```
>>> def remove_binary_cols(df):
...     binary_only = df.nunique() == 2
...     cols = binary_only[binary_only].index.tolist()
...     return df.drop(columns=cols)

>>> college_n = (
...     college
...     .assign(
...         MD_EARN_WNE_P10=pd.to_numeric(
...             college.MD_EARN_WNE_P10, errors="coerce"
...         ),
...         GRAD_DEBT_MDN_SUPP=pd.to_numeric(
...             college.GRAD_DEBT_MDN_SUPP, errors="coerce"
...         ),
...     )
...     .select_dtypes("number")
...     .pipe(remove_binary_cols)
... )
```

2. .max 메서드를 사용해 각 열의 최댓값을 찾는다.

```
>>> college_n.max().head()
SATVRMID           765.0
SATMTMID           785.0
UGDS            151558.0
UGDS_WHITE           1.0
UGDS_BLACK           1.0
dtype: float64
```

3. 각 값을 열의 **.max** 메서드로 비교하고자 **.eq** DataFrame 메서드를 사용한다. 기본 설정에서는 **.eq** 메서드는 DataFrame의 열을 전달된 Series의 인덱스 레이블과 정렬한다.

```
>>> college_n.eq(college_n.max()).head()
          SATVRMID SATMTMID ... MD_EARN_WNE_P10  GRAD_DEBT_MDN_SUPP
INSTNM                      ...
Alabama A...  False    False ...           False                False
Universit...  False    False ...           False                False
Amridge U...  False    False ...           False                False
Universit...  False    False ...           False                False
Alabama S...  False    False ...           False                False
```

4. 적어도 하나의 **True** 값을 가진 DataFrame의 모든 행은 열 최댓값을 가져야만 한다. **.any** 메서드를 사용해 적어도 하나의 **True** 값을 갖는 모든 행을 찾아보자.

```
>>> has_row_max = (
...     college_n
...     .eq(college_n.max())
...     .any(axis="columns")
... )

>>> has_row_max.head()
INSTNM
Alabama A & M University                False
University of Alabama at Birmingham     False
Amridge University                      False
University of Alabama in Huntsville     False
Alabama State University                False
dtype: bool
```

5. 단 18개의 열만 있는데, 이는 has_row_max에 많아도 18개의 True 값만 있다는 의미가 된다. 몇 개나 있는지 살펴보자.

```
>>> college_n.shape
(7535, 18)
>>> has_row_max.sum()
401
```

6. 다소 예상과 다르지만 최댓값과 같은 행을 많이 가진 열이 있다는 것이 드러났다. 이는 최댓값이 1인 백분율 값을 가진 열에 흔히 나타난다. .idxmax는 처음 나타나는 최댓값을 반환한다. 조금 뒤로 돌아가 .any 메서드를 없애고 3단계의 출력을 살펴보자. 대신 .cumsum 메서드를 실행해 모든 True 값을 누적해보자.

```
>>> college_n.eq(college_n.max()).cumsum()
                SATVRMID   SATMTMID  ...  MD_EARN_WNE_P10  GRAD_DEBT_MDN_SUPP
INSTNM                         ...
Alabama A...           0          0  ...                0                   0
Universit...           0          0  ...                0                   0
Amridge U...           0          0  ...                0                   0
Universit...           0          0  ...                0                   0
Alabama S...           0          0  ...                0                   0
...                  ...        ...  ...              ...                 ...
SAE Insti...           1          1  ...                1                   2
Rasmussen...           1          1  ...                1                   2
National ...           1          1  ...                1                   2
Bay Area ...           1          1  ...                1                   2
Excel Lea...           1          1  ...                1                   2
```

7. SATVRMID와 SATMTMID처럼 어떤 열은 오직 하나의 고유한 최댓값만 있는 반면 UGDS_WHITE처럼 다른 열은 여러 개를 갖고 있다. 109개 학교에서 학부생

의 100%가 백인이다. .cumsum을 한 번 더 체인시키면 값 1은 각 열에서 오직 한 번만 나타나고 그것이 최댓값의 첫 번째 출현이 된다.

```
>>> (college_n.eq(college_n.max()).cumsum().cumsum())
            SATVRMID   SATMTMID  ...   MD_EARN_WNE_P10  GRAD_DEBT_MDN_SUPP
INSTNM                           ...
Alabama A...       0          0  ...              0                    0
Universit...       0          0  ...              0                    0
Amridge U...       0          0  ...              0                    0
Universit...       0          0  ...              0                    0
Alabama S...       0          0  ...              0                    0
...              ...        ...  ...            ...                  ...
SAE Insti...    7305       7305  ...           3445                10266
Rasmussen...    7306       7306  ...           3446                10268
National ...    7307       7307  ...           3447                10270
Bay Area ...    7308       7308  ...           3448                10272
Excel Lea...    7309       7309  ...           3449                10274
```

8. 이제 .eq 메서드를 사용해 각 값이 1과 같은지 테스트하고 .any 메서드를 사용해 적어도 하나의 True 값을 가진 행을 찾아낸다.

```
>>> has_row_max2 = (
...     college_n.eq(college_n.max())
...     .cumsum()
...     .cumsum()
...     .eq(1)
...     .any(axis="columns")
... )

>>> has_row_max2.head()
INSTNM
Alabama A & M University                False
University of Alabama at Birmingham     False
```

```
Amridge University                          False
University of Alabama in Huntsville         False
Alabama State University                    False
dtype: bool
```

9. has_row_max2가 열 개수보다 더 많은 True 값을 갖지 않는 것이 맞는지 확인해본다.

```
>>> has_row_max2.sum()
16
```

10. has_row_max2가 True인 모든 기관이 필요하다. Series 자체에 불리언 인덱싱을 사용할 수 있다.

```
>>> idxmax_cols = has_row_max2[has_row_max2].index
>>> idxmax_cols
Index(['Thunderbird School of Global Management',
       'Southwest University of Visual Arts-Tucson', 'ABC Beauty
College Inc',
       'Velvatex College of Beauty Culture',
       'California Institute of Technology',
       'Le Cordon Bleu College of Culinary Arts-San Francisco',
       'MTI Business College Inc', 'Dongguk University-Los
Angeles',
       'Mr Leon's School of Hair Design-Moscow',
       'Haskell Indian Nations University', 'LIU Brentwood',
       'Medical College of Wisconsin', 'Palau Community College',
       'California University of Management and Sciences',
       'Cosmopolitan Beauty and Tech School', 'University of
Phoenix-Arizona'],
       dtype='object', name='INSTNM')
```

11. 이 16개 기관 모두 적어도 하나의 열에서 첫 최댓값이 등장한 인덱스다. `.idxmax` 메서드를 사용하면 이들이 찾은 것과 동일한 것인지 확인할 수 있다.

```
>>> set(college_n.idxmax().unique()) == set(idxmax_cols)
True
```

12. 코드를 재구성해 `idx_max` 함수를 만든다.

```
>>> def idx_max(df):
...     has_row_max = (
...         df
...         .eq(df.max())
...         .cumsum()
...         .cumsum()
...         .eq(1)
...         .any(axis="columns")
...     )
...     return has_row_max[has_row_max].index

>>> idx_max(college_n)
Index(['Thunderbird School of Global Management',
       'Southwest University of Visual Arts-Tucson', 'ABC Beauty
College Inc',
       'Velvatex College of Beauty Culture',
       'California Institute of Technology',
       'Le Cordon Bleu College of Culinary Arts-San Francisco',
       'MTI Business College Inc', 'Dongguk University-Los
Angeles',
       'Mr Leon's School of Hair Design-Moscow',
       'Haskell Indian Nations University', 'LIU Brentwood',
       'Medical College of Wisconsin', 'Palau Community College',
       'California University of Management and Sciences',
```

```
              'Cosmopolitan Beauty and Tech School', 'University of
      Phoenix-Arizona'],
             dtype='object', n ame='INSTNM')
```

작동 원리

1단계는 두 열을 숫자로 변환하고 이진 열을 제거해 이전 예제의 작업을 복제한다. 2단계에서 각 열의 최댓값을 찾는다. pandas는 최댓값을 생성할 수 없는 열을 자동으로 삭제하므로 여기에서 주의를 기울여야 한다. 그런 경우에도 여전히 3단계가 완료되지만 가용한 최댓값 없이 각 열에 **False** 값을 둔다.

4단계에서는 .any 메서드를 사용해 하나 이상의 True 값을 검색하고자 각 행을 스캔한다. 하나 이상의 True 값이 있는 행은 열의 최댓값을 포함한다. 5단계에서 결과 불리언 Series를 합산해 최댓값을 포함하는 행 개수를 알아본다. 예기치 않게 열보다 행 개수가 훨씬 많다. 6단계는 이런 일이 왜 발생했는지에 대한 통찰력을 제공한다. 3단계에서의 누적 출력 합계를 취해 각 열의 최댓값과 동일한 전체 행 개수를 알아낸다.

많은 대학이 학생 인구의 100%가 단일 인종으로 구성돼 있다. 이 사실이 최댓값을 가진 행 개수가 많아진 것에 가장 크게 기여했다. 주지하듯 SAT 점수 열과 학부 학생 수 모두에서 최댓값을 갖는 행은 하나뿐이지만 일부 인종 열에는 최댓값이 여러 개 있다.

우리의 목표는 최댓값을 가진 첫 번째 행을 찾는 것이다. 각 열에서 값이 1인 행이 단 하나만 존재하게 하고자 다시 한 번 누적 합을 취해야 한다. 8단계는 코드를 한 줄에 하나의 메서드만 나타나게 표현하고 4단계에서 수행한 대로 .any 메서드를 실행한다. 이 단계가 성공하면 열수보다 더 많은 True 값은 없어야 한다. 9단계에서 이 사실을 확인할 수 있다.

이전 열에서 `.idxmax`와 동일한 열을 찾았는지 확인하고자 has_row_max2 스스로를 불리언 선택한다. 열은 다른 순서로 정렬되므로 열 이름 시퀀스를 집합으로 변환한다. 이는 기본적으로 같은지 비교할 때 순서를 고려하지 않는다.

추가 사항

인덱스 함수를 익명 함수로 체인시키는 한 줄의 코드로 이 예제를 완료할 수 있다. 이 작은 트릭을 통해 10단계가 필요 없어진다. 이 예제에서 `.idxmax` 메서드와 이 작업에 들인 수작업 노력 사이의 시간 차이를 측정할 수 있다.

```
>>> def idx_max(df):
...     has_row_max = (
...         df
...         .eq(df.max())
...         .cumsum()
...         .cumsum()
...         .eq(1)
...         .any(axis="columns")
...         [lambda df_: df_]
...         .index
...     )
...     return has_row_max

>>> %timeit college_n.idxmax().values
1.12 ms ± 28.4 µs per loop (mean ± std. dev. of 7 runs, 1000 loops each)
>>> %timeit idx_max(college_n)
5.35 ms ± 55.2 µs per loop (mean ± std. dev. of 7 runs, 100 loops each)
```

불행히도 공들여 만든 것이 내장 `.idxmax` pandas 방법보다 5배 느리지만 성능과 관계없이 많은 창의적이고 실용적인 솔루션에서는 불리언 Series와 `.cumsum` 메서드를 사용해서 축에 따른 패턴을 찾고는 한다.

▌열에서 최대 공통 최댓값 찾기

college 데이터셋에는 7,500개가 넘는 대학에 대한 8개 인종 학부생 수의 비율이 포함돼 있다. 각 학교의 학부생 중 인구 비율이 가장 높은 인종을 찾은 다음 전체 데이터셋에서 결과의 분포를 살펴보면 흥미로울 것이다. 이를 통해 "백인 학생들의 비율이 가장 높은 학교는 전체의 몇 %입니까?"와 같은 질문에 대답할 수 있을 것이다.

이번 예제에서는 .idxmax 메서드를 사용해 각 학교 학부생 중 가장 비율이 높은 인종을 찾은 다음 이 최대치의 분포를 알아본다.

작동 방법

1. college 데이터셋을 읽은 다음 학부생 인종 비율 정보가 있는 열만 선택한다.

```
>>> college = pd.read_csv(
...     "data/college.csv", index_col="INSTNM"
... )
>>> college_ugds = college.filter(like="UGDS_")
>>> college_ugds.head()
            UGDS_WHITE  UGDS_BLACK  ...  UGDS_NRA  UGDS_UNKN
INSTNM                              ...
Alabama A...    0.0333      0.9353  ...    0.0059     0.0138
Universit...    0.5922      0.2600  ...    0.0179     0.0100
Amridge U...    0.2990      0.4192  ...    0.0000     0.2715
Universit...    0.6988      0.1255  ...    0.0332     0.0350
Alabama S...    0.0158      0.9208  ...    0.0243     0.0137
```

2. 열 축에 대해 .idxmax 메서드를 적용해 각 행에서 최대 인종 비율을 가진 대학의 이름을 구한다.

```
>>> highest_percentage_race = college_ugds.idxmax(
...     axis="columns"
... )
>>> highest_percentage_race.head()
INSTNM
Alabama A & M University
University of Alabama at Birmingham
Amridge University
University of Alabama in Huntsville
Alabama State University
dtype: object
```

3. .value_counts 메서드를 사용해 최대 출현 분포를 반환한다. normalize= True 매개변수를 추가해 합산이 1이 되게 한다.

```
>>> highest_percentage_race.value_counts(normalize=True)
UGDS_WHITE      0.670352
UGDS_BLACK      0.151586
UGDS_HISP       0.129473
UGDS_UNKN       0.023422
UGDS_ASIAN      0.012074
UGDS_AIAN       0.006110
UGDS_NRA        0.004073
UGDS_NHPI       0.001746
UGDS_2MOR       0.001164
dtype : float64
```

작동 원리

이 예제의 핵심은 열들이 모두 동일한 정보 단위를 나타낸다는 것을 알아채는 것이다. 이러한 열들을 서로 비교할 수도 있지만 일반적으로는 그렇게 하지 않는다. 예를 들어 SAT 언어 점수와 학부 인구를 비교하는 것은 의미가 없다. 데이터가 이

380

러한 방식으로 구성되므로 각 데이터 행에 `.idxmax` 메서드를 적용해 가장 큰 값을 가진 열을 찾을 수 있다. `axis` 매개변수를 사용해 기본 동작을 변경해야 한다.

3단계는 이 작업을 완료하고 Series를 반환한다. 이제 Series에 `.value_counts` 메서드를 적용하면 분포를 반환하게 할 수 있다. 여기서는 비율이 아닌 분포(상대 빈도)에 관심이 있기 때문에 `normalize` 매개변수를 True로 설정한다.

추가 사항

좀 더 많은 것을 탐색하면 다음과 같은 질문에 대답하고 싶을 것이다. "흑인 학생들의 비율이 가장 높은 학교의 경우 두 번째로 높은 인종 비율의 분포는 어떻게 되는가?"

```
>>> (
...     college_ugds
...     [highest_percentage_race == "UGDS_BLACK"]
...     .drop(columns="UGDS_BLACK")
...     .idxmax(axis="columns")
...     .value_counts(normalize=True)
... )
UGDS_WHITE     0.661228
UGDS_HISP      0.230326
UGDS_UNKN      0.071977
UGDS_NRA       0.018234
UGDS_ASIAN     0.009597
UGDS_2MOR      0.006718
UGDS_AIAN      0.000960
UGDS_NHPI      0.000960
dtype: float64
```

이 예제에서 동일한 방법을 적용하기 전에 **UGDS_BLACK** 열을 삭제해야 한다. 흑인 인구가 최다인 학교는 다른 곳보다 히스패닉 인구 비율이 더 많은 경향이 있다.

09

그룹화를 위한 집계, 필터링, 변환

▌소개

데이터 분석에서 가장 기본이 되는 작업 중 하나는 계산을 수행하기 전에 각 그룹의 데이터를 분할해서 독립된 그룹으로 만드는 것이다. 이 방법론은 꽤 오랫동안 사용됐지만 최근에는 분할-적용-병합split-apply-combine으로 불린다. 9장에서는 강력한 .groupby 메서드를 설명한다. 이 메서드를 통해 데이터를 상상할 수 있는 모든 방식으로 그룹화하고 각 그룹에 독립적으로 모든 형식의 함수를 적용한 다음 단일 데이터셋을 반환한다.

예제를 시작하기 전에 약간의 용어를 알아둘 필요가 있다. 모든 기본 groupby 연산에는 그룹화 열grouping columns이 있으며 이러한 열 값의 고유한 조합은 데이터들의 독립적인 그룹화를 나타낸다. 구문은 다음과 같다.

```
df.groupby(['list', 'of', 'grouping', 'columns'])
df.groupby('single_column')  # 단일 열로 그룹화될 때
```

.groupby 메서드의 호출 결과는 groupby 객체다. 이 장 전체에 걸쳐 수행하는 모든 계산 엔진이 바로 groupby 객체다. pandas는 groupby 객체를 만들 때 거의 아무 일도 하지 않으며 그룹화가 가능한지만 확인한다. groupby 객체의 진정한 위력을 보려면 메서드를 체인시켜야 한다.

.groupby 메서드의 가장 일반적인 용도는 집계^{aggregation}를 수행하는 것이다. 집계란 무엇인가? 집계는 많은 입력 시퀀스를 요약하거나 결합해 단일 값으로 출력할 때 발생한다. 예를 들어 열 전체를 합산하거나 최댓값을 찾는 것은 일련의 데이터에 집계를 적용한 것이다. 집계는 일련의 값을 취한 후 단일 값으로 줄인다.

소개에서 정의된 그룹화 열 외에도 대부분의 집계에는 집계 열과 집계 함수라는 두 가지 다른 구성 요소가 있다. 집계 열은 값이 집계될 열이고, 집계 함수는 집계가 수행되는 방법을 정의한다. 집계 함수에는 sum, min, max, mean, count, variance, std 등이 있다.

▌ 집계 정의

이 예제에서는 flights 데이터셋을 검사하고 단일 그룹화 열, 단일 집계 열, 단일 집계 함수만 관여하는 가장 간단한 집계를 수행한다. 여기서는 각 항공사의 평균 연착 시간을 찾아본다. pandas는 집계를 만들기 위한 다른 구문을 갖고 있으며, 이번 예제에서는 이를 보여준다.

작동 방법

1. flights 데이터셋을 읽어 들인다.

```
>>> import pandas as pd
>>> import numpy as np
>>> flights = pd.read_csv('data/flights.csv')
>>> flights.head()
0    1    1         4  ...     65.0      0 0
1    1    1         4  ...    -13.0      0 0
2    1    1         4  ...     35.0      0 0
3    1    1         4  ...     -7.0      0 0
4    1    1         4  ...     39.0      0 0
```

2. 그룹화 열(AIRLINE), 집계 열(ARR_DELAY), 집계 함수(mean)를 정의한다. 그룹
   화 열을 .groupby 메서드에 넣고 .agg 메서드를 호출할 때 집계 열과 집계
   함수의 쌍으로 된 딕셔너리를 사용한다. 딕셔너리를 전달하면 DataFrame
   인스턴스가 반환된다.

```
>>> (flights
...     .groupby('AIRLINE')
...     .agg({'ARR_DELAY':'mean'})
... )
         ARR_DELAY
AIRLINE
AA        5.542661
AS       -0.833333
B6        8.692593
DL        0.339691
EV        7.034580
...            ...
OO        7.593463
UA        7.765755
```

```
US          1.681105
VX          5.348884
WN          6.397353
```

또 다른 방법으로는 집계 열을 인덱스 연산자에 넣고 집계 함수를 .agg에 문자열로 전달할 수도 있다. 이렇게 하면 Series가 반환된다.

```
>>> (flights
...     .groupby('AIRLINE')
...     ['ARR_DELAY']
...     .agg('mean')
... )
          AIRLINE
AA          5.542661
AS         -0.833333
B6          8.692593
DL          0.339691
EV          7.034580
              ...
OO          7.593463
UA          7.765755
US          1.681105
VX          5.348884
WN          6.397353
Name: ARR_DELAY, Length: 14, dtype: float64
```

3. 앞 단계에서 사용된 문자열 이름은 pandas가 특정 집계 함수를 참조하기 좋게 제공해준 것이다. .agg 메서드에는 모든 집계 함수를 전달할 수 있는데, 예를 들어 Numpy의 mean을 전달할 수 있다. 출력은 앞 단계와 동일하다.

```
>>> (flights
...     .groupby('AIRLINE')
...     ['ARR_DELAY']
...     .agg(np.mean)
... )
             AIRLINE
AA           5.542661
AS          -0.833333
B6           8.692593
DL           0.339691
EV           7.034580
                ...
OO           7.593463
UA           7.765755
US           1.681105
VX           5.348884
WN           6.397353
Name: ARR_DELAY, Length: 14, dtype: float64
```

4. 이 경우 `.agg` 메서드를 모두 생략하고 메서드를 코드로 직접 사용해도 된다. 이 결과도 3단계와 동일하다.

```
>>> (flights
...     .groupby('AIRLINE')
...     ['ARR_DELAY']
...     .mean()
... )
             AIRLINE
AA           5.542661
AS          -0.833333
B6           8.692593
DL           0.339691
EV           7.034580
                ...
```

```
OO          7.593463
UA          7.765755
US          1.681105
VX          5.348884
WN          6.397353
Name: ARR_DELAY, Length: 14, dtype: float 64
```

작동 원리

.groupby 메서드의 구문은 다른 메서드들처럼 직관적이지는 않다. 2단계에서 .groupby 메서드의 결과를 별도의 변수에 저장해서 체인을 가로채 살펴보자.

```
>>> grouped = flights.groupby('AIRLINE')
>>> type(grouped)
<class 'pandas.core.groupby.generic.DataFrameGroupBy'>
```

완전히 새로운 중간 객체가 자체만의 속성과 메서드를 갖고 생성된다. 이 단계에서는 어떠한 계산도 수행되지 않는다. pandas는 그룹화 열만을 검증한다. 이 groupby 객체는 집계를 수행하는 .agg라는 메서드를 갖고 있다. 이 메서드를 사용하는 방법 중 하나는 2단계에서처럼 집계하는 열과 집계 함수를 매핑하는 딕셔너리를 전달하는 것이며, 결과는 DataFrame이다.

pandas 라이브러리에는 종종 동일한 연산을 할 수 있는 여러 방법이 있다. 3단계는 .groupby를 수행하는 또 다른 방법을 보여준다. 딕셔너리에서 집계할 열을 찾는 대신 인덱스 연산자에 넣어 DataFrame에서 열을 선택하는 것처럼 할 수 있다. 함수의 문자열 이름은 .agg 메서드에 스칼라로 전달된다. 이 경우 결과는 Series다.

모든 집계 함수를 .agg 메서드에 전달할 수 있다. pandas는 편의상 문자열 이름을 허용하지만 4단계처럼 명시적으로 호출할 수도 있다. Numpy는 값을 집계할 수 있는 함수를 여럿 제공한다.

5단계에서는 마지막 구문을 보여준다. 이 예에서와 같이 단일 집계 함수만 적용하는 경우 .agg 없이 groupby 객체 자체의 메서드로 직접 호출할 수 있다. 모든 집계 함수가 동등한 메서드를 갖고 있는 것은 아니지만 대부분은 갖고 있다.

추가 사항

.agg와 함께 집계 함수를 사용하지 않으면 pandas에서 예외가 발생한다. 예를 들어 각 그룹에 제곱근 함수를 적용하면 어떻게 되는지 알아보자.

```
>>> (flights
..     .groupby('AIRLINE')
...    ['ARR_DELAY']
...    .agg(np.sqrt)
... )
Traceback (most recent call last):
    ...
ValueError: function does not red uce
```

▍복수 개의 열과 함수를 사용한 그룹화와 집계

복수 개의 열을 사용해 그룹화하고 집계할 수도 있다. 구문은 단일 열을 사용해 그룹화하고 집계하는 것과 약간 다르다. 모든 종류의 그룹화 작업과 마찬가지로 그룹화 열, 집계 열, 집계 함수의 세 가지 구성 요소를 식별해 둬야 한다.

이 예제에서는 다음 쿼리를 해결해봄으로써 .groupby의 유연성을 알아본다.

- 요일별로 모든 항공사의 취소된 항공편 수
- 요일별로 모든 항공사의 취소 또는 우회한 항공편의 수와 비율
- 각 출발지와 도착지에 대해 총 항공편 수, 취소된 항공편의 수와 비율, 비행 시간의 평균과 분산

작동 방법

1. flights 데이터셋을 읽은 다음 첫 번째 쿼리를 해결하고자 그룹화 열(AIRLINE, WEEKDAY), 집계 열(CANCELLED), 집계 함수(sum)를 정의한다.

```
>>> (flights
...     .groupby(['AIRLINE', 'WEEKDAY'])
...     ['CANCELLED']
...     .agg('sum')
... )
AIRLINE  WEEKDAY
AA       1          41
         2           9
         3          16
         4          20
         5          18
                    ..
WN       3          18
         4          10
         5           7
         6          10
         7           7
Name: CANCELLED, Length: 98, dtype: int64
```

2. 두 번째 쿼리를 해결하고자 그룹화와 집계 열의 쌍에 대한 리스트를 사용하고 집계 함수에도 리스트를 사용한다.

390

```
>>> (flights
...     .groupby(['AIRLINE', 'WEEKDAY'])
...     [['CANCELLED', 'DIVERTED']]
...     .agg(['sum', 'mean'])
... )
```

		CANCELLED		DIVERTED	
		sum	mean	sum	mean
AIRLINE WEEKDAY					
AA	1	41	0.032106	6	0.004699
	2	9	0.007341	2	0.001631
	3	16	0.011949	2	0.001494
	4	20	0.015004	5	0.003751
	5	18	0.014151	1	0.000786
...		...	...	...	...
WN	3	18	0.014118	2	0.001569
	4	10	0.007911	4	0.003165
	5	7	0.005828	0	0.000000
	6	10	0.010132	3	0.003040
	7	7	0.006066	3	0.002600

3. 세 번째 쿼리에 답하고자 .agg 메서드에 딕셔너리를 사용해 특정 열과 집계 함수를 매핑한다.

```
>>> (flights
...     .groupby(['ORG_AIR', 'DEST_AIR'])
...     .agg({'CANCELLED':['sum', 'mean', 'size'],
...           'AIR_TIME':['mean', 'var']})
... )
```

		CANCELLED			AIR_TIME	
		sum	mean	...	mean	var
ORG_AIR DEST_AIR				...		
ATL	ABE	0	0.000000	...	96.387097	45.778495
	ABQ	0	0.000000	...	170.500000	87.866667
	ABY	0	0.000000	...	28.578947	6.590643

```
                    ACY       0    0.000000  ...    91.333333    11.466667
                    AEX       0    0.000000  ...    78.725000    47.332692
    ...                ...        ...  ...           ...          ...
    SFO             SNA       4    0.032787  ...    64.059322    11.338331
                    STL       0    0.000000  ...   198.900000   101.042105
                    SUN       0    0.000000  ...    78.000000    25.777778
                    TUS       0    0.000000  ...   100.200000    35.221053
                    XNA       0    0.000000  ...   173.500000     0.500000
```

4. pandas 0.25에서는 비계층 열을 만들 수 있는 네임드 집계^{named aggregation} 객체가 있다. 이를 사용해 앞의 쿼리를 다시 반복해보자.

```
>>> (flights
...     .groupby(['ORG_AIR', 'DEST_AIR'])
...     .agg(sum_cancelled=pd.NamedAgg(column='CANCELLED', aggfunc='sum'),
...          mean_cancelled=pd.NamedAgg(column='CANCELLED', aggfunc='mean'),
...          size_cancelled=pd.NamedAgg(column='CANCELLED', aggfunc='size'),
...          mean_air_time=pd.NamedAgg(column='AIR_TIME', aggfunc='mean'),
...          var_air_time=pd.NamedAgg(column='AIR_TIME', aggfunc='var'))
... )
                       sum_cancelled    mean_cancelled  ...  mean_air_time
ORG_AIR DEST_AIR ...
ATL      ABE                      0          0.000000  ...      96.387097
         ABQ                      0          0.000000  ...     170.500000
         ABY                      0          0.000000  ...      28.578947
         ACY                      0          0.000000  ...      91.333333
         AEX                      0          0.000000  ...      78.725000
    ...                         ...              ...    ...          ...
SFO      SNA                      4          0.032787  ...      64.059322
         STL                      0          0.000000  ...     198.900000
         SUN                      0          0.000000  ...      78.000000
         TUS                      0          0.000000  ...     100.200000
         XNA                      0          0.000000  ...     173.500000
```

작동 원리

1단계는 여러 열을 기준으로 그룹화하고자 문자열 이름 리스트를 `.groupby` 메서드로 전달한다. AIRLINE과 WEEKDAY의 고유한 각 조합은 자체 그룹을 형성한다. 각 그룹 내에서 취소된 항공편의 합계가 계산된 후 Series로 반환된다.

2단계는 AIRLINE과 WEEKDAY로 그룹화되지만 이번에는 두 개의 열이 집계된다. 집계는 두 함수 sum과 mean을 사용해 각 열에 적용돼 그룹별로 4개의 열을 반환한다.

3단계는 한 발 더 나아가서 딕셔너리를 사용해 특정 집계 열을 다른 집계 함수와 매핑한다. size 집계 함수는 그룹당 총 행의 개수를 반환한다는 점에 주목하자. size는 그룹당 비결측치 개수를 반환하는 count 집계 함수와는 다르다.

4단계는 네임드 집계를 사용해 펼쳐진 열을 생성하는 새로운 구문을 보여준다.

추가 사항

3단계의 열을 펼치고자 `.to_flat_index` 메서드를 사용할 수 있다(pandas 0.24 이후에 가능).

```
>>> res = (flights
...    .groupby(['ORG_AIR', 'DEST_AIR'])
...    .agg({'CANCELLED':['sum', 'mean', 'size']
...    'AIR_TIME':['mean', 'var']})
... )
>>> res.columns = ['_'.join(x) for x in
...    res.columns.to_flat_index()]
>>> res
                 CANCELLED_sum    CANCELLED_mean   ...   AIR_TIME_mean
ORG_AIR DEST_AIR                                   ...
ATL     ABE                  0          0.000000   ...       96.387097
        ABQ                  0          0.000000   ...      170.500000
```

	ABY	0	0.000000	...	28.578947
	ACY	0	0.000000	...	91.333333
	AEX	0	0.000000	...	78.725000
...		...	...	...	...
SFO	SNA	4	0.032787	...	64.059322
	STL	0	0.000000	...	198.900000
	SUN	0	0.000000	...	78.000000
	TUS	0	0.000000	...	100.200000
	XNA	0	0.000000	...	173.500000

이 형태는 다소 지저분하며 나는 열을 펼치는 체인 연산을 선호한다. 불행히도 `.reindex` 메서드는 펼치기를 지원하지 않는다. 대신 `.pipe` 메서드를 활용해야 한다.

```
>>> def flatten_cols(df):
...     df.columns = ['_'.join(x) for x in
...     df.columns.to_flat_index()]
...     return df
>>> res = (flights
...     .groupby(['ORG_AIR', 'DEST_AIR'])
...     .agg({'CANCELLED':['sum', 'mean', 'size'],
...     'AIR_TIME':['mean', 'var']})
...     .pipe(flatten_cols)
... )
>>> res
```

		CANCELLED_sum	CANCELLED_mean	...	AIR_TIME_mean
ORG_AIR	DEST_AIR			...	
ATL	ABE	0	0.000000	...	96.387097
	ABQ	0	0.000000	...	170.500000
	ABY	0	0.000000	...	28.578947
	ACY	0	0.000000	...	91.333333
	AEX	0	0.000000	...	78.725000
...		...	...	...	...

SFO	SNA	4	0.032787	...	64.059322
	STL	0	0.000000	...	198.900000
	SUN	0	0.000000	...	78.000000
	TUS	0	0.000000	...	100.200000
	XNA	0	0.000000	...	173.500000

여러 열로 그룹화할 때 pandas는 계층적 인덱스나 다중 인덱스를 만든다는 것을 명심하자. 앞의 예에서는 1,130개의 행을 반환했다. 그러나 그룹별로 분류할 열 중 하나가 범주형(object 형식이 아닌 범주 형식)인 경우 pandas는 각 레벨에 대한 모든 조합의 카티션 곱을 만든다. 이 경우 2,710개의 행을 반환한다. 그러나 카디널리티가 높은 범주형 열이 있으면 훨씬 더 많은 값을 얻을 수도 있다.

```
>>> res = (flights
...     .assign(ORG_AIR=flights.ORG_AIR.astype('category'))
...     .groupby(['ORG_AIR', 'DEST_AIR'])
...     .agg({'CANCELLED':['sum', 'mean', 'size'],
...     'AIR_TIME':['mean', 'var']})
... )
>>> res
```

		CANCELLED		...	AIR_TIME	
		sum	mean	...	mean	var
ORG_AIR	DEST_AIR			...		
ATL	ABE	0.0	0.0	...	96.387097	45.778495
	ABI	NaN	NaN	...	NaN	NaN
	ABQ	0.0	0.0	...	170.500000	87.866667
	ABR	NaN	NaN	...	NaN	NaN
	ABY	0.0	0.0	...	28.578947	6.590643
...		...	...	...	...	...
SFO	TYS	NaN	NaN	...	NaN	NaN
	VLD	NaN	NaN	...	NaN	NaN
	VPS	NaN	NaN	...	NaN	NaN
	XNA	0.0	0.0	...	173.500000	0.500000

| | YUM | NaN | NaN | ... | NaN | NaN |

조합에 따른 폭발 문제를 해결하려면 observe = True 매개변수를 사용하라. 이렇게 하면 범주형 groupby가 문자열 형식에 대한 그룹화처럼 작동하고 카티션 곱이 아닌 관측된 값만 표시된다.

```
>>> res = (flights
...     .assign(ORG_AIR=flights.ORG_AIR.astype('category'))
...     .groupby(['ORG_AIR', 'DEST_AIR'], observed=True)
...     .agg({'CANCELLED':['sum', 'mean', 'size'],
...     'AIR_TIME':['mean', 'var']})
... )
>>> res
```

| | | CANCELLED | | ... | AIR_TIME | |
| | | sum | mean | ... | mean | var |
ORG_AIR	DEST_AIR			...		
LAX	ABQ	1	0.018182	...	89.259259	29.403215
	ANC	0	0.000000	...	307.428571	78.952381
	ASE	1	0.038462	...	102.920000	102.243333
	ATL	0	0.000000	...	224.201149	127.155837
	AUS	0	0.000000	...	150.537500	57.897310
...		...	...	...	...	...
MSP	TTN	1	0.125000	...	124.428571	57.952381
	TUL	0	0.000000	...	91.611111	63.075163
	TUS	0	0.000000	...	176.000000	32.000000
	TVC	0	0.000000	...	56.600000	10.300000
	XNA	0	0.000000	...	90.642857	115.939560

▌그룹화 후 다중 인덱스 제거

groupby를 사용하다 보면 다중 인덱스^{MultiIndex}가 만들어지기 마련이다. 다중 인덱스는 인덱스와 열 모두에서 발생할 수 있다. 다중 인덱스가 있는 DataFrame은 탐색이 더 어려우며 때로는 열 이름이 혼동되기도 한다.

이 예제에서는 `.groupby` 메서드로 집계를 수행해 행과 열에 대한 다중 인덱스가 있는 DataFrame을 생성한다. 그런 다음 인덱스를 조작해 단일 레벨을 가진 설명적인^{descriptive} 열 이름을 생성한다.

작동 방법

1. flights 데이터셋을 읽은 다음 각 요일별 전체 항공사의 총 비행거리와 평균 비행거리를 찾고, 최대와 최소 연착 시간을 찾아본다.

```
>>> flights = pd.read_csv('data/flights.csv')
>>> airline_info = (flights
...     .groupby(['AIRLINE', 'WEEKDAY'])
...     .agg({'DIST':['sum', 'mean'],
...     'ARR_DELAY':['min', 'max']})
...     .astype(int)
... )
>>> airline_info
```

		DIST		ARR_DELAY	
		sum	mean	min	max
AIRLINE	WEEKDAY				
AA	1	1455386	1139	-60	551
	2	1358256	1107	-52	725
	3	1496665	1117	-45	473
	4	1452394	1089	-46	349
	5	1427749	1122	-41	732
...		...	...	...	...

WN	3	997213	782	-38	262
	4	1024854	810	-52	284
	5	981036	816	-44	244
	6	823946	834	-41	290
	7	945679	819	-45	261

2. 행과 열은 모두 두 레벨의 다중 인덱스로 레이블된다. 이제 이를 한 레벨로 만들어 보자. 열에 대해서는 다중 인덱스 메서드인 `.to_flat_index`를 사용한다. 각 레벨의 출력을 표시한 다음 이를 새로운 열 값으로 설정하기 전에 양쪽 레벨을 이어 붙여보자.

```
>>> airline_info.columns.get_level_values(0)
Index(['DIST', 'DIST', 'ARR_DELAY', 'ARR_DELAY'], dtype='object')
>>> airline_info.columns.get_level_values(1)
Index(['sum', 'mean', 'min', 'max'], dtype='object')

>>> airline_info.columns.to_flat_index()
Index([('DIST', 'sum'), ('DIST', 'mean'), ('ARR_DELAY', 'min'),
       ('ARR_DELAY', 'max')],
      dtype='object')

>>> airline_info.columns = ['_'.join(x) for x in
...     airline_info.columns.to_flat_index()]

>>> airline_info
               DIST_sum  DIST_mean  ARR_DELAY_min  ARR_DELAY_max
AIRLINE WEEKDAY
AA      1       1455386       1139            -60            551
        2       1358256       1107            -52            725
        3       1496665       1117            -45            473
        4       1452394       1089            -46            349
        5       1427749       1122            -41            732
...                  ...        ...            ...            ...
WN      3        997213        782            -38            262
```

398

	4	1024854	810	-52	284
	5	981036	816	-44	244
	6	823946	834	-41	290
	7	945679	819	-45	261

3. 행의 다중 인덱스를 빨리 없애는 방법은 `.reset_index` 메서드를 사용하는 것이다.

```
>>> airline_info.reset_index()
    AIRLINE    WEEKDAY  ...  ARR_DELAY_min  ARR_DELAY_max
0       AA          1  ...            -60            551
1       AA          2  ...            -52            725
2       AA          3  ...            -45            473
3       AA          4  ...            -46            349
4       AA          5  ...            -41            732
..      ...       ...  ...            ...            ...
93      WN          3  ...            -38            262
94      WN          4  ...            -52            284
95      WN          5  ...            -44            244
96      WN          6  ...            -41            290
97      WN          7  ...            -45            261
```

4. 코드를 재조정해 가독성을 높이자. pandas 0.25의 기능을 사용해 열을 자동으로 펼친다.

```
>>> (flights
...     .groupby(['AIRLINE', 'WEEKDAY'])
...     .agg(dist_sum=pd.NamedAgg(column='DIST', aggfunc='sum'),
...          dist_mean=pd.NamedAgg(column='DIST', aggfunc='mean'),
...          arr_delay_min=pd.NamedAgg(column='ARR_DELAY', aggfunc='min'),
...     arr_delay_max=pd.NamedAgg(column='ARR_DELAY', aggfunc='max'))
...     .astype(int)
```

```
...    .reset_index()
... )
    AIRLINE    WEEKDAY  ...  ARR_DELAY_min    ARR_DELAY_max
0     AA           1    ...           -60              551
1     AA           2    ...           -52              725
2     AA           3    ...           -45              473
3     AA           4    ...           -46              349
4     AA           5    ...           -41              732
..    ...        ...    ...           ...              ...
93    WN           3    ...           -38              262
94    WN           4    ...           -52              284
95    WN           5    ...           -44              244
96    WN           6    ...           -41              290
97    WN           7    ...           -45              261
```

작동 원리

복수 열에 `.agg` 메서드를 사용해 집계를 수행하면 pandas는 두 레벨의 인덱스 객체를 생성한다. 집계 열은 최상위 레벨이 되고, 집계 함수는 하위 레벨이 된다. pandas는 다중 인덱스를 단일 레벨 열과는 달리 표시한다. Jupyter나 파이썬 셸에서는 가장 안쪽의 레벨을 제외하고 반복된 인덱스 값은 표시되지 않는다. 1단계에서 DataFrame을 검사하면 확인할 수 있다. 예를 들어 **DIST** 열은 한 번만 나타나지만 첫 두 열을 모두 참조한다.

2단계는 먼저 다중 인덱스 메서드 `.get_level_values`를 사용해 각 수준의 기본값을 검색해 새 열을 정의한다. 이 메서드는 인덱스 레벨을 식별하는 정수를 취한다. 이는 외부(상단/왼쪽)에서 0부터 시작해 번호가 매겨진다. 여기서는 최근에 추가된 인덱스 메서드인 `.to_flat_index`를 리스트와 함께 사용해 각 열에 대한 문자열을 생성한다. 이 새로운 값을 열 속성에 할당한다.

3단계에서는 `.reset_index` 메서드를 사용해 두 인덱스 레벨을 열로 펼친다. 이 방

400

법은 쉬운데, 개인적으로는 열 이름 압축에도 비슷한 방법이 있었으면 좋겠다는 바람이 있다.

4단계에서는 NamedAgg 클래스(pandas 0.25에 새로 구현)를 사용해 펼쳐진 집계 열을 생성했다.

추가 사항

기본적으로 groupby 작업이 끝나면 pandas는 모든 그룹화 열을 인덱스에 넣는다. 이 동작을 피하려면 **.groupby** 메서드의 as_index 매개변수를 False로 설정할 수 있다. 그룹화한 후 .reset_index 메서드를 체인시키면 **3**단계와 동일한 효과를 얻을 수 있다. 각 항공사에서 항공편당 평균 비행거리를 찾는 예를 통해 이를 살펴보자.

```
>>> (flights
...     .groupby(['AIRLINE'], as_index=False)
...     ['DIST']
...     .agg('mean')
...     .round(0)
... )
    AIRLINE    DIST
0        AA  1114.0
1        AS  1066.0
2        B6  1772.0
3        DL   866.0
4        EV   460.0
..      ...     ...
9        OO   511.0
10       UA  1231.0
11       US  1181.0
12       VX  1240.0
13       WN   810.0
```

이전 결과에서 항공사의 순서를 살펴보라. 기본적으로 pandas는 그룹화 열을 정렬한다. sort 매개변수는 .groupby 메서드 내에 존재하며 기본값은 True다. 그룹화 열의 순서를 데이터셋에서 데이터가 나타나는 순서와 동일하게 유지하려면 sort 값을 False로 설정할 수 있다. 데이터를 정렬하지 않으면 성능이 약간 향상된다.

▌사용자 정의 집계 함수를 사용한 그룹화

pandas는 groupby 객체와 함께 사용할 수 있는 여러 집계 함수를 제공한다. 언젠가는 pandas나 NumPy에는 없는 사용자 정의 함수를 직접 작성해야 할 수도 있다.

이번 예제에서는 college 데이터셋을 사용해 주^{state}당 학부생 수의 평균과 표준 편차를 계산한다. 그런 다음 이 정보를 사용해 각 주별로 평균에서의 최대 표준 편차를 찾는다.

작동 방법

1. college 데이터셋을 읽고 각 주별로 학부생 수의 평균과 표준 편차를 찾는다.

```
>>> college = pd.read_csv('data/college.csv')
>>> (college
...     .groupby('STABBR')
...     ['UGDS']
...     .agg(['mean', 'std'])
...     .round(0)
... )
          mean      std
```

```
STABBR
AK       2493.0     4052.0
AL       2790.0     4658.0
AR       1644.0     3143.0
AS       1276.0       NaN
AZ       4130.0    14894.0
...         ...       ...
VT       1513.0     2194.0
WA       2271.0     4124.0
WI       2655.0     4615.0
WV       1758.0     5957.0
WY       2244.0     2745.0
```

2. 원하던 결과와는 조금 다르다. 전체 그룹의 평균과 표준 편차를 찾고 있는 것이 아니라 한 기관의 평균에서 최대 표준 편차를 찾고 있다. 이를 계산하려면 각 기관의 학부생 수에서 주별 평균 학부생 수를 빼고 표준 편차로 나눠야 한다. 이를 통해 각 그룹의 학부생 수가 표준화된다. 그런 다음 이 점수에서 절댓값의 최대를 구해 평균에서 가장 먼 것을 찾을 수 있다. pandas는 이를 수행할 수 있는 함수를 제공하지 않는 대신 맞춤형 함수를 직접 생성해야 한다.

```
>>> def max_deviation(s):
...     std_score = (s - s.mean()) / s.std()
...     return std_score.abs().max()
```

3. 함수를 정의한 후 **.agg** 메서드에 직접 전달해 집계를 완료한다.

```
>>> (college
...     .groupby('STABBR')
...     ['UGDS']
```

```
...    .agg(max_deviation)
...    .round(1)
... )
STABBR
AK     2.6
AL     5.8
AR     6.3
AS     NaN
AZ     9.9
       ...
VT     3.8
WA     6.6
WI     5.8
WV     7.2
WY     2.8
Name: UGDS, Length: 59, dtype: f loat64
```

작동 원리

평균에서의 최대 표준 편차를 계산하는 내장 pandas 함수는 없기 때문에 직접 함수를 작성해야 한다. 사용자 정의 함수 max_deviation은 단일 매개변수 s를 취한다는 점에 주목하자.

3단계에서 함수가 직접 호출되지 않고 .agg 메서드 내에 함수 이름이 지정됨을 알 수 있다. 매개변수 s가 max_deviation에 명시적으로 전달된 곳은 없다. 대신 pandas는 묵시적으로 UGDS 열을 Series로 max_deviation에 전달한다.

max_deviation 함수는 그룹마다 한 번씩 호출된다. s는 Series이므로 모든 일반 Series 메서드를 사용할 수 있다. 표준화라는 프로세스를 따라 표준 편차로 나누기 전에 그룹의 각 값에서 특정 그룹의 평균을 뺀다.

여기서는 평균에서의 절대 편차에 관심이 있으므로 모든 표준화된 점수에서 절대

404

치를 가져와 최댓값을 반환한다. `.agg` 메서드는 함수에서 스칼라를 반환해야 한다. 그렇지 않으면 예외가 발생한다.

pandas의 기본 설정은 단순 표준 편차를 사용하는 것으로, 단일 값만 가진 그룹에 대해서는 정의되지 않는다. 예를 들어 주 약어가 **AS**인 아메리칸 사모아[American Samoa]는 데이터셋에 단 하나의 기관만 있으므로 결측치가 반환됐다.

추가 사항

사용자 정의 함수는 복수 개의 집계 열에도 적용할 수 있다. 단순히 인덱스 연산자에 더 많은 열 이름을 추가하기만 하면 된다. max_deviation 함수는 오직 수치 열하고만 작동한다.

```
>>> (college
...     .groupby('STABBR')
...     [['UGDS', 'SATVRMID', 'SATMTMID']]
...     .agg(max_deviation)
...     .round(1)
... )
        UGDS    SATVRMID    SATMTMID
STABBR
AK      2.6      NaN         NaN
AL      5.8      1.6         1.8
AR      6.3      2.2         2.3
AS      NaN      NaN         NaN
AZ      9.9      1.9         1.4
...     ...      ...         ...
VT      3.8      1.9         1.9
WA      6.6      2.2         2.0
WI      5.8      2.4         2.2
WV      7.2      1.7         2.1
WY      2.8      NaN         NaN
```

내장된 함수와 함께 사용자 정의 집계 함수를 함께 사용할 수도 있다. 다음 예제는 주와 종교 단체별로 이러한 연산을 수행하는 경우다.

```
>>> (college
...     .groupby(['STABBR', 'RELAFFIL'])
...     [['UGDS', 'SATVRMID', 'SATMTMID']]
...     .agg([max_deviation, 'mean', 'std'])
...     .round(1)
... )
```

		UGDS		...	SATMTMID	
		max_deviation	mean	...	mean	std
STABBR	RELAFFIL			...		
AK	0	2.1	3508.9	...	NaN	NaN
	1	1.1	123.3	...	503.0	NaN
AL	0	5.2	3248.8	...	515.8	56.7
	1	2.4	979.7	...	485.6	61.4
AR	0	5.8	1793.7	...	503.6	39.0
...		...	...	...	...	...
WI	0	5.3	2879.1	...	591.2	85.7
	1	3.4	1716.2	...	526.6	42.5
WV	0	6.9	1873.9	...	480.0	27.7
	1	1.3	716.4	...	484.8	17.7
WY	0	2.8	2244.4	...	540.0	NaN

pandas는 함수 이름을 반환된 열의 이름으로 사용한다. .rename 메서드를 사용하면 열 이름을 직접 변경할 수 있고 또는 .__name__ 함수 속성을 사용해 수정할 수도 있다.

```
>>> max_deviation.__name__
'max_deviation'
>>> max_deviation.__name__ = 'Max Deviation'
>>> (college
...     .groupby(['STABBR', 'RELAFFIL'])
```

```
...    [['UGDS', 'SATVRMID', 'SATMTMID']]
...    .agg([max_deviation, 'mean', 'std'])
...    .round(1)
... )
```

STABBR	RELAFFIL	UGDS Max Deviation	mean	...	SATMTMID mean	std
AK	0	2.1	3508.9	...	NaN	NaN
	1	1.1	123.3	...	503.0	NaN
AL	0	5.2	3248.8	...	515.8	56.7
	1	2.4	979.7	...	485.6	61.4
AR	0	5.8	1793.7	...	503.6	39.0
...		...	...	...	...	...
WI	0	5.3	2879.1	...	591.2	85.7
	1	3.4	1716.2	...	526.6	42.5
WV	0	6.9	1873.9	...	480.0	27.7
	1	1.3	716.4	...	484.8	17.7
WY	0	2.8	2244.4	...	540.0	NaN

▌*args와 **kwargs를 사용한 집계 함수 사용자 정의

사용자 정의 집계 함수를 작성할 때 pandas는 묵시적으로 각 집계 열을 Series로 한 번에 하나씩 전달한다. 간혹 Series 자체와 함께 더 많은 인수를 함수에 전달할 필요가 있다. 그렇게 하려면 함수에 임의의 개수의 인수를 전달할 수 있는 파이썬 기능을 알고 있어야 한다.

.agg 함수의 서명^{signature}은 agg(func, *args, **kwargs)다. func 매개변수는 축소 함수로, 축소 메서드의 문자열 이름, 축소 함수의 리스트나 열과 함수 또는 열과 함수 리스트를 매핑시키는 딕셔너리일 수 있다. 또한 앞에서 살펴본 것처럼 키워드 인수를 사용해 네임드 집계를 만들 수 있다.

사용하고 싶은 추가 인수를 전달할 수 있는 축소 함수의 경우 *args와 **kwargs 매개변수를 사용해 인수를 축소 함수에 전달할 수 있다. *args를 사용하면 임의의 개수의 위치 인수를 사용자 정의 집계 함수에 전달할 수 있다. 마찬가지로 **kwargs를 사용하면 임의의 개수의 키워드 인수를 전달할 수 있다.

이 예제에서는 학부생 중 주와 종교별로 주어진 두 값 사이에 있는 학교 비율을 찾는 사용자 정의 함수를 구축한다.

작동 방법

1. 학부생 비율이 1,000에서 3,000 사이인 학교의 비율을 반환하는 함수를 정의한다.

```
>>> def pct_between_1_3k(s):
...     return (s
...         .between(1_000, 3_000)
...         .mean()
...         * 100
...     )
```

2. 주와 종교에 대해 그룹화하고 비율을 계산한다.

```
>>> (college
...     .groupby(['STABBR', 'RELAFFIL'])
...     ['UGDS']
...     .agg(pct_between_1_3k)
...     .round(1)
... )
        STABBR    RELAFFIL
AK          0        14.3
            1         0.0
```

```
AL       0         23.6
AR       0         27.9
                    ...
WI       0         13.8
         1         36.0
WV       0         24.6
         1         37.5
WY       0         54.5
Name: UGDS, Length: 112, dtype: float64
```

3. 이 함수는 잘 작동하지만 하한과 상한을 사용자가 지정할 수 있는 방법이 없다. 이제 새로운 함수를 만들어 상한과 하한을 사용자가 지정할 수 있게 해보자.

```
>>> def pct_between(s, low, high):
...     return s.between(low, high).mean() * 100
```

4. 새 함수를 하한 및 상한과 함께 .agg 메서드에 전달한다.

```
>>> (college
...     .groupby(['STABBR', 'RELAFFIL'])
...     ['UGDS']
...     .agg(pct_between, 1_000, 10_000)
...     .round(1)
... )
        STABBR    RELAFFIL
AK      0         42.9
        1         0.0
AL      0         45.8
        1         37.5
AR      0         39.7
                  ...
```

```
WI          0       31.0
            1       44.0
WV          0       29.2
            1       37.5
WY          0       72.7
Name: UGDS, Length: 112, dtype: float64
```

작동 원리

1단계에서는 추가 인수를 받지 못하는 함수를 만든다. 상한과 하한은 함수 내부에 하드 코딩되며, 이는 매우 유연하지 못하다. 2단계는 집계 결과를 보여준다.

3단계에서는 좀 더 유연한 함수를 작성해 하한과 상한을 모두 동적으로 매개변수화한다. 4단계는 *args와 **kwargs의 마법이 작용하는 곳이다. 이 특정 예제에서는 비키워드^{non-keyword}의 두 개 인수 1_000과 10_000을 .agg 메서드에 전달했다. pandas는 이 두 인수를 각각 pct_between의 low와 high 매개변수에 전달한다.

4난계와 동일한 결과를 얻을 수 있는 몇 가지 방법이 있다. 명시적으로 키워드 매개변수를 사용해 동일한 결과를 얻을 수도 있다.

```
(college
    .groupby(['STABBR', 'RELAFFIL'])
    ['UGDS']
    .agg(pct_between, high=10_000, low=1_000)
    .round(1)
)
```

410

추가 사항

복수 집계 함수를 호출하면서 일부 매개변수를 직접 제공하고 싶다면 파이썬의 클로저closure 기능을 사용해 매개변수가 호출 환경에서 닫힌closed 상태로 되는 새로운 함수를 생성해야 한다.

```
>>> def between_n_m(n, m):
...     def wrapper(ser):
...         return pct_between(ser, n, m)
...     wrapper.__name__ = f'between_{n}_{m}'
...     return wrapper

>>> (college
...     .groupby(['STABBR', 'RELAFFIL'])
...     ['UGDS']
...     .agg([between_n_m(1_000, 10_000), 'max', 'mean'])
...     .round(1)
... )
```

		between_1000_10000	max	mean
STABBR	RELAFFIL			
AK	0	42.9	12865.0	3508.9
	1	0.0	275.0	123.3
AL	0	45.8	29851.0	3248.8
	1	37.5	3033.0	979.7
AR	0	39.7	21405.0	1793.7
...		...	...	...
WI	0	31.0	29302.0	2879.1
	1	44.0	8212.0	1716.2
WV	0	29.2	44924.0	1873.9
	1	37.5	1375.0	716.4
WY	0	72.7	9910.0	2244.4

▌groupby 객체 검사

DataFrame에서 .groupby 메서드를 사용한 결과는 groupby 객체다. 일반적으로 이 중간 객체 값을 변수에 따로 저장하지 않고 체인을 사용해 집계나 변환을 수행한다.

이 예제에서는 groupby 객체를 조사해 개별 그룹을 살펴본다.

작동 방법

1. college 데이터셋에서 주와 종교 열을 그룹화하면서 시작하자. 형식을 살펴보고자 결과를 변수에 저장한다.

```
>>> college = pd.read_csv('data/college.csv')
>>> grouped = college.groupby(['STABBR', 'RELAFFIL'])
>>> type(grouped)
<class 'pandas.core.groupby.generic.DataFrameGroupBy'>
```

2. dir 함수를 사용해 groupby 객체에 어떤 속성이 있는지 알아보자.

```
>>> print([attr for attr in dir(grouped) if not
...    attr.startswith('_')])
['CITY', 'CURROPER', 'DISTANCEONLY', 'GRAD_DEBT_MDN_SUPP', 'HBCU',
'INSTNM',
'MD_EARN_ WNE_P10', 'MENONLY', 'PCTFLOAN', 'PCTPELL', 'PPTUG_EF',
'RELAFFIL',
'SATMTMID', 'SATVRMID' , 'STABBR', 'UG25ABV', 'UGDS', 'UGDS_2MOR',
'UGDS_AIAN',
'UGDS_ASIAN', 'UGDS_BLACK', 'UGDS _HISP', 'UGDS_NHPI', 'UGDS_NRA',
'UGDS_UNKN',
'UGDS_WHITE', 'WOMENONLY', 'agg', 'aggregate ', 'all', 'any',
'apply',
'backfill', 'bfill', 'boxplot', 'corr', 'corrwith', 'count', 'cov',
```

```
'cumcount',
'cummax', 'cummin', 'cumprod', 'cumsum', 'describe', 'diff',
'dtypes', 'ex
panding', 'ffill', 'fillna', 'filter', 'first', 'get_group',
'groups', 'head',
'hist', 'id xmax', 'idxmin', 'indices', 'last', 'mad', 'max',
'mean', 'median',
'min', 'ndim', 'ngroup ', 'ngroups', 'nth', 'nunique', 'ohlc',
'pad',
'pct_change', 'pipe', 'plot', 'prod', 'quan tile', 'rank',
'resample',
'rolling', 'sem', 'shift', 'size', 'skew', 'std', 'sum', 'tail' ,
'take',
'transform', 'tshift', 'var']
```

3. `.ngroups` 속성을 통해 그룹 개수를 알아보자.

```
>>> grouped.ngroups
112
```

4. 각 그룹의 고유 식별 레이블을 찾으려면 각 고유 그룹을 인덱스 레이블에 매핑해 둔 딕셔너리를 가진 `.group` 속성을 살펴보라. 여기서는 두 개의 열로 그룹화됐으므로 각 키의 튜플은 STABBR 열에 대한 값과 RELAFFIL 열에 대한 값을 가진다.

```
>>> groups = list(grouped.groups)
>>> groups[:6]
[('AK', 0), ('AK', 1), ('AL', 0), ('AL', 1), ('AR', 0), ('AR', 1)]
```

5. .get_group 메서드에 그룹의 레이블이 있는 튜플을 전달해 단일 그룹을 추출한다. 예를 들어 플로리다 주에서 종교와 연계된 학교를 찾으려면 다음과 같이 한다.

```
>>> grouped.get_group(('FL', 1))
         INSTNM          CITY ... MD_EARN_WNE_P10  GRAD_DEBT_MDN_SUPP
712   The Bapt...   Graceville ...          30800               20052
713   Barry Un...       Miami ...          44100               28250
714   Gooding ... Panama City ...            NaN          PrivacyS...
715   Bethune-... Daytona ... ...          29400               36250
724   Johnson ...   Kissimmee ...          26300               20199
...           ...        ... ...            ...                 ...
7486  Strayer ... Coral Sp... ...          49200             36173.5
7487  Strayer ... Fort Lau... ...          49200             36173.5
7488  Strayer ...     Miramar ...          49200             36173.5
7489  Strayer ...       Miami ...          49200             36173.5
7490  Strayer ...       Miami ...          49200             36173.5
```

6. 각 개별 그룹을 들여다보고 싶을 수 있다. groupby 객체는 이터러블[iterable]이기 때문에 가능하다. Jupyter를 쓰고 있다면 display 함수를 활용해 단일 셀에서 각 그룹을 볼 수 있다(display를 활용하지 않으면 Jupyter는 셀의 최종 문장의 결과만 보여준다).

```
from IPython.display import display
    for name, group in grouped:
        print(name)
        display(group.head(3))
```

```
In [111]:  from IPython.display import display
           for name, group in grouped:
               print(name)
               display(group.head(3))
```

AK

INSTNM	CITY	STABBR	...	MD_EARN_WNE_P10	GRAD_DEBT_MDN_SUPP
University of Alaska Anchorage	Anchorage	AK	...	42500	19449.5
Alaska Bible College	Palmer	AK	...	NaN	PrivacyS...
University of Alaska Fairbanks	Fairbanks	AK	...	36200	19355

3 rows × 26 columns

AL

INSTNM	CITY	STABBR	...	MD_EARN_WNE_P10	GRAD_DEBT_MDN_SUPP
Alabama A & M University	Normal	AL	...	30300	33888
University of Alabama at Birmingham	Birmingham	AL	...	39700	21941.5
Amridge University	Montgomery	AL	...	40100	23370

3 rows × 26 columns

여러 DataFrame을 표시

나는 일반적으로 그룹에 어떤 함수를 적용할지 판단하고자 단일 그룹의
데이터 예제를 보곤 한다. 그룹화하려는 열의 값 이름을 알고 있는 경우라
면 이전 단계를 사용할 수 있다. 종종 이름을 모르더라도 전체 그룹 보기를
원치 않을 때도 있다. 다음은 그룹의 형태를 판단하기에 충분한 디버깅 코
드의 일부다.

```
>>> for name, group in grouped:
...     print(name)
...     print(group)
...     break
('AK', 0)
```

	INSTNM	CITY	...	MD_EARN_WNE_P10	GRAD_DEBT_MDN_SUPP
60	Universi...	Anchorage	...	42500	19449.5
62	Universi...	Fairbanks	...	36200	19355
63	Universi...	Juneau	...	37400	16875
65	AVTEC-Al...	Seward	...	33500	PrivacyS...
66	Charter ...	Anchorage	...	39200	13875
67	Alaska C...	Anchorage	...	28700	8994
5171	Ilisagvi...	Barrow	...	24900	PrivacyS...

7. groupby 객체에 **.head** 메서드를 호출해서도 각 그룹의 첫 번째 행을 단일
   DataFrame에 받을 수 있다.

```
>>> grouped.head(2)
```

	INSTNM	CITY	...	MD_EARN_WNE_P10	GRAD_DEBT_MDN_SUPP
0	Alabama ...	Normal	...	30300	33888
1	Universi...	Birmingham	...	39700	21941.5
2	Amridge ...	Montgomery	...	40100	23370
10	Birmingh...	Birmingham	...	44200	27000
43	Prince I...	Elmhurst	...	PrivacyS...	20992
...	...	...	...	...	...
5289	Pacific ...	Mangilao	...	PrivacyS...	PrivacyS...
6439	Touro Un...	Henderson	...	NaN	PrivacyS...
7352	Marinell...	Henderson	...	21200	9796.5
7404	Universi...	St. Croix	...	31800	15150
7419	Computer...	Las Cruces	...	21300	1425 0

작동 원리

1단계에서는 groupby 객체를 만든다. 2단계에서 수행한 것처럼 객체의 기능을 알
아보고자 모든 공용 속성과 메서드를 표시할 수 있다. 각 그룹은 그룹화 열의 고윳
값 조합을 가진 튜플에 의해 고유하게 식별된다. pandas에서는 5단계에 설명된

416

.get_group 메서드를 사용해 특정 그룹을 DataFrame으로 선택할 수 있다.

그룹을 반복해야 하는 경우는 거의 없다. 실제로는 속도가 느릴 수 있으므로 피해야 한다. 그러나 종종 다른 선택의 여지가 없다. groupby 객체를 반복할 때 그룹이름이 포함된 튜플과 그룹화 열이 인덱스로 이동된 DataFrame이 제공된다. 이튜플은 6단계의 for 루프에서 name과 group 변수에 펼쳐진다.

그룹을 반복하는 동안 할 수 있는 한 가지는 각 그룹의 일부 행을 노트북에 직접표시하는 것이다. 이렇게 하려면 Jupyter를 사용하는 경우 IPython.display 모듈의 print 함수나 display 함수를 사용할 수 있다.

추가 사항

2단계의 리스트에서 살펴보지 않은 몇 가지 유용한 메서드가 있다. 예컨대 정수리스트가 제공될 때 각 그룹에서 해당 행을 선택하는 .nth 메서드를 사용할 수 있다. 예를 들어 다음 연산은 각 그룹에서 첫 번째와 마지막 행을 선택한다.

```
>>> grouped.nth([1, -1])
                    INSTNM        CITY  ...  MD_EARN_WNE_P10
STABBR RELAFFIL                         ...
AK     0          Universi...   Fairbanks  ...            36200
       0          Ilisagvi...      Barrow  ...            24900
       1          Alaska P...   Anchorage  ...            47000
       1          Alaska C...    Soldotna  ...              NaN
AL     0          Universi...  Birmingham  ...            39700
...                      ...         ...  ...              ...
WV     0          BridgeVa...   South C...  ...              NaN
       1          Appalach...  Mount Hope  ...            28700
       1          West Vir...  Nutter Fort  ...            16700
WY     0          Central ...    Riverton  ...            25200
       0          CollegeA...    Cheyenne  ...            25600
```

▌소수 인종이 과반인 주를 필터링

이전에는 불리언 배열을 사용해 행을 필터링하는 방법을 살펴봤다. 비슷한 방식으로 .groupby 메서드를 사용할 때 그룹을 필터링할 수 있다. groupby 객체의 .filter 메서드는 그룹을 유지할 것인지 여부를 나타내는 True 또는 False 값을 반환하는 함수를 취한다.

.groupby 메서드를 호출한 후 적용되는 .filter 메서드는 2장에서 다룬 DataFrame .filter 메서드와는 완전히 다르다.

한 가지 알아둘 것은 .filter 메서드를 적용하더라도 그룹화 열이 인덱스로 되지 않고 원래 인덱스를 그대로 유지한다는 점이다. DataFrame .filter 메서드는 값이 아닌 열을 필터링한다.

이 예제에서는 college 데이터셋을 사용해 백인이 아닌 학부생이 백인 학부생보다 더 많은 모든 주를 찾는다. 이는 미국의 데이터셋으로, 백인이 대부분을 차지할 것이므로 소수 인종이 다수인 도시를 찾는 셈이다.

작동 방법

1. college 데이터셋을 읽고 주별로 그룹화한 다음 전체 그룹 수를 표시한다. 이 수는 .nunique Series 메서드에서 검색한 고유 주^{state}의 개수와 같아야 한다.

```
>>> college = pd.read_csv('data/college.csv', index_col='INSTNM')
>>> grouped = college.groupby('STABBR')
>>> grouped.ngroups
59
>>> college['STABBR'].nunique() # 숫자가 같은지 검증
59
```

418

2. 그룹화 변수는 `.filter` 메서드를 갖고 있는데, 그룹을 유지할지 결정하는 사용자 정의 함수를 취한다. 사용자 정의 함수는 현재 그룹의 DataFrame을 취하고 불리언을 반환해야 한다. 소수 학생의 총 백분율을 계산하고 이 백분율이 사용자 정의 임곗값보다 큰 경우 True를 반환하는 함수를 정의해보자.

```
>>> def check_minority(df, threshold):
...     minority_pct = 1 - df['UGDS_WHITE']
...     total_minority = (df['UGDS'] * minority_pct).sum()
...     total_ugds = df['UGDS'].sum()
...     total_minority_pct = total_minority / total_ugds
...     return total_minority_pct > threshold
```

3. `.filter` 메서드에 check_minority 함수와 50%의 임곗값을 줘서 소수 인종이 과반인 모든 주를 찾아본다.

```
>>> college_filtered = grouped.filter(check_minority, threshold=.5)
>>> college_filtered
                   CITY STABBR ... MD_EARN_WNE_P10 GRAD_DEBT_MDN_SUPP
INSTNM                          ...
Everest C...     Phoenix     AZ ...           28600               9500
Collins C...     Phoenix     AZ ...           25700              47000
Empire Be...     Phoenix     AZ ...           17800               9588
Empire Be...      Tucson     AZ ...           18200               9833
Thunderbi...    Glendale     AZ ...          118900           PrivacyS...
...                   ...    ... ...             ...                ...
WestMed C...      Merced     CA ...             NaN              15623
Vantage C...     El Paso     TX ...             NaN               9500
SAE Insti...  Emeryville     CA ...             NaN               9500
Bay Area ...    San Jose     CA ...             NaN           PrivacyS...
Excel Lea... San Antonio     TX ...             NaN              12125
```

4. 출력만 봐서는 무슨 일이 있었는지 잘 모를 수 있다. DataFrame은 알라스카(AK)가 아닌 애리조나(AZ) 주로 시작하므로 시각적으로 무언가 바뀌었음을 확인할 수 있다. 이 필터링된 DataFrame의 모양을 원본과 비교해보자. 결과를 살펴보면 약 60%의 행이 필터링됐으며 소수 인종이 과반이 넘는 20개 주만이 남아 있다.

```
>>> college.shape
(7535, 26)
>>> college_filtered.shape
(3028, 26)
>>> college_filtered['STABBR'].nunique ()
20
```

작동 원리

이 예제는 모든 기관의 전체 인구를 주 단위로 살펴본다. 목표는 소수 인종이 다수인 주 전체의 모든 행을 유지하는 것이다. 이를 위해서는 주 단위로 데이터를 그룹화해야 하는데, 이는 1단계에서 수행했다. 59개의 독립적인 그룹이 있음을 알았다.

groupby 메서드 .filter는 그룹 내의 모든 행을 유지하거나 필터링하고 열 개수는 변경되지 않는다. groupby 메서드 .filter는 예제에서 사용자 정의 함수 check_minority를 통해 작업을 수행한다. 사용자 정의 함수는 각 그룹의 DataFrame을 취하며 불리언을 반환해야 한다.

check_minority 함수 내에서 각 기관의 백인이 아닌 학생의 총 수를 먼저 계산한 다음 모든 학생의 총 수를 계산한다. 마지막으로 전체 주에 대한 백인이 아닌 학생들의 비율을 주어진 임곗값과 비교해 불리언 값이 생성된다.

최종 결과는 원본과 동일한 열(그리고 동일한 인덱스, 그러나 그룹화된 인덱스는 아님)

을 갖지만 임곗값 조건을 충족한 행이 있는 DataFrame이다. 필터링된 DataFrame의 헤드가 원본과 우연히 동일할 수 있으므로 작업이 성공적으로 완료됐는지 확인해봐야 한다. 이를 위해 행수와 고유 주의 개수를 확인한다.

추가 사항

check_minority 함수는 유연하며, 소수 인종 비율의 임곗값을 낮추거나 높이는 매개변수를 허용한다. 몇 가지 다른 임곗값의 모양과 고유 주의 개수를 확인하자.

```
>>> college_filtered_20 = grouped.filter(check_minority, threshold=.2)
>>> college_filtered_20.shape
(7461, 26)
>>> college_filtered_20['STABBR'].nunique()
57
>>> college_filtered_70 = grouped.filter(check_minority, threshold=.7)
>>> college_filtered_70.shape
(957, 26)
>>> college_filtered_70['STABBR'].nuniq ue()
10
```

▌ 체중 감량 내기를 통한 변신

체중 감량의 동기를 높이는 방법 중 하나는 다른 사람과 내기를 하는 것이다. 이 예제의 시나리오는 4개월 동안 두 사람의 체중 감소를 추적해 승자를 결정하는 것이다.

이 예제에서는 두 사람의 시뮬레이션 데이터를 사용해 4개월 동안의 체중 감소 백분율을 추적한다. 매월 말에 그 달 동안 가장 높은 비율의 감량을 한 개인을 기준으로 승자를 발표한다. 체중 감량을 추적하고자 데이터를 월과 사람별로 그룹화한

다음 .transform 메서드를 호출해 월초와 비교해 매주 체중 감량 변화율을 찾는다.

이 예제에서는 .transform 메서드를 사용한다. 이 메서드는 원래 DataFrame의 인 덱스를 유지하지만 데이터 그룹에서 계산을 수행할 수 있는 새 객체를 반환한다.

작동 방법

1. weight_loss 데이터셋을 읽은 다음 에이미Amy와 밥Bob 두 사람의 첫 달 체중 을 조사한다. 매월 네 번의 계측이 이뤄진다.

```
>>> weight_loss = pd.read_csv('data/weight_loss.csv')
>>> weight_loss.query('Month == "Jan"')
   Name Month    Week  Weight
0   Bob   Jan  Week 1     291
1   Amy   Jan  Week 1     197
2   Bob   Jan  Week 2     288
3   Amy   Jan  Week 2     189
4   Bob   Jan  Week 3     283
5   Amy   Jan  Week 3     189
6   Bob   Jan  Week 4     283
7   Amy   Jan  Week 4     190
```

2. 각 월의 승자를 가리려면 각 월의 첫 주와 마지막 주의 체중 감소를 비교하 면 된다. 그러나 주별로 상황을 보기를 원하므로 해당 주와 첫 주의 체중을 비교하면 된다. 이제 주별 상황을 갱신해주는 함수를 만들어 보자. 이 함 수는 Series를 취한 다음 동일한 크기의 Series를 반환한다.

```
>>> def percent_loss(s):
...     return ((s - s.iloc[0]) / s.iloc[0]) * 100
```

3. 1월에 대해 밥의 체중 변화를 이 함수로 알아보자.

```
>>> (weight_loss
...     .query('Name=="Bob" and Month=="Jan"')
...     ['Weight']
...     .pipe(percent_loss)
... )
0     0.000000
2    -1.030928
4    -2.749141
6    -2.749141
Name: Weight, dtype: float64
```

4. 첫 주에 밥은 1% 감량했다. 두 번째 주도 감량했지만 마지막 주는 변화가 없다. 이 함수는 첫 주 대비 체중 변화를 보고자 누구든 사람과 해당 월만 정의하면 적용할 수 있다. 이를 위해 데이터를 Name과 Month로 그룹화하고 사용자 정의 함수를 적용하고자 .transform 메서드를 사용한다. .transform에 전달하는 함수는 전달된 그룹의 인덱스는 유지해야 하고, 따라서 percent_loss를 사용할 수 있다.

```
>>> (weight_loss
...     .groupby(['Name', 'Month'])
...     ['Weight']
...     .transform(percent_loss)
... )
0      0.000000
1      0.000000
2     -1.030928
3     -4.060914
4     -2.749141
        ...
27    -3.529412
```

```
28     -3.065134
29     -3.529412
30     -4.214559
31     -5.294118
Name: Weight, Length: 32, dtype: float64
```

5. `.transform` 메서드는 전달된 것과 동일한 인덱스(그리고 동일한 수의 행)를 가진 객체를 반환하는 함수를 취한다. 인덱스가 같으므로 열로 삽입할 수 있다. `.transform` 메서드는 그룹 정보를 요약한 다음 원래 DataFrame에 다시 추가하는 데 유용하다. 또한 2개월에 걸친 밥의 데이터를 살펴보자.

```
>>> (weight_loss
...     .assign(percent_loss=(weight_loss
...         .groupby(['Name', 'Month'])
...         ['Weight']
...         .transform(percent_loss)
...         .round(1)))
...     .query('Name=="Bob" and Month in ["Jan", "Feb"]')
... )
     Name  Month   Week   Weight   percent_loss
0    Bob    Jan   Week 1    291           0.0
2    Bob    Jan   Week 2    288          -1.0
4    Bob    Jan   Week 3    283          -2.7
6    Bob    Jan   Week 4    283          -2.7
8    Bob    Feb   Week 1    283           0.0
10   Bob    Feb   Week 2    275          -2.8
12   Bob    Feb   Week 3    268          -5.3
14   Bob    Feb   Week 4    268          -5.3
```

6. 체중 감량의 백분율은 새로운 달이 시작되면 재설정된다는 점에 유의하자. 이 새로운 percent_loss 열을 사용하면 수작업으로 승자를 결정할 수 있지만 자동으로 수행할 수 있는 방법을 찾을 수 있다. 중요한 주는 오직

마지막 주이므로 Week 4를 선택한다.

```
>>> (weight_loss
...     .assign(percent_loss=(weight_loss
...         .groupby(['Name', 'Month'])
...         ['Weight']
...         .transform(percent_loss)
...         .round(1)))
...     .query('Week == "Week 4"')
... )
     Name  Month   Week  Weight  percent_loss
6     Bob    Jan  Week 4     283          -2.7
7     Amy    Jan  Week 4     190          -3.6
14    Bob    Feb  Week 4     268          -5.3
15    Amy    Feb  Week 4     173          -8.9
22    Bob    Mar  Week 4     261          -2.6
23    Amy    Mar  Week 4     170          -1.7
30    Bob    Apr  Week 4     250          -4.2
31    Amy    Apr  Week 4     161          -5.3
```

7. 이를 통해 주를 좁힐 수 있지만 여전히 각 월의 승자를 자동으로 찾아내지는 못한다. 이제 밥과 에이미의 체중 감량 비율이 매월 나란히 나타나도록 .pivot 메서드로 이 데이터를 재구성해보자.

```
>>> (weight_loss
...     .assign(percent_loss=(weight_loss
...         .groupby(['Name', 'Month'])
...         ['Weight']
...         .transform(percent_loss)
...         .round(1)))
...     .query('Week == "Week 4"')
...     .pivot(index='Month', columns='Name',
...         values='percent_loss')
```

```
...   )
Name    Amy    Bob
Month
Apr    -5.3   -4.2
Feb    -8.9   -5.3
Jan    -3.6   -2.7
Mar    -1.7   -2.6
```

8. 이 출력은 해당 월의 승자가 누구인지 뚜렷이 보여주지만 여전히 몇 단계 더 작업이 필요하다. NumPy에는 where라는 이름의 벡터화된 if then else 함수가 있어 Series나 불리언 배열을 다른 값에 매핑할 수 있다. 이제 winner 열에 우승자 이름을 저장한다.

```
>>> (weight_loss
...     .assign(percent_loss=(weight_loss
...         .groupby(['Name', 'Month'])
...         ['Weight']
...         .transform(percent_loss)
...         .round(1)))
...     .query('Week == "Week 4"')
...     .pivot(index='Month', columns='Name',
...         values='percent_loss')
...     .assign(winner=lambda df_:
...         np.where(df_.Amy < df_.Bob, 'Amy', 'Bob'))
...   )
Name    Amy    Bob    winner
Month
Apr    -5.3   -4.2     Amy
Feb    -8.9   -5.3     Amy
Jan    -3.6   -2.7     Amy
Mar    -1.7   -2.6     Bob
```

Jupyter에서는 .style 속성을 사용해 각 월의 승리 비율을 강조할 수 있다.

```
(weight_loss
    .assign(percent_loss=(weight_loss
        .groupby(['Name', 'Month'])
        ['Weight']
        .transform(percent_loss)
        .round(1)))
    .query('Week == "Week 4"')
    .pivot(index='Month', columns='Name',
        values='percent_loss')
    .assign(winner=lambda df_:
        np.where(df_.Amy < df_.Bob, 'Amy', 'Bob'))
    .style.highlight_min(axis=1)
)
```

```
In [112]: (weight_loss
              .assign(percent_loss=(weight_loss
                  .groupby(['Name', 'Month'])
                  ['Weight']
                  .transform(percent_loss)
                  .round(1)))
              .query('Week == "Week 4"')
              .pivot(index='Month', columns='Name',
                  values='percent_loss')
              .assign(winner=lambda df_:
                  np.where(df_.Amy < df_.Bob, 'Amy', 'Bob'))
              .style.highlight_min(axis=1)
          )
```

Out[112]:

Name	Amy	Bob	winner
Month			
Apr	-5.3	-4.2	Amy
Feb	-8.9	-5.3	Amy
Jan	-3.6	-2.7	Amy
Mar	-1.7	-2.6	Bob

최소를 강조

9. .value_counts 메서드를 사용하면 최종 점수를 승리한 개월 수로 반환할
수 있다.

```
>>> (weight_loss
...     .assign(percent_loss=(weight_loss
...         .groupby(['Name', 'Month'])
...         ['Weight']
...         .transform(percent_loss)
...         .round(1)))
...     .query('Week == "Week 4"')
...     .pivot(index='Month', columns='Name',
...         values='percent_loss')
...     .assign(winner=lambda df_:
...         np.where(df_.Amy < df_.Bob, 'Amy', 'Bob'))
...     .winner
...     .value_counts()
... )
Amy    3
Bob    1
Name: winner, dtype: int64
```

작동 원리

이 예제에서는 데이터를 필터링하는 데 불리언 배열 대신 .query 메서드가 사용된다. 좀 더 자세한 내용은 7장의 예제를 참고하라.

이 예제의 목표는 각 사람별로 매달 체중 감량 비율을 찾는 것이다. 이 작업을 수행하는 한 가지 방법은 매월 시작을 기준으로 매주 체중 감량을 계산하는 것이다. 이 특정 작업에는 .transform groupby 메서드가 완벽하게 부합한다. .transform 메서드의 매개변수는 함수다. 이 함수에는 각 그룹(Series 또는 DataFrame일 수 있음)이 전달된다. 함수는 전달된 그룹과 동일한 길이의 값 시퀀스를 반환해야 한다. 그렇지 않으면 예외가 발생한다. 집계나 필터링은 수행되지 않는다.

2단계는 첫 번째 값에 대한 백분율 감량(또는 증량)을 계산하는 함수를 만든다. 이

428

함수는 전달된 Series의 첫 번째 값을 모든 값에서 빼고 결과를 첫 번째 값으로 나눈다. 3단계에서 한 달 동안 한 사람에 대해 이 함수를 테스트한다.

4단계에서는 .groupby를 .transform과 함께 사용해 사람과 월의 모든 조합에 대해 이 함수를 실행한다. Weight 열을 현재 주의 체중 감량 백분율로 변환한다.

6단계에서 첫 번째 달의 데이터는 각 사용자에 대해 출력된다. pandas는 새 데이터를 Series로 반환한다. 이 Series는 자체로는 유용한 것은 아니며 원래 DataFrame에 새 열로 추가되면 의미가 생긴다. 5단계에서 이 작업을 완료했다.

승자 결정에는 매월 4주차 값만 필요하다. 여기서 멈추고 승자를 수동으로 결정할 수도 있지만 pandas는 이를 자동화하는 기능을 제공한다. 7단계의 .pivot 함수는 한 열의 고유한 값을 새 열 이름으로 피봇pivot해 데이터셋을 재구성한다. index 매개변수는 피봇하지 않을 열에 사용된다. values 매개변수에 전달된 열은 index와 columns 매개변수에 있는 열의 고유한 각 조합에 바둑판식으로 배열된다.

.pivot 메서드는 index와 columns 매개변수에 열의 고유한 각 조합이 한 번만 나타나는 경우에만 작동한다. 둘 이상의 고유한 조합이 있으면 예외가 발생한다. 해당 상황에서는 .pivot_table이나 .groupby 메서드를 사용할 수 있다.

다음은 .groupyby를 .unstack과 함께 사용해 pivot 기능을 따라 한 것이다.

```
>>> (weight_loss
...     .assign(percent_loss=(weight_loss
...         .groupby(['Name', 'Month'])
...         ['Weight']
...         .transform(percent_loss)
...         .round(1)))
...     .query('Week == "Week 4"')
...     .groupby(['Month', 'Name'])
...     ['percent_loss']
...     .first()
```

```
...    .unstack()
... )
Name    Amy     Bob
Month
Apr     -5.3    -4.2
Feb     -8.9    -5.3
Jan     -3.6    -2.7
Mar     -1.7    -2.6
```

피봇 후에는 NumPy의 **where** 함수를 사용하는데, 첫 번째 인수는 불리언 Series를 생성하는 조건이다. **True** 값은 **Amy**에 매핑되고 **False** 값은 **Bob**에 매핑된다. 매월 우승자를 강조 표시하고 **.value_counts** 메서드로 최종 점수를 집계한다.

추가 사항

7단계의 DataFrame 출력을 살펴보라. 월이 알파벳순이며 시간순이 아니라는 것을 알겠는가? 불행히도 pandas는 이 경우 알파벳 순서로 달을 정렬하는데, **Month**의 데이터 형식을 범주형 변수로 변경하면 문제를 해결할 수 있다. 범주형 변수는 각 열의 모든 값을 정수로 매핑한다. 여기서는 이 매핑을 각 월의 정상적인 시간 순서로 선택할 수 있다. pandas는 **.pivot** 메서드 중 기저 정수 매핑을 사용해 월을 시간순으로 정렬한다.

```
>>> (weight_loss
...    .assign(percent_loss=(weight_loss
...        .groupby(['Name', 'Month'])
...        ['Weight']
...        .transform(percent_loss)
...        .round(1)),
...            Month=pd.Categorical(weight_loss.Month,
...                categories=['Jan', 'Feb', 'Mar', 'Apr'],
```

```
...           ordered=True))
...    .query('Week == "Week 4"')
...    .pivot(index='Month', columns='Name',
...        values='percent_loss')
... )
Name    Amy    Bob
Month
Jan    -3.6   -2.7
Feb    -8.9   -5.3
Mar    -1.7   -2.6
Apr    -5.3   -4.2
```

Month를 정렬된 범주 열로 변환하려면 Categorical 생성자를 사용하라. 원시 열을 Series로 하고 원하는 순서대로 모든 범주의 고유한 시퀀스를 categories 매개변수에 전달하면 된다. 일반적으로 object 데이터 형식의 열을 알파벳이 아닌 다른 척도로 정렬하려면 범주형으로 변환한다.

▍apply를 사용해 주별 가중 평균 SAT 점수 계산

groupby 객체에는 각 그룹에 대해 계산을 수행하는 함수를 받는 네 가지 메서드가 있다. 그 네 가지 메서드는 각각 .agg, .filter, .transform, .apply다. 앞의 세 가지 메서드는 각 함수가 반환해야 하는 특정 출력이 엄격히 정의돼 있다. .agg는 스칼라 값을 반환해야 하고 .filter는 불리언을 반환해야 하며 .transform은 전달된 그룹과 길이가 같은 Series나 DataFrame을 반환해야 한다. 그러나 .apply 메서드는 스칼라 값, Series나 임의 모양의 DataFrame을 반환할 수 있으므로 매우 유연하다. 또한 .apply는 그룹당(DataFram에 대해) 한 번만 호출되지만 .transform과 .agg 메서드는 각 집계 열(Series)마다 한 번씩 호출된다. 여러 열에서 동시에 작업 하면서도 단일 객체를 반환할 수 있는 .apply 메서드 기능 덕분에 이 예제를 수행할 수 있다.

이번 예제에서는 college 데이터셋에서 주별로 수학과 언어 SAT 점수의 가중 평균을 계산한다. 여기서는 학교별 학부생 수를 이용해 점수를 가중한다.

작동 방법

1. college 데이터셋을 읽은 다음, UGDS, SATMTMID, SATVRMID 열 중 결측치가 있는 모든 행을 삭제한다. 이 열에는 어떠한 결측치도 허용하지 않는다.

```
>>> college = pd.read_csv('data/college.csv')
>>> subset = ['UGDS', 'SATMTMID', 'SATVRMID']
>>> college2 = college.dropna(subset=subset)
>>> college.shape
(7535, 27)
>>> college2.shape
(1184, 27)
```

2. 상당수의 기관이 필요한 3가지 열 데이터를 모두 갖고 있지는 않은 것으로 보이지만 계속 진행하기에는 충분하다. 다음으로 사용자 정의 함수를 만들어 SAT 수학 점수의 가중 평균을 계산해보자.

```
>>> def weighted_math_average(df):
...     weighted_math = df['UGDS'] * df['SATMTMID']
...     return int(weighted_math.sum() / df['UGDS'].sum())
```

3. 주별로 그룹화하고 이 함수를 .apply 메서드에 전달한다. 각 그룹은 여러 개의 열을 가지므로 이를 하나의 값으로 축약하고자 하며 .apply를 사용할 필요가 있다. weighted_math_average 함수는 각 그룹별로 한 번씩 호출된다(그룹의 개별 열이 아님).

```
>>> college2.groupby('STABBR').apply(weighted_math_average)
STABBR
AK    503
AL    536
AR    529
AZ    569
CA    564
      ...
VT    566
WA    555
WI    593
WV    500
WY    540
Length: 53, dtype: int64
```

4. 각 그룹에 대해 하나의 스칼라 값을 성공적으로 반환했다. 이제 잠시 동일
   한 함수를 .agg 메서드(모든 열에 함수를 호출)에 전달했더라면 어떤 일이 발
   생했는지 살펴보자.

```
>>> (college2
...     .groupby('STABBR')
...     .agg(weighted_math_average)
... )
Traceback (most recent call last):
    ...
KeyError: 'UGDS'
```

5. weighted_math_average 함수는 DataFrame의 각 비집계 열에 적용된다. 열
   을 SATMTMID로 국한하려고 시도한다면 오류가 발생하는데, UGDS에 대한 접
   근이 없기 때문이다. 따라서 여러 개의 열에 대한 연산을 완료하는 최적의
   메서드는 .apply다.

```
>>> (college2
...     .groupby('STABBR')
...     ['SATMTMID']
...     .agg(weighted_math_average)
... )
Traceback (most recent call last):
   ...
KeyError: 'UGDS'
```

6. .apply가 가진 멋진 특징은 Series를 반환해 다수의 새로운 열을 생성할 수 있다는 점이다. 반환된 Series의 인덱스는 새로운 열 이름이 된다. 함수를 수정해 각 그룹의 기관 개수와 함께 두 SAT 점수에 대한 가중과 산술 평균을 계산해보자. 5개 값들을 Series로 반환한다.

```
>>> def weighted_average(df):
...     weight_m = df['UGDS'] * df['SATMTMID']
...     weight_v = df['UGDS'] * df['SATVRMID']
...     wm_avg = weight_m.sum() / df['UGDS'].sum()
...     wv_avg = weight_v.sum() / df['UGDS'].sum()
...     data = {'w_math_avg': wm_avg,
...         'w_verbal_avg': wv_avg,
...         'math_avg': df['SATMTMID'].mean(),
...         'verbal_avg': df['SATVRMID'].mean(),
...         'count': len(df)
...     }
...     return pd.Series(data)
>>> (college2
...     .groupby('STABBR')
...     .apply(weighted_average)
...     .astype(int)
... )
```

	w_math_avg	w_verbal_avg	math_avg	verbal_avg	count
STABBR					
AK	503	555	503	555	1
AL	536	533	504	508	21
AR	529	504	515	491	16
AZ	569	557	536	538	6
CA	564	539	562	549	72
...	...	...	...	...	...
VT	566	564	526	527	8
WA	555	541	551	548	18
WI	593	556	545	516	14
WV	500	487	481	473	17
WY	540	535	540	535	1

작동 원리

이 예제를 올바르게 완료하려면 UGDS, SATMTMID, SATVRMID에 대한 값이 누락되지 않은 기관만을 필터링해야 한다. 기본적으로 .dropna 메서드는 하나 이상의 결측 치가 있는 행을 삭제한다. 찾을 열을 제한하려면 subset 매개변수를 사용해야 한 다. 여기서는 UGDS, SATMTMID, SATVRMID 열에서만 결측치 유무를 고려한다.

결측치를 제거하지 않으면 가중 평균 계산이 중단된다. 다음으로 AK의 가중 점수 가 5와 6이라는 것을 알 수 있는데, 이는 상식에 맞지 않다.

```
>>> (college
...     .groupby('STABBR')
...     .apply(weighted_average)
... )
        w_math_avg  w_verbal_avg   math_avg  verbal_avg   count
STABBR
AK        5.548091      6.121651  503.000000  555.000000    10.0
```

AL	261.895658	260.550109	504.285714	508.476190	96.0
AR	301.054792	287.264872	515.937500	491.875000	86.0
AS	0.000000	0.000000	NaN	NaN	1.0
AZ	61.815821	60.511712	536.666667	538.333333	133.0
...	...	...	...	...	...
VT	389.967094	388.696848	526.875000	527.500000	27.0
WA	274.885878	267.880280	551.222222	548.333333	123.0
WI	153.803086	144.160115	545.071429	516.857143	112.0
WV	224.697582	218.843452	481.705882	473.411765	73.0
WY	216.761180	214.754132	540.000000	535.000000	11.0

2단계에서는 SATMTMID 열에 대해서만 가중 평균을 계산하는 함수를 정의한다. 각 값에 가중치를 곱하기 때문에 가중 평균은 산술 평균과는 다르다. 그런 다음 이 수치를 합산해 가중치의 합으로 나눈다. 이 경우 가중치는 학부생 수다.

3단계에서 이 함수를 .apply 메서드에 전달한다. 함수 weighted_math_average에는 각 그룹의 모든 원시 열의 DataFrame이 전달된다. 이 함수는 SATMTMID의 가중 평균인 단일 스칼라 값을 반환한다. 이 시점에서 .agg 메서드를 사용해서도 계산이 가능할 것으로 생각할 수 있다. .apply를 .agg로 직접 바꾸면 .agg가 각 집계 열에 대해 값을 반환하므로 작동하지 않는다.

6단계는 .apply의 다양성을 보여준다. 각 SAT 열의 가중과 산술 평균, 각 그룹의 행수를 계산하는 새로운 함수를 작성한다. .apply를 사용해 여러 개의 열을 만들려면 Series를 반환해야 한다. 인덱스 값은 결과 DataFrame에서 열 이름으로 사용된다. 이 메서드로 원하는 만큼 값을 반환할 수 있다.

여기서는 파이썬 버전 3.5 이상을 사용하고 있으므로 weighted_average에서 일반 딕셔너리를 사용해 Series를 만들 수 있다는 점에 주목하자. 이는 파이썬 3.6부터는 기본 설정에서 딕셔너리가 정렬되기 때문이다.

추가 사항

이 예제에서는 각 그룹에 대해 하나의 행을 Series로 반환했다. DataFrame을 반환하면 각 그룹에 대해 여러 행과 열을 반환할 수 있다.

산술과 가중 평균의 계산 외에도 기하와 조화 평균도 계산한 다음 DataFrame으로 결과를 반환하되 행은 각 평균 형식의 이름이 되고, 열은 SAT 형식이 되게 해보자. 부담을 덜고자 NumPy 함수 **average**를 사용해 가중 평균을 계산하고 SciPy 함수 **gmean**과 **hmean**을 각각 기하와 조화 평균 계산에 사용한다.

```
>>> from scipy.stats import gmean, hmean
>>> def calculate_means(df):
...     df_means = pd.DataFrame(index=['Arithmetic', 'Weighted',
...                                    'Geometric', 'Harmonic'])
...     cols = ['SATMTMID', 'SATVRMID']
...     for col in cols:
...         arithmetic = df[col].mean()
...         weighted = np.average(df[col], weights=df['UGDS'])
...         geometric = gmean(df[col])
...         harmonic = hmean(df[col])
...         df_means[col] = [arithmetic, weighted,
...                          geometric, harmonic]
...     df_means['count'] = len(df)
...     return df_means.astype(int)
>>> (college2
...     .groupby('STABBR')
...     .apply(calculate_means)
... )
                      SATMTMID   SATVRMID   count
STABBR
AK    Arithmetic         503        555       1
      Weighted           503        555       1
      Geometric          503        555       1
      Harmonic           503        555       1
```

AL	Arithmetic	504	508	21
...		...	...	...
WV	Harmonic	480	472	17
WY	Arithmetic	540	535	1
	Weighted	540	535	1
	Geometric	540	534	1
	Harmonic	540	535	1

▍연속 변수를 기준으로 그룹화

pandas에서 그룹화할 때는 일반적으로 이산 반복 값이 있는 열을 사용한다. 반복되는 값이 없으면 그룹당 하나의 행만 있기 때문에 그룹화는 의미가 없다. 따라서 연속 숫자 열은 일반적으로 반복되는 값이 거의 없으므로 대개 그룹을 형성하는 데 사용되지 않는다. 그러나 연속 값이 있는 열의 각 값을 빈^{bin}에 배치하거나 반올림 또는 다른 매핑을 사용해 이산 열로 변환할 수 있다면 그룹화할 수 있다.

이 예제에서는 flights 데이터셋을 탐색해 다양한 운항 거리에 대한 항공사의 분포를 살펴본다. 예를 들어 이를 통해 500마일에서 1,000마일 사이에서 가장 많은 비행을 한 항공사를 찾을 수 있다. 이를 위해 pandas cut 함수를 사용해 각 운항 거래에 대해 이산화한다.

작동 방법

1. flights 데이터셋을 읽는다.

```
>>> flights = pd.read_csv('data/flights.csv')
>>> flights
```

```
        MONTH   DAY   WEEKDAY   ...   ARR_DELAY   DIVERTED   CANCELLED
0           1     1         4   ...        65.0          0           0
1           1     1         4   ...       -13.0          0           0
2           1     1         4   ...        35.0          0           0
3           1     1         4   ...        -7.0          0           0
4           1     1         4   ...        39.0          0           0
...       ...   ...       ...   ...         ...        ...         ...
58487      12    31         4   ...       -19.0          0           0
58488      12    31         4   ...         4.0          0           0
58489      12    31         4   ...        -5.0          0           0
58490      12    31         4   ...        34.0          0           0
58491      12    31         4   ...        -1.0          0           0
```

2. 거리에 따른 항공사 분포를 찾으려면 DIST 열의 값을 별도의 빈^{bin}에 배치
   해야 한다. pandas cut 함수를 사용해 데이터를 다섯 개의 빈으로 나눈다.

```
>>> bins = [-np.inf, 200, 500, 1000, 2000, np.inf]
>>> cuts = pd.cut(flights['DIST'], bins=bins)
>>> cuts
0          (500.0, 1000.0]
1         (1000.0, 2000.0]
2          (500.0, 1000.0]
3         (1000.0, 2000.0]
4         (1000.0, 2000.0]
                 ...
58487     (1000.0, 2000.0]
58488      (200.0, 500.0]
58489      (200.0, 500.0]
58490      (500.0, 1000.0]
58491      (500.0, 1000.0]
Name: DIST, Length: 58492, dtype: category
Categories (5, interval[float64]): [(-inf, 200.0] < (200.0, 500.0]
< (500.0, 1000.0] <
                            (1000.0, 2000.0] < (2000.0, inf]]
```

3. 정렬된 범주 Series가 생성됐다. 무슨 일이 일어난 것인지 좀 더 알아보려면 각 범주의 개수를 세어본다.

```
>>> cuts.value_counts()
(500.0, 1000.0]     20659
(200.0, 500.0]      15874
(1000.0, 2000.0]    14186
(2000.0, inf]        4054
(-inf, 200.0]        3719
Name: DIST, dtype: int64
```

4. cuts Series는 이제 그룹 형성에 사용될 수 있다. pandas는 **.groupby** 메서드에 여러 형식을 전달하는 것을 허용한다. cuts Series를 **.groupby** 메서드로 전달한 다음 AIRLINE 열에서 **.value_counts** 메서드를 호출해 각 거리 그룹의 분포를 알아본다. SkyWest(OO)는 200마일 미만 비행 구간의 33%를 구성하지만 200마일과 500마일 사이의 비행 구간에서는 16%만 차지한다.

```
>>> (flights
...     .groupby(cuts)
...     ['AIRLINE']
...     .value_counts(normalize=True)
...     .round(3)
... )
DIST             AIRLINE
(-inf, 200.0]    OO         0.326
                 EV         0.289
                 MQ         0.211
                 DL         0.086
                 AA         0.052
                              ...
(2000.0, inf]    WN         0.046
                 HA         0.028
```

440

```
            NK      0.019
            AS      0.012
            F9      0.004
Name: AIRLINE, Length: 57, dty pe: float64
```

작동 원리

2단계에서 .cut 함수는 DIST 열의 각 값을 5개 빈^{bin} 중 하나에 배치한다. 빈은 경계를 정의하는 6개의 숫자 시퀀스로 만들어진다. 항상 빈 수보다 하나 더 많은 경계 숫자가 필요하다. bins 매개변수에 정수를 전달하면 해당 개수의 동일 너비를 가진 빈이 자동으로 생성된다. 음수와 양수 무한대 값은 NumPy에서 사용할 수 있으며 모든 값이 빈에 배치되도록 보장한다. 빈 경계 바깥에 값이 있으면 그 값은 누락되고 빈에 배치되지 않는다.

cuts 변수는 이제 5개 범주의 정렬된 Series다. 이 변수는 모든 일반적인 Series 메서드를 가지며 3단계에서는 .value_counts 메서드를 사용해 분포를 파악했다.

.groupby 메서드에는 그룹화하려는 모든 객체를 전달할 수 있다. 즉, 현재 DataFrame과 전혀 관련이 없는 것으로도 그룹을 구성할 수 있다. 여기서는 cuts 변수의 값을 기준으로 그룹화한다. 각 그룹화에 대해 normalize를 True로 설정해 항공사당 비행 비율을 .value_counts로 구한다.

이 결과에서 흥미로운 통찰을 얻을 수 있다. 전체 결과를 살펴보면 SkyWest는 200마일 미만의 거리에서는 선두 항공사지만 2,000마일 이상의 항공편수는 없다. 반면 아메리칸 항공은 200마일 미만의 항공편 중에서 5위에 불과하지만 1,000 ~ 2,000마일의 경우에는 가장 많은 항공편을 보유하고 있다.

추가 사항

cuts 변수로 그룹화하면 더 많은 결과를 찾을 수 있다. 예를 들어 각 거리 그룹별로 25, 50, 75번째 백분위 비행시간을 찾을 수 있다. 비행시간은 분 단위이므로 60으로 나눠 시간을 구할 수 있다. 이렇게 하면 다중 인덱스가 있는 Series가 반환된다.

```
>>> (flights
...     .groupby(cuts)
...     ['AIR_TIME']
...     .quantile(q=[.25, .5, .75])
...     .div(60)
...     .round(2)
... )
DIST
(-inf, 200.0]       0.25     0.43
                    0.50     0.50
                    0.75     0.57
(200.0, 500.0]      0.25     0.77
                    0.50     0.92
                            ...
(1000.0, 2000.0]    0.50     2.93
                    0.75     3.40
(2000.0, inf]       0.25     4.30
                    0.50     4.70
                    0.75     5.03
Name: AIR_TIME, Length: 15, dtype: float64
```

이 정보를 사용하면 cut 함수를 사용할 때 유익한 문자열 레이블을 만들 수 있다. 이 레이블은 인덱스에서 찾은 구간 표기법을 대체한다. 또한 unstack 메서드를 체인시키면 내부 인덱스 레벨을 열 이름으로 전치시킨다.

```
>>> labels=['Under an Hour', '1 Hour', '1-2 Hours',
...     '2-4 Hours', '4+ Hours']
>>> cuts2 = pd.cut(flights['DIST'], bins=bins, labels=labels)
>>> (flights
...     .groupby(cuts2)
...     ['AIRLINE']
...     .value_counts(normalize=True)
...     .round(3)
...     .unstack()
... )
AIRLINE         AA      AS      B6   ...     US      VX      WN
DIST                        ...
Under an Hour   0.052   NaN     NaN  ...     NaN     NaN     0.009
1 Hour          0.071   0.001   0.007 ...    0.016   0.028   0.194
1-2 Hours       0.144   0.023   0.003 ...    0.025   0.004   0.138
2-4 Hours       0.264   0.016   0.003 ...    0.040   0.012   0.160
4+ Hours        0.212   0.012   0.080 ...    0.065   0.074   0.04 6
```

도시 간 총 비행 횟수 계산

flights 데이터셋에는 출발지와 도착지 공항에 대한 데이터가 있다. 예를 들어 휴스턴에서 출발해 애틀랜타에 착륙한 비행기의 수를 세는 것은 간단한 일이다. 더 어려운 것은 두 도시 사이의 총 비행 횟수를 세는 것이다.

이 예제에서는 어느 도시가 출발지인지 목적지인지에 관계없이 두 도시 사이의 총 비행 횟수를 계산한다. 이를 위해 출발지 공항과 목적지 공항을 사전순으로 정렬해 각 공항의 조합이 항상 동일한 순서로 발생하게 한다. 그런 다음이 새로운 열 정렬을 사용해 그룹을 형성한 다음 개수를 셀 수 있다.

작동 방법

1. flights 데이터셋을 읽고 각 출발지와 도착지 공항 사이의 항공편 수를 알아
   본다.

```
>>> flights = pd.read_csv('data/flights.csv')
>>> flights_ct = flights.groupby(['ORG_AIR', 'DEST_AIR']).size()
>>> flights_ct

ORG_AIR    DEST_AIR
ATL        ABE          31
           ABQ          16
           ABY          19
           ACY           6
           AEX          40
                       ...
SFO        SNA         122
           STL          20
           SUN          10
           TUS          20
           XNA           2
Length: 1130, dtype: int64
```

2. 휴스턴(IAH)과 애틀랜타(ATL) 사이 양방향으로 전체 항공편 수를 선택한다.

```
>>> flights_ct.loc[[('ATL', 'IAH'), ('IAH', 'ATL')]]
ORG_AIR    DEST_AIR
ATL        IAH         121
IAH        ATL         148
dtype: int64
```

3. 이 두 숫자를 단순히 더해 두 도시 간의 전체 항공편 수를 계산할 수도 있지
   만 모든 항공편에 적용할 수 있는 좀 더 효율적이고 자동화된 해법이 있다.

각 행의 출발지와 목적지 열을 알파벳순으로 정렬해보자. 이를 위해 axis = 'columns'를 사용한다.

```
>>> f_part3 = (flights
...    [['ORG_AIR', 'DEST_AIR']]
...    .apply(lambda ser:
...    ser.sort_values().reset_index(drop=True),
...       axis='columns')
... )
>>> f_part3
DEST_AIR  ORG_AIR
0        SLC      LAX
1        IAD      DEN
2        VPS      DFW
3        DCA      DFW
4        MCI      LAX
...      ...      ...
58487    DFW      SFO
58488    SFO      LAS
58489    SBA      SFO
58490    ATL      MSP
58491    BOI      SFO
```

4. 이제 각 행의 출발과 도착 값은 정렬됐고 열 이름은 정확하지 않다. 뭔가 좀 더 일반적인 이름으로 바꾸고 두 도시 간의 전체 항공편 수를 다시 알아 보자.

```
>>> rename_dict = {0:'AIR1', 1:'AIR2'}
>>> (flights
...    [['ORG_AIR', 'DEST_AIR']]
...    .apply(lambda ser:
...    ser.sort_values().reset_index(drop=True),
...       axis='columns')
```

```
...     .rename(columns=rename_dict)
...     .groupby(['AIR1', 'AIR2'])
...     .size()
... )
AIR1    AIR2
ATL     ABE       31
        ABQ       16
        ABY       19
        ACY        6
        AEX       40
                 ...
SFO     SNA      122
        STL       20
        SUN       10
        TUS       20
        XNA        2
Length: 1130, dtype: int64
```

5. 애틀랜타와 휴스턴 사이의 항공편을 선택하고 2단계에서의 합계와 일치하는지 확인해보자.

```
>>> (flights
...     [['ORG_AIR', 'DEST_AIR']]
...     .apply(lambda ser:
...         ser.sort_values().reset_index(drop=True),
...         axis='columns')
...     .rename(columns=rename_dict)
...     .groupby(['AIR1', 'AIR2'])
...     .size()
...     .loc[('ATL', 'IAH')]
... )
269
```

6. 휴스턴과 애틀랜타의 순서를 바꾸면 오류가 발생한다.

```
>>> (flights
...    [['ORG_AIR', 'DEST_AIR']]
...    .apply(lambda ser:
...        ser.sort_values().reset_index(drop=True),
...        axis='columns')
...    .rename(columns=rename_dict)
...    .groupby(['AIR1', 'AIR2'])
...    .size()
...    .loc[('IAH', 'ATL')]
... )
Traceback (most recent call last)
   ...
KeyError: 'ATL'
```

작동 원리

1단계에서는 출발지와 목적지 공항 열을 기준으로 그룹을 구성한 다음 .size 메서드를 groupby 객체에 적용해 각 그룹의 총 행 개수를 반환한다. 동일한 결과를 얻고자 문자열 size를 .agg 메서드로 전달할 수도 있다는 점에 주목하자. **2단계**에서는 애틀랜타와 휴스턴 사이의 각 방향에 대한 총 비행 횟수가 선택된다. 결과는 두 개의 레벨을 가진 다중 인덱스를 가진 Series다. 다중 인덱스에서 행을 선택하는 한 가지 방법은 .loc 인덱스 연산자에 정확한 레벨의 튜플을 전달하는 것이다. 여기서는 서로 다른 두 행 ('ATL', 'HOU')과 ('HOU', 'ATL')을 선택한다. 올바르게 하려면 튜플 리스트를 사용한다.

3단계는 예제에서 가장 중요한 단계다. 애틀랜타와 휴스턴 사이의 모든 비행에 대해 단 하나의 레이블만 갖고 싶지만, 여기까지는 아직 두 개의 레이블이다. 출발지와 도착지 공항의 각 조합을 알파벳순으로 정렬한다면 공항 간의 비행에 대한 단일 레이블이 만들어질 것이다. 이를 위해 DataFrame의 `.apply` 메서드를 사용한다. 이는 groupby의 `.apply` 메서드와는 다르다. 3단계에서는 어떠한 그룹도 형성되지 않는다.

DataFrame `.apply` 메서드에는 함수가 전달돼야 한다. 이 경우에는 각 행을 정렬하는 람다^{lambda} 함수다. 기본적으로 이 함수에는 각 열이 전달된다. `axis = 'columns'`(또는 `axis = 1`)를 사용하면 계산 방향을 변경할 수 있다. 람다 함수에는 각 데이터 행이 묵시적으로 Series로 전달된다. 이 함수는 공항 코드가 정렬된 Series를 반환한다. 함수 적용 후 열이 다시 정렬되지 않도록 `.reset_index`를 호출해야 한다.

`.apply` 메서드는 람다 함수를 사용해 모든 행을 반복한다. 이 작업이 완료되면 두 열의 값이 각 행에 대해 정렬된다. 열 이름은 이제 의미가 없다. 다음 단계에서 열 이름을 바꾼 다음 2단계에서와 동일한 그룹화와 집계를 수행한다. 이번에는 애틀랜타와 휴스턴 사이의 모든 비행이 동일한 레이블에 속한다.

추가 사항

3~6단계는 계산량이 많이 드는 작업이며 완료하는 데 몇 초가 걸린다. 약 60,000개의 행만 있는데도 몇 분이 소요되므로 이 해법은 더 큰 데이터로 확장할 수 없다. `axis = 'columns'`(또는 `axis = 1`)로 `.apply` 메서드를 호출하는 것은 모든 pandas 연산 중 가장 성능이 낮은 작업 중 하나다. 내부적으로 pandas는 각 행을 반복하며 NumPy의 속도 향상을 활용하지 못한다. 가능하면 `.apply`에는 `axis = 1`을 함께 사용하지 말아야 한다.

NumPy sort 함수를 사용하면 속도를 크게 높일 수 있다. 계속해서 이 함수를 사용한 후 출력을 분석해보자. 기본 설정은 각 행을 정렬한다.

```
>>> data_sorted = np.sort(flights[['ORG_AIR', 'DEST_AIR']])
>>> data_sorted[:10]
array([['LAX', 'SLC'],
       ['DEN', 'IAD'],
       ['DFW', 'VPS'],
       ['DCA', 'DFW'],
       ['LAX', 'MCI'],
       ['IAH', 'SAN'],
       ['DFW', 'MSY'],
       ['PHX', 'SFO'],
       ['ORD', 'STL'],
       ['IAH', 'SJC']], dtype=object)
```

2차원 NumPy 배열이 반환된다. NumPy는 그룹화 작업을 수행하지 않으므로 Data
Frame 생성자를 사용해 새 DataFrame을 만들고 3단계의 DataFrame과 같은지 확
인하자.

```
>>> flights_sort2 = pd.DataFrame(data_sorted, columns=['AIR1', 'AIR2'])
>>> flights_sort2.equals(f_part3.rename(columns={0:'AIR1', 1:'AIR2'}))
True
```

DataFrame이 동일하므로 3단계를 이전의 빠른 정렬 루틴으로 바꿀 수 있다. 각 정
렬 방법의 시간 차이를 살펴보자.

```
>>> %%timeit
>>> flights_sort = (flights
...     [['ORG_AIR', 'DEST_AIR']]
...     .apply(lambda ser:
...         ser.sort_values().reset_index(drop=True),
...         axis='columns')
... )
1min 5s ± 2.67 s per loop (mean ± std. dev. of 7 runs, 1 loop each)
```

```
>>> %%timeit
>>> data_sorted = np.sort(flights[['ORG_AIR', 'DEST_AIR']])
>>> flights_sort2 = pd.DataFrame(data_sorted,
...     columns=['AIR1', 'AIR2'])
14.6 ms ± 173 µs per loop (mean ± std. dev. of 7 runs, 100 loops each)
```

이 예제에서는 pandas에 `.apply`를 이용하는 것보다 Numpy 해법을 사용하는 것이 4,452배 더 빠르다.

▌ 가장 긴 연속 정시 비행 찾기

항공사의 가장 중요한 측정 지표 중 하나는 정시 비행 능력이다. 미연방 항공국은 예정된 도착 시간보다 15분 이상 늦게 도착하면 연착으로 간주한다. pandas에는 항공사별 정시 비행 총계와 백분율을 계산하는 메서드가 포함돼 있다. 이러한 기본 요약 통계량은 중요한 측정 기준이지만 각 출발지 공항에서 각 항공사의 연속 정시 비행시간을 찾는 등 여러 흥미로운 연관 계산을 해볼 수 있다.

이 예제에서는 각 출발지 공항에서 항공사별로 가장 긴 연속 정시 비행을 찾는다. 이를 위해서는 열의 각 값이 바로 그다음 값을 인식해야 한다. 이 방법론을 각 그룹에 적용하기 전에 `.diff`와 `.cumsum` 메서드를 현명하게 사용해 연속을 찾는다.

 이 절에서 개발한 max_streak 함수는 pandas 1.0 및 1.0.1에서 퇴행(regression)을 보인다. 이 버그 (https:// github.com/pandas-dev/pandas/issues/31802)는 pandas 1.0.2에서 수정돼야 한다.

작동 방법

1. flights 데이터셋으로 작업하기 전에 작은 샘플 Series에서 연속된 1을 찾는
   연습을 해보자.

```
>>> s = pd.Series([0, 1, 1, 0, 1, 1, 1, 0])
>>> s
0    0
1    1
2    1
3    0
4    1
5    1
6    1
7    0
dtype: int64
```

2. 연속된 1을 표시할 최종 결과는 원시 데이터와 동일한 길이를 갖는 Series
   이고 각각 연속된 1이 독립적으로 기록된다. 시작하기 위해 .cumsum 메서
   드를 사용해보자.

```
>>> s1 = s.cumsum()
>>> s1
0    0
1    1
2    2
3    2
4    3
5    4
6    5
7    5
dtype: int64
```

3. 이제 Series를 따라가며 모든 1에 대한 누적을 구했다. 이 Series를 원시 데이터와 곱해보자.

```
>>> s.mul(s1)
0    0
1    1
2    2
3    0
4    3
5    4
6    5
7    0
dtype: int64
```

4. 이제 원래 1이 있었던 지점만 0이 아닌 값을 갖게 됐다. 이 결과는 원하는 결과와 사뭇 가깝다. 단지 각 합산 대신 연속된 1 계산의 재시작만 고려하면 된다. `.diff()`를 체인시켜 이전 값을 현재 값에서 차감해보자.

```
>>> s.mul(s1).diff()
0    NaN
1    1.0
2    1.0
3   -2.0
4    3.0
5    1.0
6    1.0
7   -5.0
dtype: float64
```

5. 음수는 연속된 1이 끝났음을 의미한다. 이 음수 값은 Series를 따라 아래쪽으로 전파하고 **2**단계에서의 초과 누적에서 차감한다. 이를 위해 `.where` 메서드를 사용해 음이 아닌 모든 값이 누락되게 한다.

```
>>> (s
...     .mul(s.cumsum())
...     .diff()
...     .where(lambda x: x < 0)
... )
0      NaN
1      NaN
2      NaN
3     -2.0
4      NaN
5      NaN
6      NaN
7     -5.0
dtype: float64
```

6. 이제 .ffill 메서드를 사용해 이 값을 전파시킨다.

```
>>> (s
...     .mul(s.cumsum())
...     .diff()
...     .where(lambda x: x < 0)
...     .ffill()
... )
0      NaN
1      NaN
2      NaN
3     -2.0
4     -2.0
5     -2.0
6     -2.0
7     -5.0
dtype: float64
```

7. 마지막으로 이 Series에 다시 누적 합산을 더해 초과 누적을 상쇄한다.

```
>>> (s
...     .mul(s.cumsum())
...     .diff()
...     .where(lambda x: x < 0)
...     .ffill()
...     .add(s.cumsum(), fill_value=0)
... )
0    0.0
1    1.0
2    2.0
3    0.0
4    1.0
5    2.0
6    3.0
7    0.0
dtype: float64
```

8. 이제 연속된 값을 찾는 기능을 갖췄으니 각 항공사와 공항에 대해 가장 긴 연속 값을 찾아보자. flights 데이터셋을 읽은 다음 정시 도착을 나타내는 열을 생성한다.

```
>>> flights = pd.read_csv('data/flights.csv')
>>> (flights
...     .assign(ON_TIME=flights['ARR_DELAY'].lt(15).astype(int))
...     [['AIRLINE', 'ORG_AIR', 'ON_TIME']]
... )
     AIRLINE  ORG_AIR  ON_TIME
0        WN      LAX        0
1        UA      DEN        1
2        MQ      DFW        0
3        AA      DFW        1
```

4	WN	LAX	0
...	...	...	...
58487	AA	SFO	1
58488	F9	LAS	1
58489	OO	SFO	1
58490	WN	MSP	0
58491	OO	SFO	1

9. 첫 일곱 단계의 논리를 사용해 주어진 Series의 최대 연속을 반환하는 함수를 정의한다.

```
>>> def max_streak(s):
...     s1 = s.cumsum()
...     return (s
...         .mul(s1)
...         .diff()
...         .where(lambda x: x < 0)
...         .ffill()
...         .add(s1, fill_value=0)
...         .max()
...     )
```

10. 항공사와 출발지 공항별 최대 연속 정시 비행을 찾고 총 비행 횟수와 정시 도착 비율을 찾아보자. 먼저 연중 날짜와 출발 예정 시간을 정렬한다.

```
>>> (flights
...     .assign(ON_TIME=flights['ARR_DELAY'].lt(15).astype(int))
...     .sort_values(['MONTH', 'DAY', 'SCHED_DEP'])
...     .groupby(['AIRLINE', 'ORG_AIR'])
...     ['ON_TIME']
...     .agg(['mean', 'size', max_streak])
...     .round(2)
```

```
   ... )
                      mean    size   max_streak
     AIRLINE   ORG_AIR
     AA        ATL     0.82    233           15
               DEN     0.74    219           17
               DFW     0.78   4006           64
               IAH     0.80    196           24
               LAS     0.79    374           29
     ...               ...     ...          ...
     WN        LAS     0.77   2031           39
               LAX     0.70   1135           23
               MSP     0.84    237           32
               PHX     0.77   1724           33
               SFO     0.76    445           17
```

작동 원리

데이터에서 연속된 횟수를 찾는 것은 pandas에서 간단한 작업이 아니며 .diff나 .shift와 같이 앞뒤를 살펴보거나 .cumsum과 같은 현재 상태를 기억하는 방법이 필요하다. 첫 일곱 단계의 최종 결과는 모든 연속 단계를 추적하는 원본 데이터와 동일한 길이의 Series다. 이 단계 전체에서 연산자 (*)와 (+) 대신 .mul과 .add 메서드를 사용한다. 내 생각엔 이를 통해 왼쪽에서 오른쪽으로 계산이 흐르게 해서 약간 더 깔끔하게 진행된다. 물론 이들을 실제 연산자로 바꿀 수도 있다.

이상적으로는 pandas에게 .cumsum 메서드를 각 연속의 시작 부분에 적용하고 거기서 재설정하도록 지시하고 싶지만, 이 메시지를 pandas에 전달하려면 여러 단계가 필요하다. 2단계는 Series에 있는 모든 1을 누적한다. 나머지 단계는 초과합산을 천천히 제거한다. 이 초과 누적을 식별하려면 각 연속의 끝을 찾아 다음 연속의 시작 부분에서 이 값을 빼야 한다.

각 연속의 끝을 찾고자 3단계에서는 영리하게 누적 합계에 원래 Series의 0과 1을

456

곱해 연속의 일부가 아닌 모든 값을 0으로 만든다. 0이 아닌 숫자들 다음에 나오는 첫 번째 0은 연속의 끝을 나타낸다. 아직까지는 좋지만 다시 초과합산을 제거해야 한다. 이를 위해서는 연속이 끝나는 곳을 아는 것만으로는 부족하다.

4단계에서 .diff 메서드를 사용해 이 초과합산을 찾는다. .diff 메서드는 현재 값과 설정한 행수만큼 떨어진 값과의 차이를 계산한다. 기본 설정은 현재 값과 바로 직전 값의 차이가 반환된다.

4단계에서는 음수 값만 의미가 있다. 이것들은 연속이 끝난 직후에 있다. 이 값은 다음 연속이 끝날 때까지 전파돼야 한다. 신경 쓰지 않아도 되는 모든 값을 제거(결측치로 설정)하고자 호출하는 Series와 동일한 크기의 불리언 배열을 취하는 .where 메서드(NumPy where 함수와는 다름)를 사용한다. 기본 설정은 모든 True 값을 그대로 유지하고 False 값은 누락한다. .where 메서드를 사용하면 함수를 첫 번째 매개변수로 사용해 호출 Series를 조건의 일부로 사용할 수 있다. 익명 함수가 사용되는데, 호출하는 Series가 이 함수에 묵시적으로 전달되고 각 값이 0보다 작은지 여부를 확인한다. **5단계**의 결과는 음수 값만 유지되고 나머지는 누락된 것으로 변경된 Series다.

6단계의 .ffill 메서드는 결측치를 Series를 따라가며 마지막 비결측치로 대체한다. 첫 번째 세 값은 비결측치를 따르지 않으므로 누락된 상태로 유지된다. 마지막으로 초과합산이 제거된 Series를 갖게 된다. **6단계**의 결과에 누적 Series를 더해 연속이 모두 0에서 시작하게 한다. .add 메서드를 사용하면 결측치를 모두 fill_value 매개변수로 바꿀 수 있다. 이것으로 데이터셋에서 연속을 찾는 과정이 완료된다. 이와 같은 복잡한 논리를 수행할 때는 최종 출력이 무엇인지 알 수 있는 작은 데이터셋을 사용하는 것이 좋다. 이 작업을 **8단계**에서부터 시작했더라면 그룹화하는 동안 이 논리를 구축하는 것은 매우 어려운 작업이었을 것이다.

8단계에서 ON_TIME 열을 만든다. 한 가지 주의해야 할 점은 취소된 비행기의 ARR_

DELAY 값이 누락돼 불리언 조건을 전달하지 않아 ON_TIME 열의 값이 0이 되는 것이다. 취소된 비행은 지연된 것과 동일하게 취급된다.

9단계는 첫 일곱 단계에서 만든 논리를 함수로 작성하고 .max 메서드를 체인시켜 가장 긴 연속을 반환한다. 함수가 단일 값을 반환하므로 형식적으로는 집계 함수며 10단계에서 .agg 메서드로 전달할 수 있다. 연속된 비행이라는 점을 보장하고자 .sort_values 방법을 사용해 날짜와 예정된 출발 시간을 기준으로 정렬한다.

추가 사항

가장 긴 연속 정시 도착 기록을 발견 했으므로 그 반대, 즉 연속된 가장 긴 연착도 쉽게 찾을 수 있다. 다음 함수는 전달된 각 그룹에 대해 두 개의 행을 반환한다. 첫 번째 행은 연속의 시작이며 마지막 행은 연속의 끝이다. 각 행은 총 연속의 길이와 함께 연속의 시작 및 종료 월과 일이 포함된다.

```
>>> def max_delay_streak(df):
...     df = df.reset_index(drop=True)
...     late = 1 - df['ON_TIME']
...     late_sum = late.cumsum()
...     streak = (late
...         .mul(late_sum)
...         .diff()
...         .where(lambda x: x < 0)
...         .ffill()
...         .add(late_sum, fill_value=0)
...     )
...     last_idx = streak.idxmax()
...     first_idx = last_idx - streak.max() + 1
...     res = (df
...         .loc[[first_idx, last_idx], ['MONTH', 'DAY']]
...         .assign(streak=streak.max())
```

458

```
...    )
...    res.index = ['first', 'last']
...    return res
>>> (flights
...    .assign(ON_TIME=flights['ARR_DELAY'].lt(15).astype(int))
...    .sort_values(['MONTH', 'DAY', 'SCHED_DEP'])
...    .groupby(['AIRLINE', 'ORG_AIR'])
...    .apply(max_delay_streak)
...    .sort_values('streak', ascending=False)
... )
```

			MONTH	DAY	streak
AIRLINE	ORG_AIR				
AA	DFW	first	2.0	26.0	38.0
		last	3.0	1.0	38.0
MQ	ORD	last	1.0	12.0	28.0
		first	1.0	6.0	28.0
	DFW	last	2.0	26.0	25.0
...			...	...	...
US	LAS	last	1.0	7.0	1.0
AS	ATL	first	5.0	4.0	1.0
OO	LAS	first	2.0	8.0	1.0
EV	PHX	last	8.0	1.0	0.0
		first	NaN	NaN	0.0

.apply groupby 메서드를 사용하므로 각 그룹의 DataFrame이 max_delay_streak 함수로 전달된다. 이 함수 내부에서 DataFrame의 인덱스는 삭제되고 RangeIndex 로 대체돼 연속의 첫 번째 행과 마지막 행을 쉽게 찾을 수 있게 한다. ON_TIME 열은 반전시킨 후 연속된 연착을 찾는 데 동일한 논리를 사용한다. 연속의 첫 번째와 마지막 행의 인덱스는 변수에 저장된다. 그런 다음 이 인덱스를 사용해 연속이 끝 나는 월과 일을 선택한다. 결과 반환은 DataFrame을 사용한다. 최종 결과를 좀 더 명확하게 하고자 인덱스에 레이블과 이름을 지정한다.

마지막 결과는 연속된 연착을 첫 번째 날짜와 마지막 날짜와 함께 보여준다. 이러한 연착이 발생한 이유를 찾을 수 있는지 살펴보자. 악천후는 비행 지연이나 취소의 일반적인 원인이다. 첫 번째 줄을 보면 아메리칸 항공(AA)은 2월 26일부터 2015년 3월 1일까지 댈러스 포트워스(DFW) 공항에서 38회 연속 비행을 지연했다. 2015년 2월 27일의 과거 날씨 데이터를 보면 2인치의 눈이 떨어졌는데, 이는 DFW의 주요 기상 사건으로 도시 전체에 문제를 일으켰다. DFW는 세 번째로 긴 연속에서 다시 등장하지만 이번에는 그 며칠 이전이며, 항공사도 다르다.

10

정돈된 형식으로 데이터 재구성

▌소개

앞의 장들에서 사용한 모든 데이터셋은 구조 변경을 위한 별다른 작업을 수행하지 않았다. 작업 시 데이터셋 원형 그대로 바로 처리하기 시작했다. 많은 경우 실제 데이터셋은 분석 시작 전에 상당한 정도의 노력을 통한 재구성이 필요하다. 경우에 따라 전체 프로젝트 자체가 다른 사람이 쉽게 처리할 수 있도록 데이터를 형식화하는 것일 수 있다.

데이터 구조를 조정하는 프로세스를 설명하는 데 사용되는 용어는 많으며, 데이터 과학자에게는 정돈된^{tidy} 데이터가 가장 일반적인 용어다. 정돈된 데이터는 해들리 위컴^{Hadley Wickham}이 만든 용어로, 분석하기 쉬운 데이터 형식을 의미한다. 10장에서는 해들리가 공식화한 많은 아이디어와 함께 pandas로 그 아이디어를 달성하는 방법을 설명한다. 정돈된 데이터에 관한 좀 더 자세한 내용은 해들리의 논문 (http://vita.had.co.nz/papers/tidydata.pdf)을 참조하라.

다음은 정돈되지 못한 데이터의 예다.

Name	Category	Value
Jill	Bank	2,300
Jill	Color	Red
John	Bank	1,100
Jill	Age	40
John	Color	Purple

다음은 정돈된 데이터의 예다.

Name	Age	Bank
Color	Jill	40
2,300	Red	John
38		Purple

정돈된 데이터란 무엇인가? 해들리는 정돈된 데이터셋을 판단하는 3가지 기본 원칙을 제시했다.

- 각 변수는 하나의 열을 구성해야 한다.
- 각 관측치는 행을 구성해야 한다.
- 각 관측 단위가 하나의 테이블을 구성해야 한다.

이러한 지침을 충족하지 않는 데이터셋은 지저분한 것으로 간주된다. 이 정의는 예제를 통해 데이터를 정돈된 형식으로 직접 재구성해보면 더 확실해지겠지만 우선 변수, 관측치, 관측 단위가 무엇인지부터 알아야 한다.

전문 용어상의 변수란 파이썬 등의 변수를 뜻하는 것이 아니라 데이터의 일부를 의미한다. 변수 이름과 변수 값의 차이를 생각해보면 이해하기 쉽다. 변수 이름이란 성별, 인종, 급여, 직책과 같은 레이블이다. 변수 값이란 남성, 여성 또는 기타 성별과 같이 관측할 때마다 변경될 수 있는 것들이다.

단일 관측치는 단일 관측 단위에 대한 모든 변수 값의 모음이다. 관찰 단위가 무엇인지 이해를 돕기 위해 각 거래, 직원, 고객, 품목, 상점 자체에 대한 데이터를 가진 소매점을 생각해보자. 이들 각각을 관측 단위로 볼 수 있으며 자체 테이블이 필요하다. 동일한 테이블에서 직원 정보(예, 근무 시간)와 고객 정보(예, 지출 금액)를 결합하면 정돈된 데이터의 원칙을 위반하게 된다.

지저분한 데이터를 해결하는 첫 번째 단계는 현재 가진 데이터가 지저분하다는 사실을 인식하는 것이다. 해들리는 가장 일반적인 형식의 지저분한 데이터를 다음과 같이 명시적으로 언급했다.

- 열 이름이 변수 이름이 아니라 값인 경우
- 여러 개의 변수가 열 이름에 저장된 경우
- 변수가 행과 열 모두에 저장된 경우
- 여러 형식의 관측 단위가 같은 테이블에 저장된 경우
- 단일 관측 단위가 다수의 테이블에 저장된 경우

데이터의 정돈에는 일반적으로 데이터셋의 값을 변경하거나 결측치를 채우거나 어떤 종류의 분석을 하는 행위 등은 포함되지 않는다는 점을 이해하는 것이 중요하다. 데이터 정돈이란 정돈된 데이터 원칙에 맞게 데이터의 모양이나 구조를 변경하는 것을 의미한다. 정돈된 데이터란 공구들을 집안 전체에 무질서하게 두는

것이 아니라 공구 상자에 가지런히 두는 것에 비유할 수 있다. 공구 상자에 공구를 가지런히 정돈하면 다른 모든 작업을 쉽게 완료할 수 있다. 마찬가지로 데이터가 올바른 형식이면 추가 분석을 수행하기가 훨씬 쉬워진다.

지저분한 데이터를 발견하면 pandas 라이브러리를 사용해 데이터를 깔끔하게 정리할 수 있다. 데이터 정돈을 위해 사용할 수 있는 pandas 도구는 DataFrame 메서드 .stack, .melt, .unstack, .pivot이다. 좀 더 복잡한 정리에는 텍스트를 분리하는 것도 필요하므로 .str 접근자가 필요하다. .rename, .rename_axis, .reset_index, .set_index와 같은 다른 헬퍼 메서드는 최종적으로 데이터를 정돈되도록 다듬는 데 도움이 된다.

▌ 스택을 사용해 변수 값을 열 이름으로 정돈

정돈된 데이터와 지저분한 데이터의 차이를 이해하려면 다음의 테이블을 살펴보자.

```
>>> import pandas as pd
>>> import numpy as np
>>> state_fruit = pd.read_csv('data/state_fruit.csv', index_col=0)
>>> state_fruit
          Apple    Orange    Banana
Texas        12        10        40
Arizona       9         7        12
Florida       0        14       190
```

얼핏 보기에 이 테이블에는 문제가 없어 보이며 정보를 쉽게 얻을 수 있다. 그러나 정돈된 데이터 원칙에 따르면 이 테이블은 정돈되지 않았다. 각 열 이름이 변수의 값이기 때문이다. 사실 DataFrame에는 변수 이름이 아예 없다. 지저분한 데이터셋을 정돈된 데이터로 변환하는 첫 단계 중 하나는 모든 변수를 식별하는 것이다. 이 특정 데이터셋에는 주^{state}와 과일에 대한 변수가 있다. 또한 의미가 식별되지 않은 숫자 데이터도 있다. 이 변수에 무게 등 다른 합리적인 이름으로 레이블을 지정할 수 있다.

이 지저분한 데이터셋에는 변수 값이 열 이름에 들어있다. 열 이름은 열 값으로 바꿔야 한다. 이 예제에서는 **stack** 메서드를 사용해 DataFrame을 깔끔하게 정돈된 형식으로 재구성한다.

작동 방법

1. 먼저 주 이름이 DataFrame의 인덱스라는 점에 주목하자. 주 이름은 세로로 잘 위치돼 있으므로 재구성할 필요가 없다. 문제가 되는 것은 열 이름이다. .stack 메서드는 모든 열 이름을 가져와 인덱스로 피봇^{pivot}한다. 일반적으로 .stack 메서드를 호출하면 데이터가 커진다.

2. 이 경우 결과는 DataFrame에서 Series로 축소된다는 점에 유의하자.

```
>>> state_fruit.stack()
Texas    Apple    12
         Orange   10
         Banana   40
Arizona  Apple     9
         Orange    7
         Banana   12
Florida  Apple     0
         Orange   14
         Banana  190
dtype: int64
```

3. 다중 인덱스를 가진 Series가 생겼음에 주목하자. 이제 인덱스는 2개의 레벨을 가진다. 원래의 인덱스는 왼쪽으로 옮겨져 과일 열 이름을 위한 공간을 만들었다. 하나의 명령으로 정돈된 데이터를 갖게 됐다. 각 변수, 상태, 과일, 무게는 모두 수직이다. `.reset_index` 메서드를 사용해 결과를 DataFrame으로 변환한다.

```
>>> (state_fruit
...     .stack()
...     .reset_index()
... )
    level_0   level_1    0
0    Texas     Apple     12
1    Texas    Orange     10
2    Texas    Banana     40
3   Arizona    Apple      9
4   Arizona   Orange      7
5   Arizona   Banana     12
6   Florida    Apple      0
7   Florida   Orange     14
8   Florida   Banana    190
```

4. 이제 올바른 구조가 됐지만 열 이름이 무의미하다. 이를 적절한 이름으로 대체한다.

```
>>> (state_fruit
...     .stack()
...     .reset_index()
...     .rename(columns={'level_0':'state',
...     'level_1': 'fruit', 0: 'weight'})
... )
    state    fruit  weight
0   Texas    Apple     12
```

466

```
1    Texas    Orange    10
2    Texas    Banana    40
3    Arizona  Apple      9
4    Arizona  Orange     7
5    Arizona  Banana    12
6    Florida  Apple      0
7    Florida  Orange    14
8    Florida  Banana   190
```

5. `.reset_index` 앞에 `.rename` 메서드를 사용하는 대신 덜 알려진 Series 메서드인 `.rename_axis`를 사용할 수도 있다.

```
>>> (state_fruit
...     .stack()
...     .rename_axis(['state', 'fruit'])
... )
state    fruit
Texas    Apple    12
         Orange   10
         Banana   40
Arizona  Apple     9
         Orange    7
         Banana   12
Florida  Apple     0
         Orange   14
         Banana  190
dtype: int64
```

6. 여기서부터 `.reset_index` 메서드를 이름 매개변수와 함께 체인시켜 3단계와 같은 결과를 생성할 수 있다.

```
>>> (state_fruit
...     .stack()
...     .rename_axis(['state', 'fruit'])
...     .reset_index(name='weight')
... )
      state    fruit  weight
0     Texas    Apple      12
1     Texas   Orange      10
2     Texas   Banana      40
3   Arizona    Apple       9
4   Arizona   Orange       7
5   Arizona   Banana      12
6   Florida    Apple       0
7   Florida   Orange      14
8   Florida   Banana     190
```

작동 원리

.stack 메서드는 강력하며 완전히 이해하는 데 시간이 걸린다. 기본 설정에서는 (계층 열에서 가장 안쪽 레벨) 열 이름을 가져와 전치해 새로운 가장 안쪽 인덱스 레벨이 된다. 각 이전 열 이름이 각 주와 쌍을 이뤄 원래 값을 어떻게 레이블하는지 확인해보라. 원래 3×3 DataFrame에는 9개의 값이 있었으며 이제 동일한 개수의 값을 가진 단일 Series로 변환됐다. 원시 데이터의 첫 번째 행은 결과 Series의 첫 번째 세 값이 됐다.

2단계에서 인덱스를 재설정한 후 pandas는 기본 설정으로 DataFrame 열을 level_0, level_1, 0(2개의 문자열과 1개의 정수)으로 설정한다. 이는 이 메서드를 호출하는 Series에 공식적으로 이름이 지정되지 않은 두 개의 인덱스 레벨이 있기 때문이다. pandas는 인덱스를 정수로 참조하며 바깥쪽부터 0부터 시작한다.

3단계는 .rename 메서드를 사용해 열 이름을 변경하는 직관적인 방법을 보여준다.

다른 방법으로는 값의 리스트를 인덱스 레벨 이름으로 사용하는 `.rename_axis` 메서드를 체인시켜 열 이름을 설정할 수 있다. pandas는 인덱스가 재설정될 때 이러한 인덱스 레벨 이름을 새로운 열 이름으로 사용한다. 추가적으로 `.reset_index` 메서드에는 Series 값의 새 열 이름에 해당하는 `name` 매개변수가 있다.

모든 Series에는 `.rename` 메서드로 지정하거나 변경할 수 있는 이름 속성이 있다. `.reset_index`를 사용할 때 열 이름이 되는 것이 바로 이 속성이다.

추가 사항

`.stack`을 사용할 때의 핵심 사항 중 하나는 변환하지 않으려는 모든 열을 인덱스에 배치하는 것이다. 이 예제의 데이터셋은 원래 주를 인덱스로 설정하고 읽어 들였다. 주를 인덱스로 설정하지 않고 읽어 들이면 어떤 일이 생기는지 살펴보자.

```
>>> state_fruit2 = pd.read_csv('data/state_fruit2.csv')
>>> state_fruit2
      State  Apple  Orange  Banana
0     Texas     12      10      40
1   Arizona      9       7      12
2   Florida      0      14     190
```

주 이름이 인덱스에 없으므로 이 DataFrame에 `.stack`을 사용하면 모든 값을 긴 단일 Series로 재구성한다.

```
>>> state_fruit2.stack()
0     State   Texas
      Apple      12
      Orange     10
      Banana     40
1     State   Arizona
```

```
                    ...
        Banana        12
2       State    Florida
        Apple          0
        Orange        14
        Banana       190
Length: 12, dtype: object
```

이 명령은 이번에는 주를 포함한 모든 열을 재구성하는데, 이는 전혀 필요 없는 작업이다. 이 데이터를 올바르게 재구성하려면 재구성하지 않을 모든 열을 먼저 .set_index 메서드를 사용해 인덱스에 넣은 다음 .stack을 사용해야 한다. 다음 코드는 1단계와 유사한 결과를 생성한다.

```
>>> state_fruit2.set_index('State').stack()
State
Texas     Apple     12
          Orange    10
          Banana    40
Arizona   Apple      9
          Orange     7
          Banana    12
Florida   Apple      0
          Orange    14
          Banana   190
dt ype: int64
```

▌ melt를 사용해 변수 값을 열 이름으로 정돈

pandas는 대부분의 큰 파이썬 라이브러리와 마찬가지로 동일한 작업을 수행하는 여러 가지 방법을 제공하며 차이는 일반적으로 가독성과 성능에 있다. DataFrame

에는 .melt라는 메서드가 있는데, 앞 예제에서 설명한 .stack 메서드와 유사하지만 약간 더 유연성이 있다.

이번 예제에서는 .melt 메서드를 사용해 변수 값을 열 이름으로 설정해 DataFrame을 정돈한다.

작동 방법

1. state_fruit2.csv 데이터셋을 읽어 들인다.

```
>>> state_fruit2 = pd.read_csv('data/state_fruit2.csv')
>>> state_fruit2
     State  Apple  Orange  Banana
0    Texas     12      10      40
1  Arizona      9       7      12
2  Florida      0      14     190
```

2. .melt의 id_vars와 value_vars 매개변수에 적절한 값을 전달해 호출한다.

```
>>> state_fruit2.melt(id_vars=['State'],
...    value_vars=['Apple', 'Orange', 'Banana'])
     State variable  value
0    Texas    Apple     12
1  Arizona    Apple      9
2  Florida    Apple      0
3    Texas   Orange     10
4  Arizona   Orange      7
5  Florida   Orange     14
6    Texas   Banana     40
7  Arizona   Banana     12
8  Florida   Banana    190
```

3. 한 단계가 정돈된 데이터를 만들어 준다. 기본 설정으로 .melt는 변환된 열 이름을 변수로 나타내고 해당 값을 값으로 나타낸다. 편의상 .melt에는 두 열의 이름을 바꿀 수 있는 var_name과 value_name이라는 두 개의 추가 매개변수가 있다.

```
>>> state_fruit2.melt(id_vars=['State'],
...     value_vars=['Apple', 'Orange', 'Banana'],
...     var_name='Fruit',
...     value_name='Weight')
      State    Fruit  Weight
0     Texas    Apple      12
1   Arizona    Apple       9
2   Florida    Apple       0
3     Texas   Orange      10
4   Arizona   Orange       7
5   Florida   Orange      14
6     Texas   Banana      40
7   Arizona   Banana      12
8   Florida   Banana     190
```

작동 원리

.melt 메서드는 DataFrame의 모양을 변경한다. .melt 메서드는 최대 5개의 매개 변수를 취하며, 그중 2개는 데이터를 올바르게 재구성하는 방법을 이해하는 데 중요하다.

- id_vars는 재구성하지 않고 그대로 유지하려는 열의 이름을 가진 리스트다.
- value_vars는 재구성을 통해 단일 Series로 재구성하려는 열의 이름을 가진 리스트다.

472

id_vars 혹은 식별 변수는 동일한 열에 그대로 남아 있지만 value_vars에 전달된 각 열에 대해 반복돼 나타난다. .melt의 중요한 측면 중 하나는 이 메서드가 인덱스의 값을 무시하고 인덱스를 자동으로 삭제한 후 기본 RangeIndex로 대체한다는 것이다. 따라서 인덱스에 유지하고 싶은 값이 있다면 .melt를 사용하기 전에 먼저 인덱스를 재설정해야 한다.

추가 사항

.melt의 모든 매개변수는 옵션으로, 모든 값을 단일 열로 만들고 원래 열 레이블은 다른 열에 두려면 기본 설정 매개변수 값을 사용해 .melt를 호출하면 된다.

```
>>> state_fruit2.melt()
    variable      value
0      State      Texas
1      State    Arizona
2      State    Florida
3      Apple         12
4      Apple          9
..       ...        ...
7     Orange          7
8     Orange         14
9     Banana         40
10    Banana         12
11    Banana        190
```

좀 더 현실적으로 멜팅해야 할 변수가 많지만 식별 변수만 지정하고 싶을 때가 있다. 이 경우 다음과 같은 방식으로 .melt를 호출하면 2단계와 동일한 결과가 나타난다. 단일 열을 멜팅할 때는 리스트조차 필요하지 않고 문자열 값을 전달할 수 있다.

```
>>> state_fruit2.melt(id_vars='State')
      State  variable  value
0     Texas     Apple     12
1   Arizona     Apple      9
2   Florida     Apple      0
3     Texas    Orange     10
4   Arizona    Orange      7
5   Florida    Orange     14
6     Texas    Banana     40
7   Arizona    Banana     12
8   Florida    Banana    190
```

여러 변수의 그룹을 동시에 스택

일부 데이터셋은 여러 변수 그룹을 열 이름에 포함하는데, 변수 그룹은 동시에 스택해 각자의 열에 둬야 한다. 영화 데이터셋과 관련된 예를 살펴보면 이 점이 명확해진다. 먼저 배우 이름과 해당 페이스북 '좋아요'가 들어 있는 모든 열을 선택하는 것부터 시작해보자.

```
>>> movie = pd.read_csv('data/movie.csv')
>>> actor = movie[['movie_title', 'actor_1_name',
...                 'actor_2_name', 'actor_3_name',
...                 'actor_1_facebook_likes',
...                 'actor_2_facebook_likes',
...                 'actor_3_facebook_likes']]
>>> actor.head()
                                  movie_title  ...
0                                      Avatar  ...
1      Pirates of the Caribbean: At World's End  ...
2                                     Spectre  ...
```

```
3              The Dark Knight Rises    ...
4    Star Wars: Episode VII - The Force Awakens    ...
```

변수를 영화 제목, 배우 이름, 페이스북 '좋아요' 개수로 정의하면 두 개의 열 집합을 스택해야 하는데, .stack이나 .melt에 대한 단일 호출로는 불가능하다.

이 예제에서는 배우 이름과 해당 페이스북 '좋아요'를 wide_to_long 함수로 동시에 스택해 배우 DataFrame을 '정돈'해본다.

작동 방법

1. 여기서는 wide_to_long 함수를 사용해 데이터를 정돈된 형태로 재구성한다. 이 함수를 사용하려면 스택하려는 열 이름을 바꿔 숫자로 끝나게 할 필요가 있다. 먼저 사용자 정의 함수를 생성해 열 이름을 변경한다.

```
>>> def change_col_name(col_name):
...     col_name = col_name.replace('_name', '')
...     if 'facebook' in col_name:
...         fb_idx = col_name.find('facebook')
...         col_name = (col_name[:5] + col_name[fb_idx - 1:]
...             + col_name[5:fb_idx-1])
...     return col_name
```

2. 이 함수를 rename 메서드에 전달해 모든 열 이름을 바꾼다.

```
>>> actor2 = actor.rename(columns=change_col_name)
>>> actor2
        movie_title        actor_1  ...  actor_facebook_likes_2
0            Avatar    CCH Pounder  ...                   936.0
1        Pirates ...    Johnny Depp  ...                  5000.0
```

2	Spectre	Christop...	...	393.0
3	The Dark...	Tom Hardy	...	23000.0
4	Star War...	Doug Walker	...	12.0
...	...	...	...	...
4911	Signed S...	Eric Mabius	...	470.0
4912	The Foll...	Natalie Zea	...	593.0
4913	A Plague...	Eva Boehnke	...	0.0
4914	Shanghai...	Alan Ruck	...	719.0
4915	My Date ...	John August	...	23.0

3. wide_to_long 함수를 사용해 배우와 페이스북 관련 열들을 동시에 스택해 본다.

```
>>> stubs = ['actor', 'actor_facebook_likes']
>>> actor2_tidy = pd.wide_to_long(actor2,
...     stubnames=stubs,
...     i=['movie_title'],
...     j='actor_num',
...     sep='_')
>>> actor2_tidy.head()
                          actor   actor_facebook_likes
movie_title   actor_num
Avatar        1           CCH Pounder            1000.0
Pirates o...   1           Johnny Depp           40000.0
Spectre       1           Christop...            11000.0
The Dark ...   1           Tom Hardy             27000.0
Star Wars...   1           Doug W alker            131.0
```

작동 원리

wide_to_long 함수는 매우 특정한 방식으로 작동한다. 주요 매개변수는 문자열 리스트인 stubnames다. 각 문자열은 단일 열 그룹화를 나타내며, 이 문자열로 시작하는 모든 열은 단일 열로 쌓인다. 이 예제에는 actor와 actor_facebook_likes라는 두 열 그룹이 있다. 기본적으로 이러한 각 열 그룹은 숫자로 끝나야 한다. 이 숫자는 이후에 재구성된 데이터에 레이블을 지정하는 데 사용된다. 각 열 그룹에는 stubname과 끝 숫자를 구분하는 밑줄 문자(_)가 있다. 이를 고려하려면 sep 매개변수를 사용해야 한다.

원래 열 이름은 wide_to_long이 작동하는 데 필요한 패턴과 일치하지 않는다. 리스트로 값을 지정해 열 이름을 수동으로 변경할 수도 있다. 그러나 많은 타이핑이 필요할 수도 있으므로 대신 열 이름을 자동으로 형식에 맞게끔 변환하는 함수를 정의한다. change_col_name 함수는 배우 열에서 *_name*를 제거하고 페이스북 열을 재정렬해 이제 둘 다 숫자로 끝난다.

열 이름을 바꾸고자 2단계에서 .rename 메서드를 사용한다. .rename은 다양한 형식의 인수를 허용하며 그중 하나는 함수다. 함수가 전달되면 함수에는 모든 열 이름이 한 번에 하나씩 묵시적으로 전달된다.

이제 actor와 actor_facebook_likes로 시작하는 스택시키고자 하는 두 개의 열 그룹을 올바르게 작성했다. 이외에도 wide_to_long은 스택하지 않을 식별 변수로 사용할 고유한 열(매개변수 i)이 필요하다. 또한 원래 열 이름의 끝에서 제거된 식별 숫자의 이름을 바꾸는 매개변수 j가 필요하다. 기본 설정은 suffix 매개변수가 하나 이상의 숫자를 검색하는 정규 표현식 r'\d+'를 포함한다. \d는 숫자 0~9와 일치하는 특수 토큰[token]이고, 더하기 부호(+)는 표현식이 이러한 숫자 중 하나 이상과 일치하게 한다.

추가 사항

wide_to_long 함수는 변수의 모든 그룹화가 이 예제에서와 같이 숫자로 끝나는 경우 작동한다. 변수의 끝이 이 예제에서와 같지 않거나 숫자로 끝나지 않더라도

wide_to_long을 사용해 열을 동시에 스택할 수는 있다. 예를 들어 다음 데이터셋을 살펴보자.

```
>>> df = pd.read_csv('data/stackme.csv')
>>> df
   State Country   a1   b2   Test  d e
0     TX      US  0.45  0.3  Test1  2 6
1     MA      US  0.03  1.2  Test2  9 7
2     ON     CAN  0.70  4.2  Test3  4 2
```

열 d와 e뿐만 아니라 a1과 b1 열을 함께 스택하기를 원한다고 가정해보자. 또한 a1과 b1을 행의 레이블로 사용하려 한다. 이 작업을 수행하려면 적절한 레이블로 끝나도록 열 이름을 바꿔야 한다.

```
>>> df.rename(columns = {'a1':'group1_a1', 'b2':'group1_b2',
...                      'd':'group2_a1', 'e':'group2_b2'})
   State Country ...   group2_a1  group2_b2
0     TX      US ...           2          6
1     MA      US ...           9          7
2     ON     CAN ...           4          2
```

그런 다음 suffix 매개변수를 수정해야 한다. 일반적으로 이 매개변수는 숫자를 선택하는 정규 표현식으로 기본 설정돼 있다. 여기서는 길이에 상관없이 문자를 찾도록 설정한다.

```
>>> pd.wide_to_long(
...     df.rename(columns = {'a1':'group1_a1',
...         'b2':'group1_b2',
...         'd':'group2_a1', 'e':'group2_b2'}),
...     stubnames=['group1', 'group2'],
...     i=['State', 'Country', 'Test'],
```

```
...     j='Label',
...     suffix='.+',
... sep='_')
                                group1      group2
State  Country  Test   Label
TX     US       Test1  a1       0.45           2
                       b2       0.30           6
MA     US       Test2  a1       0.03           9
                       b2       1.20           7
ON     CAN      Test3  a1       0.70           4
                       b2       4.20           2
```

스택된 데이터 되돌리기

DataFrame에는 가로 열 이름을 세로 열 값으로 변환하기 위한 .stack과 .melt라는 두 가지 유사한 메서드가 있다. DataFrame은 각각 .unstack과 .pivot 메서드를 사용해 두 가지 작업을 각각 원래 형태로 되돌릴 수 있다. .stack과 .unstack은 열과 행 인덱스만 제어할 수 있는 메서드인 반면 .melt와 .pivot은 재구성할 열을 선택할 수 있는 유연성을 제공한다.

이번 예제에서는 데이터셋에서 .stack과 .melt를 호출한 다음 곧바로 .unstack과 .pivot 메서드를 사용해 작업을 즉시 되돌린다.

작동 방법

1. college 데이터셋을 읽고 기관 이름을 인덱스로 설정한다. 그리고 학부생의 인종이 기록된 열만 남긴다.

```
>>> def usecol_func(name):
...     return 'UGDS_' in name or name == 'INSTNM'
>>> college = pd.read_csv('data/college.csv',
...     index_col='INSTNM',
...     usecols=usecol_func)
>>> college
                UGDS_WHITE  UGDS_BLACK  ...  UGDS_NRA  UGDS_UNKN
INSTNM                                  ...
Alabama A...        0.0333      0.9353  ...    0.0059     0.0138
Universit...        0.5922      0.2600  ...    0.0179     0.0100
Amridge U...        0.2990      0.4192  ...    0.0000     0.2715
Universit...        0.6988      0.1255  ...    0.0332     0.0350
Alabama S...        0.0158      0.9208  ...    0.0243     0.0137
...                    ...         ...  ...       ...        ...
SAE Insti...           NaN         NaN  ...       NaN        NaN
Rasmussen...           NaN         NaN  ...       NaN        NaN
National ...           NaN         NaN  ...       NaN        NaN
Bay Area ...           NaN         NaN  ...       NaN        NaN
Excel Lea...           NaN         NaN  ...       NaN        NaN
```

2. .stack 메서드를 사용해 가로 열 이름을 세로 인덱스로 변환한다.

```
>>> college_stacked = college.stack()
>>> college_stacked
INSTNM
Alabama A & M University         UGDS_WHITE    0.0333
                                 UGDS_BLACK    0.9353
                                 UGDS_HISP     0.0055
                                 UGDS_ASIAN    0.0019
                                 UGDS_AIAN     0.002
Coastal Pines Technical College  UGDS_AIAN     0.0034
                                 UGDS_NHPI     0.0017
                                 UGDS_2MOR     0.0191
                                 UGDS_NRA      0.0028
```

UGDS_UNKN 0.0056

Length: 61866, dtype: float64

3. **.unstack** 메서드를 이용해 스택된 데이터를 되돌린다.

```
>>> college_stacked.unstack()
            UGDS_WHITE  UGDS_BLACK  ...  UGDS_NRA  UGDS_UNKN
INSTNM                              ...
Alabama A...    0.0333      0.9353  ...    0.0059     0.0138
Universit...    0.5922      0.2600  ...    0.0179     0.0100
Amridge U...    0.2990      0.4192  ...    0.0000     0.2715
Universit...    0.6988      0.1255  ...    0.0332     0.0350
Alabama S...    0.0158      0.9208  ...    0.0243     0.0137
...                ...         ...  ...       ...        ...
Hollywood...    0.2182      0.4182  ...    0.0182     0.0909
Hollywood...    0.1200      0.3333  ...    0.0000     0.0667
Coachella...    0.3284      0.1045  ...    0.0000     0.0000
Dewey Uni...    0.0000      0.0000  ...    0.0000     0.0000
Coastal P...    0.6762      0.2508  ...    0.0028     0.0056
```

4. **.melt** 다음에 **.pivot**을 바로 사용해도 비슷한 연산을 할 수 있다. 먼저 인덱스에 기관 이름을 넣지 말고 데이터를 읽어보자.

```
>>> college2 = pd.read_csv('data/college.csv',
...     usecols=usecol_func)
>>> college2
        INSTNM  UGDS_WHITE  ...  UGDS_NRA  UGDS_UNKN
0      Alabama ...    0.0333  ...    0.0059     0.0138
1      Universi...    0.5922  ...    0.0179     0.0100
2      Amridge ...    0.2990  ...    0.0000     0.2715
3      Universi...    0.6988  ...    0.0332     0.0350
4      Alabama ...    0.0158  ...    0.0243     0.0137
```

...	...	...	...	...	...
7530	SAE Inst...	NaN	...	NaN	NaN
7531	Rasmusse...	NaN	...	NaN	NaN
7532	National...	NaN	...	NaN	NaN
7533	Bay Area...	NaN	...	NaN	NaN
7534	Excel Le...	NaN	...	NaN	NaN

5. `.melt` 메서드를 사용해 모든 인종 열을 단일 열로 전치한다.

```
>>> college_melted = college2.melt(id_vars='INSTNM',
...    var_name='Race',
...    value_name='Percentage')
>>> college_melted
           INSTNM        Race  Percentage
0       Alabama ...  UGDS_WHITE      0.0333
1       Universi...  UGDS_WHITE      0.5922
2       Amridge ...  UGDS_WHITE      0.2990
3       Universi...  UGDS_WHITE      0.6988
4       Alabama ...  UGDS_WHITE      0.0158
...            ...         ...         ...
67810   SAE Inst...  UGDS_UNKN         NaN
67811   Rasmusse...  UGDS_UNKN         NaN
67812   National...  UGDS_UNKN         NaN
67813   Bay Area...  UGDS_UNKN         NaN
67814   Excel Le...  UGDS_UNKN         NaN
```

6. `.pivot` 메서드를 사용해 앞서의 결과를 되돌린다.

```
>>> melted_inv = college_melted.pivot(index='INSTNM',
...    columns='Race',
...    values='Percentage')
>>> melted_inv
```

Race	UGDS_2MOR	UGDS_AIAN	...	UGDS_UNKN	UGDS_WHITE
INSTNM			...		
A & W Hea...	0.0000	0.0000	...	0.0000	0.0000
A T Still...	NaN	NaN	...	NaN	NaN
ABC Beaut...	0.0000	0.0000	...	0.0000	0.0000
ABC Beaut...	0.0000	0.0000	...	0.0000	0.2895
AI Miami ...	0.0018	0.0000	...	0.4644	0.0324
...	...	...	...	...	...
Yukon Bea...	0.0000	0.1200	...	0.0000	0.8000
Z Hair Ac...	0.0211	0.0000	...	0.0105	0.9368
Zane Stat...	0.0218	0.0029	...	0.2399	0.6995
duCret Sc...	0.0976	0.0000	...	0.0244	0.4634
eClips Sc...	0.0000	0.0000	...	0.0000	0.1446

7. 기관 이름이 이제 인덱스로 이동됐으며 원래의 순서와 다르다는 것에 주목하자. 열 이름도 원래의 순서가 아니다. 4단계에서 시작할 때의 DataFrame을 정확하게 복제하려면 .loc 인덱스 연산자를 사용해 행과 열을 동시에 선택한 다음 인덱스를 재설정한다.

```
>>> college2_replication = (melted_inv
...     .loc[college2['INSTNM'], college2.columns[1:]]
...     .reset_index()
... )
>>> college2.equals(college2_replication)
True
```

작동 원리

1단계에서 동일한 작업을 수행하는 여러 가지 메서드가 있다. 여기서는 read_csv 함수의 다양한 기능을 보여줬다. usecols 매개변수는 가져오려는 열 리스트나 동적으로 결정하는 함수를 취할 수 있다. 여기서는 열 이름에 UGDS_가 포함돼 있는지 혹은 INSTNM인지 확인하는 함수를 사용했다. 이 함수에는 각 열 이름이 문자열로 전달되며 불리언을 반환해야 한다. 이러한 방식으로 상당한 양의 메모리를 절약할 수 있다.

2단계의 `.stack` 메서드는 모든 열 이름을 가장 안쪽 인덱스 레벨에 넣고 Series를 반환한다. 3단계에서 `.unstack` 메서드는 가장 안쪽 인덱스 레벨의 모든 값을 가져와 열 이름으로 변환해 이 작업을 반전시킨다. `.stack`은 기본적으로 결측치를 삭제하므로 1단계와 3단계의 결과는 크기가 다르다는 점에 유의하자. `dropna = False` 매개변수를 전달하면 양방향으로 올바르게 작동한다.

4단계는 1단계와 동일한 데이터셋을 읽지만 기관 이름을 인덱스에 넣지 않는다. `.melt` 메서드가 액세스할 수 없기 때문이다. 5단계는 `.melt` 메서드를 사용해 모든 Race 열을 전치한다. 이 연산은 value_vars 매개변수를 기본값 None으로 둔 채 수행한다. 지정하지 않으면 id_vars 매개변수에 없는 모든 열은 전치된다.

6단계는 3개의 매개변수를 취하는 `.pivot` 메서드를 사용해 5단계의 조작을 반전시킨다. 대부분의 매개변수는 단일 열을 문자열로 취한다(values 매개변수는 열 이름의 리스트도 취할 수 있음). index 매개변수가 참조하는 열은 수직으로 유지되며 새로운 인덱스가 된다. columns 매개변수가 참조하는 열의 값이 열 이름이 된다. values 매개변수가 참조하는 값은 이전 인덱스와 열 레이블의 교차점에 해당하도록 바둑판식으로 배치된다.

pivot을 사용해 복제하려면 행과 열을 원본과 동일한 순서로 정렬해야 한다. 기관 이름이 인덱스에 있으므로 `.loc` 인덱스 연산자를 사용해 DataFrame을 원래 인덱스별로 정렬한다.

추가 사항

.stack과 .unstack을 더 잘 이해하고자 이들을 사용해 대학교 DataFrame을 전치해보자. 이 맥락에서는 새로운 행이 원시 데이터 행렬의 예전 열인 것을 의미하는 행렬의 전치라는 정확한 수학적 정의를 사용한다.

2단계의 결과를 살펴보면 두 인덱스 레벨이 있음을 알 수 있다. .unstack 메서드는 가장 안쪽 인덱스 수준을 새 열 값으로 사용한다. 인덱스 레벨은 바깥쪽에서 0부터 시작해 번호가 매겨진다. pandas는 기본적으로 .unstack 메서드의 level 매개변수를 -1로 설정하는데, 이는 가장 안쪽 인덱스를 나타낸다. 대신 level = 0을 사용해 가장 바깥쪽 열을 .unstack할 수 있다.

```
>>> college.stack().unstack(0)
INSTNM        Alaba/rsity  ...  Coast/llege
UGDS_WHITE         0.0333  ...       0.6762
UGDS_BLACK        0.9353  ...       0.2508
UGDS_HISP         0.0055  ...       0.0359
UGDS_ASIAN        0.0019  ...       0.0045
UGDS_AIAN         0.0024  ...       0.0034
UGDS_NHPI         0.0019  ...       0.0017
UGDS_2MOR         0.0000  ...       0.0191
UGDS_NRA          0.0059  ...       0.0028
UGDS_UNKN         0.0138  ...       0.0056
```

.stack이나 .unstack 없이도 DataFrame을 전치하는 방법이 있다. 다음과 같이 .transpose 메서드나 .T 속성을 사용한다.

```
>>> college.T
>>> college.transpose()
INSTNM        Alaba/rsity  ...  Coast/llege
UGDS_WHITE         0.0333  ...       0.6762
```

```
UGDS_BLACK        0.9353  ...      0.2508
UGDS_HISP         0.0055  ...      0.0359
UGDS_ASIAN        0.0019  ...      0.0045
UGDS_AIAN         0.0024  ...      0.0034
UGDS_NHPI         0.0019  ...      0.0017
UGDS_2MOR         0.0000  ...      0.0191
UGDS_NRA          0.0059  ...      0.0028
UGDS_UNKN         0.0138  ...      0.0056
```

▌ groupby 집계 후 언스택

단일 열로 데이터를 그룹화하고 단일 열에 대해 집계를 수행하면 사용이 용이한 결과가 반환된다. 둘 이상의 열을 기준으로 그룹화할 때 집계 결과는 사용이 용이한 방식으로 구성되지 않을 수 있다.

.groupby 작업은 기본적으로 고유한 그룹화 열을 인덱스에 넣으므로 .unstack 메서드를 사용하면 데이터가 다시 정렬돼 해석에 더 유용한 방식으로 나타날 수 있다.

이 예제에서는 employee 데이터셋을 사용해 여러 개의 열을 기준으로 그룹화해 집계를 수행한다. 그런 다음 .unstack 메서드를 사용해 다른 그룹을 쉽게 비교할 수 있는 형식으로 결과를 재구성한다.

작동 방법

1. employee 데이터셋을 읽은 다음 인종별 평균 급여를 알아본다.

```
>>> employee = pd.read_csv('data/employee.csv')
>>> (employee
...     .groupby('RACE')
```

```
...     ['BASE_SALARY']
...     .mean()
...     .astype(int)
... )
RACE
American Indian or Alaskan Native    60272
Asian/Pacific Islander               61660
Black or African American            50137
Hispanic/Latino                      52345
Others                               51278
White                                64419
Name: BASE_SALARY, dtype: int64
```

2. groupby 연산은 가독성이 높고 재구성할 필요가 없는 Series를 반환한다. 이제 모든 인종의 평균 급여를 성별로 알아보자. 결과는 Series라는 점에 유의하자.

```
>>> (employee
...     .groupby(['RACE', 'GENDER'])
...     ['BASE_SALARY']
...     .mean()
...     .astype(int)
... )
RACE                               GENDER
American Indian or Alaskan Native  Female  60238
                                   Male    60305
Asian/Pacific Islander             Female  63226
                                   Male    61033
Black or African American          Female  48915
                                               ...
Hispanic/Latino                    Male    54782
Others                             Female  63785
                                   Male    38771
```

```
White                                   Female  66793
                                        Male    63940
Name: BASE_SALARY, Length: 12, dtype: int64
```

3. 이 집계는 좀 더 복잡하고 다른 비교를 쉽게 재구성할 수 있다. 예를 들어
   각 인종의 남녀 급여가 지금처럼 수직으로 나열돼 있지 않고 옆에 나란히
   나타나면 비교가 더 쉬울 것이다. 성별 인덱스 레벨에서 .unstack을 호출
   해보자.

```
>>> (employee
...     .groupby(['RACE', 'GENDER'])
...     ['BASE_SALARY']
...     .mean()
...     .astype(int)
...     .unstack('GENDER')
... )
GENDER                              Female    Male
RACE
American Indian or Alaskan Native   60238   60305
Asian/Pacific Islander              63226   61033
Black or African American           48915   51082
Hispanic/Latino                     46503   54782
Others                              63785   38771
White                               66793   63940
```

4. 유사하게 인종 인덱스 레벨도 언스택할 수 있다.

```
>>> (employee
...     .groupby(['RACE', 'GENDER'])
...     ['BASE_SALARY']
...     .mean()
...     .astype(int)
```

```
...    .unstack('RACE')
... )
RACE    American Indian or Alaskan    Native   ...    White
GENDER                                          ...
Female                                 60238    ...    66793
Male                                   60305    ...    63940
```

작동 원리

1단계는 단일 그룹화 열(RACE), 단일 집계 열(BASE_SALARY), 단일 집계 함수(.mean)를 사용한 가장 간단한 집계다. 이 결과는 사용이 쉽고 평가를 위해 더 이상의 처리가 필요하지 않다. 2단계는 인종과 성별 모두 사용해 그룹화한다. 결과 Series(다중 인 덱스를 가짐)는 모든 값을 단일 차원에 포함하므로 비교가 더욱 어려워진다. 정보를 좀 더 쉽게 사용할 수 있도록 .unstack 메서드를 사용해 하나 이상의 레벨 값을 열로 변환한다.

기본 설정에서 .unstack은 가장 안쪽 인덱스 수준을 새 열로 사용한다. level 매개 변수에서 문자열로 된 레벨 이름을 지정하거나 정수로 레벨 위치를 지정하면 언 스택하려는 레벨을 선택할 수 있다. 모호성을 피하려면 정수로 위치를 지정하는 것보다는 레벨 이름을 사용하는 것이 낫다. 3단계와 4단계는 각 레벨을 언스택하 므로 단일 레벨 인덱스를 가진 DataFrame이 생성된다. 이제 성별에 따라 각 인종의 급여를 비교하는 것이 한결 더 수월해졌다.

추가 사항

DataFrame에서 단일 열을 사용해 groupby를 수행할 때 여러 개의 집계 함수를 사용하는 경우 직접적인 결과는 Series가 아닌 DataFrame으로 된다. 예를 들어 2단계에서처럼 평균만 계산하는 것이 아니라 더 많은 집계 연산을 해보자.

```
>>> (employee
...     .groupby(['RACE', 'GENDER'])
...     ['BASE_SALARY']
...     .agg(['mean', 'max', 'min'])
...     .astype(int)
... )
```

| | | mean | max | min |
RACE	GENDER			
American Indian or Alaskan Native	Female	60238	98536	26125
	Male	60305	81239	26125
Asian/Pacific Islander	Female	63226	130416	26125
	Male	61033	163228	27914
Black or African American	Female	48915	150416	24960
...		...	...	...
Hispanic/Latino	Male	54782	165216	26104
Others	Female	63785	63785	63785
	Male	38771	38771	38771
White	Female	66793	178331	27955
	Male	63940	210588	26125

Gender 열을 언스택하면 다중 인덱스를 가진 열이 생성된다. 여기서부터 원하는
데이터 구조를 달성할 때까지 .unstack과 .stack 메서드를 사용해 행과 열 레벨을
계속 교환할 수 있다.

```
>>> (employee
...     .groupby(['RACE', 'GENDER'])
...     ['BASE_SALARY']
...     .agg(['mean', 'max', 'min'])
...     .astype(int)
...     .unstack('GENDER')
... )
```

| | mean | | ... | min | |
| GENDER | Female | Male | ... | Female | Male |

490

```
RACE ...
American ...    60238    60305    ...    26125    26125
Asian/Pac...    63226    61033    ...    26125    27914
Black or ...    48915    51082    ...    24960    26125
Hispanic/...    46503    54782    ...    26125    26104
Others          63785    38771    ...    63785    38771
White           66793    63940    ...    27955    26125
```

▌groupby 집계로 pivot_table 복제

얼핏 보기에 .pivot_table 메서드는 데이터를 분석하는 독특한 방법을 제공하는 것처럼 보일 수 있다. 그러나 약간만 조작하면 .groupby 메서드를 사용해서도 기능을 복제할 수 있다. 둘 사이의 동등성을 알게 되면 pandas 기능을 이해하는 데 좀 더 도움이 될 것이다.

이번 예제에서는 flights 데이터셋을 사용해 피봇 테이블을 작성한 후 .groupby 메서드를 사용해 테이블을 재생성해본다.

작동 방법

1. flights 데이터셋을 읽은 다음 .pivot_table 메서드를 사용해 각 항공사별로 출발지 공항별 취소된 항공편 수를 찾아본다.

```
>>> flights = pd.read_csv('data/flights.csv')
>>> fpt = flights.pivot_table(index='AIRLINE',
...     columns='ORG_AIR',
...     values='CANCELLED',
...     aggfunc='sum',
```

```
...    fill_value=0)
>>> fpt
ORG_AIR ATL DEN DFW IAH LAS  LAX  MSP  ORD PHX  SFO
AIRLINE
AA        3   4  86   3   3   11    3   35   4    2
AS        0   0   0   0   0    0    0    0   0    0
B6        0   0   0   0   0    0    0    0   0    1
DL       28   1   0   0   1    1    4    0   1    2
EV       18   6  27  36   0    0    6   53   0    0
...     ...  ... ... ... ...  ...  ...  ...  ... ...
OO        3  25   2  10   0   15    4   41   9   33
UA        2   9   1  23   3    6    2   25   3   19
US        0   0   2   2   1    0    0    6   7    3
VX        0   0   0   0   0    3    0    0   0    3
WN        9  13   0   0   7   32    1    0   6   25
```

2. 이를 .groupby 메서드로 대체하려면 두 열을 groupby한 다음 이들을 언스택해야 한다. groupby 집계는 이 테이블을 복제할 수 없다. 방법은 인덱스와 열 매개변수 둘 다에 공통으로 있는 모든 열을 먼저 그룹화하는 것이다.

```
>>> (flights
...    .groupby(['AIRLINE', 'ORG_AIR'])
...    ['CANCELLED']
...    .sum()
... )
AIRLINE    ORG_AIR
AA         ATL         3
           DEN         4
           DFW        86
           IAH         3
           LAS         3
                      ..
WN         LAS         7
```

```
           LAX          32
           MSP           1
           PHX           6
           SFO          25
    Name: CANCELLED, Length: 114, dtype: int64
```

3. `.unstack` 메서드를 사용해 `ORG_AIR` 인덱스 레벨을 열 이름으로 피봇한다.

```
>>> fpg = (flights
...     .groupby(['AIRLINE', 'ORG_AIR'])
...     ['CANCELLED']
...     .sum()
...     .unstack('ORG_AIR', fill_value=0)
... )
>>> fpt.equals(fpg)
True
```

작동 원리

`.pivot_table` 메서드는 기능이 아주 많고 유연하지만 1단계의 예제에서와 같이 groupby 집계와 유사한 연산을 수행한다. `index` 매개변수는 피봇되지 않고 고윳값이 인덱스에 배치되는 열(또는 열 리스트)을 취한다. `columns` 매개변수는 피봇되고 고윳값이 열 이름으로 만들어지는 열(또는 열 리스트)을 사용한다. `values` 매개변수는 집계될 열(또는 열 리스트)을 취한다.

`values` 매개변수의 열이 집계되는 방식을 결정하는 집계 함수(또는 함수 리스트)를 취하는 `aggfunc` 매개변수도 있다. 집계 함수의 기본 설정은 문자열 mean이며, 이 예에서는 합계를 계산하고자 변경했다. 또한 일부 `AIRLINE`과 `ORG_AIR`의 고유한 조합은 존재하지 않는다. 이러한 누락된 조합은 기본 설정에서 결과 DataFrame의 결측치로 설정된다. 여기서는 `fill_value` 매개변수를 사용해 0으로 변경한다.

2단계는 index와 columns 매개변수의 모든 열을 그룹화 열로 사용해 복제 프로세스를 시작한다. 이것이 이번 예제의 핵심 열쇠다. 피봇 테이블은 그룹화 열의 모든 고유 조합의 교집합이다. 3단계는 .unstack 메서드를 사용해 가장 안쪽 인덱스 레벨을 열 이름으로 피봇해 복제를 완료한다. .pivot_table과 마찬가지로 AIRLINE과 ORG_AIR의 모든 조합이 존재하는 것은 아니다. 여기서는 다시 fill_value 매개변수를 사용해 누락된 교차점을 0으로 만든다.

추가 사항

.groupby 메서드를 사용하면 훨씬 더 복잡한 피봇 테이블을 복제할 수 있다. 예를 들어 .pivot_table을 수행한 후 결과를 살펴보자.

```
>>> flights.pivot_table(index=['AIRLINE', 'MONTH'],
...     columns=['ORG_AIR', 'CANCELLED'],
...     values=['DEP_DELAY', 'DIST'],
...     aggfunc=['sum', 'mean'],
...     fill_value=0)
```

		sum		...	mean	
		DEP_DELAY		...	DIST	
ORG_AIR		ATL		...	SFO	
CANCELLED		0	1	...	0	1
AIRLINE	MONTH			...		
AA	1	-13	0	...	1860.166667	0.0
	2	-39	0	...	1337.916667	2586.0
	3	-2	0	...	1502.758621	0.0
	4	1	0	...	1646.903226	0.0
	5	52	0	...	1436.892857	0.0
...		...	..	...	...	...
WN	7	2604	0	...	636.210526	0.0
	8	1718	0	...	644.857143	392.0
	9	1033	0	...	731.578947	354.5

| 11 | 700 | 0 | ... | 580.875000 | 392.0 |
| 12 | 1679 | 0 | ... | 782.256410 | 0.0 |

이 결과를 .groupby 메서드를 사용해 복제하려면 예제와 동일한 패턴을 따라 index와 columns 매개변수에 있는 모든 열을 .groupby 메서드에 전달한 후 .unstack 을 호출해 인덱스 레벨을 열로 끄집어내야 한다.

```
levels out to the columns:
>>> (flights
...     .groupby(['AIRLINE', 'MONTH', 'ORG_AIR', 'CANCELLED'])
...     [['DEP_DELAY', 'DIST']]
...     .agg(['mean', 'sum'])
...     .unstack(['ORG_AIR', 'CANCELLED'], fill_value=0)
...     .swaplevel(0, 1, axis='columns')
... )
```

		mean		...	sum	
		DEP_DELAY		...	DIST	
ORG_AIR		ATL		...	SFO	
CANCELLED		0	1	...	0	1
AIRLINE	MONTH			...		
AA	1	-3.250000	NaN	...	33483.0	NaN
	2	-3.000000	NaN	...	32110.0	2586.0
	3	-0.166667	NaN	...	43580.0	NaN
	4	0.071429	NaN	...	51054.0	NaN
	5	5.777778	NaN	...	40233.0	NaN
...		...	..	...	...	...
WN	7	21.700000	NaN	...	24176.0	NaN
	8	16.207547	NaN	...	18056.0	784.0
	9	8.680672	NaN	...	27800.0	709.0
	11	5.932203	NaN	...	23235.0	784.0
	12	15.691589	NaN	...	30508.0	NaN

열 레벨의 순서가 달라졌다. `.pivot_table`은 집계 함수를 `values` 매개변수의 열보다 앞 레벨에 둔다. `.swaplevel` 메서드를 사용해 이를 해결할 수 있다. 가장 바깥쪽 열(레벨 0)을 그 아래 레벨(레벨 1)과 바꾼다. 또한 열 순서가 다르다는 점에 주목하자.

▌손쉬운 재구성을 위한 축 레벨 이름 변경

각 축(인덱스 및 열) 레벨에 이름이 있으면 `.stack`과 `.unstack` 메서드로 재구성할 때 훨씬 쉽다. pandas를 사용하면 정수 위치나 이름을 사용해 각 축 레벨을 참조할 수 있다. 정수 위치는 묵시적이고 명시적이지 않으므로 가능하면 레벨의 이름을 사용하는 것이 좋다. 이 조언은 '파이썬의 정신^{Zen of Python}'(파이썬의 정신을 잘 모르는 경우 import this를 입력해보라)에서 인용한 것이다. 파이썬의 기본 원칙 두 번째는 "명시적인 것이 묵시적인 것보다 낫다."이다.

여러 열로 그룹화하거나 집계할 때 결과 pandas 객체는 하나 또는 두 축 모두에서 여러 레벨을 갖는다. 이 예제에서는 각 축의 각 레벨 이름을 지정한 다음 `.stack`이나 `.unstack` 메서드를 사용해 데이터를 원하는 형식으로 재구성한다.

작동 방법

1. college 데이터셋을 읽은 다음 학교별 SAT 수학 점수와 종교 학교 여부에 따른 학부생 수의 기본 요약 통계량을 살펴본다.

```
>>> college = pd.read_csv('data/college.csv')
>>> (college
...     .groupby(['STABBR', 'RELAFFIL'])
...     [['UGDS', 'SATMTMID']]
```

496

```
...    .agg(['size', 'min', 'max'])
... )
                 UGDS                     SATMTMID
                 size    min      max     size    min      max
STABBR  RELAFFIL
AK      0           7  109.0  12865.0        7    NaN      NaN
        1           3   27.0    275.0        3  503.0    503.0
AL      0          72   12.0  29851.0       72  420.0    590.0
        1          24   13.0   3033.0       24  400.0    560.0
AR      0          68   18.0  21405.0       68  427.0    565.0
...                ...   ...      ...      ...    ...      ...
WI      0          87   20.0  29302.0       87  480.0    680.0
        1          25    4.0   8212.0       25  452.0    605.0
WV      0          65   20.0  44924.0       65  430.0    530.0
        1           8   63.0   1375.0        8  455.0    510.0
WY      0          11   52.0   9910.0       11  540.0    540.0
```

2. 양쪽 인덱스 레벨 모두 이름을 갖고 있으며 모두 이전의 열 이름이다. 반면
   열 레벨은 이름이 없다. `.rename_axis` 메서드를 사용해 레벨 이름을 지정
   한다.

```
>>> (college
...    .groupby(['STABBR', 'RELAFFIL'])
...    [['UGDS', 'SATMTMID']]
...    .agg(['size', 'min', 'max'])
...    .rename_axis(['AGG_COLS', 'AGG_FUNCS'], axis='columns')
... )
AGG_COLS         UGDS                     SATMTMID
AGG_FUNCS        size    min      max     size    min      max
STABBR  RELAFFIL
AK      0           7  109.0  12865.0        7    NaN      NaN
        1           3   27.0    275.0        3  503.0    503.0
AL      0          72   12.0  29851.0       72  420.0    590.0
```

	1	24	13.0	3033.0	24	400.0	560.0
AR	0	68	18.0	21405.0	68	427.0	565.0
...		...	...	...	...	...	...
WI	0	87	20.0	29302.0	87	480.0	680.0
	1	25	4.0	8212.0	25	452.0	605.0
WV	0	65	20.0	44924.0	65	430.0	530.0
	1	8	63.0	1375.0	8	455.0	510.0
WY	0	11	52.0	9910.0	11	540.0	540.0

3. 이제 각 축의 레벨에 이름이 있으므로 재구성이 쉽다. .stack 메서드를 사용해 AGG_FUNCS 열을 인덱스 레벨로 이동시킨다.

```
>>> (college
...     .groupby(['STABBR', 'RELAFFIL'])
...     [['UGDS', 'SATMTMID']]
...     .agg(['size', 'min', 'max'])
...     .rename_axis(['AGG_COLS', 'AGG_FUNCS'], axis='columns')
...     .stack('AGG_FUNCS')
... )
```

AGG_COLS			UGDS	SATMTMID
STABBR	RELAFFIL	AGG_FUNCS		
AK	0	size	7.0	7.0
		min	109.0	NaN
		max	12865.0	NaN
	1	size	3.0	3.0
		min	27.0	503.0
...			...	...
WV	1	min	63.0	455.0
		max	1375.0	510.0
WY	0	size	11.0	11.0
		min	52.0	540.0
		max	9910.0	540.0

4. 기본 설정에서 스택은 새 열 레벨을 가장 안쪽 인덱스 위치에 배치한다. `.swaplevel` 메서드를 사용해 AGG_FUNCS를 가장 안쪽 레벨에서 바깥 레벨로 이동시킨다.

```
>>> (college
...     .groupby(['STABBR', 'RELAFFIL'])
...     [['UGDS', 'SATMTMID']]
...     .agg(['size', 'min', 'max'])
...     .rename_axis(['AGG_COLS', 'AGG_FUNCS'], axis='columns')
...     .stack('AGG_FUNCS')
...     .swaplevel('AGG_FUNCS', 'STABBR',
...     axis='index')
... )
AGG_COLS                               UGDS    SATMTMID
AGG_FUNCS  RELAFFIL   STABBR
size       0          AK         7.0         7.0
min        0          AK       109.0         NaN
max        0          AK     12865.0         NaN
size       1          AK         3.0         3.0
min        1          AK        27.0       503.0
...                                 ...         ...
                      WV        63.0       455.0
max        1          WV      1375.0       510.0
size       0          WY        11.0        11.0
min        0          WY        52.0       540.0
max        0          WY      9910.0       540.0
```

5. `.sort_index` 메서드를 사용해 레벨을 정렬할 때도 계속해서 축 레벨 이름을 활용할 수 있다.

```
>>> (college
...     .groupby(['STABBR', 'RELAFFIL'])
...     [['UGDS', 'SATMTMID']]
```

```
...     .agg(['size', 'min', 'max'])
...     .rename_axis(['AGG_COLS', 'AGG_FUNCS'], axis='columns')
...     .stack('AGG_FUNCS')
...     .swaplevel('AGG_FUNCS', 'STABBR', axis='index')
...     .sort_index(level='RELAFFIL', axis='index')
...     .sort_index(level='AGG_COLS', axis='columns')
... )
```

AGG_COLS			SATMTMID	UGDS
AGG_FUNCS	RELAFFIL	STABBR		
max	0	AK	NaN	12865.0
		AL	590.0	29851.0
		AR	565.0	21405.0
		AS	NaN	1276.0
		AZ	580.0	151558.0
...			...	...
size	1	VI	1.0	1.0
		VT	5.0	5.0
		WA	17.0	17.0
		WI	25.0	25.0
		WV	8.0	8.0

6. 재구성을 완성하고자 일부 열을 언스택하는 동안 또 다른 열은 스택해야
   할 수 있다. 두 메서드를 동시에 체인시키면 된다.

```
>>> (college
...     .groupby(['STABBR', 'RELAFFIL'])
...     [['UGDS', 'SATMTMID']]
...     .agg(['size', 'min', 'max'])
...     .rename_axis(['AGG_COLS', 'AGG_FUNCS'], axis='columns')
...     .stack('AGG_FUNCS')
...     .unstack(['RELAFFIL', 'STABBR'])
... )
```

AGG_COLS	UGDS		...	SATMTMID	
RELAFFIL	0	1	...	1	0

```
STABBR          AK       AK  ...       WV       WY
AGG_FUNCS                     ...
size            7.0      3.0 ...      8.0     11.0
min           109.0     27.0 ...    455.0    540.0
max         12865.0    275.0 ...    510.0    540.0
```

7. 모든 열을 동시에 스택시켜 단일 Series를 반환한다.

```
>>> (college
...     .groupby(['STABBR', 'RELAFFIL'])
...     [['UGDS', 'SATMTMID']]
...     .agg(['size', 'min', 'max'])
...     .rename_axis(['AGG_COLS', 'AGG_FUNCS'], axis='columns')
...     .stack(['AGG_FUNCS', 'AGG_COLS'])
... )
STABBR  RELAFFIL   AGG_FUNCS  AGG_COLS
AK      0          size       UGDS            7.0
                              SATMTMID        7.0
                   min        UGDS          109.0
                   max        UGDS        12865.0
        1          size       UGDS            3.0
                                              ...
WY      0          size       SATMTMID       11.0
                   min        UGDS           52.0
                              SATMTMID      540.0
                   max        UGDS         9910.0
                              SATMTMID      540.0
Length: 640, dtype: float64
```

8. 인덱스에 있는 모든 것을 언스택할 수도 있다. 이 경우 매우 와이드^{wide}한 결과가 생성되는데, pandas Series로 나타난다.

```
>>> (college
...     .groupby(['STABBR', 'RELAFFIL'])
...     [['UGDS', 'SATMTMID']]
...     .agg(['size', 'min', 'max'])
...     .rename_axis(['AGG_COLS', 'AGG_FUNCS'], axis='columns')
...     .unstack(['STABBR', 'RELAFFIL'])
... )
AGG_COLS    AGG_FUNCS    STABBR    RELAFFIL
UGDS        size         AK        0              7.0
                                   1              3.0
                         AL        0             72.0
                                   1             24.0
                         AR        0             68.0
                                                  ...
SATMTMID    max          WI        1            605.0
                         WV        0            530.0
                                   1            510.0
                         WY        0            540.0
                                   1              NaN
Length: 708, d type: float64
```

작동 원리

.groupby 메서드를 호출하면 결과는 일반적으로 여러 개의 축 레벨을 가진 Data
Frame이나 Series로 생성된다. 1단계에서 groupby 연산의 결과 DataFrame에는 각
축에서 여러 레벨이 생겼다. 열 레벨은 이름이 없으므로 정수 위치로만 참조해야
한다. 열 레벨을 쉽게 참조할 수 있도록 .rename_axis 메서드를 사용해 이름을 바
꾼다.

.rename_axis 메서드는 전달된 첫 번째 인수의 형식에 따라 레벨의 이름과 레벨
값을 모두 수정할 수 있다는 점에서 약간 낯설다. 리스트(단일 레벨의 경우 스칼라)
를 전달하면 레벨의 이름이 변경된다. 2단계에서 .rename_axis 메서드에 리스트

502

를 전달하면 모든 축 레벨에 이름이 지정된 DataFrame을 반환한다.

모든 축 레벨에 이름이 지정되면 데이터 구조를 제어할 수 있다. 3단계는 AGG_
FUNCS 열을 가장 안쪽 인덱스 레벨에 스택한다. 4단계의 .swaplevel 메서드의 첫
번째 두 인수는 교환하려는 레벨의 이름이나 위치를 지정한다. 5단계에서 .sort_
index 메서드가 두 번 호출되고 각 레벨의 값을 정렬한다. 열 레벨의 값은 열 이름
인 SATMTMID와 UGDS라는 점에 주목하자.

6단계에서와 같이 스택과 언스택을 통해 크게 다른 결과를 얻을 수 있다. 모든 단
일 열이나 인덱스 레벨을 스택이나 언스택할 수 있는데, 둘 다 Series로 축소된다.

추가 사항

레벨 값을 모두 없애려면 None으로 설정한다. 시각적 혼란을 줄이거나 열 레벨이
나타내는 바가 명확할 때는 이렇게 할 수 있고, 이럴 때 더 이상의 처리는 일어나지
않는다.

```
>>> (college
...     .groupby(['STABBR', 'RELAFFIL'])
...     [['UGDS', 'SATMTMID']]
...     .agg(['size', 'min', 'max'])
...     .rename_axis([None, None], axis='index')
...     .rename_axis([None, None], axis='columns')
... )
         UGDS                     SATMTMID
         size    min      max     size     min     max
AK   0      7  109.0  12865.0        7     NaN     NaN
     1      3   27.0    275.0        3   503.0   503.0
AL   0     72   12.0  29851.0       72   420.0   590.0
     1     24   13.0   3033.0       24   400.0   560.0
AR   0     68   18.0  21405.0       68   427.0   565.0
```

...		...	...	...	...	...	...
WI	0	87	20.0	29302.0	87	480.0	680.0
	1	25	4.0	8212.0	25	452.0	605.0
WV	0	65	20.0	44924.0	65	430.0	530.0
	1	8	63.0	1375.0	8	455.0	510.0
WY	0	11	52.0	9910.0	11	540.0	540.0

▌ 여러 변수가 열 이름으로 저장될 때의 정돈

열 이름에 여러 개의 다른 변수가 포함될 때마다 복잡한 데이터가 나타난다. 이 시나리오의 일반적인 예는 연령과 성별이 함께 연결될 때 발생한다. 이와 같은 데이터셋을 정돈하려면 pandas .str 속성을 사용해 열을 조작해야 한다. 이 속성에는 문자열 처리용 추가 메서드가 들어있다.

이 예제에서는 먼저 모든 변수를 식별하고 그중 일부는 열 이름으로 함께 연결한다. 그런 다음 데이터를 재구성하고 텍스트를 구문 분석해 올바른 값을 추출한다.

작동 방법

1. 남자 weightlifting 데이터셋을 읽은 다음 변수를 알아본다.

```
>>> weightlifting = pd.read_csv('data/weightlifting_men.csv')
>>> weightlifting
  Weight Category   M35 35-39  ...  M75 75-79  M80 80+
0              56         137  ...         62       55
1              62         152  ...         67       57
2              69         167  ...         75       60
3              77         182  ...         82       65
4              85         192  ...         87       70
```

5	94	202	...	90	75
6	105	210	...	95	80
7	105+	217	...	100	85

2. 변수는 Weight Category와 성별, 연령의 조합, 적격 합산 무게^{qualifying total}다. 연령과 성별 변수가 단일 셀로 함께 연결됐다. 이들을 분리하기 전에 `.melt` 메서드를 사용해 연령과 성별 열 이름을 단일 세로 열로 바꾼다.

```
>>> (weightlifting
...     .melt(id_vars='Weight Category',
...     var_name='sex_age',
...     value_name='Qual Total')
... )
   Weight Category   sex_age  Qual Total
0               56  M35 35-39        137
1               62  M35 35-39        152
2               69  M35 35-39        167
3               77  M35 35-39        182
4               85  M35 35-39        192
..             ...        ...        ...
75              77    M80 80+         65
76              85    M80 80+         70
77              94    M80 80+         75
78             105    M80 80+         80
79            105+    M80 80+         85
```

3. sex_age 열을 선택하고 `.str` 속성에 있는 `.split` 메서드를 사용해 열을 분할해 서로 다른 열로 나눈다.

```
>>> (weightlifting
...     .melt(id_vars='Weight Category',
...     var_name='sex_age',
```

```
...    value_name='Qual Total')
...    ['sex_age']
...    .str.split(expand=True)
... )
        0      1
0     M35   35-39
1     M35   35-39
2     M35   35-39
3     M35   35-39
4     M35   35-39
..    ...    ...
75    M80    80+
76    M80    80+
77    M80    80+
78    M80    80+
79    M80    80+
```

4. 연산은 의미 없는 열 이름을 가진 DataFrame을 반환한다. 이제 열 이름을 바꿔본다.

```
>>> (weightlifting
...    .melt(id_vars='Weight Category',
...    var_name='sex_age',
...    value_name='Qual Total')
...    ['sex_age']
...    .str.split(expand=True)
...    .rename(columns={0:'Sex', 1:'Age Group'})
... )
      Sex   Age Group
0     M35     35-39
1     M35     35-39
2     M35     35-39
3     M35     35-39
4     M35     35-39
```

```
..    ...      ...
75    M80      80+
76    M80      80+
77    M80      80+
78    M80      80+
79    M80      80+
```

5. `.str` 속성을 이후에 인덱스 연산을 사용해 **Sex** 열을 생성하고 **Sex** 열에서 첫 글자를 선택한다.

```
>>> (weightlifting
...     .melt(id_vars='Weight Category',
...         var_name='sex_age',
...         value_name='Qual Total')
...     ['sex_age']
...     .str.split(expand=True)
...     .rename(columns={0:'Sex', 1:'Age Group'})
...     .assign(Sex=lambda df_: df_.Sex.str[0])
... )
      Sex   Age Group
0     M       35-39
1     M       35-39
2     M       35-39
3     M       35-39
4     M       35-39
..    ..       ...
75    M        80+
76    M        80+
77    M        80+
78    M        80+
79    M        80+
```

6. pd.concat 함수를 사용해 이 DataFrame과 Weight Category, Qual Total 열을 연결한다.

```
>>> melted = (weightlifting
...     .melt(id_vars='Weight Category',
...     var_name='sex_age',
...     value_name='Qual Total')
... )
>>> tidy = pd.concat([melted
...     ['sex_age']
...     .str.split(expand=True)
...     .rename(columns={0:'Sex', 1:'Age Group'})
...     .assign(Sex=lambda df_: df_.Sex.str[0]),
...        melted[['Weight Category', 'Qual Total']]],
...     axis='columns'
... )
>>> tidy
      Sex  Age Group  Weight Category  Qual Total
0     M      35-39                56         137
1     M      35-39                62         152
2     M      35-39                69         167
3     M      35-39                77         182
4     M      35-39                85         192
..    ..       ...               ...         ...
75    M       80+                 77          65
76    M       80+                 85          70
77    M       80+                 94          75
78    M       80+                105          80
79    M       80+               105+          85
```

7. 다음과 같이 하더라도 동일한 결과를 얻을 수 있다.

```
>>> melted = (weightlifting
```

```
...     .melt(id_vars='Weight Category',
...          var_name='sex_age',
...          value_name='Qual Total')
... )
>>> (melted
...     ['sex_age']
...     .str.split(expand=True)
...     .rename(columns={0:'Sex', 1:'Age Group'})
...     .assign(Sex=lambda df_: df_.Sex.str[0],
...          Category=melted['Weight Category'],
...          Total=melted['Qual Total'])
... )
    Sex   Age Group   Category   Total
0    M      35-39        56       137
1    M      35-39        62       152
2    M      35-39        69       167
3    M      35-39        77       182
4    M      35-39        85       192
..   ..       ...        ...       ...
75   M       80+         77        65
76   M       80+         85        70
77   M       80+         94        75
78   M       80+        105        80
79   M       80+       105+        85
```

작동 원리

다른 데이터셋과 마찬가지로 weightlifting 데이터셋에는 원시 형태로도 쉽게 소화할 수 있는 정보가 있다. 그러나 열 이름 중 하나가 성별과 연령 정보를 함께 포함하므로 기술적으로는 지저분하다. 변수가 식별되면 데이터셋을 정돈할 수 있다. 열 이름에 변수가 포함될 때마다 .melt(또는 .stack) 메서드를 사용해야 한다. **Weight Category** 변수는 이미 올바른 위치에 있으므로 id_vars 매개변수에 전달해 식별 변수로 그대로 유지한다. value_vars로 멜트^{melt}할 모든 열의 이름을 명시적으로 지정할 필요는 없다는 점에 주목하자. 기본 설정에서 id_vars에 없는 모든 열은 멜트된다.

sex_age 열은 구문 분석한 다음 두 변수로 분할해야 한다. 이를 위해 여기서는 .str 속성이 제공하는 추가 기능을 사용하는데, 오직 Series(단일 DataFrame 열)와 인덱스(계층 구조가 아님)에서만 사용할 수 있다. .split 메서드는 문자열의 일부분을 자체 열로 분리할 수 있으므로 이 상황에서 가장 일반적인 방법 중 하나다. 기본적으로 공백을 기준으로 분할되지만 pat 매개변수를 통해 문자열이나 정규 표현식을 지정할 수도 있다. expand 매개변수가 True로 설정되면 각 독립 분할 문자 세그먼트에 대해 새 열이 형성된다. 이 값이 False면 모든 세그먼트 목록이 포함된 단일 열이 반환된다.

4단계에서 열 이름을 바꾼 후 .str 속성을 다시 사용해야 한다. 이 속성을 사용하면 문자열처럼 인덱스를 생성하거나 분리할 수 있다. 여기서는 성별에 대한 변수의 첫 번째 글자를 선택한다. 더 나아가 연령을 최소와 최대 연령이라는 두 개의 별도 열로 나눌 수도 있지만, 전체 연령 그룹을 참조하는 방식이 더 일반적이므로 그대로 둔다.

6단계는 모든 데이터를 결합하는 두 가지 메서드 중 하나를 보여준다. concat 함수는 DataFrame 모음을 허용하고 이를 세로(axis = 'index')나 가로(axis = 'columns')로 연결한다. 두 개의 DataFrame이 동일하게 인덱싱 되므로 7단계에서와 같이 한 DataFrame의 값을 다른 DataFrame의 새 열에 할당할 수 있다.

추가 사항

이 예제의 2단계 이후부터를 완료하는 또 다른 방법은 .split 메서드를 사용하지 않고 sex_age 열에서 새 열을 할당하는 것이다. .assign 메서드를 사용해 이러한

510

새 열을 동적으로 추가할 수 있다.

```
>>> tidy2 = (weightlifting
...     .melt(id_vars='Weight Category',
...        var_name='sex_age',
...        value_name='Qual Total')
...     .assign(Sex=lambda df_:df_.sex_age.str[0],
...        **{'Age Group':(lambda df_: (df_
...           .sex_age
...           .str.extract(r'(\d{2}[-+](?:\d{2})?)',
...           expand=False)))})
...     .drop(columns='sex_age')
... )
>>> tidy2
   Weight Category   Qual Total   Sex   Age Group
0              56          137     M       35-39
1              62          152     M       35-39
2              69          167     M       35-39
3              77          182     M       35-39
4              85          192     M       35-39
..            ...          ...     ..         ...
75             77           65     M         80+
76             85           70     M         80+
77             94           75     M         80+
78            105           80     M         80+
79           105+           85     M         80+
>>> tidy.sort_index(axis=1).equals(tidy2.sort_index(axis=1))
True
```

Sex 열은 5단계에서 수행한 것과 같은 방식으로 나타난다. .split을 사용하지 않기 때문에 Age Group 열을 다른 방식으로 추출해야 한다. .extract 메서드는 복잡한 정규 표현식을 사용해 문자열의 특정 부분을 추출한다. .extract를 올바르게 사용하려면 패턴에 캡처^{capture} 그룹이 포함돼야 하는데, 캡처 그룹은 패턴의 일부분에 괄호를 묶어 형성된다. 이 예에서 전체 식은 하나의 큰 캡처 그룹이다. 정확히 두 자리 숫자를 검색하는 \d{2}로 시작해 글자 + 또는 -, 그리고 선택적으로 두 자리 숫자가 따라온다. 식의 마지막 부분 (?:\d{2})?는 괄호로 묶지만 ?:은 캡처 그룹이 아님을 나타낸다. 이는 선택적으로 두 자리를 함께 표현하는 데 사용되는 비캡처 그룹이다. sex_age 열은 더 이상 필요하지 않으므로 삭제한다.

마지막으로 두 개의 정돈된 DataFrame을 서로 비교한 결과 동등한 것으로 밝혀졌다.

▌여러 변수가 단일 열로 저장될 때 정돈

정돈된 데이터셋은 각 변수에 대해 단일 열을 가져야 한다. 때때로 여러 변수 이름이 해당 값과 함께 단일 열에 배치되기도 한다.

이 예제에서는 잘못 구성된 변수가 포함된 열을 찾아내 이를 정리해 정돈된 데이터를 만든다.

작동 방법

1. 레스토랑 검사 데이터셋을 읽은 다음 Date 형식 열을 datetime64로 변환한다.

```
>>> inspections = pd.read_csv('data/restaurant_inspections.csv',
...    parse_dates=['Date'])
>>> inspections
                        Name  ...
0              E & E Grill House  ...
1              E & E Grill House  ...
```

```
2                    E & E Grill House   ...
3                    E & E Grill House   ...
4                    E & E Grill House   ...
..                                 ...   ...
495    PIER SIXTY ONE-THE LIGHTHOUSE   ...
496    PIER SIXTY ONE-THE LIGHTHOUSE   ...
497    PIER SIXTY ONE-THE LIGHTHOUSE   ...
498    PIER SIXTY ONE-THE LIGHTHOUSE   ...
499    PIER SIXTY ONE-THE LIGHTHOUSE   ...
```

2. 데이터셋의 Name과 Date 두 열은 각각 단일 열에 잘 들어 있다. Info 열은 5개의 변수인 Borough, Cuisine, Description, Grade, Score를 갖고 있다. .pivot 메서드를 사용해 Name과 Date 열을 수직으로 유지하고 Info 열의 모든 값에서 새 열을 생성한 다음 Value 열을 교집합으로 사용한다.

```
>>> inspections.pivot(index=['Name', 'Date'],
...    columns='Info', values='Value')
Traceback (most recent call last):
    ...
NotImplementedError: > 1 ndim Categorical are not supported at
this time
```

3. 불행히도 pandas 개발자들은 이 함수를 구현해 두지 않았다. 그러나 다행이 pandas는 대부분 동일한 작업을 수행하는 여러 가지 방법을 갖고 있다. Name, Date, Info를 인덱스에 넣는다.

```
>>> inspections.set_index(['Name','Date', 'Info'])
                                           Value

Name          Date         Info
E & E Gri...   2017-08-08   Borough        MANHATTAN
                           Cuisine        American
```

```
                       Description     Non-food...
                       Grade                     A
                       Score                   9.0
...                                              ...
PIER SIXT...  2017-09-01  Borough         MANHATTAN
                       Cuisine          American
                       Description      Filth fl...
                       Grade                     Z
                       Score                  33.0
```

4. `.unstack` 메서드를 사용해 `Info` 열에 있는 모든 값을 피봇한다.

```
>>> (inspections
...     .set_index(['Name','Date', 'Info'])
...     .unstack('Info')
... )
```

		Value		...		
Info		Borough	Cuisine	...	Grade	Score
Name	Date			...		
3 STAR JU...	2017-05-10	BROOKLYN	Juice, S...	...	A	12.0
A & L PIZ...	2017-08-22	BROOKLYN	Pizza	...	A	9.0
AKSARAY T...	2017-07-25	BROOKLYN	Turkish	...	A	13.0
ANTOJITOS...	2017-06-01	BROOKLYN	Latin (C...	...	A	10.0
BANGIA	2017-06-16	MANHATTAN	Korean	...	A	9.0
...	...	...	...	...	...	...
VALL'S PI...	2017-03-15	STATEN I...	Pizza/It...	...	A	9.0
VIP GRILL	2017-06-12	BROOKLYN	Jewish/K...	...	A	10.0
WAHIZZA	2017-04-13	MANHATTAN	Pizza	...	A	10.0
WANG MAND...	2017-08-29	QUEENS	Korean	...	A	12.0
XIAOYAN Y...	2017-08-29	QUEENS	Korean	...	Z	49.0

5. `.reset_index` 메서드를 사용해 인덱스 레벨을 열로 만든다.

```
>>> (inspections
...     .set_index(['Name','Date', 'Info'])
...     .unstack('Info')
...     .reset_index(col_level=-1)
... )
.                         ...  Value
Info        Name        Date ...  Grade   Score
0       3 STAR J...  2017-05-10 ...      A    12.0
1       A & L PI...  2017-08-22 ...      A     9.0
2       AKSARAY ...  2017-07-25 ...      A    13.0
3       ANTOJITO...  2017-06-01 ...      A    10.0
4          BANGIA  2017-06-16 ...      A     9.0
..          ...        ... ...    ...     ...
95      VALL'S P...  2017-03-15 ...      A     9.0
96      VIP GRILL  2017-06-12 ...      A    10.0
97        WAHIZZA  2017-04-13 ...      A    10.0
98      WANG MAN...  2017-08-29 ...      A    12.0
99      XIAOYAN ...  2017-08-29 ...      Z    49.0
```

6. 데이터셋은 이제 정돈됐지만 아직 제거해야 할 성가신 pandas 잔재가 있
   다. .droplevel 메서드를 사용해 최상위 열 레벨을 제거한 다음 인덱스 레
   벨의 이름을 None으로 바꾼다.

```
>>> (inspections
...     .set_index(['Name','Date', 'Info'])
...     .unstack('Info')
...     .reset_index(col_level=-1)
...     .droplevel(0, axis=1)
...     .rename_axis(None, axis=1)
... )
            Name        Date ...  Grade   Score
0       3 STAR J...  2017-05-10 ...      A    12.0
1       A & L PI...  2017-08-22 ...      A     9.0
```

```
2      AKSARAY ...  2017-07-25  ...          A     13.0

3      ANTOJITO...  2017-06-01  ...          A     10.0

4        BANGIA    2017-06-16  ...          A      9.0

..         ...           ...   ...        ...      ...

95     VALL'S P...  2017-03-15  ...          A      9.0

96     VIP GRILL   2017-06-12  ...          A     10.0

97       WAHIZZA   2017-04-13  ...          A     10.0

98     WANG MAN...  2017-08-29  ...          A     12.0

99     XIAOYAN ...  2017-08-29  ...          Z     49.0
```

7. 3단계에서 .squeeze 메서드를 사용해 단일 열 DataFrame을 Series로 변환
함으로써 4단계에서는 다중 인덱스 열의 생성을 피할 수 있었다. 다음 코
드는 이전 단계와 동일한 결과를 생성한다.

```
>>> (inspections
...     .set_index(['Name','Date', 'Info'])
...     .squeeze()
...     .unstack('Info')
...     .reset_index()
...     .rename_axis(None, axis='columns')
... )
           Name        Date  ...   Grade    Score
0       3 STAR J...  2017-05-10  ...       A     12.0
1       A & L PI...  2017-08-22  ...       A      9.0
2       AKSARAY ...  2017-07-25  ...       A     13.0
3       ANTOJITO...  2017-06-01  ...       A     10.0
4         BANGIA    2017-06-16  ...       A      9.0
..          ...           ...   ...     ...      ...
95      VALL'S P...  2017-03-15  ...       A      9.0
96      VIP GRILL   2017-06-12  ...       A     10.0
97        WAHIZZA   2017-04-13  ...       A     10.0
98      WANG MAN...  2017-08-29  ...       A     12.0
99      XIAOYAN ...  2017-08-29  ...       Z     49.0
```

작동 원리

1단계에서 Info 열에 5개의 변수가 배치돼 있고 해당 값은 Value 열에 있음을 알았다. 이러한 각 변수는 가로 열 이름으로 피봇해야 하므로 .pivot 메서드가 작동할 것으로 보인다. 불행히도 pandas 개발자는 피봇되지 않은 열이 두 개 이상인 경우는 아직 구현하지 않았다. 따라서 다른 방법을 사용해야 한다.

.unstack 메서드는 세로 데이터를 피봇하지만 인덱스의 데이터에만 피봇한다. 3단계는 .set_index 메서드를 사용해 피봇되거나 피봇되지 않을 열을 모두 인덱스로 이동해 프로세스를 시작한다. 이러한 열이 인덱스에 있으면 4단계에서와 같이 .unstack 메서드를 사용할 수 있다.

DataFrame을 언스택할 때 pandas는 원래 열 이름(여기서는 단일 열 Value)을 유지하고 이전 열 이름을 상위 수준으로 사용해 MultiIndex를 만든다. 데이터셋은 이제 기본적으로 정돈됐지만 계속해서 .reset_index 메서드를 사용해 피봇되지 않은 열을 일반 열로 만든다. MultiIndex 열이 있으므로 col_level 매개변수를 사용해 새로운 이름이 어느 레벨에 속하게 할지 선택할 수 있다. 기본 설정에서는 이름이 최상위 레벨(레벨 0)에 삽입된다. -1은 최하위 레벨을 의미한다.

이 모든 작업 후에 DataFrame 이름과 인덱스 중 필요가 없어 버려야 할 부분이 있다. 이를 해결하고자 .droplevel과 .rename_axis를 사용한다. 이 열에는 여전히 쓸모없는 .name 속성과 Info가 있으며, 이를 None으로 변경한다.

3단계에서 결과 DataFrame을 Series로 강제 변환했다면 MultiIndex 열을 정리하지 않아도 됐다. .squeeze 메서드는 단일 열 DataFrame에서 작용해 이를 Series로 변환한다.

추가 사항

피봇되지 않은 열 개수에 제한이 없는 .pivot_table 메서드를 사용할 수 있다. .pivot_table 메서드는 index와 columns 매개변수에 있는 모든 열 사이의 교집합에 해당하는 값 모두를 집계한다는 측면에서 .pivot과는 구분된다. 이 교차점에 여러 값이 있을 수 있으므로 .pivot_table에는 사용자가 단일 값을 출력하고자 집계 함수를 전달해야 한다. 여기서는 first라는 집계 함수를 사용하는데, 이 함수는 그룹에서 첫 번째 값을 취한다. 이 특정 예에서 각 교집합은 정확히 하나의 값만 있으므로 집계할 것이 없다. 기본 집계 함수는 mean이며 일부 값이 문자열이므로 여기에서 오류가 발생한다.

```
>>> (inspections
...     .pivot_table(index=['Name', 'Date'],
...     columns='Info',
...     values='Value',
...     aggfunc='first')
...     .reset_index()
...     .rename_axis(None, axis='columns')
... )
          Name        Date  ... Grade  Score
0    3 STAR J...  2017-05-10 ...     A   12.0
1    A & L PI...  2017-08-22 ...     A    9.0
2    AKSARAY ...  2017-07-25 ...     A   13.0
3    ANTOJITO...  2017-06-01 ...     A   10.0
4        BANGIA  2017-06-16 ...     A    9.0
..          ...         ... ...  ...    ...
95   VALL'S P...  2017-03-15 ...     A    9.0
96    VIP GRILL  2017-06-12 ...     A   10.0
97      WAHIZZA  2017-04-13 ...     A   10.0
98   WANG MAN...  2017-08-29 ...     A   12.0
99   XIAOYAN ...  2017-08-29 ...     Z   49.0
```

▌둘 이상의 값이 동일 셀에 저장될 때의 정돈

테이블 형식의 데이터는 기본적으로 2차원이므로 단일 셀에 표시할 수 있는 정보의 양이 제한돼 있다. 이 문제를 해결하고자 때때로 동일한 셀에 하나 이상의 값이 저장된 데이터셋을 보곤 한다. 정돈된 데이터는 각 셀에 오직 하나의 값만 가져야 한다. 이러한 상황을 해결하려면 일반적으로 .str 속성의 메서드를 사용해 문자열 데이터를 여러 열로 구문 분석해야 한다.

이 예제에서는 각 셀에 다른 여러 변수를 포함하는 열이 있는 데이터셋을 검사한다. .str 속성을 사용해 이러한 문자열을 별도의 열로 구분해 데이터를 정돈한다.

작동 방법

1. 텍사스 시의 데이터셋을 읽는다.

```
>>> cities = pd.read_csv('data/texas_cities.csv')
>>> cities
        City            Geolocation
0   Houston    29.7604° N, 95.3698° W
1    Dallas    32.7767° N, 96.7970° W
2    Austin    30.2672° N, 97.7431° W
```

2. City 열은 괜찮아 보이며 하나의 값만 갖고 있다. 반면 Geolocation 열에는 4개의 변수인 위도, 위도 방형, 경도, 경도 방향이 들어 있다. 이 Geolocation 열을 네 개의 열로 별도로 분할해보자. 공백 뒤에 어떤 문자가 와도 되는 정규 표현식을 사용한다.

```
>>> geolocations = cities.Geolocation.str.split(pat='. ',
...    expand=True)
```

```
>>> geolocations.columns = ['latitude', 'latitude direction',
...     'longitude', 'longitude direction']
```

3. Geolocation의 원래 데이터 형식이 object이므로 새로운 열은 모두 object 가 된다. latitude와 longitude를 float 형식으로 변환한다.

```
>>> geolocations = geolocations.astype({'latitude':'float',
...     'longitude':'float'})
>>> geolocations.dtypes
latitude                float64
latitude direction      object
longitude               float64
longitude direction     object
dtype: object
```

4. 이 새로운 열을 City의 원시 열과 병합한다.

```
>>> (geolocations
...     .assign(city=cities['City'])
... )
   latitude  latitude direction  ...  longitude direction     city
0   29.7604                   N  ...                    W  Houston
1   32.7767                   N  ...                    W   Dallas
2   30.2672                   N  ...                    W   Austin
```

작동 원리

데이터를 읽은 후 데이터셋에 몇 개의 변수가 있는지 알아본다. 이 예제에서는 Geolocation 열을 네 개의 변수로 나누는 것으로 결정했지만 위도와 경도 두 개만으로 나누고 서쪽과 동쪽, 그리고 남쪽과 북쪽 구분은 음수 부호를 사용할 수도 있었다.

520

Geolocation 열을 .str 속성의 메서드로 구문 분석하는 방법에는 몇 가지가 있다. 가장 쉬운 방법은 .split 메서드를 사용하는 것이다. 메서드에는 모든 문자(마침표)와 공백으로 정의된 정규 표현식을 전달한다. 문자 뒤에 공백이 있으면 분할이 이뤄지고 새로운 열이 형성된다. 이 패턴의 첫 번째 발생은 위도 끝에서 발생한다. 도수를 나타내는 글자(°) 다음에 공백이 있으므로 분할이 형성된다. 분할 문자는 버리고 결과 열에 유지되지 않는다. 다음 분할은 위도 방향 바로 다음에 오는 쉼표와 공백이다. 총 세 번의 분할이 수행돼 4개의 열이 생성된다. 2단계의 두 번째 줄에서 의미 있는 이름을 부여한다. 결과 latitude와 longitude 열이 float 형식인 것처럼 보이지만 그렇지 않다. 원래 object 열에서 구문 분석됐으므로 object 데이터 형식으로 유지된다. 3단계는 딕셔너리를 사용해 열 이름을 새 형식에 매핑한다.

열 이름이 많은 경우에는 입력을 많이 해야 하는 딕셔너리를 사용하는 대신 to_numeric 함수를 사용해 각 열을 integer나 float으로 변환할 수 있다. 이 함수를 각 열에 반복적으로 적용하려면 다음처럼 .apply 메서드를 사용한다.

```
>>> geolocations.apply(pd.to_numeric, errors='ignore')
   latitude  latitude direction  longitude  longitude direction
0   29.7604                   N    95.3698                    W
1   32.7767                   N    96.7970                    W
2   30.2672                   N    97.7431                    W
```

4단계는 도시를 DataFrame에 연결시켜 정돈된 데이터를 만드는 프로세스를 완성한다.

추가 사항

이 예제에서는 .split 메서드가 정규 표현식과 함께 잘 작동했다. 다른 예의 경우 일부 열에서는 여러 가지 패턴으로 분할을 만들어야 할 수도 있다. 여러 정규 표현

식을 검색하려면 파이프 문자(|)를 사용한다. 예를 들어 도수를 나타내는 글자(°)
와 쉼표 뒤의 공백에서만 분리하려면 다음과 같이 한다.

```pycon
>>> cities.Geolocation.str.split(pat=r'° |, ', expand=True)
        0   1        2  3
0  29.7604  N  95.3698  W
1  32.7767  N  96.7970  W
2  30.2672  N  97.7431  W
```

이는 2단계에서와 동일한 DataFrame을 반환한다. 파이프 문자를 사용해 임의의
개수의 추가 분할 패턴을 선행 문자열 패턴에 추가할 수 있다.

.extract 메서드는 각 셀 내에서 특정 그룹을 추출할 수 있는 또 다른 방법이다.
이러한 캡처 그룹은 괄호로 묶어야 한다. 괄호 밖과 매치되는 모든 것은 결과에
나타나지 않는다. 다음 코드는 2단계와 동일한 출력을 생성한다.

```pycon
''' {.sourceCode .pycon}
>>> cities.Geolocation.str.extract(r'([0-9.]+). (N|S), ([0-9.]+). (E|W)',
...   expand=True)
        0   1        2  3
0  29.7604  N  95.3698  W
1  32.7767  N  96.7970  W
2  30.2672  N  97.7431  W
'''
```

이 정규 표현식에는 4개의 캡처 그룹이 있다. 첫 번째와 세 번째 그룹은 적어도 하
나 이상의 연속된 수와 소수점을 검색한다. 두 번째와 네 번째 그룹은 단일 문자(방
향)를 검색한다. 첫 번째와 세 번째 캡처 그룹은 문자 다음의 공백으로 구분된다.
두 번째 캡처 그룹은 쉼표와 공백으로 구분된다.

변수가 열 이름과 값으로 저장됐을 때의 데이터 정돈

변수가 열을 가로질러 가로로 저장되고 동시에 수직으로 열 값으로 저장됐을 때는 진단하기 어려운 복잡한 데이터 형식이 나타난다. 이 형식의 데이터셋은 일반적으로 데이터베이스에서는 찾을 수 없지만 다른 사람이 이미 생성한 요약 보고서에서는 나타날 수 있다.

작동 방법

이번 예제에서 데이터는 `.melt`와 `.pivot_table` 메서드를 사용해 정돈된 데이터로 재구성한다.

1. sensors 데이터셋을 읽어 들인다.

```
>>> sensors = pd.read_csv('data/sensors.csv')
>>> sensors
    Group     Property    2012  2013  2014  2015  2016
0     A       Pressure     928   873   814   973   870
1     A     Temperature   1026  1038  1009  1036  1042
2     A         Flow       819   806   861   882   856
3     B       Pressure     817   877   914   806   942
4     B     Temperature   1008  1041  1009  1002  1013
5     B         Flow       887   899   837   824   873
```

2. 세로 열에 올바르게 배치된 유일한 변수는 Group이다. Property 열에는 Pressure, Temperature, Flow라는 세 가지 고유 변수가 있다. 2012년부터 2016년까지의 나머지 열은 자체가 하나의 변수이므로 Year라고 이름 지으면 될 것 같다. 단일 DataFrame 메서드를 사용해서는 이런 종류의 지저분한 데이터를 재구성할 방법이 없다. 먼저 `.melt` 메서드를 사용해 연도를 자체 열로 피봇한다.

```
>>> sensors.melt(id_vars=['Group', 'Property'], var_name='Year')
    Group       Property  Year  value
0       A       Pressure  2012    928
1       A    Temperature  2012   1026
2       A           Flow  2012    819
3       B       Pressure  2012    817
4       B    Temperature  2012   1008
..    ...            ...   ...    ...
25      A    Temperature  2016   1042
26      A           Flow  2016    856
27      B       Pressure  2016    942
28      B    Temperature  2016   1013
29      B           Flow  2016    873
```

3. 이를 통해 문제점 하나는 해결할 수 있다. `.pivot_table` 메서드를 사용해 Property 열을 새로운 열 이름으로 피봇한다.

```
>>> (sensors
...     .melt(id_vars=['Group', 'Property'], var_name='Year')
...     .pivot_table(index=['Group', 'Year'],
...        columns='Property', values='value')
...     .reset_index()
...     .rename_axis(None, axis='columns')
... )
    Group  Year  Flow  Pressure  Temperature
0       A  2012   819       928         1026
1       A  2013   806       873         1038
2       A  2014   861       814         1009
3       A  2015   882       973         1036
4       A  2016   856       870         1042
5       B  2012   887       817         1008
6       B  2013   899       877         1041
7       B  2014   837       914         1009
8       B  2015   824       806         1002
```

| | | | 9 | B | 2016 | 873 | 942 | 1013 |

작동 원리

일단 1단계에서 변수를 식별하면 재구성을 시작할 수 있다. pandas에는 열을 동시에 피봇하는 방법이 없으므로 한 번에 한 단계씩 작업을 수행해야 한다. Property 열을 .melt 메서드의 id_vars 매개변수에 전달해 연도를 수직으로 유지하도록 수정한다.

결과는 이제 마지막 예제에서 발견된 지저분한 데이터의 패턴이다. '추가 사항' 절에서 설명한 대로 인덱스 매개변수에 둘 이상의 열을 사용해 DataFrame을 피봇하려면 .pivot_table을 사용해야 한다. Group과 Year 변수가 인덱스에 고정된다. .reset_index를 사용해 이를 다시 열로 밀어낸다. .pivot_table 메서드는 columns 매개변수에 전달된 열 이름을 열 인덱스의 이름으로 유지한다. 인덱스를 재설정한 후 이 이름은 의미가 없으므로 .rename_axis로 제거한다.

추가 사항

솔루션에 .melt, .pivot_table이나 .pivot이 포함될 때마다 반드시 .stack과 .unstack을 사용하는 대체 방법이 있다. 트릭은 먼저 인덱스로 피봇되지 않은 열을 이동하는 것이다.

```
>>> (sensors
...     .set_index(['Group', 'Property'])
...     .rename_axis('Year', axis='columns')
...     .stack()
...     .unstack('Property')
...     .rename_axis(None, axis='columns')
```

```
...     .reset_index()
... )
  Group  Year  Flow  Pressure  Temperature
0    A   2012   819       928         1026
1    A   2013   806       873         1038
2    A   2014   861       814         1009
3    A   2015   882       973         1036
4    A   2016   856       870         1042
5    B   2012   887       817         1008
6    B   2013   899       877         1041
7    B   2014   837       914         1009
8    B   2015   824       806         1002
9    B   2016   873       942         1013
```

11

pandas 객체 병합

▌ 소개

둘 이상의 DataFrame이나 Series를 결합하려면 다양한 옵션을 사용할 수 있다.
append 메서드는 유연성이 가장 낮으며 DataFrame에 새 행만 추가할 수 있다.
concat 메서드는 다기능이며 어느 축에 대해 임의의 개수의 DataFrame이나 Series
를 결합할 수 있다. join 메서드는 한 DataFrame의 열을 다른 DataFrame의 인덱스
에 정렬해 빠른 조회가 되게 한다. merge 메서드는 SQL과 유사한 기능을 제공해
두 개의 DataFrame을 함께 결합한다.

▌ DataFrame에 새 행 추가

데이터 분석을 할 때는 새 행보다 새 열을 생성하는 것이 훨씬 더 일반적이다. 이는 새로운 데이터 행이란 대개 새로운 관측치를 나타내고, 데이터 분석가는 일반적으로 새로운 데이터를 지속적으로 수집하는 업무를 하지 않기 때문이다. 데이터 획득은 통상 관계형 데이터베이스 관리 시스템과 같은 다른 플랫폼으로 수행한다. 그럼에도 불구하고 때때로 새로운 데이터가 수집되므로 알아둬야 할 기능이다.

이 예제에서는 .loc 속성을 사용해 작은 데이터셋에 행을 추가한 다음 .append 메서드를 사용하는 방법으로 전환한다.

작동 방법

1. names 데이터셋을 읽은 후 출력해본다.

```
>>> import pandas as pd
>>> import numpy as np
>>> names = pd.read_csv('data/names.csv')
>>> names
        Name   Age
0    Cornelia    70
1      Abbas    69
2   Penelope     4
3       Niko     2
```

2. 새로운 데이터를 가진 리스트를 생성한 다음 .loc 속성을 사용해 이 데이터와 같은 단일 열 레이블을 설정한다.

```
>>> new_data_list = ['Aria', 1]
>>> names.loc[4] = new_data_list
```

528

```
>>> names

        Name    Age
0    Cornelia    70
1      Abbas    69
2    Penelope    4
3      Niko     2
4      Aria     1
```

3. `.loc` 속성은 행을 참조하고자 레이블을 사용한다. 예제의 경우 행 레이블
이란 정수의 위치와 정확히 일치한다. 정수가 아닌 레이블로 더 많은 행을
추가할 수 있다.

```
>>> names.loc['five'] = ['Zach', 3]
>>> names

         Name    Age
0     Cornelia    70
1       Abbas    69
2     Penelope    4
3       Niko     2
4       Aria     1
five     Zach     3
```

4. 변수와 값의 연계를 좀 더 명시적으로 하려면 딕셔너리를 이용할 수 있다.
또한 이 단계에서는 새로운 인덱스 레벨을 동적으로 DataFrame의 길이로
설정할 수도 있다.

```
>>> names.loc[len(names)] = {'Name':'Zayd', 'Age':2}
>>> names

        Name    Age
0    Cornelia    70
1      Abbas    69
```

```
2     Penelope    4
3        Niko     2
4        Aria     1
five     Zach     3
6        Zayd     2
```

5. Series도 새로운 데이터를 가질 수 있으며 딕셔너리와 정확히 동일하게 작동한다.

```
>>> names.loc[len(names)] = pd.Series({'Age':32, 'Name':'Dean'})
>>> names
          Name   Age
0     Cornelia    70
1        Abbas    69
2     Penelope     4
3        Niko      2
4        Aria      1
five     Zach      3
6        Zayd      2
7        Dean     32
```

6. 앞의 연산은 모두 .loc 속성을 사용해 names DataFrame 자체를 인플레이스in-place 변경시켰다. 반환된 별도의 DataFrame 사본 같은 DataFrame은 없다. 다음 몇 단계는 호출 DataFrame을 수정하지 않는 .append 메서드를 살펴본다. 대신 이 메서드는 행이 추가된 DataFrame의 새 복사본을 반환한다. 원시 names DataFrame에 행을 추가해보자. .append의 첫 번째 인수는 다른 DataFrame, Series, 딕셔너리나 이들의 리스트여야 하지만 2단계에서와 같은 리스트는 아니다. .append에 딕셔너리를 사용하면 어떤 일이 발생하는지 살펴보자.

```
>>> names = pd.read_csv('data/names.csv')
>>> names.append({'Name':'Aria', 'Age':1})
Traceback (most recent call last):
    ...
TypeError: Can only append a Series if ignore_index=True or if the
Series has a name
```

7. 이 오류 메시지는 약간 부정확하다. Series를 전달한 것이 아니라 딕셔너리를 전달한 것인데, 여하간 어떻게 수정해야 하는지 정보를 주고 있다. ignore_index=True 매개변수를 전달할 필요가 있음을 알았다.

```
>>> names.append({'Name':'Aria', 'Age':1}, ignore_index=True)
        Name   Age
0    Cornelia    70
1       Abbas    69
2    Penelope     4
3       Niko      2
4       Aria      1
```

8. 이 방법은 작동하지만 ignore_index는 부적절한 매개변수다. 이 값을 True로 설정하면 이전 인덱스는 완전히 제거되고 0부터 n-1 사이의 RangeIndex로 대체된다. 예를 들어 DataFrame 이름에 대한 인덱스를 지정해보자.

```
>>> names.index = ['Canada', 'Canada', 'USA', 'USA']
>>> names
            Name   Age
Canada   Cornelia    70
Canada      Abbas    69
USA      Penelope     4
USA         Niko      2
```

9. 7단계에서의 코드를 다시 실행해보면 동일한 결과를 얻을 것이다. 원래의 인덱스는 완전히 무시됐다.

10. 국가 이름을 인덱스에 설정한 names DataFrame으로 계속 작업해보자. name 속성을 가진 Series를 .append 메서드로 추가해본다.

```
>>> s = pd.Series({'Name': 'Zach', 'Age': 3}, name=len(names))
>>> s
Name    Zach
Age        3
Name: 4, dtype: object

>>> names.append(s)
               Name   Age
Canada    Cornelia    70
Canada       Abbas    69
USA       Penelope     4
USA           Niko     2
4             Zach     3
```

11. .append 메서드는 .loc 속성보다 더 유연하다. .append 메서드는 여러 개의 행을 동시에 추가하는 기능을 지원한다. 이를 수행하는 한 가지 방법은 Series 리스트를 전달하는 것이다.

```
>>> s1 = pd.Series({'Name': 'Zach', 'Age': 3}, name=len(names))
>>> s2 = pd.Series({'Name': 'Zayd', 'Age': 2}, name='USA')
>>> names.append([s1, s2])
               Name   Age
Canada    Cornelia    70
Canada       Abbas    69
USA       Penelope     4
USA           Niko     2
4             Zach     3
```

USA	Zayd	2

12. 두 개의 열만 있는 작은 DataFrame의 경우라면 모든 열 이름과 값을 수동으로 쓸 수 있을 정도로 간단하다. 하지만 크기가 커진다면 이 과정은 상당히 고통스러워질 것이다. 예를 들어 2016년 baseball 데이터셋을 살펴보자.

```
>>> bball_16 = pd.read_csv('data/baseball16.csv')
>>> bball_16
    playerID  yearID  stint  teamID ...   HBP   SH   SF  GIDP
0   altuv...    2016      1     HOU ...   7.0  3.0  7.0  15.0
1   bregm...    2016      1     HOU ...   0.0  0.0  1.0   1.0
2   castr...    2016      1     HOU ...   1.0  1.0  0.0   9.0
3   corre...    2016      1     HOU ...   5.0  0.0  3.0  12.0
4   gatti...    2016      1     HOU ...   4.0  0.0  5.0  12.0
..      ...     ...    ...     ... ...   ...  ...  ...   ...
11  reedaj01    2016      1     HOU ...   0.0  0.0  1.0   1.0
12  sprin...    2016      1     HOU ...  11.0  0.0  1.0  12.0
13  tucke...    2016      1     HOU ...   2.0  0.0  0.0   2.0
14  valbu...    2016      1     HOU ...   1.0  3.0  2.0   5.0
15  white...    2016      1     HOU ...   2.0  0.0  2.0   6.0
```

13. 이 데이터셋에는 22개의 열이 있으므로 하나의 행을 수작업으로 추가하려 한다면 열 이름에 오타를 내거나 하나를 통째로 빼먹을 수도 있을 것이다. 이러한 실수를 막으려면 단일 행을 Series로 선택하고 .to_dict 메서드를 체인시켜 예제 행을 딕셔너리 형태로 가져오면 된다.

```
>>> data_dict = bball_16.iloc[0].to_dict()
>>> data_dict
{'playerID': 'altuvjo01', 'yearID': 2016, 'stint': 1, 'teamID':
```

```
'HOU', 'lgID': 'AL', 'G': 161, 'AB': 640, 'R': 108, 'H': 216,
'2B': 42, '3B': 5, 'HR': 24, 'RBI': 96.0, 'SB': 30.0, 'CS': 10.0,
'BB': 60, 'SO': 70.0, 'IBB': 11.0, 'HBP': 7.0, 'SH': 3.0, 'SF':
7.0, 'GIDP': 15.0}
```

14. 이전 문자열 값을 모두 빈 문자열로 지정해 지우고 다른 것은 결측치로 지
정하는 딕셔너리 컴프리핸션^{comprehension} 할당을 사용한다. 이렇게 얻은 딕
셔너리는 향후 새로운 데이터를 입력할 때 템플릿으로 활용할 수 있다.

```
>>> new_data_dict = {k: '' if isinstance(v, str) else
...     np.nan for k, v in data_dict.items()}
>>> new_data_dict
{'playerID': '', 'yearID': nan, 'stint': nan, 'teamID': '',
'lgID': '', 'G': nan, 'AB': nan, 'R': nan, 'H': nan, '2B': nan,
'3B': nan, 'HR': nan, 'RBI': nan, 'SB': nan, 'CS': nan, 'BB': nan,
'SO': nan, 'IBB': nan, 'HBP': nan, 'SH': nan, 'SF': nan, ' GIDP':
nan}
```

작동 원리

`.loc` 속성은 행과 열 레이블을 기반으로 데이터를 선택하고 할당하는 데 사용된
다. 전달된 첫 번째 값은 행 레이블을 나타낸다. 2단계에서 `names.loc[4]`는 레이
블이 정수 4인 행을 나타낸다. 이 레이블은 현재의 DataFrame에는 없다. 대입
^{assignment} 명령은 리스트로 제공된 데이터를 새 행으로 만든다. 예제에서 언급했듯
이 이 작업은 names DataFrame 자체를 수정한다. 정수 4라는 레이블을 가진 기존
행이 이미 존재한다면 이 명령은 해당 행을 덮어쓴다. 이 인덱스 연산은 데이터
자체를 수정하므로 원시 호출 DataFrame을 수정하지 않는 `.append` 메서드에 비해
더 위험하다. 이 책 전반에 걸쳐 체인 연산을 예찬했으므로 그에 따라보자.

3단계에서 볼 수 있듯이 모든 유효한 레이블은 .loc 속성과 함께 사용할 수 있다. 새 레이블 값이 무엇이든 관계없이 새 행은 항상 끝에 추가된다. 명확성을 위해 리스트로 할당해도 작동하지만 4단계에서 수행한 대로 각 값과 연관된 열을 정확히 알 수 있도록 딕셔너리를 사용하는 것이 가장 좋다.

4단계와 5단계는 새 레이블을 DataFrame의 현재 행 개수로 동적으로 설정하는 방법을 보여준다. 인덱스 레이블이 열 이름과 일치하기만 하면 Series에 저장된 데이터도 올바르게 할당된다.

나머지 단계에서는 .append 메서드를 사용한다. 이 메서드는 DataFrame에 새 행만 추가하는 방법이다. 대부분의 DataFrame 메서드는 axis 매개변수를 통한 행과 열 조작을 모두 허용한다. 그러나 한 가지 예외는 .append 메서드며 DataFrame에 행만 추가할 수 있다.

6단계의 오류 메시지에서 볼 수 있듯이 열 이름을 값에 매핑시킨 딕셔너리만으로는 .append가 작동하기에 충분한 정보가 없다. 행 이름 없이 딕셔너리를 올바르게 추가하려면 .ignore_index 매개변수를 True로 설정해야 한다.

10단계는 딕셔너리를 Series로 변환해 이전 인덱스를 유지하는 방법을 보여준다. 새로운 인덱스 레이블로 사용될 name 매개변수를 반드시 설정해야 한다. 첫 번째 인수로 Series 리스트를 전달하면 임의의 개수의 행을 .append로 추가할 수 있다.

훨씬 더 큰 DataFrame에 이러한 방식을 사용해 행을 추가하려는 경우 .to_dict 메서드를 사용해 단일 행을 딕셔너리로 변환한 다음 딕셔너리 컴프리핸션을 사용해 대체하려는 모든 값을 일부 기본 설정 값으로 대체해 지워 놓으면 과도한 입력이나 입력 실수를 피할 수 있다. 이렇게 생성한 딕셔너리는 새 행의 템플릿으로 사용할 수도 있다.

추가 사항

DataFrame에 단일 행을 추가하는 것은 상당히 비싼 작업이며 DataFrame에 단일 행의 데이터를 추가하고자 루프를 작성한다면 잘못하고 있는 것이다. 먼저 1,000개 행의 새 데이터를 Series 리스트로 생성해보자.

```
>>> random_data = []
>>> for i in range(1000):
...     d = dict()
...     for k, v in data_dict.items():
...         if isinstance(v, str):
...             d[k] = np.random.choice(list('abcde'))
...         else:
...             d[k] = np.random.randint(10)
...     random_data.append(pd.Series(d, name=i + len(bball_16)))
>>> random_data[0]
2B      3
3B      9
AB      3
BB      9
CS      4
Name: 16, dtype: object
```

한 번에 하나의 추가를 수행하는 루프의 시간을 재보자.

```
>>> %%timeit
>>> bball_16_copy = bball_16.copy()
>>> for row in random_data:
...     bball_16_copy = bball_16_copy.append(row)
4.88 s ± 190 ms per loop (mean ± std. dev. of 7 runs, 1 loop each)
```

1,000 행에 거의 5초가 걸렸다. 대신 전체 Series 리스트를 전달하면 속도가 크게 향상된다.

536

```
>>> %%timeit
>>> bball_16_copy = bball_16.copy()
>>> bball_16_copy = bball_16_copy.append(random_data)
78.4 ms ± 6.2 ms per loop (mean ± std. dev. of 7 runs, 10 loops each)
```

Series 객체 리스트를 전달하면 시간이 1/10초 미만으로 줄어든다. 내부적으로
pandas는 Series 리스트를 단일 DataFrame으로 변환한 다음 데이터를 추가한다.

▌ 여러 DataFrame을 함께 연결

concat 함수를 사용하면 두 개 이상의 DataFrame(또는 Series)을 세로와 가로로 함
께 연결할 수 있다. 평소와 마찬가지로 여러 pandas 객체를 동시에 처리하는 경우
연결은 우연히 발생하는 것이 아니라 각 객체를 인덱스별로 정렬한다.

이 예제에서는 concat 함수를 사용해 DataFrame을 수평과 수직으로 결합한 다음
매개변수 값을 변경해 다른 결과를 생성해본다.

작동 방법

1. 2016년과 2017년 stock 데이터셋을 읽은 다음 종목 기호^{ticker symbol}을 인덱
   스로 설정한다.

   ```
   >>> stocks_2016 = pd.read_csv('data/stocks_2016.csv',
   ...     index_col='Symbol')
   >>> stocks_2017 = pd.read_csv('data/stocks_2017.csv',
   ...     index_col='Symbol')

   >>> stocks_2016
   ```

```
        Shares   Low   High
Symbol
AAPL       80     95    110
TSLA       50     80    130
WMT        40     55     70

>>> stocks_2017
        Shares   Low   High
Symbol
AAPL       50    120    140
GE        100     30     40
IBM        87     75     95
SLB        20     55     85
TXN       500     15     23
TSLA      100    100    300
```

2. 모든 stock 데이터셋을 단일 리스트에 놓고 concat 함수를 호출해 기본 설정 축(0)에 따라 합쳐본다.

```
>>> s_list = [stocks 2016, stocks_2017]
>>> pd.concat(s_list)
        Shares   Low   High
Symbol
AAPL       80     95    110
TSLA       50     80    130
WMT        40     55     70
AAPL       50    120    140
GE        100     30     40
IBM        87     75     95
SLB        20     55     85
TXN       500     15     23
TSLA      100    100    300
```

538

3. 기본 설정에서 concat 함수는 DataFrame을 하나씩 수직으로 연결한다. 앞의 DataFrame에서 한 가지 문제는 각 행의 연도를 식별할 수 있는 방법이 없다는 것이다. concat 함수에는 결과 DataFrame의 각 부분에 레이블을 지정할 수 있는 keys 매개변수가 있다. 이 레이블은 연결된 프레임의 가장 바깥쪽 인덱스 레벨에 나타나게 되고 MultiIndex가 생성된다. 또한 names 매개변수에는 명확성을 위해 각 인덱스 레벨의 이름을 바꿀 수 있는 기능이 있다.

```
>>> pd.concat(s_list, keys=['2016', '2017'],
...     names=['Year', 'Symbol'])
              Shares  Low  High
Year  Symbol
2016  AAPL        80   95  110
      TSLA        50   80  130
      WMT         40   55  70
2017  AAPL        50  120  140
      GE         100   30  40
      IBM         87   75  95
      SLB         20   55  85
      TXN        500   15  23
      TSLA       100  100  300
```

4. axis 매개변수를 columns 또는 1로 설정하면 가로로 연결할 수도 있다.

```
>>> pd.concat(s_list, keys=['2016', '2017'],
...     axis='columns', names=['Year', None])
Year   2016                 2017
      Shares  Low   High  Shares   Low    High
AAPL  80.0    95.0  110.0   50.0  120.0  140.0
GE    NaN     NaN   NaN    100.0   30.0   40.0
IBM   NaN     NaN   NaN     87.0   75.0   95.0
```

```
SLB    NaN   NaN    NaN    20.0   55.0    85.0
TSLA   50.0  80.0  130.0  100.0  100.0   300.0
TXN    NaN   NaN    NaN   500.0   15.0    23.0
WMT    40.0  55.0   70.0    NaN    NaN     NaN
```

5. 결측치는 종목 기호가 특정 연도에만 존재하고 다른 연도에 없으면 나타난다. concat 함수는 기본 설정에서 외부 조인$^{outer\ join}$을 사용해 각 DataFrame의 모든 행을 리스트에 유지한다. 그러나 두 DataFrame에서 동일한 인덱스 값을 가진 행만 유지하는 옵션도 제공한다. 이를 내부 조인$^{inner\ join}$이라고 하며, 여기서는 동작을 변경하고자 join 매개변수를 inner로 설정한다.

```
>>> pd.concat(s_list, join='inner', keys=['2016', '2017'],
...     axis='columns', names=['Year', None])
Year   2016                  2017
       Shares  Low  High  Shares  Low   High
Symbol
AAPL     80    95   110     50    120    140
TSLA     50    80   130    100    100    300
```

작동 원리

concat 함수는 첫 번째 매개변수로 리스트를 취한다. 이 리스트는 일련의 pandas 객체(대개 DataFrame이나 Series의 리스트)여야 한다. 기본적으로 이러한 모든 객체는 수직으로 쌓인다. 이 예제에서는 두 개의 DataFrame만 연결했지만 임의의 개수의 pandas 객체도 작동한다. 세로로 연결하면 DataFrame은 열 이름을 기준으로 정렬된다.

이 데이터셋에서는 모든 열 이름이 동일하므로 2017 데이터의 각 열은 2016 데이터의 동일한 열 이름 아래에 정확하게 정렬된다. 그러나 4단계에서와 같이 수평으로 연결된 경우 두 개의 인덱스 레이블(AAPL과 TSLA)만 일치했다. 따라서 이 종목 기호에는 어느 해에도 누락된 값이 없었다. concat에는 두 가지 정렬 방식이 가능한데, 하나는 outer(기본값)이고 다른 하나는 inner이며, 이는 모두 join 매개변수로 참조된다.

추가 사항

.append 메서드는 DataFrame에 새 행만 추가할 수 있는 상당히 압축된 버전의 concat 다. 내부적으로 .append는 concat 함수를 호출한다. 예를 들어 이번 예제의 **2단계**는 다음과 같이 복제될 수 있다.

```
>>> stocks_2016.append(stocks_2017)
        Shares   Low  High
Symbol
AAPL        80    95   110
TSLA        50    80   130
WMT         40    55    70
AAPL        50   120   140
GE         100    30    40
IBM         87    75    95
SLB         20    55    85
TXN        500    15    23
TSLA       100   100   300
```

▌concat, join, merge의 차이점 이해

.merge와 .join DataFrame(Series는 아님) 메서드, concat 함수는 모두 여러 pandas 객체를 결합할 수 있는 매우 유사한 기능을 제공한다. 이들은 매우 비슷하고 특정

상황에서는 서로 복제할 수 있을 정도이므로 이들 각각을 올바르게 사용할 때와 방법은 매우 혼란스러울 수 있다.

이 차이를 좀 더 명확히 이해하려면 다음의 개요를 보자.

concat:

- pandas 함수
- 둘 이상의 pandas 객체를 수직이나 수평으로 병합
- 인덱스에 대해서만 정렬
- 인덱스에 중복이 있으면 오류 발생
- 기본 설정은 외부 조인이고, 내부 조인은 옵션

.join:

- DataFrame 메서드
- 둘 이상의 pandas 객체를 수평으로 병합
- 호출 DataFrame의 열(들) 또는 인덱스를 다른 객체의 인덱스(열이 아님)에 대해 정렬
- 합쳐지는 열/인덱스에 중복 값이 있으면 카티션 곱을 생성
- 기본 설정은 좌측 조인이며, 내부, 외부, 우측 조인이 옵션으로 있음

.merge:

- DataFrame 메서드
- 정확히 두 DataFrame을 수평으로 조인
- 호출 DataFrame의 열(들) 또는 인덱스를 다른 DataFrame의 열(들) 또는 인덱스와 정렬
- 합쳐지는 열/인덱스에 중복 값이 있으면 카티션 곱을 생성
- 기본 설정은 내부 조인이며, 좌측, 외부, 우측 조인이 옵션으로 있음

이번 예제에서는 DataFrame을 결합한다. 첫 번째 상황은 concat로 더 단순화하고
두 번째 상황은 .merge로 더 단순화한다.

작동 방법

1. 2016, 2017, 2018 주식 데이터를 별도로 세 번의 read_csv 함수를 부르는 대
   신 루프를 사용해 DataFrame의 리스트로 읽는다.

```
>>> years = 2016, 2017, 2018
>>> stock_tables = [pd.read_csv(
...     f'data/stocks_{year}.csv', index_col='Symbol')
...     for year in years]
>>> stocks_2016, stocks_2017, stocks_2018 = stock_tables
>>> stocks_2016
        Shares   Low   High
Symbol
AAPL        80    95    110
TSLA        50    80    130
WMT         40    55     70

>>> stocks_2017
        Shares   Low   High
Symbol
AAPL        50   120    140
GE         100    30     40
IBM         87    75     95
SLB         20    55     85
TXN        500    15     23
TSLA       100   100    300

>>> stocks_2018
        Shares   Low   High
Symbol
AAPL        40   135    170
```

```
AMZN      8   900   1125
TSLA     50   220    400
```

2. concat 함수는 DataFrame을 수직으로 병합할 수 있는 유일한 pandas 메서 드다. stock_tables 리스트를 전달해 호출해보자.

```
>>> pd.concat(stock_tables, keys=[2016, 2017, 2018])
            Shares   Low   High
     Symbol
2016 AAPL       80    95    110
     TSLA       50    80    130
     WMT        40    55     70
2017 AAPL       50   120    140
     GE        100    30     40
...                 ...   ...   ...
     TXN       500    15     23
     TSLA      100   100    300
2018 AAPL       40   135    170
     AMZN        8   900   1125
     TSLA       50   220    400
```

3. axis 매개변수를 columns로 변경하면 DataFrame을 수평으로 병합할 수 있다.

```
>>> pd.concat(dict(zip(years, stock_tables)), axis='columns')
       2016                ...    2018
     Shares   Low   High   ...  Shares    Low    High
AAPL   80.0  95.0  110.0   ...    40.0  135.0   170.0
AMZN    NaN   NaN    NaN   ...     8.0  900.0  1125.0
GE      NaN   NaN    NaN   ...     NaN    NaN     NaN
IBM     NaN   NaN    NaN   ...     NaN    NaN     NaN
SLB     NaN   NaN    NaN   ...     NaN    NaN     NaN
```

```
TSLA    50.0   80.0  130.0   ...    50.0   220.0   400.0
TXN     NaN    NaN   NaN     ...    NaN    NaN     NaN
WMT     40.0   55.0  70.0    ...    NaN    NaN     NaN
```

4. DataFrame을 수평으로 병합하는 것으로 시작했으므로 .join과 .merge 메서드를 사용해 concat의 기능을 복제할 수 있다. 여기서는 .join 메서드를 사용해 stock_2016과 stock_2017 DataFrame을 병합한다. 기본 설정으로 DataFrame은 인덱스에 대해 정렬된다. 열에 동일한 이름이 있다면 lsuffix 또는 rsuffix 매개변수에 값을 전달해 결과에서 구분해야 한다.

```
>>> stocks_2016.join(stocks_2017, lsuffix='_2016',
...     rsuffix='_2017', how='outer')
         Shares_2016  Low_2016  ...  Low_2017  High_2017
Symbol                ...
AAPL     80.0         95.0      ...  120.0     140.0
GE       NaN          NaN       ...  30.0      40.0
IBM      NaN          NaN       ...  75.0      95.0
SLB      NaN          NaN       ...  55.0      85.0
TSLA     50.0         80.0      ...  100.0     300.0
TXN      NaN          NaN       ...  15.0      23.0
WMT      40.0         55.0      ...  NaN       NaN
```

5. 3단계에서 concat 함수의 출력을 복제하려면 DataFrame의 리스트를 .join 메서드에 전달하면 된다.

```
>>> other = [stocks_2017.add_suffix('_2017'),
...     stocks_2018.add_suffix('_2018')]
>>> stocks_2016.add_suffix('_2016').join(other, how='outer')
      Shares_2016  Low_2016  ...  Low_2018  High_2018
AAPL  80.0         95.0      ...  135.0     170.0
TSLA  50.0         80.0      ...  220.0     400.0
```

WMT	40.0	55.0	...	NaN	NaN
GE	NaN	NaN	...	NaN	NaN
IBM	NaN	NaN	...	NaN	NaN
SLB	NaN	NaN	...	NaN	NaN
TXN	NaN	NaN	...	NaN	NaN
AMZN	NaN	NaN	...	900.0	1125.0

6. 이들이 동일한지 확인해보자.

```
>>> stock_join = stocks_2016.add_suffix('_2016').join(other,
...     how='outer')

>>> stock_concat = (
...     pd.concat(
...         dict(zip(years, stock_tables)), axis="columns")
...     .swaplevel(axis=1)
...     .pipe(lambda df_:
...         df_.set_axis(df_.columns.to_flat_index(), axis=1))
...     .rename(lambda label:
...         "_".join([str(x) for x in label]), axis=1)
... )
>>> stock_join.equals(stock_concat)
True
```

7. concat나 .join과는 달리 두 DataFrame만 결합할 수 있는 .merge 메서드를 살펴보자. 기본 설정으로 .merge는 각 DataFrame에서 동일한 이름을 가진 열의 값을 정렬하려고 한다. 그러나 불리언 매개변수 left_index와 right_index를 True로 설정하면 인덱스에 정렬하게 선택할 수 있다. 2016년과 2017년 주식 데이터를 병합해보자.

```
>>> stocks_2016.merge(stocks_2017, left_index=True,
```

```
...     right_index=True)
         Shares_x Low_x  High_x  Shares_y  Low_y  High_y
Symbol
AAPL          80     95     110        50    120     140
TSLA          50     80     130       100    100     300
```

8. 기본 설정에서 .merge는 내부 조인을 사용하고 동일한 이름을 가진 열에 대해 자동으로 접미어를 제공한다. 이를 외부 조인으로 바꾼 다음 2018 데이터의 또 다른 외부 조인을 수행해 concat의 작동을 복제해보자. pandas 1.0에서 merge는 인덱스를 정렬하지만 concat 버전은 그렇지 않다는 점에 유의하자.

```
>>> stock_merge = (stocks_2016
...     .merge(stocks_2017, left_index=True,
...         right_index=True, how='outer',
...         suffixes=('_2016', '_2017'))
...     .merge(stocks_2018.add_suffix('_2018'),
...         left_index=True, right_index=True,
...         how='outer')
... )
>>> stock_concat.sort_index().equals(stock_merge)
True
```

9. 이제 인덱스나 열 레이블 자체가 아닌 열 값에 따라 정렬하는 경우를 비교해보자. .merge 메서드는 이 상황을 위해 만들어졌다. 두 개의 새로운 작은 데이터셋 food_prices와 food_transactions를 살펴보자.

```
>>> names = ['prices', 'transactions']
>>> food_tables = [pd.read_csv('data/food_{}.csv'.format(name))
...     for name in names]
```

```
>>> food_prices, food_transactions = food_tables
>>> food_prices
     item  store  price  Date
0    pear      A   0.99  2017
1    pear      B   1.99  2017
2   peach      A   2.99  2017
3   peach      B   3.49  2017
4  banana      A   0.39  2017
5  banana      B   0.49  2017
6   steak      A   5.99  2017
7   steak      B   6.99  2017
8   steak      B   4.99  2015

>>> food_transactions
   custid      item  store  quantity
0       1      pear      A         5
1       1    banana      A        10
2       2     steak      B         3
3       2      pear      B         1
4       2     peach      B         2
5       2     steak      B         1
6       2   coconut      B         4
```

10. 각 트랜잭션의 총량을 알고자 한다면 이 테이블들을 item과 store 열에 대해 조인해야 한다.

```
>>> food_transactions.merge(food_prices, on=['item', 'store'])
   custid    item store  quantity  price  Date
0       1    pear     A         5   0.99  2017
1       1  banana     A        10   0.39  2017
2       2   steak     B         3   6.99  2017
3       2   steak     B         3   4.99  2015
4       2   steak     B         1   6.99  2017
5       2   steak     B         1   4.99  2015
```

```
6    2   pear      B        1   1.99   2017
7    2   peach     B        2   3.49   2017
```

11. price가 해당 item과 Store에 대해 정확히 정렬됐지만 문제가 하나 있다. 2번 고객에는 모두 네 번의 steak 아이템이 있다. steak 아이템은 Store B의 각 테이블에서 두 번 등장한다. 이들 사이에 카티션 곱이 발생해 네 개의 행이 생긴 것이다. 또한 coconut 아이템은 해당 가격이 없어 사라졌다는 점에 주목하자. 이 두 가지 문제를 모두 고쳐보자.

```
>>> food_transactions.merge(food_prices.query('Date == 2017'),
...    how='left')
   custid     item  store  quantity  price    Date
0       1     pear      A         5   0.99  2017.0
1       1   banana      A        10   0.39  2017.0
2       2    steak      B         3   6.99  2017.0
3       2     pear      B         1   1.99  2017.0
4       2    peach      B         2   3.49  2017.0
5       2    steak      B         1   6.99  2017.0
6       2  coconut      B         4    NaN     NaN
```

12. .join 메서드를 사용하면 이를 복제할 수 있지만 먼저 food_prices DataFrame에서 조인하려는 열을 인덱스에 둬야 한다.

```
>>> food_prices_join = food_prices.query('Date == 2017') \
...    .set_index(['item', 'store'])
>>> food_prices_join
              price   Date
item   store
pear   A       0.99   2017
       B       1.99   2017
peach  A       2.99   2017
```

	B	3.49	2017
banana	A	0.39	2017
	B	0.49	2017
steak	A	5.99	2017
	B	6.99	2017

13. .join 메서드는 단지 전달된 DataFrame의 인덱스만 정렬하지만 인덱스나 호출하는 DataFrame의 열을 사용할 수 있다. 호출하는 DataFrame의 열을 사용하려면 이를 on 매개변수에 전달해야 한다.

```
>>> food_transactions.join(food_prices_join, on=['item', 'store'])
   custid    item  store  quantity  price    Date
0       1    pear      A         5   0.99  2017.0
1       1  banana      A        10   0.39  2017.0
2       2   steak      B         3   6.99  2017.0
3       2    pear      B         1   1.99  2017.0
4       2   peach      B         2   3.49  2017.0
5       2   steak      B         1   6.99  2017.0
6       2 coconut      B         4    NaN     NaN
```

이 출력은 11단계의 결과와 일치한다. concat 함수를 사용해 이를 복제하려면 item과 store 열을 두 DataFrame의 인덱스에 둬야 한다. 그러나 특정한 경우 적어도 하나 이상의 DataFrame(아이템 steak와 store B)에서 중복 인덱스 값이 발생해 오류가 일어난다.

```
>>> pd.concat([food_transactions.set_index(['item', 'store']),
...            food_prices.set_index(['item', 'store'])],
...            axis='columns')
Traceback (most recent call last):
  ...
```

```
ValueError: cannot handle a non-unique multi- index!
```

작동 원리

여러 DataFrame을 동시에 가져올 때 read_csv 함수를 반복적으로 작성하는 것은 힘들 수 있다. 이 프로세스를 자동화하는 한 가지 방법은 모든 파일 이름을 리스트에 넣고 for 루프를 사용해 반복하는 것이다. 이는 리스트 컴프리헨션을 사용해 1단계에서 수행됐다.

1단계가 끝나면 DataFrame 리스트를 적절한 이름의 변수로 압축 해제해 각 테이블을 쉽고 명확하게 참조할 수 있게 한다. DataFrame 리스트를 갖고 있을 때의 좋은 점은 2단계에서 볼 수 있듯이 concat 함수에서 필요한 형식과 정확히 일치한다는 것이다. 2단계에서 keys 매개변수를 사용해 각 데이터 청크^{chunk}의 이름을 지정한 것에 주목하자. 이는 3단계에서와 같이 딕셔너리를 concat에 전달해도 수행할수 있다.

4단계에서는 전달된 DataFrame 중 호출하는 DataFrame의 인덱스에 없는 모든 행을 포함할 수 있도록 .join 형식을 outer로 변경해야 한다. 5단계에서는 전달된 DataFrame 리스트에는 공통 열이 있을 수 없다. rsuffix 매개변수가 있지만 단일 DataFrame을 전달할 때만 작동하며 리스트와는 작동하지 않는다. 이 제약을 극복하고자 .add_suffix 메서드를 사용해 열 이름을 미리 변경한 다음 .join 메서드를 호출한다.

7단계에서 .merge를 사용한다. 기본 설정은 두 DataFrame에서 동일한 열 이름을 모두 정렬하는 것이다. 이 기본 동작을 변경하고 하나 혹은 둘 모두의 인덱스에 대해 정렬하고자 left_index나 right_index 매개변수를 True로 설정한다. 8단계는 .merge에 대한 두 번의 호출로 복제를 완료한다. 보다시피 인덱스에서 다수의

DataFrame을 정렬하면 concat은 일반적으로 .merge보다 훨씬 더 나은 선택이다.

9단계는 .merge 메서드가 더 유리한 상황에 초점을 맞춘다. .merge 메서드는 호출과 전달 DataFrame 모두를 열 값으로 정렬할 수 있는 유일한 메서드다. 10단계에서는 두 개의 DataFrame을 병합하는 것이 얼마나 쉬운지 보여준다. on 매개변수는 필요하지 않지만 명확성을 위해 제공된다.

불행히도 10단계에서 본 것처럼 DataFrame을 결합할 때 데이터를 복제하거나 삭제하기 쉽다. 데이터를 결합한 후에는 결과를 확인하는 절차를 반드시 거치게 해야 한다. 이 경우 food_prices 데이터셋의 Store B에서 steak 가격이 중복됐으므로 11단계에서 현재 연도만 쿼리해 이 행을 제거했다. 또한 가격이 있는지 여부에 관계없이 각 거래가 유지되도록 왼쪽 조인으로 변경했다.

이러한 경우에는 .join을 사용할 수 있지만 그러려면 전달된 DataFrame의 모든 열을 먼저 인덱스로 이동해야 한다. 마지막으로 열의 값을 기준으로 데이터를 정렬할 때에는 concat이 적합하지 않다.

요약하자면 인덱스가 정렬됐는지 모를 경우에 나는 .merge를 사용한다.

추가 사항

이름을 모르더라도 특정 디렉터리의 모든 파일을 DataFrame으로 읽을 수 있다. 파이썬은 디렉터리를 읽는 몇 가지 방법을 제공하는데, glob 모듈이 보편적이다. gas prices 디렉터리에는 서로 다른 5개의 CSV 파일이 있으며, 각각 2007년부터 특정 등급의 가스 가격이 주 단위로 들어 있다. 각 파일에는 주에 해당하는 날짜와 가격이라는 두 열만 있다. 이는 모든 파일을 반복하며 DataFrame으로 읽고 concat 함수로 함께 결합해야 하는 완벽한 상황이다.

glob 모듈에는 glob 함수가 있는데, 단 하나의 매개변수, 즉 문자열로 반복해 검색하려는 디렉터리의 위치를 취한다. 디렉터리의 모든 파일을 얻으려면 문자열 *를 사용한다. 이 예에서 '*.csv'는 .csv로 끝나는 파일만 반환한다. glob 함수의 결과는 문자열 파일 리스트며 read_csv 함수에 전달될 수 있다.

```
>>> import glob
>>> df_list = []
>>> for filename in glob.glob('data/gas prices/*.csv'):
...     df_list.append(pd.read_csv(filename, index_col='Week',
...     parse_dates=['Week']))
>>> gas = pd.concat(df_list, axis='columns')
>>> gas
            Midgrade   Premium   Diesel   All Grades   Regular
Week
2017-09-25     2.859     3.105    2.788        2.701     2.583
2017-09-18     2.906     3.151    2.791        2.750     2.634
2017-09-11     2.953     3.197    2.802        2.800     2.685
2017-09-04     2.946     3.191    2.758        2.794     2.679
2017-08-28     2.668     2.901    2.605        2.513     2.399
...              ...       ...      ...          ...       ...
2007-01-29     2.277     2.381    2.413        2.213     2.165
2007-01-22     2.285     2.391    2.430        2.216     2.165
2007-01-15     2.347     2.453    2.463        2.280     2.229
2007-01-08     2.418     2.523    2.537        2.354     2.306
2007-01-01     2.442     2.547    2.580        2.382     2.334
```

▌SQL 데이터베이스에 연결

SQL은 배워두면 매우 유용하게 사용될 기술이다. 전 세계의 많은 데이터는 SQL문을 이해하는 데이터베이스에 저장된다. 수십 개의 관계형 데이터베이스 관리 시스템이 있는데, SQLite는 가장 인기 있고 사용하기 쉬운 시스템 중 하나다.

여기서는 음악 상점에 대한 11개의 데이터 테이블을 갖고 있는 SQLite에서 제공하는 chinook 샘플 데이터베이스를 살펴볼 것이다. 관계형 데이터베이스를 처음 공부할 때 할 수 있는 가장 좋은 방법 중 하나는 데이터베이스 다이어그램(종종 개체 관계entity relationship 다이어그램이라고도 함)을 공부해 테이블 사이의 관계를 이해하는 것이다. 다음 다이어그램은 이 예제를 따라 할 때 큰 도움이 된다.

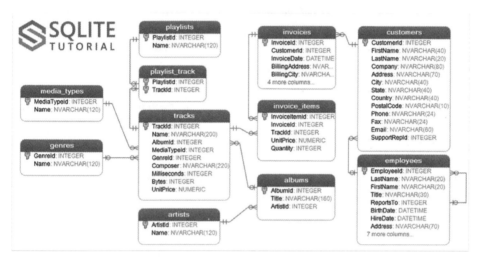

SQL 관계

이 예제가 작동하려면 sqlalchemy 파이썬 패키지가 설치돼 있어야 한다. 아나콘다Anaconda 배포판을 설치한 경우라면 이미 설치돼 있어야 한다. SQLAlchemy는 데이터베이스에 연결할 때 선호되는 pandas 도구다. 이 예제에서는 SQLite 데이터베이스에 연결하는 방법을 학습한다. 그런 다음 두 가지 다른 쿼리를 요청하고 .merge 메서드로 테이블을 결합해 처리한다.

작동 방법

1. chinook 데이터베이스에서 테이블을 읽기 전에 SQLAlchemy 엔진을 설정해야 한다.

```
>>> from sqlalchemy import create_engine
>>> engine = create_engine('sqlite:///data/chinook.db')
```

2. 이제 pandas 세계로 돌아와 나머지 예제 동안 살펴본다. `read_sql_table` 함수를 사용해 명령을 완료하고 **tracks** 테이블을 읽는다. 테이블 이름이 첫 번째 인수이고 SQLAlchemy 엔진은 두 번째다.

```
>>> tracks = pd.read_sql_table('tracks', engine)
>>> tracks
      TrackId  ...  UnitPrice
0           1  ...       0.99
1           2  ...       0.99
2           3  ...       0.99
3           4  ...       0.99
4           5  ...       0.99
...       ...  ...        ...
3498     3499  ...       0.99
3499     3500  ...       0.99
3500     3501  ...       0.99
3501     3502  ...       0.99
3502     3503  ...       0.99
```

3. 나머지 예제에서는 데이터베이스 다이어그램의 도움을 받아 몇 가지 다른 특정 쿼리를 처리한다. 시작은 장르당 평균 노래 길이를 찾아보자.

```
>>> (pd.read_sql_table('genres', engine)
...    .merge(tracks[['GenreId', 'Milliseconds']],
...    on='GenreId', how='left')
...    .drop('GenreId', axis='columns')
... )
       Name  Milliseconds
0      Rock        343719
```

```
1         Rock        342562
2         Rock        230619
3         Rock        252051
4         Rock        375418
...       ...           ...
3498   Classical      286741
3499   Classical      139200
3500   Classical       66639
3501   Classical      221331
3502     Opera        174813
```

4. 이제 장르별로 각 노래의 평균 길이를 알 수 있다. 해석의 편의를 위해
   Milliseconds 열을 timedelta 데이터 형식으로 변환한다.

```
>>> (pd.read_sql_table('genres', engine)
...     .merge(tracks[['GenreId', 'Milliseconds']],
...         on='GenreId', how='left')
...     .drop('GenreId', axis='columns')
...     .groupby('Name')
...     ['Milliseconds']
...     .mean()
...     .pipe(lambda s_: pd.to_timedelta(s_, unit='ms')
...         .rename('Length'))
...     .dt.floor('s')
...     .sort_values()
... )
Name
Rock And Roll      00:02:14
Opera              00:02:54
Hip Hop/Rap        00:02:58
Easy Listening     00:03:09
Bossa Nova         00:03:39
                      ...
Comedy             00:26:25
```

556

```
TV Shows            00:35:45
Drama               00:42:55
Science Fiction     00:43:45
Sci Fi & Fantasy    00:48:31
Name: Length, Length: 25, dtype: timedelta64[ns]
```

5. 고객당 총지출을 살펴보자. customers, invoices, invoice_items 테이블이 모두 서로 연결돼야 한다.

```
>>> cust = pd.read_sql_table('customers', engine,
...     columns=['CustomerId','FirstName',
...     'LastName'])
>>> invoice = pd.read_sql_table('invoices', engine,
...     columns=['InvoiceId','CustomerId'])
>>> invoice_items = pd.r ead_sql_table('invoice_items', engine,
...     columns=['InvoiceId', 'UnitPrice', 'Quantity'])
>>> (cust
...     .merge(invoice, on='CustomerId')
...     .merge(invoice_items, on='InvoiceId')
... )
      CustomerId  FirstName  ...  UnitPrice  Quantity
0              1       Luis  ...       1.99         1
1              1       Luis  ...       1.99         1
2              1       Luis  ...       0.99         1
3              1       Luis  ...       0.99         1
4              1       Luis  ...       0.99         1
...          ...        ...  ...        ...       ...
2235          59       Puja  ...       0.99         1
2236          59       Puja  ...       0.99         1
2237          59       Puja  ...       0.99         1
2238          59       Puja  ...       0.99         1
2239          59       Puja  ...       0.99         1
```

6. 이제 수량과 단위 가격을 곱하면 고객당 총지출을 구할 수 있다.

```
>>> (cust
...     .merge(invoice, on='CustomerId')
...     .merge(invoice_items, on='InvoiceId')
...     .assign(Total=lambda df_:df_.Quantity * df_.UnitPrice)
...     .groupby(['CustomerId', 'FirstName', 'LastName'])
...     ['Total']
...     .sum()
...     .sort_values(ascending=False)
... )
CustomerId    FirstName    LastName
6             Helena       Holy         49.62
26            Richard      Cunningham   47.62
57            Luis         Rojas        46.62
46            Hugh         O'Reilly     45.62
45            Ladislav     Kovacs       45.62
                                          ...
32            Aaron        Mitchell     37.62
31            Martha       Silk         37.62
29            Robert       Brown        37.62
27            Patrick      Gray         37.62
59            Puja         Srivastava   36.64
Name: Total, Length: 59, dtype: float64
```

작동 원리

create_engine 함수가 제대로 작동하려면 연결 문자열이 필요하다. SQLite의 연결 문자열은 데이터베이스의 위치며 data 디렉터리에 있다. 다른 관계형 데이터베이스 관리 시스템에는 더 복잡한 연결 문자열을 사용한다. 사용자 이름, 비밀번호, 호스트 이름, 포트, 그리고 선택적으로 데이터베이스를 제공해야 한다. 또한 SQL 언어와 드라이버를 제공해야 한다. 연결 문자열의 일반적인 형식은 다음과 같다. dialect+driver://username:password@ host:port/database. 특정 관계형 데이터베이스의 드라이버는 별도로 설치해야 한다.

엔진을 생성한 후에는 2단계에서 보듯 `read_sql_table` 함수를 사용해 전체 테이블을 DataFrame으로 선택하는 것이 매우 쉽다. 데이터베이스의 각 테이블에는 각 행을 식별하는 기본 키가 있고 다이어그램에 키 기호가 나타나 있다. 3단계에서는 `GenreId`를 통해 `genres`를 `tracks`에 연결한다. 여기서는 트랙의 길이만 고려하므로 병합을 수행하기 전에 트랙 DataFrame을 필요한 열로 자른다. 테이블이 병합되면 기본 `.groupby` 연산으로 쿼리에 응답할 수 있다.

한 단계 더 나아가 정수 밀리초를 훨씬 쉽게 읽을 수 있는 `Timedelta` 객체로 변환한다. 핵심은 정확한 측정 단위를 문자열로 전달하는 것이다. 이제 `Timedelta` Series가 있으므로 `.dt` 속성을 사용해 `.floor` 메서드에 액세스할 수 있다. 이 메서드는 시간을 가장 가까운 초 단위로 내림한다.

5단계에 응답하는 데 필요한 쿼리에는 3개의 테이블이 필요하다. `columns` 매개변수에 필요한 열만 전달하면 테이블을 상당히 줄일 수 있다. `.merge`를 사용할 때 이름이 같은 조인 열은 유지되지 않는다. 6단계에서는 다음과 같이 가격과 수량의 곱을 열에 할당할 수도 있었다.

```
cust_inv['Total'] = cust_inv['Quantity'] * cust_inv['UnitPrice']
```

이 책에서 강조했듯이 가능한 경우 체인 작업을 선호하므로 `.assign`이 자주 사용된다.

추가 사항

SQL에 능숙하다면 SQL 쿼리를 문자열로 작성해 read_sql_ query 함수에 전달할 수 있다. 예를 들어 다음은 4단계의 출력을 재현한다.

```
>>> sql_string1 = '''
... SELECT
...     Name,
...     time(avg(Milliseconds) / 1000, 'unixepoch') as avg_time
... FROM (
...     SELECT
...         g.Name,
...         t.Milliseconds
...     FROM
...         genres as g
...     JOIN
...         tracks as t on
...         g.genreid == t.genreid
... )
... GROUP BY Name
... ORDER BY avg_time'''
>>> pd.read_sql_query(sql_string1, engine)
                Name   avg_time
0      Rock And Roll   00:02:14
1              Opera   00:02:54
2        Hip Hop/Rap   00:02:58
3     Easy Listening   00:03:09
4         Bossa Nova   00:03:39
..               ...        ...
20            Comedy   00:26:25
21          TV Shows   00:35:45
22             Drama   00:42:55
23   Science Fiction   00:43:45
24   Sci Fi & Fantasy  00:48:31
```

6단계의 해법을 재현하려면 다음 SQL 쿼리를 사용한다.

```
>>> sql_string2 = '''
...     SELECT
...         c.customerid,
...         c.FirstName,
...         c.LastName,
...         sum(ii.quantity * ii.unitprice) as Total
...     FROM
...         customers as c
...     JOIN
...         invoices as i
...         on c.customerid = i.customerid
...     JOIN
...         invoice_items as ii
...         on i.invoiceid = ii.invoiceid
...     GROUP BY
...         c.customerid, c.FirstName, c.LastName
...     ORDER BY
...         Total desc'''

>>> pd.read_sql_query(sql_string2, engine)
     CustomerId   FirstName    LastName   Total
0             6      Helena        Holy   49.62
1            26     Richard  Cunningham   47.62
2            57        Luis       Rojas   46.62
3            45    Ladislav      Kovacs   45.62
4            46        Hugh    O'Reilly   45.62
..          ...         ...         ...     ...
54           53        Phil      Hughes   37.62
55           54       Steve      Murray   37.62
56           55        Mark      Taylor   37.62
57           56       Diego   Gutierrez   37.62
58           59        Puja  Srivastava   36.64
```

시계열 분석

▋ 소개

pandas가 만들어진 계기는 재무 시계열 데이터를 분석하기 위한 것이었다. 시계열이란 시간의 흐름에 따라 수집된 데이터 포인트다. 일반적으로 시간 간격은 각 데이터 포인트 사이에 균등하게 배치되지만 관측치에 차이가 있을 수 있다. pandas에는 날짜를 조작하고, 다른 시구간에 대해 집계하고, 다른 시간대를 샘플링하는 등의 여러 기능이 포함돼 있다.

파이썬과 pandas 날짜 도구의 차이점 이해

pandas를 알아보기 전에 파이썬의 핵심 날짜와 시간 기능을 알아보고 이해하면 도움이 될 수 있다. datetime 모듈은 date, time, datetime이라는 세 가지 데이터 형식을 제공한다. 형식상으로 date는 연도, 월, 일로 구성된 어느 순간이다. 예를 들어 2013년 6월 7일은 date다. time은 시, 분, 초와 마이크로초(백만 분의 1초)로 구성되며 아무런 날짜와도 연계되지 않는다. time의 예는 12시간 30분 등이다. datetime은 date와 time 요소가 모여 구성된다.

반면 pandas에는 Timestamp라고 하는 날짜와 시간을 캡슐화한 단일 객체가 있다. Timestamp는 나노초(십억 분의 1초)의 정밀도를 가지며 NumPy의 datetime64 데이터 형식에서 파생됐다.

파이썬과 pandas는 각각 날짜를 더하고 뺄 때 유용한 timedelta 객체를 갖고 있다.

이번 예제에서는 먼저 파이썬의 datetime 모듈을 탐색한 다음 pandas에서의 해당 날짜 도구를 알아본다.

작동 방법

1. 먼저 datetime을 네임스페이스에 임포트하고 date, time, datetime 객체를 생성한다.

```
>>> import pandas as pd
>>> import numpy as np
>>> import datetime
>>> date = datetime.date(year=2013, month=6, day=7)
>>> time = datetime.time(hour=12, minute=30,
...    second=19, microsecond=463198)
>>> dt = datetime.datetime(year=2013, month=6, day=7,
```

```
...    hour=12, minute=30, second=19,
...    microsecond=463198)
>>> print(f"date is {date}")
date is 2013-06-07

>>> print(f"time is {time}")
time is 12:30:19.463198

>>> print(f"datetime is {dt}")
datetime is 2013-06-07 12:30:19.463198
```

2. 이제 datetime의 또 다른 주요 모듈인 timedelta 객체를 생성하고 출력해
   보자.

```
>>> td = datetime.timedelta(weeks=2, days=5, hours=10,
...    minutes=20, seconds=6.73,
...    milliseconds=99, microseconds=8)
>>> td
datetime.timedelta(days=19, seconds=37206, microseconds=829008)
```

3. 이 td를 1단계의 date와 td 객체에 덧셈해보자.

```
>>> print(f'new date is {date+td}')
new date is 2013-06-26

>>> print(f'new datetime is {dt+td}')
new datetime is 2013-06-26 22:50:26.292206
```

4. timedelta를 time 객체에 더하려 하면 오류가 발생한다.

```
>>> time + td
Traceback (most recent call last):
```

```
    ...
TypeError: unsupported operand type(s) for +: 'datetime.time' and
'datetime.timedelta'
```

5. 이제 pandas로 돌아와 해당 Timestamp 객체를 살펴보자. 이 객체는 나노초
   단위의 정밀도를 표현할 수 있는 어느 한 순간, 즉 특정 시각이다. Timestamp
   생성자는 유연성이 뛰어나고 다양한 입력을 처리한다.

```
>>> pd.Timestamp(year=2012, month=12, day=21, hour=5,
...     minute=10, second=8, microsecond=99)
Timestamp('2012-12-21 05:10:08.000099')

>>> pd.Timestamp('2016/1/10')
Timestamp('2016-01-10 00:00:00')

>>> pd.Timestamp('2014-5/10')
Timestamp('2014-05-10 00:00:00')

>>> pd.Timestamp('Jan 3, 2019 20:45.56')
Timestamp('2019-01-03 20:45:33')

>>> pd.Timestamp('2016-01-05T05:34:43.123456789')
Timestamp('2016-01-05 05:34:43.123456789')
```

6. 단일 정수나 부동소수점수를 Timestamp 생성자에 전달할 수도 있다. 이는
   유닉스Unix 시간(1970년 1월 1일)에 따라 경과된 나노초에 해당하는 날짜를
   반환한다.

```
>>> pd.Timestamp(500)
Timestamp('1970-01-01 00:00:00.000000500')

>>> pd.Timestamp(5000, unit='D')
Timestamp('1983-09-10 00:00:00')
```

7. pandas에는 Timestamp 생성자와 유사하게 작동하는 **to_datetime** 함수가 제공되지만 특수 상황을 위한 몇 가지 매개변수가 더 있다. 이 함수는 DataFrame 문자열 열을 날짜로 변환하는 데 유용하다. 그러나 스칼라 날짜에 대해서도 작동하는데, 다음 예제를 살펴보자.

```
>>> pd.to_datetime('2015-5-13')
Timestamp('2015-05-13 00:00:00')

>>> pd.to_datetime('2015-13-5', dayfirst=True)
Timestamp('2015-05-13 00:00:00')

>>> pd.to_datetime('Start Date: Sep 30, 2017 Start Time: 1:30 pm',
...     format='Start Date: %b %d, %Y Start Time: %I:%M %p')
Timestamp('2017-09-30 13:30:00')

>>> pd.to_datetime(100, unit='D', origin='2013-1-1')
Timestamp('2013-04-11 00:00:00')
```

8. **to_datetime** 함수에는 더 많은 기능이 있다. 이 함수는 전체 리스트나 문자열 Series 또는 정수를 Timestamp 객체로 변환할 수 있다. 단일 스칼라 값보다는 Series나 DataFrame과 상호작용할 가능성이 훨씬 높으므로 Timestamp보다 **to_datetime**을 사용하는 것이 훨씬 낫다.

```
>>> s = pd.Series([10, 100, 1000, 10000])
>>> pd.to_datetime(s, unit='D')
0      1970-01-11
1      1970-04-11
2      1972-09-27
3      1997-05-19
dtype: datetime64[ns]

>>> s = pd.Series(['12-5-2015', '14-1-2013',
```

```
...      '20/12/2017', '40/23/2017'])

>>> pd.to_datetime(s, dayfirst=True, errors='coerce')
0      2015-05-12
1      2013-01-14
2      2017-12-20
3             NaT
dtype: datetime64[ns]

>>> pd.to_datetime(['Aug 3 1999 3:45:56', '10/31/2017'])
DatetimeIndex(['1999-08-03 03:45:56', '2017-10-31 00:00:00'],
dtype='datetime64[ns]', freq=None)
```

9. Timestamp 생성자와 **to_datetime** 함수처럼 pandas에는 시간량을 나타내는 Timedelta와 to_timedelta가 있다. **Timedelta** 생성자와 **to_timedelta** 함수는 모두 단일 **Timedelta** 객체를 만들 수 있다. **to_datetime**과 마찬가지로 **to_timedelta**는 더 많은 기능을 갖고 있으며 전체 리스트나 Series를 Timedelta 객체로 변환할 수 있다.

```
>>> pd.Timedelta('12 days 5 hours 3 minutes 123456789 nanoseconds')
Timedelta('12 days 05:03:00.123456')

>>> pd.Timedelta(days=5, minutes=7.34)
Timedelta('5 days 00:07:20.400000')

>>> pd.Timedelta(100, unit='W')
Timedelta('700 days 00:00:00')

>>> pd.to_timedelta('67:15:45.454')
Timedelta('2 days 19:15:45.454000')

>>> s = pd.Series([10, 100])
>>> pd.to_timedelta(s, unit='s')
0      00:00:10
```

```
1    00:01:40
dtype: timedelta64[ns]

>>> time_strings = ['2 days 24 minutes 89.67 seconds',
...    '00:45:23.6']
>>> pd.to_timedelta(time_strings)
TimedeltaIndex(['2 days 00:25:29.670000', '0 days
00:45:23.600000'], dtype='timedelta64[ns]', freq=None)
```

10. Timedelta는 다른 Timestamp에 더하거나 뺄 수 있다. 심지어 각각을 나눠서 소수를 반환할 수도 있다.

```
>>> pd.Timedelta('12 days 5 hours 3 minutes') * 2
Timedelta('24 days 10:06:00')

>>> (pd.Timestamp('1/1/2017') +
...    pd.Timedelta('12 days 5 hours 3 minutes') * 2)
Timestamp('2017-01-25 10:06:00')

>>> td1 = pd.to_timedelta([10, 100], unit='s')
>>> td2 = pd.to_timedelta(['3 hours', '4 hours'])
>>> td1 + td2
TimedeltaIndex(['03:00:10', '04:01:40'], dtype='timedelta64[ns]',
freq=None)

>>> pd.Timedelta('12 days') / pd.Timedelta('3 days')
4.0
```

11. Timestamp와 Timedelta는 모두 속성과 메서드에 많은 특징을 갖고 있다. 그중 몇 개만 살펴보자.

```
>>> ts = pd.Timestamp('2016-10-1 4:23:23.9')
>>> ts.ceil('h')
```

```
Timestamp('2016-10-01 05:00:00')

>>> ts.year, ts.month, ts.day, ts.hour, ts.minute, ts.second
(2016, 10, 1, 4, 23, 23)

>>> ts.dayofweek, ts.dayofyear, ts.daysinmonth
(5, 275, 31)

>>> ts.to_pydatetime()
datetime.datetime(2016, 10, 1, 4, 23, 23, 900000)

>>> td = pd.Timedelta(125.8723, unit='h')
>>> td
Timedelta('5 days 05:52:20.280000')

>>> td.round('min')
Timedelta('5 days 05:52:00')

>>> td.components
Components(days=5, hours=5, minutes=52, seconds=20,
milliseconds=280, microseconds=0, nanoseconds=0)

>>> td.total_seconds()
4531 40.28
```

작동 원리

datetime 모듈은 파이썬 표준 라이브러리의 일부다. 사용할 가능성이 있으므로 익혀두는 것이 좋다. datetime 모듈은 date, time, datetime, timedelta, timezone, tzinfo의 6가지 형식 객체만 갖고 있다. pandas의 Timestamp와 Timedelta 객체는 datetime 모듈에 대응하는 모든 기능은 물론 더 많은 기능이 있다. 시계열로 작업할 때는 완전히 pandas만 사용해도 된다.

1단계와 2단계는 datetime 모듈로 datetime, date, time, timedelta를 생성하는 방

법을 보여준다. 날짜와 시간의 매개변수는 오직 정수만 사용할 수도 있다. 이것을 pandas Timestamp 생성자로 동일한 매개변수는 물론 좀 더 다양한 날짜 문자열을 취급할 수 있었던 5단계와 비교해보라. 정수 구성 요소와 문자열 외에도 6단계는 단일 숫자 스칼라를 사용해 날짜를 생성하는 방법을 보여준다. 이 스칼라의 기본 단위는 나노초(ns)지만 두 번째 명령문에서 다른 옵션, 즉 시간(h), 분(m), 초(s), 밀리초(ms), 마이크로초(μs)를 사용할 수 있다.

2단계에서는 datetime 모듈에서 timedelta 객체를 생성하는 방법과 모든 매개변수를 자세히 설명한다. 다시 이 단계를 동일한 매개변수는 물론 문자열과 스칼라 수를 처리했던 9단계의 pandas Timedelta 생성자와 비교해보라.

단일 객체만 만들 수 있는 Timestamp와 Timedelta 생성자 외에도 to_datetime과 to_timedelta 함수를 사용하면 정수나 문자열의 전체 시퀀스를 원하는 형식으로 변환할 수 있다. 또한 이 함수는 생성자에는 없는 추가적인 매개변수를 몇 가지 제공한다. 그런 매개변수 중 하나는 errors며, 기본 설정 값은 문자열 값 raise지만 ignore나 coerce로 설정할 수도 있다.

문자열 날짜를 변환할 수 없을 때마다 errors 매개변수는 어떻게 반응할지 결정한다. raise로 설정하면 예외가 발생하고 프로그램 실행이 중지된다. ignore로 설정하면 함수에 들어가기 전의 원시 시퀀스가 반환된다. coerce로 설정되면 NaT(시간 아님) 객체가 새 값을 나타내는 데 사용한다. 8단계에서의 두 번째 to_datetime 호출은 마지막 값을 제외한 모든 값을 Timestamp로 올바르게 변환한다. 마지막 값은 NaT가 된다.

to_datetime에만 있는 이러한 매개변수 중 또 다른 하나는 format이며, 문자열에 pandas가 자동으로 인식하지 못하는 특정 날짜 패턴이 포함된 경우 특히 유용하다. 7단계의 세 번째 문장은 다른 문자들 안에 datetime이 포함돼 있다. 문자열의 날짜와 시간 부분을 각각의 지정 형식으로 대체한다.

날짜 형식 지정 지시문은 단일 퍼센트 기호(%)로 표시되고 그 뒤에 단일 문자가 나타난다. 각 지시문은 날짜나 시간의 일부를 지정한다. 모든 지시문 표는 공식 파이썬 설명서(http://bit.ly/2kePoRe)를 참고하라.

█ 시계열을 지능적으로 슬라이스

앞서 DataFrame의 선택과 슬라이싱을 다뤘다. DataFrame에 `DatetimeIndex`가 있으면 선택과 슬라이싱에 더 많은 기회가 발생한다.

이 예제에서는 부분 날짜 매칭을 사용해 `DatetimeIndex`를 가진 DataFrame을 선택하고 슬라이스한다.

작동 방법

1. hdf5 파일 crimes.h5에서 덴버 crimes 데이터셋을 읽고 열 데이터 형식을 출력해본다. hdf5 파일 형식은 대규모 데이터를 효율적으로 저장할 수 있는 파일 형식으로, CSV 텍스트 파일과는 다르다.

```
>>> crime = pd.read_hdf('data/crime.h5', 'crime')
>>> crime.dtypes
OFFENSE_TYPE_ID              category
OFFENSE_CATEGORY_ID         category
REPORTED_DATE           datetime64[ns]
GEO_LON                      float64
GEO_LAT                      float64
NEIGHBORHOOD_ID             category
IS_CRIME                       int64
IS_TRAFFIC                     int64
dtype: object
```

2. 모두 3개의 범주형 열이 있으며 `Timestamp`(NumPy의 `datetime64` 객체로 표시돼 있음)가 있다는 사실에 주목하자. 이러한 데이터 형식은 원시 텍스트만 저장하는 CSV 파일과는 달리 데이터 파일을 생성할 때마다 저장된다. 지능적인 `Timestamp` 분할을 위해 `REPORTED_DATE` 열을 인덱스로 설정한다.

```
>>> crime = crime.set_index('REPORTED_DATE')
>>> crime
                                  OFFENSE_TYPE_ID  ...
REPORTED_DATE                                      ...
2014-06-29 02:01:00      traffic-accident-dui-duid  ...
2014-06-29 01:54:00    vehicular-eluding-no-chase  ...
2014-06-29 02:00:00         disturbing-the-peace  ...
2014-06-29 02:18:00                        curfew  ...
2014-06-29 04:17:00            aggravated-assault  ...
...                                            ...  ...
2017-09-13 05:48:00      burglary-business-by-force  ...
2017-09-12 20:37:00  weapon-unlawful-discharge-of  ...
2017-09-12 16:32:00         traf-habitual-offender  ...
2017-09-12 13:04:00        criminal-mischief-other  ...
2017-09-12 09:30:00                   theft-other  ...
```

3. 늘 하듯이 `.loc` 속성에 값을 전달하면 단일 인덱스와 동일한 값을 가진 모든 행을 선택할 수 있다.

```
>>> crime.loc['2016-05-12 16:45:00']
        OFFENSE_TYPE_ID OFFENSE_CATEGORY_ID GEO_LON
                     OFFENSE_TYPE_ID  ...  IS_TRAFFIC
REPORTED_DATE                         ...
2016-05-12 16:45:00        traffic-accident  ...           1
2016-05-12 16:45:00        traffic-accident  ...           1
2016-05-12 16:45:00   fraud-identity-theft  ...           0
```

4. Timestamp을 인덱스로 설정해두면 인덱스 값과 부분적으로 매칭되는 모든 행을 선택할 수 있다. 2016년 5월 12일에 발생한 모든 범죄를 보고 싶다면 다음처럼 선택하면 된다.

```
>>> crime.loc['2016-05-12']
OFFENSE_TYPE_ID                       ... IS_TRAFFIC
REPORTED_DATE                         ...
2016-05-12 23:51:00    criminal-mischief-other ...         0
2016-05-12 18:40:00         liquor-possession ...         0
2016-05-12 22:26:00          traffic-accident ...         1
2016-05-12 20:35:00             theft-bicycle ...         0
2016-05-12 09:39:00     theft-of-motor-vehicle ...         0
...                                ... ...        ...
2016-05-12 17:55:00         public-peace-other ...         0
2016-05-12 19:24:00          threats-to-injure ...         0
2016-05-12 22:28:00              sex-aslt-rape ...         0
2016-05-12 15:59:00      menacing-felony-w-weap ...         0
2016-05-12 16:39:00                 assault-dv ...         0
```

5. 특정 날짜만이 아니라 전체 월, 연, 또는 일중 특정 시각도 선택할 수 있다.

```
>>> crime.loc['2016-05'].shape
(8012, 7)
>>> crime.loc['2016'].shape
(91076, 7)
>>> crime.loc['2016-05-12 03'].shape
(4, 7)
```

6. 선택 문자열은 월 이름을 가질 수도 있다.

```
>>> crime.loc['Dec 2015'].sort_index()
OFFENSE_TYPE_ID                                      ...
REPORTED_DATE                                        ...
2015-12-01 00:48:00          drug-cocaine-possess    ...
2015-12-01 00:48:00          theft-of-motor-vehicle  ...
2015-12-01 01:00:00          criminal-mischief-other ...
2015-12-01 01:10:00                       traf-other ...
2015-12-01 01:10:00          traf-habitual-offender  ...
...                                            ...    ...
2015-12-31 23:35:00          drug-cocaine-possess    ...
2015-12-31 23:40:00               traffic-accident   ...
2015-12-31 23:44:00          drug-cocaine-possess    ...
2015-12-31 23:45:00 violation-of-restraining-order   ...
2015-12-31 23:50:00 weapon-poss-illegal-dangerous    ...
```

7. 월 이름이 포함된 다른 여러 문자열 형식도 작동한다.

```
>>> crime.loc['2016 Sep, 15'].shape
(252, 7)
>>> crime.loc['21st October 2014 05'].shape
(4, 7)
```

8. 선택 외에도 슬라이스 표기법을 사용하면 정확한 데이터 범위를 설정할 수 있다. 다음은 2015년 3월 4일부터 2016년 1월 1일까지의 모든 값이 포함된다.

```
>>> crime.loc['2015-3-4':'2016-1-1'].sort_index()
OFFENSE_TYPE_ID                                      ...
REPORTED_DATE                                        ...
2015-03-04 00:11:00                     assault-dv   ...
```

```
2015-03-04 00:19:00                    assault-dv  ...
2015-03-04 00:27:00             theft-of-services  ...
2015-03-04 00:49:00    traffic-accident-hit-and-run  ...
2015-03-04 01:07:00      burglary-business-no-force  ...
...                                          ...  ...
2016-01-01 23:15:00    traffic-accident-hit-and-run  ...
2016-01-01 23:16:00              traffic-accident  ...
2016-01-01 23:40:00             robbery-business  ...
2016-01-01 23:45:00          drug-cocaine-possess  ...
2016-01-01 23:48:00       drug-poss-paraphernalia  ...
```

9. 종료 날짜에 자행된 모든 범죄는 시간에 관계없이 반환 결과에 포함된다. 이러한 방식은 레이블 기반의 `.loc` 속성을 사용한 모든 결과에 적용된다. 슬라이스의 시작이나 끝부분을 좀 더 정밀하게(또는 반대로 더 폭넓게) 설정할 수 있다.

```
>>> crime.loc['2015-3-4 22':'2016-1-1 11:22:00'].sort_index()
OFFENSE_TYPE_ID                              ...
REPORTED_DATE                                ...
2015-03-04 22:25:00    traffic-accident-hit-and-run  ...
2015-03-04 22:30:00              traffic-accident  ...
2015-03-04 22:32:00    traffic-accident-hit-and-run  ...
2015-03-04 22:33:00    traffic-accident-hit-and-run  ...
2015-03-04 22:36:00         theft-unauth-use-of-ftd  ...
...                                          ...  ...
2016-01-01 11:10:00        theft-of-motor-vehicle  ...
2016-01-01 11:11:00              traffic-accident  ...
2016-01-01 11:11:00    traffic-accident-hit-and-run  ...
2016-01-01 11:16:00                     traf-other  ...
2016-01-01 11:22:00              traffic-accident  ...
```

작동 원리

hdf5 파일의 특징 중 하나는 각 열의 데이터 형식을 보존하는 기능으로, 필요한 메모리 요구량을 줄인다. 예제의 경우 3개의 열이 객체 대신 pandas 범주로 저장됐다. 이를 객체로 저장했더라면 메모리 사용량이 4배나 증가했을 것이다.

```
>>> mem_cat = crime.memory_usage().sum()
>>> mem_obj = (crime
...     .astype({'OFFENSE_TYPE_ID':'object',
...         'OFFENSE_CATEGORY_ID':'object',
...         'NEIGHBORHOOD_ID':'object'})
...     .memory_usage(deep=True)
...     .sum()
... )
>>> mb = 2 ** 20
>>> round(mem_cat / mb, 1), round(mem_obj / mb, 1)
(29.4, 122.7)
```

인덱스 연산자를 사용해 날짜별로 행을 선택하고 슬라이스하려면 인덱스에 날짜 값이 포함돼야 한다. 2단계에서 REPORTED_DATE 열을 인덱스로 이동하고 DatetimeIndex를 새 인덱스로 생성했다.

```
>>> crime.index[:2]
DatetimeIndex(['2014-06-29 02:01:00', '2014-06-29 01:54:00'],
dtype='datetime64[ns]', name='REPORTED_DATE', freq=None)
```

DatetimeIndex를 사용하면 .loc 속성으로 행을 선택할 때 매우 다양한 문자열을 사용할 수 있다. 사실 pandas Timestamp 생성자에 사용할 수 있는 모든 문자열이 여기에서도 작동한다. 놀랍게도 이번 예제에서의 선택이나 슬라이스를 위해 반드시 .loc 속성을 사용할 필요는 없었다. index 연산자 자체도 같은 방식으로 작동한다. 예를 들어 7단계의 두 번째 명령은 crime['21st October 2014 05']처럼 할 수 있다.

개인적으로 나는 행을 선택할 때 .loc 속성을 사용하는 것을 선호하며 DataFrame 에 대한 인덱스 연산자 대신 항상 .loc를 사용한다. .loc 인덱서는 명시적이며 전달된 첫 번째 값이 항상 행을 선택하는 데 사용된다는 것이 분명하기 때문이다.

8단계와 9단계는 timestamp에서 슬라이싱이 어떻게 작동하는지 보여준다. 슬라이스의 시작이나 종료 값과 부분적으로 일치하는 모든 날짜가 결과에 포함된다.

추가 사항

원시 crimes DataFrame은 정렬돼 있지 않지만 슬라이싱은 여전히 예상대로 작동했다. 인덱스를 정렬하면 성능이 크게 향상된다. 8단계에서 슬라이싱의 실행 시간 차이를 살펴보자.

```
>>> %timeit crime.loc['2015-3-4':'2016-1-1']
12.2 ms ± 1.93 ms per loop (mean ± std. dev. of 7 runs, 100 loops each)

>>> crime_sort = crime.sort_index()
>>> %timeit crime_sort.loc['2015-3-4':'2016-1-1']
1.44 ms ± 41.9 µs per loop (mean ± std. dev. of 7 runs, 1000 loops each)
```

정렬된 DataFrame이 원시 DataFrame에 비해 8배나 더 빨리 수행됐다.

시간 데이터로 열 필터링

마지막 절은 DatetimeIndex가 있는 데이터를 필터링하는 방법을 보여준다. 종종 날짜가 포함된 열은 있지만 해당 열을 인덱스로 사용하는 것은 적합하지 않은 경우가 있다. 이 절에서는 열을 사용해 앞 절에서의 슬라이싱을 복제해본다. 아쉽지만 슬라이싱 구성은 열에서는 작동하지 않으므로 다른 방식을 사용해야만 한다.

작동 방법

1. hdf5 파일 crimes.h5에서 덴버 crimes 데이터셋을 읽은 후 열 형식을 살펴본다.

```
>>> crime = pd.read_hdf('data/crime.h5', 'crime')
>>> crime.dtypes
OFFENSE_TYPE_ID              category
OFFENSE_CATEGORY_ID         category
REPORTED_DATE              datetime64[ns]
GEO_LON                      float64
GEO_LAT                      float64
NEIGHBORHOOD_ID             category
IS_CRIME                       int64
IS_TRAFFIC                     int64
dtype: object
```

2. REPORTED_DATE 열에 특정 값을 가진 모든 행을 선택한다. 필터를 위해 불리언 배열을 사용할 것이다. datetime 열은 문자열과 비교할 수 있다는 점에 주목하자.

```
>>> (crime
...   [crime.REPORTED_DATE == '2016-05-12 16:45:00']
... )
                  OFFEN/PE_ID   ...   IS_TRAFFIC
300905       traffic-accident   ...            1
302354       traffic-accident   ...            1
302373    fraud-identity-theft  ...            0
```

3. 날짜가 일부 매치하는 모든 행을 선택한다. 등호 연산자를 이용해 이 연산을 수행하면 실패한다. 오류가 발생하지는 않지만 아무 행도 반환되지 않는다.

```
>>> (crime
...    [crime.REPORTED_DATE == '2016-05-12']
... )
Empty DataFrame
Columns: [OFFENSE_TYPE_ID, OFFENSE_CATEGORY_ID, REPORTED_DATE,
GEO_LON, GEO_LAT, NEIGHBORHOOD_ID, IS_CRIME, IS_TRAFFIC]
Index: []
```

.dt.date 속성과 비교하려고 시도해도 실패한다. 이는 파이썬 datetime.
date 객체이므로 이러한 비교를 지원하지 않기 때문이다.

```
>>> (crime
...    [crime.REPORTED_DATE.dt.date == '2016-05-12']
... )
Empty DataFrame
Columns: [OFFENSE_TYPE_ID, OFFENSE_CATEGORY_ID, REPORTED_DATE,
GEO_LON, GEO_LAT, NEIGHBORHOOD_ID, IS_CRIME, IS_TRAFFIC]
Index: []
```

4. 날짜의 일부가 매칭되는 것을 원하면 부분 날짜 문자열을 지원하는 .between
   메서드를 사용할 수 있다. 매개변수에 설정된 시작 날짜와 종료 날짜(매개
   변수 이름은 각각 left와 right)는 기본 설정에서 포함된다는 점에 유의하자.
   2016년 5월 13일 자정에 해당되는 행이 있다면 여기에 포함될 것이다.

```
>>> (crime
...    [crime.REPORTED_DATE.between(
...        '2016-05-12', '2016-05-13')]
... )
                        OFFEN/PE_ID  ...  IS_TRAFFIC
295715        criminal-mischief-other  ...           0
296474             liquor-possession  ...           0
```

```
297204              traffic-accident   ...          1
299383                 theft-bicycle   ...          0
299389        theft-of-motor-vehicle   ...          0
...                              ...   ...        ...
358208             public-peace-other  ...          0
358448              threats-to-injure  ...          0
363134                 sex-aslt-rape   ...          0
365959        menacing-felony-w-weap   ...          0
378711                    assault-dv   ...          0
```

5. .between은 부분 날짜 문자열을 지원하므로 앞 절의 슬라이싱 기능 대부분을 복제할 수 있다. 월, 년 또는 하루 중 시간과 매칭시킬 수 있다.

```
>>> (crime
...    [crime.REPORTED_DATE.between(
...        '2016-05', '2016-06')]
...        .shape
... )
(8012, 8)

>>> (crime
...    [crime.REPORTED_DATE.between(
...        '2016', '2017')]
...    .shape
... )
(91076, 8)

>>> (crime
...    [crime.REPORTED_DATE.between(
...        '2016-05-12 03', '2016-05-12 04')]
...    .shape
... )
(4, 8)
```

6. 다른 문자열 패턴도 사용할 수 있다.

```
>>> (crime
...     [crime.REPORTED_DATE.between(
...         '2016 Sep, 15', '2016 Sep, 16')]
...     .shape
... )
(252, 8)

>>> (crime
...     [crime.REPORTED_DATE.between(
...         '21st October 2014 05', '21st October 2014 06')]
...     .shape
... )
(4, 8)
```

7. `.loc`는 폐구간으로, 시작과 끝 날짜를 모두 포함하므로 `.between`의 방식과
   같다. 그러나 부분 날짜 문자열에는 약간의 차이가 있다. 2016-1-1까지로
   슬라이스를 종료하면 2016년 1월 1일의 모든 값이 포함된다. 해당 값을 최
   종 값으로 사용하면 해당 날짜가 시작될 때까지의 값만 포함된다. 슬라이
   스 ['2015-3-4':'2016-1-1']을 복제하려면 마지막 날의 마지막 시간까지
   추가해야 한다.

```
>>> (crime
...     [crime.REPORTED_DATE.between(
...         '2015-3-4','2016-1-1 23:59:59')]
...     .shape
... )
(75403, 8)
```

8. 날짜는 살짝 틀어도 된다. 다음은 이전 예제의 마지막 단계를 복제한다.

```
>>> (crime
...    [crime.REPORTED_DATE.between(
...        '2015-3-4 22','2016-1-1 11:22:00')]
...    .shape
... )
(75071, 8)
```

작동 원리

pandas 라이브러리는 인덱스 값을 슬라이스할 수 있지만 열을 슬라이스할 수는 없다. 열에서 DatetimeIndex 슬라이스를 복제하려면 .between 메서드를 사용해야 한다. 이 메서드는 단지 7줄의 코드로 이뤄진다.

```
def between(self, left, right, inclusive=True):
    if inclusive:
        lmask = self >= left
        rmask = self <= right
    else:
        lmask = self > left
        rmask = self < right

    return lmask & rmask
```

이를 보면 필요시 마스크^{mask}를 만들고 병합할 수 있다는 통찰을 얻을 수 있다. 예를 들어 두 개의 마스크를 사용해 7단계를 복제할 수 있다.

```
>>> lmask = crime.REPORTED_DATE >= '2015-3-4 22'
>>> rmask = crime.REPORTED_DATE <= '2016-1-1 11:22:00'
>>> crime[lmask & rmask].shape
```

```
 (75071, 8)
```

추가 사항

인덱스에 대한 .loc와 열에 대한 .between의 실행 시간을 측정해보자.

```
>>> ctseries = crime.set_index('REPORTED_DATE')
>>> %timeit ctseries.loc['2015-3-4':'2016-1-1']
11 ms ± 3.1 ms per loop (mean ± std. dev. of 7 runs, 100 loops each)

>>> %timeit crime[crime.REPORTED_DATE.between('2015-3-4','2016-1-1')]
20.1 ms ± 525 µs per loop (mean ± std. dev. of 7 runs, 10 loops each)
```

인덱스에 날짜 정보가 있으면 속도가 약간 향상된다. 단일 열에서 날짜 슬라이싱을 수행해야 하는 경우 인덱스를 날짜 열로 설정하는 것이 좋다. 인덱스를 열로 설정하기 위한 오버헤드도 있으므로 한 번만 슬라이싱하는 경우 오버헤드는 이 두 작업의 시간을 거의 동일하게 만든다.

▌ DatetimeIndex에서만 작동하는 메서드 사용

DatetimeIndex에서만 작동하는 DataFrame과 Series 메서드가 여러 가지 있다. 인덱스가 다른 형식이라면 이러한 메서드는 실패한다.

이 예제에서는 먼저 시간 구성 요소별로 데이터 행을 선택하는 방법을 사용한다. 그런 다음 강력한 DateOffset 객체와 별칭을 알아본다.

작동 방법

1. crime hdf5 데이터셋을 읽은 다음, REPORTED_DATE를 인덱스로 설정해 DatetimeIndex가 되게 한다.

```
>>> crime = (pd.read_hdf('data/crime.h5', 'crime')
...     .set_index('REPORTED_DATE')
... )

>>> type(crime.index)
<class 'pandas.core.indexes.datetimes.DatetimeIndex'>
```

2. .between_time 메서드를 사용해 날짜와 상관없이 오전 2시에서 오전 5시 사이에 발생한 모든 범죄를 선택한다.

```
>>> crime.between_time('2:00', '5:00', include_end=False)
                              OFFENSE_TYPE_ID  ...
REPORTED_DATE                                  ...
2014-06-29 02:01:00      traffic-accident-dui-duid  ...
2014-06-29 02:00:00          disturbing-the-peace  ...
2014-06-29 02:18:00                        curfew  ...
2014-06-29 04:17:00            aggravated-assault  ...
2014-06-29 04:22:00  violation-of-restraining-order  ...
...                                           ...  ...
2017-08-25 04:41:00         theft-items-from-vehicle  ...
2017-09-13 04:17:00          theft-of-motor-vehicle  ...
2017-09-13 02:21:00                 assault-simple  ...
2017-09-13 03:21:00      traffic-accident-dui-duid  ...
2017-09-13 02:15:00    traffic-accident-hit-and-run  ...
```

3. .at_time을 사용해 특정 시각의 모든 날짜를 선택한다.

```
>>> crime.at_time('5:47')
                                    OFFENSE_TYPE_ID  ...
REPORTED_DATE                                    ...
2013-11-26 05:47:00              criminal-mischief-other  ...
2017-04-09 05:47:00            criminal-mischief-mtr-veh  ...
2017-02-19 05:47:00              criminal-mischief-other  ...
2017-02-16 05:47:00                  aggravated-assault  ...
2017-02-12 05:47:00                 police-interference  ...
...                                                  ...  ...
2013-09-10 05:47:00                     traffic-accident  ...
2013-03-14 05:47:00                         theft-other  ...
2012-10-08 05:47:00            theft-items-from-vehicle  ...
2013-08-21 05:47:00            theft-items-from-vehicle  ...
2017-08-23 05:47:00        traffic-accident-hit-and-run  ...
```

4. `.first` 메서드는 시간에 대해 첫 n 세그먼트를 선택할 수 있는 멋진 방법인데, 여기서 n은 정수다. 이 시간 세그먼트는 `pd.offsets` 모듈에 있을 수 있는 DateOffset 객체로 표시된다. 이 메서드가 작동하려면 DataFrame을 인덱스에서 정렬해야만 한다. crime 데이터에서 첫 6개월을 선택해보자.

```
>>> crime_sort = crime.sort_index()
>>> crime_sort.first(pd.offsets.MonthBegin(6))
                                    OFFENSE_TYPE_ID  ...
REPORTED_DATE                                    ...
2012-01-02 00:06:00                  aggravated-assault  ...
2012-01-02 00:06:00     violation-of-restraining-order  ...
2012-01-02 00:16:00             traffic-accident-dui-duid  ...
2012-01-02 00:47:00                     traffic-accident  ...
2012-01-02 01:35:00                  aggravated-assault  ...
...                                                  ...  ...
2012-06-30 23:40:00             traffic-accident-dui-duid  ...
2012-06-30 23:44:00                     traffic-accident  ...
2012-06-30 23:50:00            criminal-mischief-mtr-veh  ...
```

```
2012-06-30 23:54:00        traffic-accident-hit-and-run   ...
2012-07-01 00:01:00                      robbery-street   ...
```

5. 1월부터 6월까지 선택하려던 이 데이터는 놀랍게도 7월 데이터도 하나 선택했다. pandas가 인덱스에서 첫 번째 원소의 시간 구성 요소(이 예에서는 6분)를 사용하기 때문이다. 약간 다른 오프셋인 MonthEnd를 사용해보자.

```
>>> crime_sort.first(pd.offsets.MonthEnd(6))
                                   OFFENSE_TYPE_ID   ...
                                                     ...
REPORTED_DATE                                        ...
2012-01-02 00:06:00              aggravated-assault  ...
2012-01-02 00:06:00   violation-of-restraining-order  ...
2012-01-02 00:16:00          traffic-accident-dui-duid  ...
2012-01-02 00:47:00                 traffic-accident  ...
2012-01-02 01:35:00              aggravated-assault  ...
...                                             ...   ...
2012-06-29 23:01:00              aggravated-assault  ...
2012-06-29 23:11:00                 traffic-accident  ...
2012-06-29 23:41:00                   robbery-street  ...
2012-06-29 23:57:00                   assault-simple  ...
2012-06-30 00:04:00                 traffic-accident  ...
```

6. 이번에는 거의 된 것으로 보이지만 자세히 들여다보면 6월 30일 데이터가 하나밖에 없음을 알 수 있고, 이 또한 첫 인덱스의 첫 요소 때문이다. 정확한 검색은 2012-06-30 00:06:00으로 이동한 것이다. 그렇다면 어떻게 해야 정확히 6개월의 데이터를 얻을 수 있을까? 몇 가지 방법이 있다. 모든 DateOffset 객체에는 normalize 매개변수가 있는데, 이 값이 True로 설정되면 모든 시간 구성 요소가 0으로 설정된다. 다음 코드는 원하는 결과에 매우 가까워야 한다.

```
>>> crime_sort.first(pd.offsets.MonthBegin(6, normalize=True))
                              OFFENSE_TYPE_ID  ...
REPORTED_DATE                                  ...
2012-01-02 00:06:00           aggravated-assault  ...
2012-01-02 00:06:00  violation-of-restraining-order  ...
2012-01-02 00:16:00       traffic-accident-dui-duid  ...
2012-01-02 00:47:00               traffic-accident  ...
2012-01-02 01:35:00           aggravated-assault  ...
...                                         ...  ...
2012-06-30 23:40:00     traffic-accident-hit-and-run  ...
2012-06-30 23:40:00        traffic-accident-dui-duid  ...
2012-06-30 23:44:00               traffic-accident  ...
2012-06-30 23:50:00        criminal-mischief-mtr-veh  ...
2012-06-30 23:54:00     traffic-accident-hit-and-run  ...
```

7. 이 메서드는 그 해의 첫 6개월 동안의 데이터를 성공적으로 포착했다.
   normalize를 True로 설정해서 검색은 2012-07-01 00:00:00으로 이동했으
   며 이 날짜와 시간에 정확하게 보고된 모든 범죄가 포함된다. .first 메서
   드를 사용해서는 1월부터 6월까지의 데이터만 캡처하도록 할 수 있는 방
   법이 없다. 다음 슬라이스가 정확한 결과를 산출한다.

```
>>> crime_sort.loc[:'2012-06']
                              OFFENSE_TYPE_ID  ...
REPORTED_DATE                                  ...
2012-01-02 00:06:00           aggravated-assault  ...
2012-01-02 00:06:00  violation-of-restraining-order  ...
2012-01-02 00:16:00       traffic-accident-dui-duid  ...
2012-01-02 00:47:00               traffic-accident  ...
2012-01-02 01:35:00           aggravated-assault  ...
...                                         ...  ...
2012-06-30 23:40:00     traffic-accident-hit-and-run  ...
2012-06-30 23:40:00        traffic-accident-dui-duid  ...
```

```
2012-06-30 23:44:00                 traffic-accident  ...
2012-06-30 23:50:00        criminal-mischief-mtr-veh  ...
2012-06-30 23:54:00      traffic-accident-hit-and-run  ...
```

8. 가장 가까운 다음 오프셋으로 앞뒤로 이동할 수 있는 십여 개의 DateOffset 객체가 있다. pd.offsets에서 DateOffset 객체를 찾아 헤매는 대신 오프셋 별칭$^{offset\ alias}$이라는 문자열을 사용할 수 있다. 예를 들어 MonthEnd의 문자열은 M이고 MonthBegin의 문자열은 MS다. 이러한 오프셋 별칭 개수를 나타내려면 그 앞에 정수를 쓰면 된다. https://pandas.pydata.org/pandas-docs/stable/user_guide/timeseries.html#timeseries-offset-aliases에는 전체 별칭에 대한 표가 있다. 오프셋 별칭에 대한 몇 가지 예를 주석과 함께 살펴보자.

```
>>> crime_sort.first('5D') # 5일간
                                    OFFENSE_TYPE_ID  ...
REPORTED_DATE                                        ...
2012-01-02 00:06:00            aggravated-assault   ...
2012-01-02 00:06:00  violation-of-restraining-order  ...
2012-01-02 00:16:00       traffic-accident-dui-duid  ...
2012-01-02 00:47:00               traffic-accident  ...
2012-01-02 01:35:00            aggravated-assault   ...
...                                             ...  ...
2012-01-06 23:11:00         theft-items-from-vehicle  ...
2012-01-06 23:23:00  violation-of-restraining-order  ...
2012-01-06 23:30:00                     assault-dv   ...
2012-01-06 23:44:00          theft-of-motor-vehicle   ...
2012-01-06 23:55:00              threats-to-injure   ...

>> crime_sort.first('5B') # 5 영업일
                                    OFFENSE_TYPE_ID  ...
REPORTED_DATE                                        ...
```

```
2012-01-02 00:06:00                  aggravated-assault  ...
2012-01-02 00:06:00    violation-of-restraining-order  ...
2012-01-02 00:16:00         traffic-accident-dui-duid  ...
2012-01-02 00:47:00                   traffic-accident  ...
2012-01-02 01:35:00                  aggravated-assault  ...
...                                               ...  ...
2012-01-08 23:46:00          theft-items-from-vehicle  ...
2012-01-08 23:51:00       burglary-residence-no-force  ...
2012-01-08 23:52:00                       theft-other  ...
2012-01-09 00:04:00        traffic-accident-hit-and-run  ...
2012-01-09 00:05:00       fraud-criminal-impersonation  ...

>>> crime_sort.first('7W') # 7주, 주는 일요일로 끝남
                                    OFFENSE_TYPE_ID  ...

REPORTED_DATE                                      ...
2012-01-02 00:06:00                  aggravated-assault  ...
2012-01-02 00:06:00    violation-of-restraining-order  ...
2012-01-02 00:16:00         traffic-accident-dui-duid  ...
2012-01-02 00:47:00                   traffic-accident  ...
2012-01-02 01:35:00                  aggravated-assault  ...
...                                               ...  ...
2012-02-18 21:57:00                   traffic-accident  ...
2012-02-18 22:19:00        criminal-mischief-graffiti  ...
2012-02-18 22:20:00         traffic-accident-dui-duid  ...
2012-02-18 22:44:00          criminal-mischief-mtr-veh  ...
2012-02-18 23:27:00          theft-items-from-vehicle  ...

>>> crime_sort.first('3QS') # 3분기 시작
                                    OFFENSE_TYPE_ID  ...

REPORTED_DATE                                      ...
2012-01-02 00:06:00                  aggravated-assault  ...
2012-01-02 00:06:00    violation-of-restraining-order  ...
2012-01-02 00:16:00         traffic-accident-dui-duid  ...
2012-01-02 00:47:00                   traffic-accident  ...
2012-01-02 01:35:00                  aggravated-assault  ...
...                                               ...  ...
```

```
2012-09-30 23:17:00           drug-hallucinogen-possess    ...
2012-09-30 23:29:00                     robbery-street    ...
2012-09-30 23:29:00              theft-of-motor-vehicle    ...
2012-09-30 23:41:00          traffic-accident-hit-and-run  ...
2012-09-30 23:43:00                   robbery-business    ...

>>> crime_sort.first('A') # 1년 끝
                                   OFFENSE_TYPE_ID    ...
REPORTED_DATE                                         ...
2012-01-02 00:06:00               aggravated-assault    ...
2012-01-02 00:06:00        violation-of-restraining-order ...
2012-01-02 00:16:00            traffic-accident-dui-duid  ...
2012-01-02 00:47:00                    traffic-accident   ...
2012-01-02 01:35:00               aggravated-assault    ...
...                                            ...     ...
2012-12-30 23:13:00                    traffic-accident   ...
2012-12-30 23:14:00        burglary-residence-no-force   ...
2012-12-30 23:39:00              theft-of-motor-vehicle   ...
2012-12-30 23:41:00                    traffic-accident   ...
2012-12-31 00:05:00                    assault-simple    ...
```

작동 원리

일단 인덱스가 DatetimeIndex라는 것을 확인하면 이 예제의 모든 메서드를 활용
할 수 있다. .loc 속성으로는 Timestamp의 시간 구성 요소를 기반으로 선택하거나
슬라이싱을 수행할 수 없다. 시간 범위로 모든 날짜를 선택하려면 .between_time
메서드를 사용하거나 또는 정확한 시간을 선택하려면 .at_time을 사용한다. 시작
과 종료 시간으로 전달된 문자열이 최소한 시간과 분으로 구성돼 있는지 확인한
다. datetime 모듈에서 time 객체를 사용할 수도 있다. 예를 들어 다음 명령은 2단
계와 동일한 결과를 생성한다.

```
>>> import datetime
>>> crime.between_time(datetime.time(2,0), datetime.time(5,0),
...    include_end=False)
                                OFFENSE_TYPE_ID  ...
REPORTED_DATE                                    ...
2014-06-29 02:01:00         traffic-accident-dui-duid  ...
2014-06-29 02:00:00           disturbing-the-peace  ...
2014-06-29 02:18:00                         curfew  ...
2014-06-29 04:17:00             aggravated-assault  ...
2014-06-29 04:22:00    violation-of-restraining-order  ...
...                                          ...  ...
2017-08-25 04:41:00       theft-items-from-vehicle  ...
2017-09-13 04:17:00        theft-of-motor-vehicle  ...
2017-09-13 02:21:00                 assault-simple  ...
2017-09-13 03:21:00        traffic-accident-dui-duid  ...
2017-09-13 02:15:00    traffic-accident-hit-and-run  ...
```

4단계에서 .first 메서드를 사용하기 시작하지만 복잡한 매개변수인 offset을 사용한다. DateOffset 객체이거나 문자열로 오프셋 별칭이어야 한다. DateOffset 객체를 이해하려면 단일 Timestamp서 수행되는 작업을 확인해보는 것이 가장 좋다. 예를 들어 인덱스의 첫 번째 요소를 가져와 두 가지 방법으로 6개월을 더해보자.

```
>>> first_date = crime_sort.index[0]
>>> first_date
Timestamp('2012-01-02 00:06:00')

>>> first_date + pd.offsets.MonthBegin(6)
Timestamp('2012-07-01 00:06:00')

>>> first_date + pd.offsets.MonthEnd(6)
Timestamp('2012-06-30 00:06:00')
```

592

MonthEnds나 MonthEnds 오프셋 모두 정확한 시간을 더하거나 빼지 않고 일과 관계 없이 다음 달의 시작이나 끝으로 효과적으로 올림한다. 내부적으로 .first 메서 드는 DataFrame의 첫 번째 인덱스 요소를 사용하고 전달된 DateOffset을 더한다. 그런 다음 이 새로운 날짜까지 슬라이스한다. 예를 들어 4단계는 다음과 같다.

```
>>> step4 = crime_sort.first(pd.offsets.MonthEnd(6))
>>> end_dt = crime_sort.index[0] + pd.offsets.MonthEnd(6)
>>> step4_internal = crime_sort[:end_dt]
>>> step4.equals(step4_internal)
True
```

8단계의 오프셋 별칭은 DateOffset을 참조하는 훨씬 간단한 방법이다.

추가 사항

원하는 오프셋이 없을 때는 사용자 정의 DateOffset을 구축할 수도 있다.

```
>>> dt = pd.Timestamp('2012-1-16 13:40')
>>> dt + pd.DateOffset(months=1)
Timestamp('2012-02-16 13:40:00')
Notice that
```

이 사용자 정의 DateOffset은 Timestamp를 정확히 1개월 늘렸다. 더 많은 날짜와 시간 구성 요소를 사용해 예를 하나 더 살펴보자.

```
>>> do = pd.DateOffset(years=2, months=5, days=3,
...    hours=8, seconds=10)
>>> pd.Timestamp('2012-1-22 03:22') + do
Timestamp('2014-06-25 11:22:10')
```

▌주간 범죄 수 계산

덴버 crimes 데이터셋은 보고된 날짜가 표시된 460,000개가 넘는 행으로 구성된 거대한 데이터다. 주간 범죄 수를 계산하는 것은 일정 기간에 따라 그룹화해 구할 수 있는 여러 쿼리 중 하나다. .resample 메서드는 가능한 시간 범위별로 그룹화하기 쉬운 인터페이스를 제공한다.

이 예제에서는 .resample과 .groupby 메서드를 둘 다 사용해 주별 범죄 수를 계산한다.

작동 방법

1. crime hdf5 데이터셋을 읽고 REPORTED_DATE를 인덱스로 설정한다. 그런 다음 정렬해 나머지 예제의 성능을 향상시킨다.

```
>>> crime_sort = (pd.read_hdf('data/crime.h5', 'crime')
...     .set_index('REPORTED_DATE')
...     .sort_index()
... )
```

2. 주당 범죄 수를 세려면 각 주별로 그룹을 구성해야 한다. .resample 메서드는 DateOffset 객체나 별칭을 사용해 모든 그룹에서 조치를 수행할 준비가 된 객체를 반환한다. .resample 메서드에서 반환된 객체는 .groupby 메서드를 호출한 후 생성된 객체와 매우 유사하다.

```
>>> crime_sort.resample('W')
<pandas.core.resample.DatetimeIndexResampler object at 0x10f07acf8>
```

3. 오프셋 별칭 W는 pandas에게 각 주별로 그룹화하고자 한다는 것을 알려준다. 이전 단계에서 발생한 일은 많지 않다. pandas는 오프셋을 확인하고 주별 그룹에 작업을 수행할 준비가 된 객체를 반환한다. 일부 데이터를 반환하고자 .resample을 호출한 후 체인시킬 수 있는 몇 가지 메서드가 있다. 주간 범죄 수를 계산하기 위해 .size 메서드를 체인해보자.

```
>>> (crime_sort
...     .resample('W')
...     .size()
... )
REPORTED_DATE
2012-01-08     877
2012-01-15    1071
2012-01-22     991
2012-01-29     988
2012-02-05     888
                ...
2017-09-03    1956
2017-09-10    1733
2017-09-17    1976
2017-09-24    1839
2017-10-01    1059
Freq: W-SUN, Length: 300, dtype: int64
```

4. 이제 주별 범죄 수를 가진 Series가 생겼으며, 인덱스는 한 번에 1주씩 증가한다. 이때 기본 설정으로 인해 발생한 몇 가지 중요한 사항을 이해할 필요가 있다. 주의 마지막 날은 일요일로 선택되며, 이는 결과 Series의 각 요소에 레이블을 지정하는 데 사용되는 날짜이기도 하다. 예를 들어 첫 번째 인덱스 값 2012년 1월 8일은 일요일이다. 8일로 끝나는 그 주에 발생한 범죄는 모두 877건이었다. 1월 9일 월요일부터 1월 15일 일요일까지의 주에는 1,071건의 범죄가 발생했다. 유효성 검사를 수행해 resample이 작업을 잘

수행하는지 확인하자.

```
>>> len(crime_sort.loc[:'2012-1-8'])
877
>>> len(crime_sort.loc['2012-1-9':'2012-1-15'])
1071
```

5. 주의 마지막 날을 일요일이 아닌 다른 요일로 선택해보자.

```
>>> (crime_sort
...     .resample('W-THU')
...     .size()
... )
REPORTED_DATE
2012-01-05     462
2012-01-12    1116
2012-01-19     924
2012-01-26    1061
2012-02-02     926
                ...
2017-09-07    1803
2017-09-14    1866
2017-09-21    1926
2017-09-28    1720
2017-10-05      28
Freq: W-THU, Length: 301, dtype: int64
```

6. .resample의 거의 모든 기능은 .groupby 메서드로 재현할 수 있다. 유일한 차이점은 오프셋을 pd.Grouper 객체에 전달해야 한다는 것이다.

```
>>> weekly_crimes = (crime_sort
...     .groupby(pd.Grouper(freq='W'))
```

```
...     .size()
... )
>>> weekly_crimes
REPORTED_DATE
2012-01-08     877
2012-01-15    1071
2012-01-22     991
2012-01-29     988
2012-02-05     888
                ...
2017-09-03    1956
2017-09-10    1733
2017-09-17    1976
2017-09-24    1839
2017-10-01    1059
Freq: W-SUN, Length: 300, dtype: in t64
```

작동 원리

.resample 메서드는 기본 설정에서 묵시적으로 DatetimeIndex와 함께 작동하므로 1단계에서 REPORTED_DATE를 인덱스로 설정한다. 2단계에서 데이터 내에 그룹을 형성하는 방법을 이해하는 데 도움이 되도록 중간 객체를 만들었다. .resample의 첫 번째 매개변수는 인덱스의 Timestamps를 그룹화하는 방법을 결정하는 규칙이다. 예제의 경우 오프셋 별칭 W를 사용해 일요일로 끝나는 일주일 길이의 그룹을 형성한다. 기본 종료일은 일요일이지만 대시(-)와 요일의 첫 세 글자를 추가해 변경할 수 있다.

.resample로 그룹을 구성한 후 각 그룹에 대해 연산을 행할 수 있는 메서드를 체인시켜야 한다. 3단계에서는 .size 메서드를 사용해 주별 범죄 건수를 계산했다. .resample을 호출한 후 사용할 수 있는 모든 속성과 메서드에 대해 궁금할 것이다.

다음은 .resample 객체를 조사한 후 출력한다.

```
>>> r = crime_sort.resample('W')
>>> [attr for attr in dir(r) if attr[0].islower()]
['agg', 'aggregate', 'apply', 'asfreq', 'ax', 'backfill', 'bfill', 'count',
'ffill', 'fillna', 'first', 'get_group', 'groups', 'indices', 'interpolate', 'last',
'max', 'mean', 'median', 'min', 'ndim', 'ngroups', 'nunique', 'obj', 'ohlc', 'pad',
'plot', 'prod', 'sem', 'size', 'std', 'sum', 'transform', 'var']
```

4단계는 주 단위로 데이터를 슬라이스하고 행수를 계산해 3단계 계산의 정확성을 확인한다. Timestamp로 그룹화하려면 .resample 메서드가 필요 없다. 동일한 기능이 .groupby 자체에 있기 때문이다. 그러나 6단계에서와 같이 오프셋을 위해서는 freq 매개변수를 사용해 pd.Grouper 인스턴스를 groupby 메서드로 전달해야만 한다.

추가 사항

인덱스에 Timestamp가 포함돼 있지 않아도 .resample을 사용할 수 있다. on 매개변수를 사용해 그룹을 형성하는 데 사용할 Timestamp가 있는 열을 선택할 수 있다.

```
>>> crime = pd.read_hdf('data/crime.h5', 'crime')
>>> weekly_crimes2 = crime.resample('W', on='REPORTED_DATE').size()
>>> weekly_crimes2.equals(weekly_crimes)
True
```

이는 key 매개변수로 Timestamp 열을 선택하면 groupby와 pd.Grouper를 사용해서도 가능하다.

```
>>> weekly_crimes_gby2 = (crime
...     .groupby(pd.Grouper(key='REPORTED_DATE', freq='W'))
...     .size()
... )
>>> weekly_crimes2.equals(weekly_crimes)
True
```

주별 범죄 Series에 .plot 메서드를 호출하면 덴버시의 모든 범죄(교통사고 포함)를
선으로 도식화할 수 있다.

```
>>> import matplotlib.pyplot as plt
>>> fig, ax = plt.subplots(figsize=(16, 4))
>>> weekly_crimes.plot(title='All Denver Crimes', ax=ax)
>>> fig.savefig('c12-crimes.png', dpi=300)
```

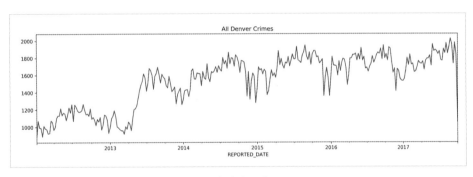

주별 범죄 그래프

▌주간 범죄와 교통사고를 별도로 집계

덴버 crimes 데이터셋에는 모든 범죄와 교통사고가 하나의 테이블에 함께 포함돼
있으며 두 개의 열(IS_CRIME과 IS_TRAFFIC)을 통해 구분된다. .resample 메서드를
사용하면 기간별로 그룹화하고 특정 열을 개별적으로 집계할 수 있다.

이 예제에서는 .resample 메서드를 사용해 분기별로 그룹화한 다음 범죄와 교통 사고 건수를 개별적으로 합산한다.

작동 방법

1. crime hdf5 데이터셋을 읽고 REPORTED_DATE를 인덱스로 설정한다. 그런 다음 정렬해 나머지 예제의 성능을 향상시킨다.

```
>>> crime = (pd.read_hdf('data/crime.h5', 'crime')
...    .set_index('REPORTED_DATE')
...    .sort_index()
... )
```

2. .resample 메서드를 사용해 분기별로 그룹화하고 각 그룹에서 IS_CRIME과 IS_TRAFFIC 열을 합산한다.

```
>>> (crime
...    .resample('Q')
...    [['IS_CRIME', 'IS_TRAFFIC']]
...    .sum()
... )
```

	IS_CRIME	IS_TRAFFIC
REPORTED_DATE		
2012-03-31	7882	4726
2012-06-30	9641	5255
2012-09-30	10566	5003
2012-12-31	9197	4802
2013-03-31	8730	4442
...	...	...
2016-09-30	17427	6199
2016-12-31	15984	6094

600

2017-03-31	16426	5587
2017-06-30	17486	6148
2017-09-30	17990	6101

3. 모두 분기의 마지막 날이 나타난 점에 주목하자. 이는 오프셋 별칭을 Q로 사용했기 때문에 분기 끝으로 설정됐기 때문이다. QS로 설정해 분기 시작으로 나타내보자.

```
>>> (crime
...     .resample('QS')
...     [['IS_CRIME', 'IS_TRAFFIC']]
...     .sum()
... )
                IS_CRIME   IS_TRAFFIC
REPORTED_DATE
2012-01-01          7882         4726
2012-04-01          9641         5255
2012-07-01         10566         5003
2012-10-01          9197         4802
2013-01-01          8730         4442
...                  ...          ...
2016-07-01         17427         6199
2016-10-01         15984         6094
2017-01-01         16426         5587
2017-04-01         17486         6148
2017-07-01         17990         6101
```

4. 두 번째 분기의 데이터가 올바른지 확인해 결과를 검증해보자.

```
>>> (crime
...     .loc['2012-4-1':'2012-6-30', ['IS_CRIME', 'IS_TRAFFIC']]
...     .sum()
```

```
... )
IS_CRIME    9641
IS_TRAFFIC  5255
dtype: int64
```

5. 이 연산은 .groupby 메서드를 사용해 복제할 수 있다.

```
>>> (crime
...     .groupby(pd.Grouper(freq='Q'))
...     [['IS_CRIME', 'IS_TRAFFIC']]
...     .sum()
... )
                IS_CRIME  IS_TRAFFIC
REPORTED_DATE
2012-03-31          7882        4726
2012-06-30          9641        5255
2012-09-30         10566        5003
2012-12-31          9197        4802
2013-03-31          8730        4442
...                  ...         ...
2016-09-30         17427        6199
2016-12-31         15984        6094
2017-03-31         16426        5587
2017-06-30         17486        6148
2017-09-30         17990        6101
```

6. 시간에 따른 범죄와 교통사고의 경향을 도식화해 시각화해보자.

```
>>> fig, ax = plt.subplots(figsize=(16, 4))
>>> (crime
...     .groupby(pd.Grouper(freq='Q'))
...     [['IS_CRIME', 'IS_TRAFFIC']]
...     .sum()
```

```
...        .plot(color=['black', 'blue'], ax=ax,
...            title='Denver Crimes and Traffic Accidents')
... )
>>> fig.savefig('c12-crimes2.png', dpi=300)
```

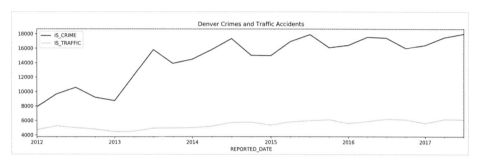

분기 범죄 그래프

작동 원리

1단계에서 데이터를 읽고 준비한 후 **2**단계에서 그룹화와 집계를 시작한다.
.resample 메서드를 호출한 직후 메서드를 체인시키거나 집계할 열 그룹을 선택
할 수 있다. 여기서는 집계할 열인 IS_CRIME과 IS_TRAFFIC을 선택한다. 이 두 열만
별도로 선택하지 않으면 모든 숫자 열이 합산된 결과가 다음처럼 출력된다.

```
>>> (crime
...    .resample('Q')
...    .sum()
... )
                    GEO_LON  ...  IS_TRAFFIC
REPORTED_DATE                ...
2012-03-31      -1.313006e+06  ...        4726
2012-06-30      -1.547274e+06  ...        5255
2012-09-30      -1.615835e+06  ...        5003
2012-12-31      -1.458177e+06  ...        4802
```

```
2013-03-31      -1.368931e+06   ...        4442
...                        ...  ...         ...
2016-09-30      -2.459343e+06   ...        6199
2016-12-31      -2.293628e+06   ...        6094
2017-03-31      -2.288383e+06   ...        5587
2017-06-30      -2.453857e+06   ...        6148
2017-09-30      -2.508001e+06   ...        6101
```

기본 설정에서 오프셋 별칭 Q는 기술적으로 12월 31일을 연말로 사용한다. 단일 분기를 나타내는 날짜 범위는 모두 이 종료 날짜를 사용해 계산된다. 집계된 결과는 분기의 마지막 날을 레이블로 사용한다. 3단계는 오프셋 별칭 QS를 사용해 기본 설정에서 1월 1일을 첫 번째 날로 사용해 분기를 계산한다.

대부분의 공공 기업은 분기별 수입을 보고하지만 모두 1월부터 시작하는 회기를 갖고 있지는 않다. 예를 들어 분기가 3월 1일에 시작되게 하려면 QS-MAR을 사용해 오프셋 별칭을 고정할 수 있다.

```
>>> (crime_sort
...    .resample('QS-MAR')
...    [['IS_CRIME', 'IS_TRAFFIC']]
...    .sum()
... )
                IS_CRIME   IS_TRAFFIC
REPORTED_DATE
2011-12-01         5013         3198
2012-03-01         9260         4954
2012-06-01        10524         5190
2012-09-01         9450         4777
2012-12-01         9003         4652
...                 ...          ...
2016-09-01        16932         6202
2016-12-01        15615         5731
```

604

2017-03-01	17287	5940
2017-06-01	18545	6246
2017-09-01	5417	1931

앞의 예제에서와 같이 4단계에서 수작업 슬라이싱을 통해 결과를 확인한다. 5단계에서는 **pd.Grouper**를 사용해 **.groupby** 메서드로 3단계의 결과를 복제해 그룹 길이를 설정한다. 6단계에서 DataFrame **.plot** 메서드를 호출한다. 기본적으로 각데이터 열에 대해 선이 표시된다. 그래프는 처음 3개 분기에 범죄가 급격히 증가했음을 분명히 보여준다. 범죄와 교통사고 모두 계절적인 요소가 있는 것으로 보이며, 추운 달에는 건수가 적고 따뜻한 달에는 건수가 더 높다.

추가 사항

다른 시각적 관점을 보고자 건수 대신 범죄와 교통사고의 백분율 증가를 그려볼수 있다. 모든 데이터를 첫 번째 행으로 나누고 다시 그려보자.

```
>>> crime_begin = (crime
...     .resample('Q')
...     [['IS_CRIME', 'IS_TRAFFIC']]
...     .sum()
...     .iloc[0]
... )

>>> fig, ax = plt.subplots(figsize=(16, 4))
>>> (crime
...     .resample('Q')
...     [['IS_CRIME', 'IS_TRAFFIC']]
...     .sum()
...     .div(crime_begin)
...     .sub(1)
...     .round(2)
```

```
...     .mul(100)
...     .plot.bar(color=['black', 'lightgrey'], ax=ax,
...        title='Denver Crimes and Traffic Accidents % Increase')
... )

>>> fig.autofmt_xdate()
>>> fig.savefig('c12-crimes3.png', dpi=300, bbox_inches='tight')
```

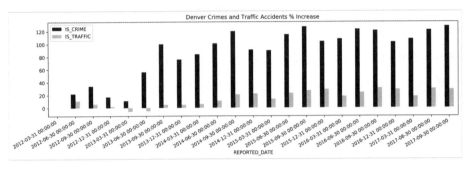

분기별 범죄 그래프

▌ 주별, 연도별 범죄 측정

주별, 연도별 범죄를 동시에 측정하려면 Timestamp에서 정보를 추출할 수 있는 기능이 필요하다. 고맙게도 이 기능은 모든 Timestamp 열에 .dt라는 속성으로 구축돼 있다.

이 예제에서는 .dt 속성을 사용해 각 범죄 발생 요일과 연도를 Series로 제공한다. 이 Series를 모두 사용해 그룹을 구성해 모든 범죄를 계산한다. 마지막으로 범죄 총계에 대한 히트맵을 만들기 전에 부분 연도와 인구를 고려하도록 데이터를 조정한다.

606

작동 방법

1. 덴버 crime hdf5 데이터셋을 읽어 들이되 REPORTED_DATE 열을 그대로 유지한다.

```
>>> crime = pd.read_hdf('data/crime.h5', 'crime')
>>> crime
                       OFFEN/PE_ID ... IS_TRAFFIC
0           traffic-accident-dui-duid ...          1
1           vehicular-eluding-no-chase ...          0
2                disturbing-the-peace ...          0
3                              curfew ...          0
4                  aggravated-assault ...          0
...                               ... ...        ...
460906       burglary-business-by-force ...          0
460907   weapon-unlawful-discharge-of ...          0
460908          traf-habitual-offender ...          0
460909       criminal-mischief-other ...          0
460910                    theft-other ...          0
```

2. 모든 Timestamp 열은 특수 속성인 .dt를 갖고 있으며 이를 통해 날짜에만 특화된 다양한 추가 속성과 메서드에 접근할 수 있다. 각 REPORTED_DATE의 요일 이름을 찾은 후 이 값을 세어보자.

```
>>> (crime
...     ['REPORTED_DATE']
...     .dt.day_name()
...     .value_counts()
... )
Monday     70024
Friday     69621
Wednesday  69538
Thursday   69287
```

```
Tuesday    68394
Saturday   58834
Sunday     55213
Name: REPORTED_DATE, dtype: int64
```

3. 주말에는 현저하게 사건이나 교통사고가 줄어드는 것으로 보인다. 이 데
   이터를 정확한 요일별로 정렬하고 수평 막대그래프로 그려보자.

```
>>> days = ['Monday', 'Tuesday', 'Wednesday', 'Thursday',
...   'Friday', 'Saturday', 'Sunday']
>>> title = 'Denver Crimes and Traffic Accidents per Weekday'
>>> fig, ax = plt.subplots(figsize=(6, 4))
>>> (crime
...   ['REPORTED_DATE']
...   .dt.day_name()
...   .value_counts()
...   .reindex(days)
...   .plot.barh(title=title, ax=ax)
... )
>>> fig.savefig('c12-crimes4.png', dpi=300, bbox_inches='tight')
```

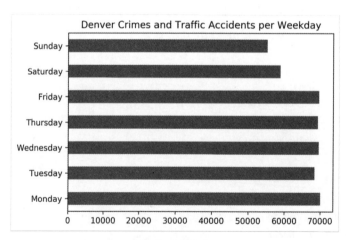

요일별 범죄 그래프

608

4. 연도별 범죄 건수에 대해서도 비슷한 절차를 실행할 수 있다.

```
>>> title = 'Denver Crimes and Traffic Accidents per Year'
>>> fig, ax = plt.subplots(figsize=(6, 4))
>>> (crime
...     ['REPORTED_DATE']
...     .dt.year
...     .value_counts()
...     .sort_index()
...     .plot.barh(title=title, ax=ax)
... )
>>> fig.savefig('c12-crimes5.png', dpi=300, bbox_inches='tight')
```

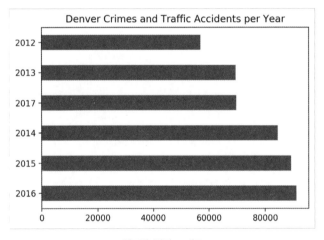

연도별 범죄 그래프

5. 주별, 연도별 모두 그룹화해야 하는데, 방법 중 하나는 이 속성을 **.groupby**
메서드에서 사용하는 것이다.

```
>>> (crime
...     .groupby([crime['REPORTED_DATE'].dt.year.rename('year'),
...         crime['REPORTED_DATE'].dt.day_name().rename('day')])
```

```
...     .size()
... )
year    day
2012    Friday        8549
        Monday        8786
        Saturday      7442
        Sunday        7189
        Thursday      8440
                       ...
2017    Saturday      8514
        Sunday        8124
        Thursday     10545
        Tuesday      10628
        Wednesday    10576
Length: 42, dtype: int64
```

6. 데이터를 올바르게 집계했지만 구조를 쉽게 비교하기가 어렵다. 더 가독
   성 있는 테이블을 얻으려면 .unstack 메서드를 사용한다.

```
>>> (crime
...     .groupby([crime['REPORTED_DATE'].dt.year.rename('year'),
...         crime['REPORTED_DATE'].dt.day_name().rename('day')])
...     .size()
...     .unstack('day')
... )
day   Friday  Monday  Saturday  Sunday  Thursday  Tuesday
year
2012    8549    8786      7442    7189      8440     8191
2013   10380   10627      8875    8444     10431    10416
2014   12683   12813     10950   10278     12309    12440
2015   13273   13452     11586   10624     13512    13381
2016   14059   13708     11467   10554     14050    13338
2017   10677   10638      8514    8124     10545    10628
```

7. 이제 더 읽기 쉬운 표현이 됐지만 2017년 숫자는 불완전하다. 공정한 비교를 위해 최종 범죄 수를 추정하고자 선형 외삽extrapolation을 할 수 있다. 2017년의 마지막 데이터가 있는 날을 먼저 살펴보자.

```
>>> criteria = crime['REPORTED_DATE'].dt.year == 2017
>>> crime.loc[criteria, 'REPORTED_DATE'].dt.dayofyear.max()
272
```

8. 초보적 접근법은 연중 일정한 범죄율을 가정하고 2017년의 모든 값에 365/272를 곱하는 것이다. 그러나 여기서는 그보다 좀 더 나은 방법을 써서 과거 데이터를 보고 연중 처음 272일 동안 발생한 범죄의 평균 비율을 계산할 수 있다.

```
>>> round(272 / 365, 3)
0.745
>>> crime_pct = (crime
...     ['REPORTED_DATE']
...     .dt.dayofyear.le(272)
...     .groupby(crime.REPORTED_DATE.dt.year)
...     .mean()
...     .mul(100)
...     .round(2)
... )

>>> crime_pct
REPORTED_DATE
2012    74.84
2013    72.54
2014    75.06
2015    74.81
2016    75.15
2017    100.00
```

```
Name: REPORTED_DATE, dtype: float64

>>> crime_pct.loc[2012:2016].median()
74.84
```

9. 우연히도 처음 272일 동안 발생한 범죄의 비율은 해당 연도의 일 비율과
   거의 비례한다는 것이 밝혀졌다(아마도 우연일 것이다). 이제 2017의 행을
   갱신하고 요일 순서와 일치하게 열 순서를 변경하자.

```
>>> def update_2017(df_):
...     df_.loc[2017] = (df_
...         .loc[2017]
...         .div(.748)
...         .astype('int')
...     )
...     return df_
>>> (crime
...     .groupby([crime['REPORTED_DATE'].dt.year.rename('year'),
...         crime['REPORTED_DATE'].dt.day_name().rename('day')])
...     .size()
...     .unstack('day')
...     .pipe(update_2017)
...     .reindex(columns=days)
... )
day    Monday  Tuesday Wednesday ...  Friday  Saturday Sunday
year                             ...
2012     8786     8191      8440 ...    8549      7442   7189
2013    10627    10416     10354 ...   10380      8875   8444
2014    12813    12440     12948 ...   12683     10950  10278
2015    13452    13381     13320 ...   13273     11586  10624
2016    13708    13338     13900 ...   14059     11467  10554
2017    14221    14208     14139 ...   14274     11382  10860
```

10. 막대나 선 그래프를 그릴수도 있지만 seaborn 라이브러리에 있는 히트맵을 사용하기에 적절한 상황이다.

```
>>> import seaborn as sns
>>> fig, ax = plt.subplots(figsize=(6, 4))
>>> table = (crime
...     .groupby([crime['REPORTED_DATE'].dt.year.rename('year'),
...         crime['REPORTED_DATE'].dt.day_name().rename('day')])
...     .size()
...     .unstack('day')
...     .pipe(update_2017)
...     .reindex(columns=days)
... )
>>> sns.heatmap(table, cmap='Greys', ax=ax)
>>> fig.savefig('c12-crimes6.png', dpi=300, bbox_inches='tight')
```

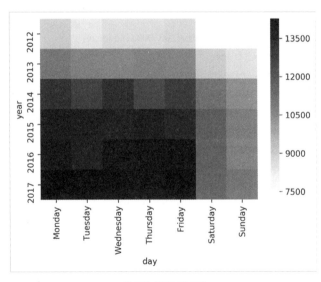

연도별 범죄 히트맵

11. 범죄가 매년 증가하는 것으로 보이지만 이 데이터는 증가하는 인구수를 감안하지 못했다. 각 연도별 덴버시의 인구수를 읽어보자.

```
>>> denver_pop = pd.read_csv('data/denver_pop.csv',
...     index_col='Year')
>>> denver_pop
      Population
Year
2017     705000
2016     693000
2015     680000
2014     662000
2013     647000
2012     634000
```

12. 많은 범죄 척도는 거주자 10만 명당 범죄 건수로 보고된다. 이제 인구를 10만 명으로 나눈 다음 이 숫자로 범죄 건수를 나눠 거주자 10만 명당 범죄율을 계산해보자.

```
>>> den_100k = denver_pop.div(100_000).squeeze()
>>> normalized = (crime
...     .groupby([crime['REPORTED_DATE'].dt.year.rename('year'),
...         crime['REPORTED_DATE'].dt.day_name().rename('day')])
...     .size()
...     .unstack('day')
...     .pipe(update_2017)
...     .reindex(columns=days)
...     .div(den_100k, axis='index')
...     .astype(int)
... )
>>> normalized
day   Monday  Tuesday  Wednesday  ...  Friday  Saturday  Sunday
2012    1385     1291       1331  ...    1348      1173    1133
2013    1642     1609       1600  ...    1604      1371    1305
2014    1935     1879       1955  ...    1915      1654    1552
2015    1978     1967       1958  ...    1951      1703    1562
```

| 2016 | 1978 | 1924 | 2005 | ... | 2028 | 1654 | 1522 |
| 2017 | 2017 | 2015 | 2005 | ... | 2024 | 1614 | 1540 |

13. 이번에도 히트맵을 만들어 볼 수 있다. 인구로 보정한 다음에도 여전히 첫 번째 것과 동일해 보인다.

```
>>> import seaborn as sns
>>> fig, ax = plt.subplots(figsize=(6, 4))
>>> sns.heatmap(normalized, cmap='Greys', ax=ax)
>>> fig.savefig('c12-crimes7.png', dpi=300, bbox_inches='tight')
```

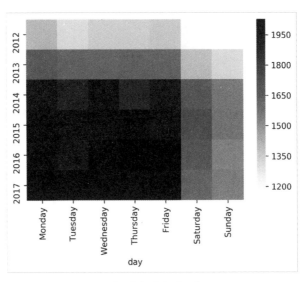

정규화된 범죄 히트맵

작동 원리

Timestamp를 포함하는 모든 DataFrame 열에서는 .dt 속성을 사용해 여러 다른 속성과 메서드에 액세스할 수 있다. 사실 .dt 속성에서 사용 가능한 이러한 모든 메서드와 속성은 Timestamp 객체에서도 사용할 수 있다.

2단계에서 .dt 속성(Series에서만 작동)을 사용해 요일 이름을 추출하고 발생 건수를 계산했다. 3단계에서 도식화하기 전에 .reindex 메서드를 사용해 인덱스 순서를 수동으로 재배열했는데, 가장 기본적인 사용례는 원하는 순서대로 정렬된 리스트를 취하는 것이다. 이 작업은 다음과 같이 .loc 인덱서를 사용해도 다음과 같이 수행할 수 있다.

```
>>> (crime
...     ['REPORTED_DATE']
...     .dt.day_name()
...     .value_counts()
...     .loc[days]
... )
Monday       70024
Tuesday      68394
Wednesday    69538
Thursday     69287
Friday       69621
Saturday     58834
Sunday       55213
Name: REPORTED_DATE, dtype: int64
```

.reindex 메서드가 더 성능이 뛰어나며 .loc보다 다양한 상황에 대한 더 많은 매개변수가 있다.

4단계에서 매우 유사한 절차를 수행하고 .dt 속성을 사용해 연도를 다시 검색한 다음 .value_counts 메서드로 발생 건수를 계산했다. 이 예에서 연도는 원하는 순서대로 자연스럽게 정렬되므로 .reindex 대신 .sort_index를 사용한다.

이번 예제의 목표는 요일과 연도별로 그룹화하는 것이며, 이는 5단계에서 수행한다. .groupby 메서드는 유연하며 여러 가지 방법으로 그룹을 형성할 수 있다. 이 예제에서는 연도와 요일 열에서 파생된 두 Series를 전달한다. 그런 다음 .size 메서드를 체인시켜 각 그룹의 길이인 단일 값을 반환한다.

5단계 후 Series는 단일 데이터 열로 매우 길어지므로 연도와 요일별로 비교하기가 어렵다. 가독성을 높이고자 6단계에서 요일 레벨을 .unstack을 사용해 가로 열 이름으로 피봇한다. 6단계는 교차 테이블을 작성한다. pandas에서 이를 수행하는 다른 방법이 있다.

```
>>> (crime
...     .assign(year=crime.REPORTED_DATE.dt.year,
...         day=crime.REPORTED_DATE.dt.day_name())
...     .pipe(lambda df_: pd.crosstab(df_.year, df_.day))
... )
day   Friday  Monday  ...  Tuesday  Wednesday
year                  ...
2012    8549    8786  ...     8191       8440
2013   10380   10627  ...    10416      10354
2014   12683   12813  ...    12440      12948
2015   13273   13452  ...    13381      13320
2016   14059   13708  ...    13338      13900
2017   10677   10638  ...    10628      10576
```

7단계에서 불리언 인덱싱을 사용해 2017년 범죄만 선택한 다음 .dt 속성에서 .dayofyear를 사용해 연초부터의 총 경과일을 찾는다. 이 Series의 최댓값은 2017년의 일수를 알려준다.

8단계는 매우 복잡하다. 먼저 crime['REPORTED_DATE'].dt.dayofyear.le(272)를 사용해 각 범죄가 그 해 272일째 이전에 발생한 것인지 여부를 테스트해 불리언 Series를 생성한다. 여기서부터 다시 .groupby 메서드를 사용해 이전에 계산된 연도 Series별로 그룹을 구성한 다음 .mean 메서드를 사용해 매년 272일째 이전에 저지른 범죄의 비율을 찾는다.

.loc 속성은 9단계에서 전체 2017 데이터 행을 선택한다. 이 행을 8단계에서 찾은 중앙값 백분율로 나눠 조정한다.

많은 범죄 시각화는 히트맵으로 수행되며, 10단계에서 seaborn 라이브러리의 도움으로 수행된다. cmap 매개변수는 사용 가능한 수십 개의 matplotlib 컬러맵의 문자열 이름을 사용한다.

12단계에서는 그 해의 인구로 나눠서 주민 10만 명당 범죄율을 만든다. 이 또한 까다로운 작업이다. 일반적으로 한 DataFrame을 다른 DataFrame으로 나누면 열과 인덱스에 맞춰 정렬된다. 그러나 이 단계에서는 denver_pop과 공통인 열이 없으므로 값을 나누려 해도 정렬되지 않는다. 이 문제를 해결하고자 squeeze 메서드를 사용해 den_100k Series를 만든다. 기본적으로 DataFrame과 Series를 나눗셈하면 다음과 같이 DataFrame의 열이 Series의 인덱스와 정렬되므로 여전히 이 두 객체를 나눌 수 없다.

```
>>> (crime
...     .groupby([crime['REPORTED_DATE'].dt.year.rename('year'),
...         crime['REPORTED_DATE'].dt.day_name().rename('day')])
...     .size()
...     .unstack('day')
...     .pipe(update_2017)
...     .reindex(columns=days)
... ) / den_100k
       2012    2013    2014  ...  Thursday  Tuesday  Wednesday
year                         ...
2012   NaN     NaN     NaN   ...      NaN      NaN        NaN
2013   NaN     NaN     NaN   ...      NaN      NaN        NaN
2014   NaN     NaN     NaN   ...      NaN      NaN        NaN
2015   NaN     NaN     NaN   ...      NaN      NaN        NaN
2016   NaN     NaN     NaN   ...      NaN      NaN        NaN
2017   NaN     NaN     NaN   ...      NaN      NaN        NaN
```

Series의 인덱스와 DataFrame의 인덱스를 정렬시켜야 하는데, 이를 위해 axis 매개변수를 사용해 정렬 방향을 변경할 수 있는 **.div** 메서드를 사용한다. 조정된 범죄율의 히트맵은 **13단계**에서 표시한다.

추가 사항

특정 형식의 범죄만을 보고 싶다면 다음과 같이 할 수 있다.

```
>>> days = ['Monday', 'Tuesday', 'Wednesday', 'Thursday',
...     'Friday', 'Saturday', 'Sunday']
>>> crime_type = 'auto-theft'
>>> normalized = (crime
...     .query('OFFENSE_CATEGORY_ID == @crime_type')
...     .groupby([crime['REPORTED_DATE'].dt.year.rename('year'),
...         crime['REPORTED_DATE'].dt.day_name().rename('day')])
...     .size()
...     .unstack('day')
...     .pipe(update_2017)
...     .reindex(columns=days)
...     .div(den_100k, axis='index')
...     .astype(int)
... )
>>> normalized
```

day	Monday	Tuesday	Wednesday	...	Friday	Saturday	Sunday
2012	95	72	72	...	71	78	76
2013	85	74	74	...	65	68	67
2014	94	76	72	...	76	67	67
2015	108	102	89	...	92	85	78
2016	119	102	100	...	97	86	85
2017	114	118	111	...	111	91	102

▌ timeIndex를 사용해 익명 함수로 그룹화

DatetimeIndex와 함께 DataFrame를 사용하면 이 장의 여러 예제에서 볼 수 있듯
새롭고 다양한 작업을 수행할 수 있다.

이 예제에서는 DatetimeIndex가 있는 DataFrame에 .groupby 메서드를 사용하는
다양한 방법을 보여준다.

작동 방법

1. 덴버 crime hdf5 파일을 읽고 REPORTED_DATE 열을 인덱스에 넣은 다음 정렬
   한다.

```
>>> crime = (pd.read_hdf('data/crime.h5', 'crime')
...     .set_index('REPORTED_DATE')
...     .sort_index()
... )
```

2. DatetimeIndex는 pandas Timestamp와 동일한 여러 속성과 메서드를 갖고
   있다. 몇 가지 공통 사항을 살펴보자.

```
>>> common_attrs = (set(dir(crime.index)) &
...     set(dir(pd.Timestamp)))
>>> [attr for attr in common_attrs if attr[0] != '_']
['tz_convert', 'is_month_start', 'nanosecond', 'day_name',
'microsecond', 'quarter', 'time', 'tzinfo', 'week', 'year',
'to_period', 'freqstr', 'dayofyear', 'is_year_end', 'weekday_
name', 'month_name', 'minute', 'hour', 'dayofweek', 'second',
'max', 'min', 'to_numpy', 'tz_localize', 'is_quarter_end', 'to_
julian_date', 'strftime', 'day', 'days_in_month', 'weekofyear',
'date', 'daysinmonth', 'month', 'weekday', 'is_year_start', 'is_
```

```
month_end', 'ceil', 'timetz', 'freq', 'tz', 'is_quarter_start',
'floor', 'normalize', 'resolution', 'is_leap_year', 'round', 'to_
pydatetime']
```

3. .index를 사용하면 이전 예제의 **2**단계와 유사하게 요일 이름을 알아낼 수 있다.

```
>>> crime.index.day_name().value_counts()
Monday       70024
Friday       69621
Wednesday    69538
Thursday     69287
Tuesday      68394
Saturday     58834
Sunday       55213
Name: REPORTED_DATE, dtype: int64
```

4. .groupby 메서드는 함수를 인수로 취할 수 있다. 이 함수에는 .index가 전달되고 반환값은 그룹을 형성하는 데 사용된다. .index를 요일 이름으로 바꾸고 범죄와 교통사고 건수를 별도로 계산하는 함수로 그룹화해 이를 실제로 살펴보자.

```
>>> (crime
...    .groupby(lambda idx: idx.day_name())
...    [['IS_CRIME', 'IS_TRAFFIC']]
...    .sum()
... )
          IS_CRIME  IS_TRAFFIC
Friday       48833       20814
Monday       52158       17895
Saturday     43363       15516
```

Sunday	42315	12968
Thursday	49470	19845
Tuesday	49658	18755
Wednesday	50054	19508

5. 함수의 리스트를 사용하면 일중 시간과 연도 모두에 대해 그룹화할 수 있
   으며, 그 후 테이블을 좀 더 가독성 있게 하고자 재구성한다.

```
>>> funcs = [lambda idx: idx.round('2h').hour, lambda idx: idx.year]
>>> (crime
...    .groupby(funcs)
...    [['IS_CRIME', 'IS_TRAFFIC']]
...    .sum()
...    .unstack()
... )
```

	IS_CRIME			...	IS_TRAFFIC		
	2012	2013	2014	...	2015	2016	2017
0	2422	4040	5649	...	1136	980	782
2	1888	3214	4245	...	773	718	537
4	1472	2181	2956	...	471	464	313
6	1067	1365	1750	...	494	593	462
8	2998	3445	3727	...	2331	2372	1828
..	...	...	...	...	...	...	...
14	4266	5698	6708	...	2840	2763	1990
16	4113	5889	7351	...	3160	3527	2784
18	3660	5094	6586	...	3412	3608	2718
20	3521	4895	6130	...	2071	2184	1491
22	3078	4318	5496	...	1671	1472	1072

6. Jupyter를 사용하는 경우 .style.highlight_max(color = 'lightgrey')를
   추가해 각 열에서 가장 큰 값을 강조할 수 있다.

```
>>> funcs = [lambda idx: idx.round('2h').hour, lambda idx: idx.year]
>>> (crime
...     .groupby(funcs)
...     [['IS_CRIME', 'IS_TRAFFIC']]
...     .sum()
...     .unstack()
...     .style.highlight_max(color='lightgrey')
... )
```

	IS_CRIME						IS_TRAFFIC					
	2012	2013	2014	2015	2016	2017	2012	2013	2014	2015	2016	2017
0	2422	4040	5649	5649	5377	3811	919	792	978	1136	980	782
2	1888	3214	4245	4050	4091	3041	718	652	779	773	718	537
4	1472	2181	2956	2959	3044	2255	399	378	424	471	464	313
6	1067	1365	1750	2167	2108	1567	411	399	479	494	593	462
8	2998	3445	3727	4161	4488	3251	1957	1955	2210	2331	2372	1828
10	4305	5035	5658	6205	6218	4993	1979	1901	2139	2320	2303	1873
12	4496	5524	6434	6841	7226	5463	2200	2138	2379	2631	2760	1986
14	4266	5698	6708	7218	6896	5396	2241	2245	2630	2840	2763	1990
16	4113	5889	7351	7643	7926	6338	2714	2562	3002	3160	3527	2784
18	3660	5094	6586	7015	7407	6157	3118	2704	3217	3412	3608	2718
20	3521	4895	6130	6360	6963	5272	1787	1806	1994	2071	2184	1491
22	3078	4318	5496	5626	5637	4358	1343	1330	1532	1671	1472	1072

주요 범죄 발생 시각

작동 원리

1단계에서 데이터를 읽고 Timestamp 열을 인덱스에 배치해 DatetimeIndex를 만든다. 2단계에서 DatetimeIndex에는 단일 Timestamp 객체와 동일한 기능이 많다는 것을 알았다. 3단계에서 DatetimeIndex의 이러한 추가 기능을 사용해 요일 이름을 추출한다.

4단계에서 .groupby 메서드를 활용해 DatetimeIndex에 전달된 함수를 취한다. 익명 함수에 있는 idx는 DatetimeIndex며 이를 사용해 요일 이름을 검색한다. 5단계에서와 같이 .groupby에 원하는 개수의 사용자 정의 함수 리스트를 전달할 수 있다. 여기서 첫 번째 함수는 .round DatetimeIndex 메서드를 사용해 각 값을 가장 가까운 2시간 간격에 맞춰 반올림한다. 두 번째 함수는 .year 속성을 반환한다. 그룹화와 집계 후 연도를 열로 .unstack한다. 그런 다음 각 열의 최댓값을 강조해 표시한다. 범죄는 대부분 오후 3시에서 5시 사이에 보고된다. 대부분의 교통사고는 오후 5시와 7시 사이에 발생한다.

▍Timestamp와 다른 열을 기준으로 그룹화

.resample 메서드는 시간 구간 이외의 다른 그룹을 기준으로는 그룹화할 수 없다. 그러나 .groupby 메서드는 시간 구간과 다른 열을 기준으로 그룹화할 수 있다.

이 예제에서는 Timestamp와 다른 열로 그룹화하는 두 가지의 매우 유사하지만 다른 접근 방식을 보여준다.

작동 방법

1. employee 데이터셋을 읽고 HIRE_DATE 열에 DatetimeIndex를 생성한다.

```
>>> employee = pd.read_csv('data/employee.csv',
...     parse_dates=['JOB_DATE', 'HIRE_DATE'],
...     index_col='HIRE_DATE')
>>> employee
              UNIQUE_ID  ...      JOB_DATE
HIRE_DATE                ...
2006-06-12            0  ...    2012-10-13
2000-07-19            1  ...    2010-09-18
```

```
2015-02-03          2  ...  2015-02-03
1982-02-08          3  ...  1991-05-25
1989-06-19          4  ...  1994-10-22
...               ...  ...         ...
2014-06-09       1995  ...  2015-06-09
2003-09-02       1996  ...  2013-10-06
2014-10-13       1997  ...  2015-10-13
2009-01-20       1998  ...  2011-07-02
2009-01-12       1999  ...  2010-07-12
```

2. 먼저 성별에 대해 그룹화하고 각각의 평균 급여를 살펴본다.

```
>>> (employee
...     .groupby('GENDER')
...     ['BASE_SALARY']
...     .mean()
...     .round(-2)
... )
GENDER
Female    52200.0
Male      57400.0
Name: BASE_SALARY, dtype: float64
```

3. 고용일에 따른 평균 급여를 살펴보고 모두를 10년 단위 버킷으로 그룹화
   한다.

```
>>> (employee
...     .resample('10AS')
...     ['BASE_SALARY']
...     .mean()
...     .round(-2)
... )
```

```
HIRE_DATE
1958-01-01     81200.0
1968-01-01    106500.0
1978-01-01     69600.0
1988-01-01     62300.0
1998-01-01     58200.0
2008-01-01     47200.0
Freq: 10AS-JAN, Name: BASE_SALARY, dtype: float64
```

4. 성별과 10년 구간을 둘 다 그룹화하려 했다면 .groupby 호출 후에 바로
   .resample을 호출한다.

```
>>> (employee
...     .groupby('GENDER')
...     .resample('10AS')
...     ['BASE_SALARY']
...     .mean()
...     .round(-2)
... )
GENDER  HIRE_DATE
Female  1975-01-01    51600.0
        1985-01-01    57600.0
        1995-01-01    55500.0
        2005-01-01    51700.0
        2015-01-01    38600.0
                        ...
Male    1968-01-01   106500.0
        1978-01-01    72300.0
        1988-01-01    64600.0
        1998-01-01    59700.0
        2008-01-01    47200.0
Name: BASE_SALARY, Length: 11, dtype: float64
```

5. 이제 계획대로 됐지만 남녀 급여를 맞비교할 때마다 약간의 불편이 따른다. gender 레벨을 .unstack하면 어떻게 되는지 살펴보자.

```
>>> (employee
...     .groupby('GENDER')
...     .resample('10AS')
...     ['BASE_SALARY']
...     .mean()
...     .round(-2)
...     .unstack('GENDER')
... )
GENDER        Female        Male
HIRE_DATE
1958-0...        NaN     81200.0
1968-0...        NaN    106500.0
1975-0...    51600.0         NaN
1978-0...        NaN     72300.0
1985-0...    57600.0         NaN
...              ...         ...
1995-0...    55500.0         NaN
1998-0...        NaN     59700.0
2005-0...    51700.0         NaN
2008-0...        NaN     47200.0
2015-0...    38600.0         NaN
```

6. 남성과 여성의 10년 기간이 같은 날짜에서 시작되지 않는다. 이 문제는 데이터가 처음에 성별로 그룹화된 후 각 성별 내에서 채용 날짜를 기준으로 더 많은 그룹을 형성했기 때문에 발생했다. 첫 번째 고용된 남성은 1958년이고 첫 번째 고용된 여성은 1975년이 맞는지 확인해본다.

```
>>> employee[employee['GENDER'] == 'Male'].index.min()
Timestamp('1958-12-29 00:00:00')
```

```
>>> employee[employee['GENDER'] == 'Female'].index.min()
Timestamp('1975-06-09 00:00:00')
```

7. 문제를 해결하려면 날짜를 성별과 함께 그룹화해야 한다. 이는 오직 .groupby 메서드로만 가능하다.

```
>>> (employee
...     .groupby(['GENDER', pd.Grouper(freq='10AS')])
...     ['BASE_SALARY']
...     .mean()
...     .round(-2)
... )
GENDER   HIRE_DATE
Female   1968-01-01        NaN
         1978-01-01    57100.0
         1988-01-01    57100.0
         1998-01-01    54700.0
         2008-01-01    47300.0
                            ...
Male     1968-01-01   106500.0
         1978-01-01    72300.0
         1988-01-01    64600.0
         1998-01-01    59700.0
         2008-01-01    47200.0
Name: BASE_SALARY, Length: 11, dtype: float64
```

8. 이제 성별을 .unstack해 행들이 완벽히 정렬되게 할 수 있다.

```
>>> (employee
...     .groupby(['GENDER', pd.Grouper(freq='10AS')])
...     ['BASE_SALARY']
...     .mean()
```

```
...    .round(-2)
...    .unstack('GENDER')
... )
GENDER          Female      Male
HIRE_DATE
1958-0...          NaN   81200.0
1968-0...          NaN  106500.0
1978-0...      57100.0   72300.0
1988-0...      57100.0   64600.0
1998-0...      54700.0   59700.0
2008-0...      47300.0   47200.0
```

작동 원리

1단계의 read_csv 함수를 사용하면 열을 Timestamp로 변환하고 동시에 인덱스에 넣어 DatetimeIndex를 만들 수 있다. 2단계는 단일 그룹화 열인 성별에 대해 .groupby 작업을 수행한다. 3단계는 오프셋 별칭 **10AS**를 .resample 메서드와 함께 사용해 10년 단위로 그룹을 형성한다. A는 연도의 별칭이며, S는 기간의 시작이 레이블로 사용됨을 알려준다. 예를 들어 **1988-01-01**이라는 레이블의 데이터는 1997년 12월 31일까지의 구간에 해당한다.

4단계에서는 남녀 성별에 대해 가장 이른 직원 채용 날짜를 기준으로 10년 동안 완전히 다른 시작 날짜가 계산된다. 5단계에서 남녀 급여를 비교하려고 할 때 이것이 어떻게 잘못 정렬되는지를 보여준다. 두 그룹은 같은 10년의 기간을 갖고 있지 않다. 6단계는 각 성별에 대한 최초 고용 연도가 4단계의 결과와 일치하는지 확인한다.

이 문제를 해결하려면 성별과 Timestamp를 모두 그룹화해야 한다. .resample 메서드는 Timestamp 단일 열로만 그룹화할 수 있다. 이 작업은 .groupby 메서드로만 완료할 수 있다. pd.Grouper를 사용하면 .resample의 기능을 복제할 수 있다. 오프셋 별칭을 freq 매개변수에 전달한 다음 7단계에서와 같이 그룹화하려는 다른 모든 열이 있는 객체를 리스트에 배치한다.

이제 남성과 여성 모두 10년 동안 동일한 시작 날짜를 가지므로 8단계의 재구성된 데이터는 성별에 따라 정렬되므로 비교가 훨씬 쉬워진다. 남성의 임금은 고용 기간이 더 길기 때문에 더 높은 경향이 있지만, 두 성별의 평균 임금은 10년 미만의 고용에서는 동일하다.

추가 사항

외부의 시각에서는 8단계의 출력 행이 10년 간격을 의미한다는 것이 분명하지 않을 수 있다. 인덱스 레이블을 개선하는 한 가지 방법은 각 시간 간격의 시작과 끝을 표시하는 것이다. 현재 인덱스 연도에 9를 더하면 이렇게 할 수 있다.

```
>>> sal_final = (employee
...     .groupby(['GENDER', pd.Grouper(freq='10AS')])
...     ['BASE_SALARY']
...     .mean()
...     .round(-2)
...     .unstack('GENDER')
... )
>>> years = sal_final.index.year
>>> years_right = years + 9
>>> sal_final.index = years.astype(str) + '-' + years_right.astype(str)
>>> sal_final
GENDER        Female      Male
HIRE_DATE
1958-1967        NaN   81200.0
1968-1977        NaN  106500.0
1978-1987    57100.0   72300.0
1988-1997    57100.0   64600.0
```

```
1998-2007    54700.0    59700.0
2008-2017    47300.0    47200.0
```

이 예제를 수행하는 완전히 다른 방법이 있다. cut 함수를 사용해 각 직원이 고용
된 연도를 기반으로 동일한 너비의 간격을 만들어 각 그룹을 구성할 수 있다.

```
>>> cuts = pd.cut(employee.index.year, bins=5, precision=0)
>>> cuts.categories.values
IntervalArray([(1958.0, 1970.0], (1970.0, 1981.0], (1981.0, 1993.0],
(1993.0, 2004.0], (2004.0, 2016.0]],
closed='right',
dtype='interval[float64]')

>>> (employee
...     .groupby([cuts, 'GENDER'])
...     ['BASE_SALARY']
...     .mean()
...     .unstack('GENDER')
...     .round(-2)
... )
GENDER               Female      Male
(1958.0, 1970.0]        NaN   85400.0
(1970.0, 1981.0]    54400.0   72700.0
(1981.0, 1993.0]    55700.0   69300.0
(1993.0, 2004.0]    56500.0   62300.0
(2004.0, 2016.0]    49100.0   49800.0
```

13

matplotlib, pandas, seaborn을 이용한 시각화

▌ 소개

시각화는 탐색적 데이터 분석에 있어 중요한 구성 요소로, 프레젠테이션에도 중요하다. 탐색적 데이터 분석 중에는 일반적으로 혼자 또는 소규모 그룹으로 작업하며, 데이터를 좀 더 잘 이해하고자 빠른 도식화가 필요하다. 도식화는 이상치outlier나 누락된 데이터를 식별하는 데 도움이 되거나 추가 분석과 더 많은 시각화로 이어질 다른 관심 있는 질문을 유발할 수 있다. 이러한 형식의 시각화는 일반적으로 최종 사용자를 염두에 두고 수행되는 것은 아니다. 이는 현재의 이해력을 향상시키는 데 도움을 준다. 따라서 도면이 완벽할 필요는 없다.

보고서나 애플리케이션의 시각화를 준비할 때는 다른 방법을 사용해야 한다. 이 때는 작은 세부 사항에도 주의를 기울여야 한다. 또한 일반적으로 시각화의 범위를 좁혀 데이터를 가장 잘 나타내는 소수만을 선택해야 한다. 좋은 데이터 시각화는 시청자가 즐겁게 정보를 추출할 수 있게 해준다. 시청자를 빠져들게 만드는 영화와 마찬가지로 훌륭한 시각화에는 많은 관심을 불러일으키는 여러 정보가 있다.

파이썬의 기본 데이터 시각화 라이브러리는 Matlab의 도식화 기능을 모방하기 위해 설계된 2000년대 초에 시작된 프로젝트인 matplotlib이다. matplotlib은 상상할 수 있는 대부분의 것을 그릴 수 있는 대단한 기능을 갖고 있으며, 사용자에게 도면의 모든 측면을 제어할 수 있게 해주는 엄청난 힘을 제공한다.

따라서 초보자가 쉽게 이해할 수 있는 쉬운 라이브러리는 아니다. 고맙게도 pandas는 데이터 시각화를 매우 쉽게 해주며 일반적으로 plot 메서드를 한 번만 호출하면 원하는 것을 도식화할 수 있다. pandas는 자체적으로 도식화하지는 않고 내부적으로 matplotlib 함수를 호출해 도면을 만든다.

seaborn은 matplotlib을 래핑wrap하고 자체로는 어떠한 도식화도 수행하지 않는 시각화 라이브러리다. seaborn은 아름다운 도면을 만들 수 있고, matplotlib이나 pandas에는 없는 많은 형식의 도면을 갖고 있다.

seaborn은 정돈된 (긴) 데이터와 작업하는 반면 pandas는 집계된(와이드wide) 데이터에 가장 잘 작동한다. 또한 seaborn은 도식화 함수에서 pandas DataFrame 객체를 허용한다.

matplotlib 코드를 전혀 실행하지 않고도 도면을 생성할 수 있지만 때때로 도면 세부 사항을 수동으로 조정하려면 사용해야 한다. 이러한 이유로 처음 두 예제에서는 필요할 때 유용하게 사용할 수 있는 matplotlib의 기본 사항 일부를 살펴본다. 처음 두 예제를 제외한 나머지 모든 도식화 예제는 pandas나 seaborn을 사용한다.

파이썬의 시각화를 위해 matplotlib에 의존할 필요는 없다. Bokeh는 빠르게 부상

하고 있는 웹을 대상으로 한 인기 있는 대화형 시각화 라이브러리다. Bokeh는 matplotlib과는 완전히 독립적이며 전체 애플리케이션을 생성할 수 있다. 다른 도식화 라이브러리도 있으며 향후 pandas 버전은 matplotlib 이외의 도식화 엔진을 사용할 수도 있을 것이다.

matplotlib으로 시작

많은 데이터 과학자 대부분은 도식화 명령으로 pandas나 seaborn을 사용하는데, 이들 둘 다 matplotlib을 사용해 도식화를 수행한다. 그러나 pandas나 seaborn 모두 matplotlib을 완전히 대체하지 못하며 때로는 matplotlib을 사용해야 한다. 이러한 이유로 이번 예제에서는 matplotlib의 가장 중요한 측면을 짧게 소개한다.

Jupyter 사용자라면 다음과 같은 명령을 실행해야 할 수 있다.

```
>>> %matplotlib inline
```

이 명령은 matplotlib에게 notebook에서 그림을 그리도록 지시한다.

다음 그림에서 matplotlib의 구성 요소를 살펴보는 것으로 소개를 시작하겠다.

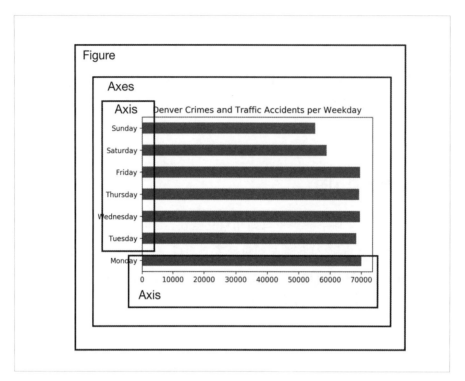

matplotlib 계층 구조

matplotlib은 객체의 계층 구조를 사용해 모든 도식화 항목을 출력에 표시한다. 이 계층 구조는 matplotlib에 대한 모든 것을 이해하는 핵심이다. 여기의 용어는 matplotlib을 나타내며 이름이 같은(혼동될 수 있는) pandas 객체가 아니란 점에 유의하자. Figure와 Axes 객체는 계층 구조의 두 가지 주요 구성 요소다. Figure 객체는 계층 구조의 맨 위에 있다. Figure는 그 안에 모든 것이 그려질 컨테이너container다. Figure 내에는 하나 이상의 Axes 객체가 포함된다. Axes는 matplotlib을 사용할 때 상호작용할 주요 객체며 도면으로 생각할 수 있다. Axes에는 x축, y축, 점, 선, 마커, 레이블, 범례, 기타 유용한 항목이 포함돼 있다.

Axes와 axis는 구분돼야 한다. 이들은 완전히 별개의 객체다. matplotlib 용어를 사용해 설명하자면 Axes 객체는 axis의 복수형을 의미하는 것이 아니라 앞서 언급한

636

것처럼 대다수의 유용한 도식화 요소를 만들고 제어하는 객체다. axis는 도면의 x 또는 y(또는 z)축을 나타낸다.

Axes 객체로 생성된 이러한 유용한 도식화 요소를 모두 아티스트[artist]라고 한다. Figure와 Axes 객체 자체도 아티스트다. 아티스트에 대한 이러한 구분은 이 예제에서는 중요하지 않지만 고급 matplotlib 도식화를 수행할 때, 특히 문서를 읽을 때 유용하다.

matplotlib에 대한 객체지향 가이드

matplotlib은 사용자를 위한 두 가지 고유한 인터페이스를 제공한다. 상태 저장[stateful] 인터페이스는 pyplot 모듈을 사용해 모든 호출을 수행한다. 이 인터페이스는 matplotlib이 도식화 환경의 현재 상태를 내부적으로 추적하기 때문에 상태 저장이라고 한다. 상태 저장 인터페이스에서는 도면이 생성될 때마다 matplotlib이 현재 그림이나 현재 축을 찾아 변경한다. 이 방법은 몇 가지 사항을 신속하게 그릴 때는 괜찮지만 여러 개의 좌표와 축을 다룰 때는 어려워질 수 있다.

matplotlib은 또한 특정 도식화 객체를 참조하는 변수를 명시적으로 사용하는 상태 비저장[stateless] 또는 객체지향[object-oriented] 인터페이스를 제공한다. 그런 다음 각 변수를 사용해 도면의 일부 속성을 변경할 수 있다. 객체지향 접근 방식은 명시적이며, 어떤 객체가 수정되고 있는지 정확히 알고 있다.

불행히도 두 가지 옵션을 모두 갖춘 것은 많은 혼란을 초래할 수 있으며, 이 때문에 matplotlib은 배우기가 어렵다는 인식이 퍼져있다. 문서에는 두 가지 접근 방식을 사용하는 예가 모두 있다. 실제로 나는 그 둘을 결합하는 것이 가장 유용하다는 것을 알았다. 나는 pyplot의 subplots 함수를 사용해 Figure와 Axes를 만든 다음 해당 객체에 대해 사용한다.

matplotlib을 처음 사용하는 경우라면 각 방법의 차이점을 어떻게 인식하는지 잘 모를 수 있다. 상태 저장 인터페이스를 사용하면 모든 명령은 pyplot 모듈에서 호출되는 함수며 일반적으로 plt라는 별칭을 사용한다. 선 그림을 만들고 각 축에 레이블을 추가하는 것은 다음과 같이 진행된다.

```
>>> import matplotlib.pyplot as plt
>>> x = [-3, 5, 7]
>>> y = [10, 2, 5]
>>> fig = plt.figure(figsize=(15,3))
>>> plt.plot(x, y)
>>> plt.xlim(0, 10)
>>> plt.ylim(-3, 8)
>>> plt.xlabel('X Axis')
>>> plt.ylabel('Y axis')
>>> plt.title('Line Plot')
>>> plt.suptitle('Figure Title', size=20, y=1.03)
>>> fig.savefig('c13-fig1.png', dpi=300, bbox_inches='tight')
```

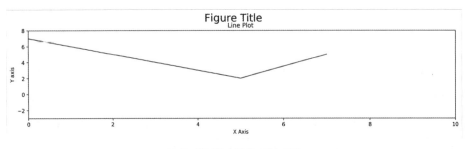

Matlib 방식을 사용한 기본 도면

객체지향 접근 방식은 다음과 같다.

```
>>> from matplotlib.figure import Figure
>>> from matplotlib.backends.backend_agg import FigureCanvasAgg as FigureCanvas
>>> from IPython.core.display import display
```

```
>>> fig = Figure(figsize=(15, 3))
>>> FigureCanvas(fig)
>>> ax = fig.add_subplot(111)
>>> ax.plot(x, y)
>>> ax.set_xlim(0, 10)
>>> ax.set_ylim(-3, 8)
>>> ax.set_xlabel('X axis')
>>> ax.set_ylabel('Y axis')
>>> ax.set_title('Line Plot')
>>> fig.suptitle('Figure Title', size=20, y=1.03)
>>> display(fig)
>>> fig.savefig('c13-fig2.png', dpi=300, bbox_inches='tight')
```

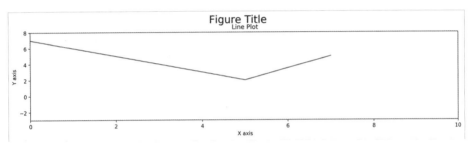

객체지향 인터페이스를 사용해 생성된 기본 도면

나는 두 가지 접근 방식을 모두 사용했고 코드는 다음과 같다.

```
>>> fig, ax = plt.subplots(figsize=(15,3))
>>> ax.plot(x, y)
>>> ax.set(xlim=(0, 10), ylim=(-3, 8),
...    xlabel='X axis', ylabel='Y axis',
...    title='Line Plot')
>>> fig.suptitle('Figure Title', size=20, y=1.03)
>>> fig.savefig('c13-fig3.png', dpi=300, bbox_inches='tight')
```

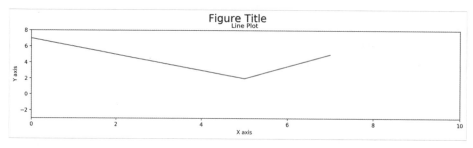

Matlab 인터페이스에 대한 호출을 사용해 Figure와 Axes를 생성한 다음 메서드 호출로 만든 기본 도면

이 예에서는 Figure와 Axes라는 두 객체만 사용하지만 일반적으로 도면에는 수백 개의 객체가 있을 수 있다. 각각은 매우 정교하게 조정된 방식으로 수정을 수행하는데, 이는 상태 저장 인터페이스로는 쉽게 할 수 없다. 이 장에서는 빈 도면을 작성하고 객체지향 인터페이스를 사용해 몇 가지 기본 속성을 수정한다.

작동 방법

1. 객체지향 인터페이스를 사용해 matplotlib 사용을 시작하고자 **pyplot** 모듈을 임포트하면서 **plt**로 별칭을 부여한다.

```
>>> import matplotlib.pyplot as plt
```

2. 대개 객체지향 방법을 사용하면 Figure와 함께 하나 이상의 **Axes** 객체를 생성하게 된다. **subplots** 함수를 사용해 단일 **Axes**를 가진 **Figure**를 생성해보자.

```
>>> fig, ax = plt.subplots(nrows=1, ncols=1)
>>> fig.savefig('c13-step2.png', dpi=300)
```

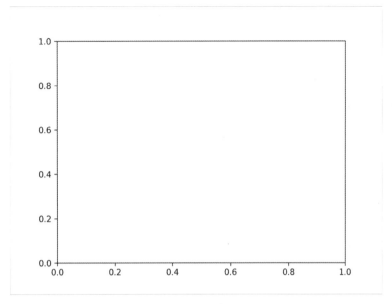

Figure 도면

3. subplots 함수는 아이템이 두 개인 튜플 객체를 반환하는데, Figure와 하나 이상(이 예제는 하나)의 Axes가 들어 있으며 변수 **fig**와 **ax**로 할당된다. 여기서부터 이 객체에 일반적인 객체지향 방법을 사용해 메서드를 호출한다.

```
>>> type(fig)
matplotlib.figure.Figure
>>> type(ax)
matplotlib.axes._subplots.AxesSubplot
```

4. figure보다는 axes 메서드를 더 많이 호출하게 될 것이지만 그대로 여전히 figure와 상호작용해야 할 때가 있다. 이제 **figure**의 크기를 알아낸 후 출력해본다.

```
>>> fig.get_size_inches()
```

```
array([ 6., 4.])
>>> fig.set_size_inches(14, 4)
>>> fig.savefig('c13-step4.png', dpi=300)
>>> fig
```

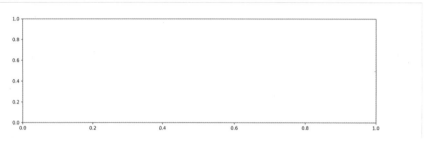

figure 크기 변경

5. 도식화를 시작하기 전에 matplotlib 계층을 조사해보자. .axes 속성을 이
   용하면 **figure**의 모든 axes를 모을 수 있다.

```
>>> fig.axes
[<matplotlib.axes._subplots.AxesSubplot at 0x112705ba8>]
```

6. 앞의 명령은 모든 **Axes** 객체의 리스트를 반환한다. 그러나 이미 **Axes** 객체
   가 **ax** 변수에 저장돼 있다. 이 두 객체가 동일한 것인지 확인해보자.

```
>>> fig.axes[0] is ax
True
```

7. **Figure**와 **Axes**를 구분하고자 각각에 고유한 색을 부여할 수 있다. matplotlib
   은 다양한 입력 형식으로 색상을 수용한다. 문자열 이름으로 약 140개의
   HTML 색상이 지원된다(목록은 http://bit.ly/2y52UtO를 참고하라). 회색 음영
   을 나타내려면 0에서 1 사이의 소수가 포함된 문자열을 사용할 수도 있다.

```
>>> fig.set_facecolor('.7')
>>> ax.set_facecolor('.5')
>>> fig.savefig('c13-step7.png', dpi=300, facecolor='.7')
>>> fig
```

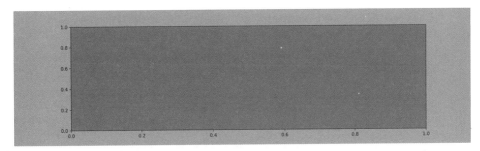

색상 설정

8. 이제 Figure와 Axes를 구분했으니 .get_children 메서드를 이용해 Axes의
   직계 자손들을 살펴본다.

```
>>> ax_children = ax.get_children()
>>> ax_children
[<matplotlib.spines.Spine at 0x11145b358>,
 <matplotlib.spines.Spine at 0x11145b0f0>,
 <matplotlib.spines.Spine at 0x11145ae80>,
 <matplotlib.spines.Spine at 0x11145ac50>,
 <matplotlib.axis.XAxis at 0x11145aa90>,
 <matplotlib.axis.YAxis at 0x110fa8d30>,
 ...]
```

9. 대부분의 도면에는 네 개의 스파인spine과 두 개의 axis 객체가 있다. 스파인
   은 데이터 경계를 나타내며 어두운 회색 사각형(축)과 경계를 이루는 4개의
   물리적 선이다. x와 y axis 객체에는 눈금, 레이블, 전체 축의 레이블과 같
   은 더 많은 도식화 객체가 포함돼 있다. .get_children 메서드의 결과에서

스파인을 선택할 수도 있지만 .spines 속성을 사용해 스파인에 액세스하는 것이 더 쉽다.

```
>>> spines = ax.spines
>>> spines
OrderedDict([('left', <matplotlib.spines.Spine at 0x11279e320>),
             ('right', <matplotlib.spines.Spine at 0x11279e0b8>),
             ('bottom', <matplotlib.spines.Spine at 0x11279e048>),
             ('top', <matplotlib.spines.Spine at 0x1127eb5c0>)])
```

10. 스파인은 정렬된 딕셔너리에 들어 있다. 이제 left 스파인을 선택한 다음 위치와 너비를 변경시켜 더 도드라지게 만들고, bottom 스파인은 보이지 않게 해보자.

```
>>> spine_left = spines['left']
>>> spine_left.set_position(('outward', -100))
>>> spine_left.set_linewidth(5)
>>> spine_bottom = spines['bottom']
>>> spine_bottom.set_visible(False)
>>> fig.savefig('c13-step10.png', dpi=300, facecolor='.7')
>>> fig
```

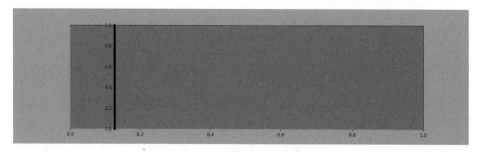

스파인을 이동하거나 제거한 도면

11. 이제 axis 객체에 집중해보자. 각 axis는 .xaxis와 .yaxis 속성을 사용해 접근할 수 있다. 일부 axis 속성은 Axes 객체에도 있다. 이 단계에서 두 가지 방법을 전부 사용해 일부 성질을 변경해보자.

```
>>> ax.xaxis.grid(True, which='major', linewidth=2,
...   color='black', linestyle='--')
>>> ax.xaxis.set_ticks([.2, .4, .55, .93])
>>> ax.xaxis.set_label_text('X Axis', family='Verdana',
...   fontsize=15)
>>> ax.set_ylabel('Y Axis', family='Gotham', fontsize=20)
>>> ax.set_yticks([.1, .9])
>>> ax.set_yticklabels(['point 1', 'point 9'], rotation=45)
>>> fig.savefig('c13-step11.png', dpi=300, facecolor='.7')
```

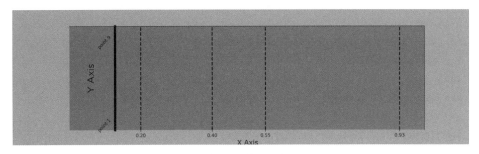

레이블이 있는 도면

작동 원리

객체지향 방식으로 파악해야 할 중요한 아이디어 중 하나는 각 도식화 요소에 게터getter와 세터setter 메서드가 모두 있다는 것이다. 게터 메서드는 모두 **get_**로 시작한다. 예를 들어 **ax.get_yscale()**은 y축이 표시되는 스케일 형식을 문자열(기본값은 linear)로 검색하는 반면 **ax.get_xticklabels()**는 각각 고유한 게터와 세터가 있는 matplotlib 텍스트 객체 목록을 검색한다. 세터 메서드는 특정 성질이나 전체 객체 그룹을 수정한다. 대다수 matplotlib은 결국 특정 도식화 요소와 연계해 게터와 세터 메서드를 통해 검사하고 수정하는 것으로 요약된다.

matplotlib 사용을 시작하는 가장 쉬운 방법은 pyplot 모듈을 사용하는 것인데, 대개 1단계에서처럼 plt로 별칭을 사용한다. 2단계는 객체지향 접근법을 시작하는 한 가지 방법을 보여준다. plt.subplots 함수는 Axes 객체 그리드와 함께 단일 Figure를 생성한다. 첫 번째 두 매개변수인 nrow와 ncol은 Axes 객체에서 균일한 그리드를 정의한다. 예를 들어 plt.subplots(2,)는 하나의 Figure 안에 같은 크기의 총 8개 Axes 객체를 만든다. plt.subplots는 튜플을 반환한다. 첫 번째 요소는 Figure고 두 번째 요소는 Axes 객체다. 이 튜플은 fig와 ax라는 두 변수로 언패킹 unpacking된다. 튜플 언패킹에 익숙하지 않은 경우 다음과 같이 2단계를 작성하면 도움이 될 수 있다.

```
>>> plot_objects - plt.subplots(nrows-1, ncols-1)
>>> type(plot_objects)
tuple
>>> fig = plot_objects[0]
>>> ax = plot_objects[1]
>>> fig.savefig('c13-1-works1.png', dpi=300)
```

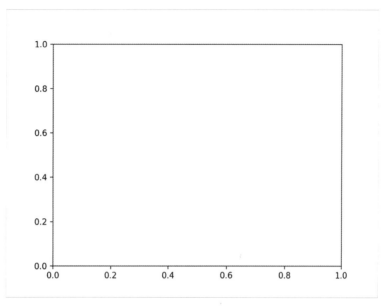

단일 axes를 가진 도면

plt.subplots를 사용해 둘 이상의 축을 작성하는 경우 튜플의 두 번째 항목은 모든 Axes를 가진 NumPy 배열이다. 이제 그 모습을 살펴보자.

```
>>> fig, axs = plt.subplots(2, 4)
>>> fig.savefig('c13-1-works2.png', dpi=300)
```

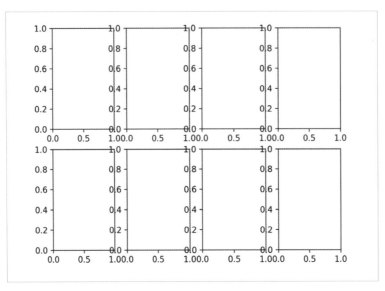

axes의 그리드를 가진 도면

axs 변수는 Figure를 첫 번째 원소로 갖고 NumPy 배열을 두 번째로 갖고 있는
NumPy 배열이다.

```
>>> axs
array([[<matplotlib.axes._subplots.AxesSubplot object at 0x126820668>,
        <matplotlib.axes._subplots.AxesSubplot object at 0x126844ba8>,
        <matplotlib.axes._subplots.AxesSubplot object at 0x126ad1160>,
        <matplotlib.axes._subplots.AxesSubplot object at 0x126afa6d8>],
       [<matplotlib.axes._subplots.AxesSubplot object at 0x126b21c50>,
        <matplotlib.axes._subplots.AxesSubplot object at 0x126b52208>,
        <matplotlib.axes._subplots.AxesSubplot object at 0x11f695588>,
        <matplotlib.axes._subplots.AxesSubplot object at 0x11f6b3b38>]],
      dtype=object)
```

3단계에서는 실제로 적절한 변수로 참조되는 Figure와 Axes 객체가 있는지 확인
한다. 4단계에서는 첫 번째 게터와 세터 메서드 예제를 살펴본다. matplotlib은 기
본적으로 모든 화면 너비를 가로 6인치 × 세로 4인치로 설정한다. 화면의 실제 크

기는 아니지만 그림을 파일로 저장하면 정확한 크기가 된다(인치당 100dpi 픽셀).

5단계에서는 게터 메서드 외에 속성을 사용해서도 다른 도면 객체에 액세스할 수 있음을 보여준다. 동일한 객체 검색에 속성과 게터 메서드가 모두 존재하는 경우가 종종 있다. 예를 들어 다음을 살펴보자.

```
>>> ax = axs[0][0]
>>> fig.axes == fig.get_axes()
True
>>> ax.xaxis == ax.get_xaxis()
True
>>> ax.yaxis == ax.get_yaxis()
True
```

많은 아티스트는 7단계에서와 같이 .facecolor 속성을 사용해 전체 표면을 특정 색상으로 덮을 수 있다. 8단계에서처럼 .get_children 메서드를 사용하면 객체의 계층 구조를 더 잘 이해할 수 있다. axes 바로 아래의 모든 객체 리스트가 반환된다. 이 리스트에서 모든 객체를 선택한 후 속성을 수정하고자 세터 메서드를 사용할 수도 있지만 일반적인 방법은 아니다. 대개는 속성이나 게터 메서드에서 객체를 수집한다.

종종 도식화 객체를 검색할 때 리스트나 딕셔너리와 같은 컨테이너로 반환된다. 이는 9단계에서 스파인을 수집할 때 발생한 상황이다. 10단계에서처럼 게터나 세터 메서드를 사용하려면 해당 컨테이너에서 개별 객체를 선택해야 한다. for 루프를 사용해 한 번에 하나씩 반복하는 것도 일반적이다.

11단계는 독특한 방식으로 그리드 선을 추가한다. .get_grid와 .set_grid 메서드가 있을 것으로 예상되지만 대신 첫 번째 인수로 불리언을 받아 그리드 라인을 켜고 끄는 .grid 메서드만 있다. 각 축에는 메이저major 틱tick과 마이너minor 틱이 모두 있지만 기본적으로 마이너 틱은 해제돼 있다. which 매개변수는 격자선의 틱 형식을 선택하는 데 사용된다.

11단계의 앞 세 줄은 .xaxis 속성을 선택하고 그로부터 메서드를 호출하는 반면 마지막 세 줄은 Axes 객체 자체에서 동등한 메서드를 호출한다는 것에 주목하자. 이 두 번째 메서드 집합은 matplotlib에서 제공하는 편의 기능으로, 몇 번의 키 입력을 줄일 수 있다. 일반적으로 대부분의 객체는 자식의 속성이 아닌 자신의 속성만 설정할 수 있다. 많은 axis 레벨 속성은 Axes에서 설정할 수 없지만 이 단계에서는 일부 있다. 어느 방법이든 모두 허용된다.

11단계에서는 첫 번째 명령 줄에서 그리드 선을 추가할 때 속성 .linewidth, .color, .linestyle을 설정한다. 이들은 모두 matplotlib 선[line]의 속성으로, 형식적으로는 Line2D 객체다. .set_ticks 메서드는 부동소수점수 시퀀스를 허용하고 해당 위치에 대해서만 눈금을 그린다. 빈 리스트를 사용하면 모든 틱이 완전히 제거된다.

각 axis에는 텍스트로 레이블을 지정할 수 있으며, matplotlib은 Text 객체를 사용한다. 사용 가능한 모든 텍스트 속성 중 일부만 변경됐다. .set_yticklabels Axes 메서드는 각 틱의 레이블로 사용할 문자열 리스트를 취한다. 원하는 개수의 텍스트 속성을 함께 설정할 수 있다.

추가 사항

각 도식화 객체의 가능한 모든 속성을 보려면 .properties 메서드를 호출한다. 그러려면 모든 속성을 딕셔너리로 표시해준다. axis 객체의 속성에 대해 선별된 리스트를 살펴보자.

```
>>> ax.xaxis.properties()
{'alpha': None,
 'gridlines': <a list of 4 Line2D gridline objects>,
 'label': Text(0.5,22.2,'X Axis'),
 'label_position': 'bottom',
 'label_text': 'X Axis',
```

```
'tick_padding': 3.5,
'tick_space': 26,
'ticklabels': <a list of 4 Text major ticklabel objects>,
'ticklocs': array([ 0.2 , 0.4 , 0.55, 0.93]),
'ticks_position': 'bottom',
'visible': True}
```

▌ matplotlib으로 데이터 시각화

matplotlib에는 상상 가능한 거의 모든 종류의 도면을 그릴 수 있는 수십 개의 도식화 메서드가 있다. 선, 막대, 히스토그램, 산포도, 상자, 바이올린, 등고선, 파이, 기타 많은 종류의 도면이 **Axes** 객체의 메서드로 제공된다. matplotlib이 pandas DataFrame 데이터를 허용하기 시작한 것은 버전 1.5(2015년에 배포됨)부터다. 그전에는 NumPy 배열이나 파이썬 리스트로 데이터를 전달해야 했다.

이 절에서는 알타^Alta 스키 리조트의 연간 적설량을 그려볼 것이다. 이 예제의 그림은 노르웨이에서 유사한 적설량 도면을 만든 트루드 안트지^Trud Antzee(@Antzee_)에서 영감을 얻은 것이다.

작동 방법

1. axes를 생성하고 속성을 변경시키는 방법을 알고 있으므로 데이터를 시각화해보자. 유타 주의 알타 스키 리조트의 적설량 데이터를 읽어 들인 다음 각 시즌에 얼마만큼의 눈이 왔는지 시각화해볼 것이다.

   ```
   >>> import pandas as pd
   >>> import numpy as np
   ```

```
>>> alta = pd.read_csv('data/alta-noaa-1980-2019.csv')
>>> alta
           STATION          NAME  LATITUDE ...  WT05  WT06  WT11
0      USC00420072  ALTA, UT US    40.5905 ...   NaN   NaN   NaN
1      USC00420072  ALTA, UT US    40.5905 ...   NaN   NaN   NaN
2      USC00420072  ALTA, UT US    40.5905 ...   NaN   NaN   NaN
3      USC00420072  ALTA, UT US    40.5905 ...   NaN   NaN   NaN
4      USC00420072  ALTA, UT US    40.5905 ...   NaN   NaN   NaN
...            ...          ...        ... ... ...   ...   ...   ...
14155  USC00420072  ALTA, UT US    40.5905 ...   NaN   NaN   NaN
14156  USC00420072  ALTA, UT US    40.5905 ...   NaN   NaN   NaN
14157  USC00420072  ALTA, UT US    40.5905 ...   NaN   NaN   NaN
14158  USC00420072  ALTA, UT US    40.5905 ...   NaN   NaN   NaN
14159  USC00420072  ALTA, UT US    40.5905 ...   NaN   NaN   NaN
```

2. 2018–2019 시즌의 데이터를 얻어보자.

```
>>> data = (alta
...     .assign(DATE=pd.to_datetime(alta.DATE))
...     .set_index('DATE')
...     .loc['2018-09':'2019-08']
...     .SNWD
... )
>>> data
DATE
2018-09-01    0.0
2018-09-02    0.0
2018-09-03    0.0
2018-09-04    0.0
2018-09-05    0.0
                ...
2019-08-27    0.0
2019-08-28    0.0
2019-08-29    0.0
```

```
2019-08-30    0.0
2019-08-31    0.0
Name: SNWD, Length: 364, dtype: float64
```

3. matplotlib을 사용해 데이터를 시각화한다. 기본 도식을 사용할 수도 있지
   만 모양을 조금 수정해본다(.savefig를 호출할 때는 facecolor를 지정해야 한
   다. 그렇지 않으면 익스포트^{export}된 이미지는 흰색으로 된다).

```
>>> blue = '#99ddee'
>>> white = '#ffffff'
>>> fig, ax = plt.subplots(figsize=(12,4), linewidth=5, facecolor=blue)
>>> ax.set_facecolor(blue)
>>> ax.spines['top'].set_visible(False)
>>> ax.spines['right'].set_visible(False)
>>> ax.spines['bottom'].set_visible(False)
>>> ax.spines['left'].set_visible(False)
>>> ax.tick_params(axis='x', colors=white)
>>> ax.tick_params(axis='y', colors=white)
>>> ax.set_ylabel('Snow Depth (in)', color=white)
>>> ax.set_title('2009-2010', color=white, fontweight='bold')
>>> ax.fill_between(data.index, data, color=white)
>>> fig.savefig('c13-alta1.png', dpi=300, facecolor=blue)
```

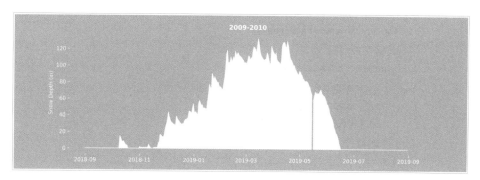

2009–2010 시즌의 알타 적설량 도식

4. 단일 figure에는 임의의 개수의 도면이 들어갈 수 있다. 이제 plot_year 함수를 만들어 다년간을 도식화해보자.

```python
>>> import matplotlib.dates as mdt
>>> blue = '#99ddee'
>>> white = '#ffffff'

>>> def plot_year(ax, data, years):
...     ax.set_facecolor(blue)
...     ax.spines['top'].set_visible(False)
...     ax.spines['right'].set_visible(False)
...     ax.spines['bottom'].set_visible(False)
...     ax.spines['left'].set_visible(False)
...     ax.tick_params(axis='x', colors=white)
...     ax.tick_params(axis='y', colors=white)
...     ax.set_ylabel('Snow Depth (in)', color=white)
...     ax.set_title(years, color=white, fontweight='bold')
...     ax.fill_between(data.index, data, color=white)

>>> years = range(2009, 2019)
>>> fig, axs = plt.subplots(ncols=2, nrows=int(len(years)/2),
...     figsize=(16, 10), linewidth=5, facecolor=blue)
>>> axs = axs.flatten()
>>> max_val = None
>>> max_data = None
>>> max_ax = None
>>> for i,y in enumerate(years):
...     ax = axs[i]
...     data = (alta
...         .assign(DATE=pd.to_datetime(alta.DATE))
...         .set_index('DATE')
...         .loc[f'{y}-09':f'{y+1}-08']
...         .SNWD
...     )
...     if max_val is None or max_val < data.max():
```

```
...     max_val = data.max()
...     max_data = data
...     max_ax = ax
...     ax.set_ylim(0, 180)
...     years = f'{y}-{y+1}'
...     plot_year(ax, data, years)
>>> max_ax.annotate(f'Max Snow {max_val}',
...     xy=(mdt.date2num(max_data.idxmax()), max_val),
...     color=white)

>>> fig.suptitle('Alta Snowfall', color=white, fontweight='bold')
>>> fig.tight_layout(rect=[0, 0.03, 1, 0.95])
>>> fig.savefig('c13-alta2.png', dpi=300, facecolor=blue)
```

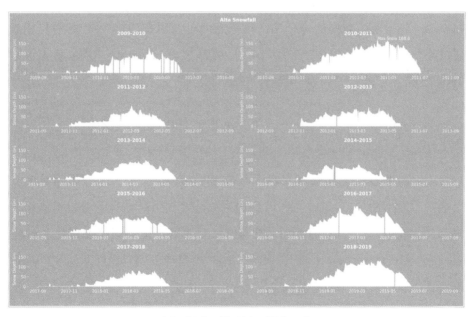

여러 시즌에 걸친 알타 적설량 그래프

작동 원리

1단계에서 NOAA 데이터를 로드한다. 2단계에서는 다양한 pandas 트릭을 사용해 DATE 열을 문자열에서 날짜로 변환한다. 그런 다음 인덱스를 DATE 열로 설정해 9월부터 1년 동안을 슬라이스한다. 마지막으로 pandas Series를 얻고자 SNWD(눈 깊이) 열을 꺼낸다. 3단계에서 subplots 함수를 사용해 Figure와 axes를 만든다. axes와 figure의 색을 모두 연한 파란색으로 설정했다. 또한 스파인을 제거하고 레이블 색상을 흰색으로 설정한다. 마지막으로 .fill_between 도식화 함수를 사용해 채워진 도면을 생성한다. 이 도면(트루드^{Trud}에서 영감을 얻음)은 내가 matplotlib으로 강조하고 싶은 것을 보여준다. matplotlib에서는 도면의 거의 모든 측면을 변경할 수 있다. Jupyter를 matplotlib과 함께 사용하면 도면을 조정할 수 있다.

4단계에서 3단계를 함수로 재구성한 다음 10개의 도면을 그리드에 그린다. 연간 데이터를 반복하면서 최댓값도 추적한다. 이를 통해 .annotate 메서드를 사용해 최대 눈 깊이를 가진 축에 주석을 달 수 있다.

추가 사항

나는 시각화를 가르칠 때 항상 우리 두뇌는 데이터 테이블을 보기에 최적화돼 있지 않다고 언급한다. 그러나 데이터를 시각화하면 데이터에 대한 통찰력을 얻을 수 있다. 예제의 경우 누락된 데이터가 있으므로 도면에 빈 간격이 분명히 보인다. 이 경우 나는 .interpolate 메서드를 사용해 빈 간격을 정리한다.

```
>>> years = range(2009, 2019)
>>> fig, axs = plt.subplots(ncols=2, nrows=int(len(years)/2),
...     figsize=(16, 10), linewidth=5, facecolor=blue)
>>> axs = axs.flatten()
>>> max_val = None
>>> max_data = None
```

```
>>> max_ax = None
>>> for i,y in enumerate(years):
...     ax = axs[i]
...     data = (alta.assign(DATE=pd.to_datetime(alta.DATE))
...         .set_index('DATE')
...         .loc[f'{y}-09':f'{y+1}-08']
...         .SNWD
...         .interpolate()
...     )
...     if max_val is None or max_val < data.max():
...         max_data = data
...         max_ax = ax
...     ax.set_ylim(0, 180)
...     years = f'{y}-{y+1}'
...     plot_year(ax, data, years)
>>> max_ax.annotate(f'Max Snow {max_val}',
...     xy=(mdt.date2num(max_data.idxmax()), max_val),
...     color=white)

>>> fig.suptitle('Alta Snowfall', color=white, fontweight='bold')
>>> fig.tight_layout(rect=[0, 0.03, 1, 0.95])
>>> fig.savefig('c13-alta3.png', dpi=300, facecolor=blue)
```

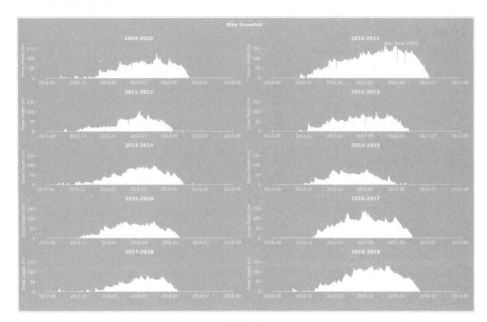

알타 도면

이 도면에도 여전히 문제가 있다. 좀 더 파고들자. 겨울 시즌 중에 적설량이 너무 많이 떨어지는 지점이 있는 것 같다. pandas를 사용해 연속된 항목의 절대치 차이가 어느 이상, 예컨대 50 이상 차이가 나는 지점을 찾아보자.

```
>>> (alta
...    .assign(DATE=pd.to_datetime(alta.DATE))
...    .set_index('DATE')
...    .SNWD
...    .to_frame()
...    .assign(next=lambda df_:df_.SNWD.shift(-1),
...       snwd_diff=lambda df_:df_.next-df_.SNWD)
...    .pipe(lambda df_: df_[df_.snwd_diff.abs() > 50])
... )
            SNWD   next   snwd_diff
DATE
1989-11-27  60.0   0.0    -60.0
```

2007-02-28	87.0	9.0	-78.0
2008-05-22	62.0	0.0	-62.0
2008-05-23	0.0	66.0	66.0
2009-01-16	76.0	0.0	-76.0
...	...	...	...
2011-05-18	0.0	136.0	136.0
2012-02-09	58.0	0.0	-58.0
2012-02-10	0.0	56.0	56.0
2013-03-01	75.0	0.0	-75.0
2013-03-02	0.0	78.0	78.0

데이터에 문제가 있는 것 같다. 시즌 중간에 데이터가 0이 되는(np.nan이 아닌 실제로 0) 지점이 있다. 이를 없애고자 .pipe 메서드와 함께 사용할 수 있는 fix_gaps 함수를 만들어 보자.

```
>>> def fix_gaps(ser, threshold=50):
...     ' shift > threshold인 지점의 값을 nan으로 대체'
...     mask = (ser
...         .to_frame()
...         .assign(next=lambda df_:df_.SNWD.shift(-1),
...             snwd_diff=lambda df_:df_.next-df_.SNWD)
...         .pipe(lambda df_: df_.snwd_diff.abs() > threshold)
...     )
...     return ser.where(~mask, np.nan)

>>> years = range(2009, 2019)
>>> fig, axs = plt.subplots(ncols=2, nrows=int(len(years)/2),
...     figsize=(16, 10), linewidth=5, facecolor=blue)
>>> axs = axs.flatten()
>>> max_val = None
>>> max_data = None
>>> max_ax = None
>>> for i,y in enumerate(years):
```

```
...    ax = axs[i]
...    data = (alta.assign(DATE=pd.to_datetime(alta.DATE))
...        .set_index('DATE')
...        .loc[f'{y}-09':f'{y+1}-08']
...        .SNWD
...        .pipe(fix_gaps)
...        .interpolate()
...    )
...    if max_val is None or max_val < data.max():
...        max_val = data.max()
...        max_data = data
...        max_ax = ax
...    ax.set_ylim(0, 180)
...        years = f'{y}-{y+1}'
...    plot_year(ax, data, years)
>>> max_ax.annotate(f'Max Snow {max_val}',
...    xy=(mdt.date2num(max_data.idxmax()), max_val),
...    color=white)

>>> fig.suptitle('Alta Snowfall', color=white, fontweight='bold')
>>> fig.tight_layout(rect=[0, 0.03, 1, 0.95])
>>> fig.savefig('c13-alta4.png', dpi=300, facecolor=blue)
```

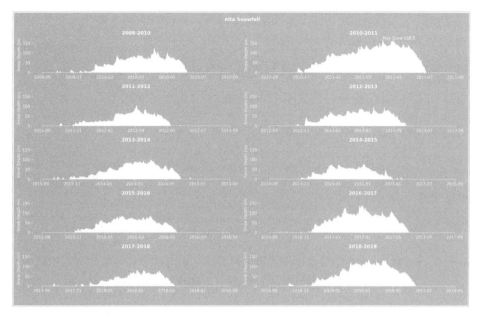

알타 도면

▌ pandas를 사용한 기본 도식화

pandas는 많은 절차를 자동화해 도식화를 매우 쉽게 해준다. 도식화는 내부적으로 matplotlib에 의해 처리되며 DataFrame이나 Series의 .plot 속성(메서드로도 작동하지만 여기서는 도식화에 속성을 사용)을 통해 공개적으로 액세스된다. pandas로 도면을 생성하면 matplotlib **Axes**나 **Figure**가 반환된다. 그런 다음 matplotlib의 모든 기능을 사용해 이 도면을 마음대로 조정할 수 있다.

pandas는 matplotlib에 있는 도면 중 작은 일부만 생성할 수 있는데, 예컨대 선, 막대, 상자, 산포도, 커널 밀도 추정^{KDE, Kernel Density Estimates}, 히스토그램 등이다. pandas는 도식화가 너무 쉽기 때문에 pandas 인터페이스는 보통 한 줄의 코드로 작업할 수 있어서 나는 이 방법을 선호한다.

pandas의 도식화를 이해하는 데 필요한 열쇠 중 하나는 x축과 y축의 소스를 아는 것이다. 기본 설정 도면인 선 도면은 인덱스를 x축에 그리고, 각 열을 y축에 그린다. 산포도의 경우 x와 y축에 사용할 열을 지정해줘야 한다. 히스토그램, 상자 그림, KDE는 인덱스를 무시하고 각 열의 분포를 그림으로 표시한다.

이 절에서는 pandas로 도식화하는 다양한 예제를 보여준다.

작동 방법

1. 의미 있는 인덱스를 가진 자그마한 DataFrame을 생성해본다.

```
>>> df = pd.DataFrame(index=['Atiya', 'Abbas', 'Cornelia',
...     'Stephanie', 'Monte'],
...     data={'Apples':[20, 10, 40, 20, 50],
...     'Oranges':[35, 40, 25, 19, 33]})

>>> df
```

	Apples	Oranges
Atiya	20	35
Abbas	10	40
Cornelia	40	25
Stephanie	20	19
Monte	50	33

2. 막대그래프는 인덱스를 x축의 레이블로 사용하고 열 값을 막대 높이로 사용한다. .bar 메서드의 .plot 속성을 사용해보자.

```
>>> color = ['.2', '.7']
>>> ax = df.plot.bar(color=color, figsize=(16,4))
>>> ax.get_figure().savefig('c13-pdemo-bar1.png')
```

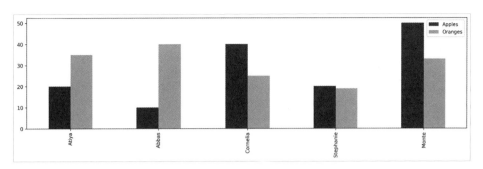

pandas 막대그래프

3. KDE 플롯은 인덱스를 무시하고 열 이름을 x축을 따라 사용하고 열 값을 y축을 따라 확률 밀도를 계산하는 데 사용한다.

```
>>> ax = df.plot.kde(color=color, figsize=(16,4))
>>> ax.get_figure().savefig('c13-pdemo-kde1.png')
```

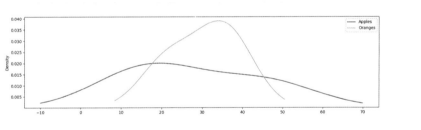

pandas KDE 도면

4. 선, 산포도, 막대그래프를 단일 **figure**에 그려보자. 산포도에 한해 직접 x와 y 값에 해당하는 열을 지정해줘야 한다. 산포도에 인덱스를 사용하려면 **.reset_index** 메서드를 사용해 열로 만들어야 한다. 다른 두 도면은 인덱스를 x축에 사용하고 모든 수치 열을 사용해 새로운 선이나 막대를 그린다.

```
>>> fig, (ax1, ax2, ax3) = plt.subplots(1, 3, figsize=(16,4))
>>> fig.suptitle('Two Variable Plots', size=20, y=1.02)
```

```
>>> df.plot.line(ax=ax1, title='Line plot')
>>> df.plot.scatter(x='Apples', y='Oranges',
...    ax=ax2, title='Scatterplot')
>>> df.plot.bar(color=color, ax=ax3, title='Bar plot')
>>> fig.savefig('c13-pdemo-scat.png')
```

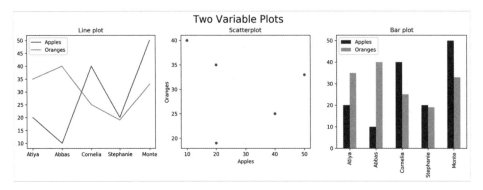

pandas를 사용해 단일 figure에 도식화한 다중 차트

5. 하나의 figure에 KDE, 상자 그림, 히스토그램도 넣어보자. 이 도면들은 열의 분포를 시각화하는 데 사용된다.

```
>>> fig, (ax1, ax2, ax3) = plt.subplots(1, 3, figsize=(16,4))
>>> fig.suptitle('One Variable Plots', size=20, y=1.02)
>>> df.plot.kde(color=color, ax=ax1, title='KDE plot')
>>> df.plot.box(ax=ax2, title='Boxplot')
>>> df.plot.hist(color=color, ax=ax3, title='Histogram')
>>> fig.savefig('c13-pdemo-kde2.png')
```

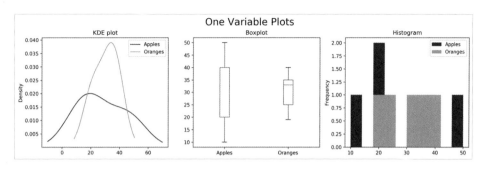

pandas를 사용해 도식화한 KDE, 상자 그림, 히스토그램

작동 원리

1단계에서는 pandas를 사용해 두 변수와 한 변수 도표를 그릴 때의 차이점을 설명하는 데 도움이 되는 작은 샘플 DataFrame을 만든다. 기본적으로 pandas는 DataFrame의 각 숫자 열을 사용해 새로운 막대, 선, KDE, 상자 그림, 막대그래프 집합을 만들고 2 변수 도표일 때 인덱스를 x 값으로 사용한다. 예외 중 하나는 산포도며 x와 y 값에 대해 각각 단일 열을 명시적으로 지정해줘야 한다.

pandas .plot 속성에는 원하는 대로 결과를 사용자 정의할 수 있는 많은 매개변수가 있는 다양한 도식화 메서드가 있다. 예를 들어 figure 크기를 설정하고, 눈금선을 켜거나 끄고, x와 y축 범위를 설정하고, 도면 색상을 지정하고, 눈금을 회전시키는 등의 작업을 수행할 수 있다.

또한 특정 matplotlib 도식화 메서드에서 가용한 모든 인수를 사용할 수 있다. 추가 인수는 plot 메서드의 **kwds 매개변수에 의해 수집돼 기저 matplotlib 함수로 올바르게 전달된다. 예를 들어 2단계에서는 막대그래프를 만든다. 이는 matplotlib bar 함수에서 사용 가능한 모든 매개변수는 물론 pandas 도식화 메서드에서 사용 가능한 모든 매개변수를 함께 사용할 수 있다는 의미다.

3단계에서는 단일 변수 KDE 도면을 생성한다. 이 도면은 DataFrame에서 각 숫자

열에 대한 밀도 추정치를 생성한다. 4단계에서는 두 변수 도면을 모두 같은 figure에 배치한다. 마찬가지로 5단계에서는 모든 1 변수 도면을 함께 배치한다.

4단계와 5단계는 각각 3개의 Axes 객체를 가진 figure를 생성한다. plt.subplots(1, 3) 코드는 단일 행과 3개의 열에 대해 3개의 Axes를 가진 figure를 생성한다. 코드는 figure와 함께 Axes를 가진 1차원 NumPy 배열로 구성된 2 항목 튜플을 반환한다.

튜플의 첫 번째 항목은 변수 fig에 할당된다. 튜플의 두 번째 항목은 각 축마다 하나씩 세 개의 변수로 할당된다. pandas의 도식화 메서드에는 ax 매개변수가 있어서 도면 결과를 figure의 특정 Axes에 배치할 수 있다.

추가 사항

산포도를 제외하고는 사용할 열을 별도로 지정한 도면이 없다. pandas는 기본적으로 모든 숫자 열을 도식화하고 두 변수 도면의 경우에는 인덱스를 도식화하도록 기본 설정돼 있다. 물론 각 x나 y 값에 사용하려는 정확한 열을 지정할 수도 있다.

```
>>> fig, (ax1, ax2, ax3) = plt.subplots(1, 3, figsize=(16,4))
>>> df.sort_values('Apples').plot.line(x='Apples', y='Oranges',
...     ax=ax1)
>>> df.plot.bar(x='Apples', y='Oranges', ax=ax2)
>>> df.plot.kde(x='Apples', ax=ax3)
>>> fig.savefig('c13-pdemo-kde3.png')
```

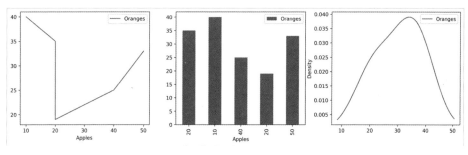

pandas KDE 도면

▌flights 데이터셋 시각화

탐색적 데이터 분석에는 시각화가 도움을 주며 pandas는 빠르고 쉽게 데이터를 생성할 수 있는 훌륭한 인터페이스를 제공한다. 새로운 데이터셋을 살펴볼 때의 한 가지 전략은 일변량 도표를 만들어 보는 것이다. 여기에는 범주형 데이터(보통 문자열)의 막대 차트와 연속 데이터(항상 숫자)의 히스토그램, 상자 그림, KDE가 있다.

이 예제에서는 pandas를 사용해 일변량과 다변량 도면을 생성해 flights 데이터셋에 대한 기본 탐색적 데이터 분석을 수행해본다.

작동 방법

1. flights 데이터셋을 읽는다.

```
>>> flights = pd.read_csv('data/flights.csv')
>>> flights
      MONTH   DAY   WEEKDAY  ...  ARR_DELAY   DIVERTED   CANCELLED
0         1     1         4  ...       65.0          0           0
1         1     1         4  ...      -13.0          0           0
```

```
2           1       1           4 ...        35.0             0             0
3           1       1           4 ...        -7.0             0             0
4           1       1           4 ...        39.0             0             0
...        ...     ...         ... ...        ...           ...           ...
58487      12      31           4 ...       -19.0             0             0
58488      12      31           4 ...         4.0             0             0
58489      12      31           4 ...        -5.0             0             0
58490      12      31           4 ...        34.0             0             0
58491      12      31           4 ...        -1.0             0             0
```

2. 도식화를 하기 전에 우회, 취소, 연착, 정시 운행된 항공편을 계산해보자.
   이미 DIVERTED와 CANCELLED에 대한 이진 열이 있다. 비행기는 예정보다
   15분을 넘어 도착하면 연착으로 간주한다. 연착과 정시 운항을 추적할 두
   개의 새로운 이진 열을 생성해보자.

```
>>> cols = ['DIVERTED', 'CANCELLED', 'DELAYED']
>>> (flights
...     .assign(DELAYED=flights['ARR_DELAY'].ge(15).astype(int),
...        ON_TIME=lambda df_:1 - df_[cols].any(axis=1))
...     .select_dtypes(int)
...     .sum()
... )
MONTH         363858
DAY           918447
WEEKDAY       229690
SCHED_DEP   81186009
DIST        51057671
SCHED_ARR   90627495
DIVERTED         137
CANCELLED        881
DELAYED        11685
ON_TIME        45789
dtype: int64
```

3. 이제 같은 figure에 대해 범주형과 연속형 열의 도면 몇 가지를 그려보자.

```
>>> fig, ax_array = plt.subplots(2, 3, figsize=(18,8))
>>> (ax1, ax2, ax3), (ax4, ax5, ax6) = ax_array
>>> fig.suptitle('2015 US Flights - Univariate Summary', size=20)
>>> ac = flights['AIRLINE'].value_counts()
>>> ac.plot.barh(ax=ax1, title='Airline')
>>> (flights
...    ['ORG_AIR']
...    .value_counts()
...    .plot.bar(ax=ax2, rot=0, title='Origin City')
... )
>>> (flights
...    ['DEST_AIR']
...    .value_counts()
...    .head(10)
...    .plot.bar(ax=ax3, rot=0, title='Destination City')
... )
>>> (flights
...    .assign(DELAYED=flights['ARR_DELAY'].ge(15).astype(int),
...       ON_TIME=lambda df_:1 - df_[cols].any(axis=1))
...    [['DIVERTED', 'CANCELLED', 'DELAYED', 'ON_TIME']]
...       .sum()
...    .plot.bar(ax=ax4, rot=0,
...    log=True, title='Flight Status')
... )
>>> flights['DIST'].plot.kde(ax=ax5, xlim=(0, 3000),
...    title='Distance KDE')
>>> flights['ARR_DELAY'].plot.hist(ax=ax6,
...    title='Arrival Delay',
...    range=(0,200)
... )
>>> fig.savefig('c13-uni1.png')
```

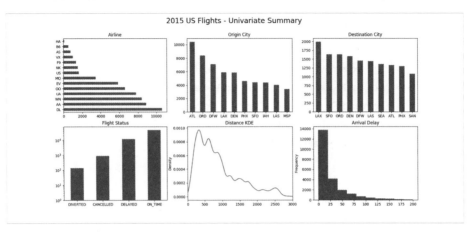

pandas 일변량 도면

4. 이 도면이 모든 일변량을 도식화한 것은 아니지만 몇 가지 변수에 대해 충분한 세부 사항을 파악할 수 있게 해준다. 다변량 도면으로 옮겨가기 전에 주별 항공편 수를 도식화해보자. 이때가 바로 x축에 날짜를 배치하고 시계열을 사용하기 적절한 상황이다. 불행히도 열 중 어느 곳에도 pandas Timestamp가 없지만 월과 일은 갖고 있다. to_datetime 함수에는 Timestamp 구성 요소와 일치하는 열 이름을 식별할 수 있는 멋진 트릭이 있다. 예를 들어 연, 월, 일이라는 정확히 3개의 열이 있는 DataFrame이 있을 때 이 DataFrame을 to_datetime 함수에 전달하면 일련의 Timestamp가 반환된다. 현재의 DataFrame을 준비하고자 연도에 대한 열을 추가하고 예정된 출발 시간을 사용해 시간과 분을 가져와야 한다.

```
>>> df_date = (flights
...    [['MONTH', 'DAY']]
...    .assign(YEAR=2015,
...       HOUR=flights['SCHED_DEP'] // 100,
...       MINUTE=flights['SCHED_DEP'] % 100)
... )
```

```
>>> df_date
        MONTH   DAY   YEAR   HOUR   MINUTE
0           1     1   2015     16       25
1           1     1   2015      8       23
2           1     1   2015     13        5
3           1     1   2015     15       55
4           1     1   2015     17       20
...       ...   ...    ...    ...      ...
58487      12    31   2015      5       15
58488      12    31   2015     19       10
58489      12    31   2015     18       46
58490      12    31   2015      5       25
58491      12    31   2015      8       59
```

5. 그러면 to_datetime 함수를 사용해 거의 마법처럼 이 DataFrame을 적절한
   Timestamp Series로 바꿀 수 있다.

```
>>> flight_dep = pd.to_datetime(df_date)
>>> flight_dep
0       2015-01-01 16:25:00
1       2015-01-01 08:23:00
2       2015-01-01 13:05:00
3       2015-01-01 15:55:00
4       2015-01-01 17:20:00
                ...
58487   2015-12-31 05:15:00
58488   2015-12-31 19:10:00
58489   2015-12-31 18:46:00
58490   2015-12-31 05:25:00
58491   2015-12-31 08:59:00
Length: 58492, dtype: datetime64[ns]
```

6. 이 결과를 새로운 인덱스로 사용하고 `.resample` 메서드를 사용해 주별 항공편 수를 알아본다.

```
>>> flights.index = flight_dep
>>> fc = flights.resample('W').size()
>>> fc.plot.line(figsize=(12,3), title='Flights per Week', grid=True)
>>> fig.savefig('c13-ts1.png')
```

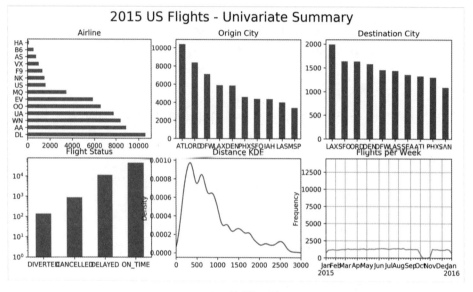

pandas 시계열 도면

7. 도면은 꽤나 흥미로운 결과를 보여준다. 10월에 대한 데이터가 없는 것 같다. 이 누락된 데이터로 인해 추세가 존재하는지 시각적으로 분석하기가 매우 어렵다. 첫 주와 마지막 주도 평소보다 낮은데, 7일이 꽉 찬 완전한 주가 아닐 수 있기 때문일 것이다. 600편 미만의 비행이 있는 주는 결측치로 만들어 보자. 그런 다음 보간법을 사용해 누락된 데이터를 채울 수 있다.

```
>>> def interp_lt_n(df_, n=600):
...    return (df_
...        .where(df_ > n)
...        .interpolate(limit_direction='both')
... )
>>> fig, ax = plt.subplots(figsize=(16,4))
>>> data = (flights
...    .resample('W')
...    .size()
... )
>>> (data
...    .pipe(interp_lt_n)
...    .iloc[1:-1]
... .plot.line(color='black', ax=ax)
... )
>>> mask = data<600
>>> (data
...    .pipe(interp_lt_n)
...    [mask]
...    .plot.line(color='.8', linewidth=10)
... )
>>> ax.annotate(xy=(.8, .55), xytext=(.8, .77),
...             xycoords='axes fraction', s='missing data',
...             ha='center', size=20, arrowprops=dict())
>>> ax.set_title('Flights per Week (Interpolated Missing Data)')
>>> fig.savefig('c13-ts2.png')
```

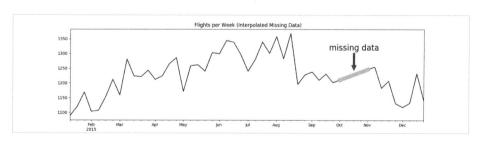

pandas 시계열 도면

8. 방향을 바꿔 다변량 도면을 살펴보자. 다음과 같은 10개 공항을 찾아본다.

- 인입 항공편의 평균 항로가 가장 긴 공항
- 최소 100개의 전체 항공편

```
>>> fig, ax = plt.subplots(figsize=(16,4))
>>> (flights
...     .groupby('DEST_AIR')
...     ['DIST']
...     .agg(['mean', 'count'])
...     .query('count > 100')
...     .sort_values('mean')
...     .tail(10)
...     .plot.bar(y='mean', rot=0, legend=False, ax=ax,
...         title='Average Distance per Destination')
... )
>>> fig.savefig('c13-bar1.png')
```

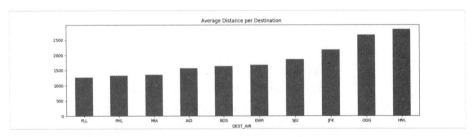

pandas 막대그래프

9. 최상위 두 개의 목적지 공항이 하와이에 있다는 것이 그다지 놀랍지는 않다. 이제 2,000마일 미만의 모든 비행에서 거리와 비행시간 사이의 산포도를 만들어 두 변수를 동시에 분석해보자.

```
>>> fig, ax = plt.subplots(figsize=(8,6))
>>> (flights
```

```
...        .reset_index(drop=True)
...        [['DIST', 'AIR_TIME']]
...        .query('DIST <= 2000')
...        .dropna()
...        .plot.scatter(x='DIST', y='AIR_TIME', ax=ax, alpha=.1, s=1)
... )
>>> fig.savefig('c13-scat1.png')
```

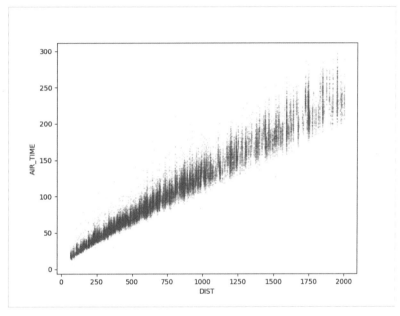

pandas 산포도

10. 예상대로 거리와 운항 시간 사이에 밀접한 선형 관계가 존재하지만, 마일 수가 증가함에 따라 분산도 증가하는 것이 보인다. 상관관계를 살펴보자.

```
flights[['DIST', 'AIR_TIME']].corr()
```

11. 도면으로 돌아가보자. 추세 선에서 크게 벗어난 항공편이 몇 개 보인다. 이들이 무엇인지 파악해보자. 선형 회귀 모델을 사용하면 공식적으로 식

별할 수 있겠지만 pandas는 선형 회귀를 지원하지 않으므로 좀 더 수동적인 접근 방식을 사용해야 한다. cut 함수를 사용해 비행 거리를 8개 그룹 중 하나에 배치한다.

```
>>> (flights
...     .reset_index(drop=True)
...     [['DIST', 'AIR_TIME']]
...     .query('DIST <= 2000')
...     .dropna()
...     .pipe(lambda df_:pd.cut(df_.DIST,
...         bins=range(0, 2001, 250)))
...     .value_counts()
...     .sort_index()
... )
(0, 250]         6529
(250, 500]      12631
(500, 750]      11506
(750, 1000]      8832
(1000, 1250]     5071
(1250, 1500]     3198
(1500, 1750]     3885
(1750, 2000]     1815
Name: DIST, dtype: int64
```

12. 각 그룹 내의 모든 항공편은 유사한 운항 시간을 가진다고 가정하자. 따라서 각 항공편에 대해 각 그룹 내의 평균 운항 시간에서 벗어난 표준 편차를 구해본다.

```
>>> zscore = lambda x: (x - x.mean()) / x.std()
>>> short = (flights
...     [['DIST', 'AIR_TIME']]
...     .query('DIST <= 2000')
```

```
...      .dropna()
...      .reset_index(drop=True)
...      .assign(BIN=lambda df_:pd.cut(df_.DIST,
...         bins=range(0, 2001, 250)))
... )

>>> scores = (short
...      .groupby('BIN')
...      ['AIR_TIME']
...      .transform(zscore)
... )

>>> (short.assign(SCORE=scores))
          DIST   AIR_TIME          BIN      SCORE
0          590       94.0    (500, 750]   0.490966
1         1452      154.0  (1250, 1500]  -1.267551
2          641       85.0    (500, 750]  -0.296749
3         1192      126.0  (1000, 1250]  -1.211020
4         1363      166.0  (1250, 1500]  -0.521999
...        ...        ...           ...        ...
53462     1464      166.0  (1250, 1500]  -0.521999
53463      414       71.0    (250, 500]   1.376879
53464      262       46.0    (250, 500]  -1.255719
53465      907      124.0   (750, 1000]   0.495005
53466      522       73.0    (500, 750]  -1.347036
```

13. 이제 이상치를 발견할 수 있는 방법이 필요하다. 상자 그림은 이상치를 탐지하기 위한 시각적 요소를 제공해준다(내부 사분위 범위의 1.5배 이상). 각 빈bin에 대한 상자 그림을 만들려면 열 이름에 빈 이름을 둘 필요가 있다. 이를 위해 .pivot 메서드를 사용한다.

```
>>> fig, ax = plt.subplots(figsize=(10,6))
>>> (short.assign(SCORE=scores)
```

```
...     .pivot(columns='BIN')
...     ['SCORE']
...     .plot.box(ax=ax)
... )
>>> ax.set_title('Z-Scores for Distance Groups')
>>> fig.savefig('c13-box2.png')
```

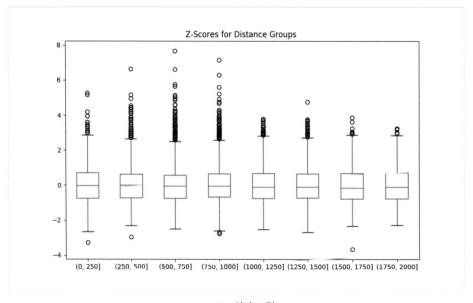

pandas 상자 그림

14. 평균에서 6 표준 편차보다 더 큰 점을 살펴보자. **9**단계에서 항공 DataFrame
의 인덱스를 재설정하므로 인덱스를 사용해 항공 DataFrame의 각 고유 행
을 식별할 수 있다. 이상치만으로 구성된 별도의 DataFrame을 만들어보자.

```
>>> mask = (short
...     .assign(SCORE=scores)
...     .pipe(lambda df_:df_.SCORE.abs() >6)
... )
```

```
>>> outliers = (flights
...    [['DIST', 'AIR_TIME']]
...    .query('DIST <= 2000')
...    .dropna()
...    .reset_index(drop=True)
...    [mask]
...    .assign(PLOT_NUM=lambda df_:range(1, len(df_)+1))
... )

>>> outliers
        DIST  AIR_TIME  PLOT_NUM
14972    373     121.0         1
22507    907     199.0         2
40768    643     176.0         3
50141    651     164.0         4
52699    802     210.0         5
```

15. 이 테이블을 사용해 9단계의 그림에서 이상치를 식별할 수 있다. pandas
도 table 매개변수를 사용해 테이블을 그래프의 맨 아래에 연결할 수 있는
방법을 제공한다.

```
>>> fig, ax = plt.subplots(figsize=(8,6))
>>> (short
...    .assign(SCORE=scores)
...    .plot.scatter(x='DIST', y='AIR_TIME',
...                  alpha=.1, s=1, ax=ax,
...                  table=outliers)
... )
>>> outliers.plot.scatter(x='DIST', y='AIR_TIME',
...    s=25, ax=ax, grid=True)
>>> outs = outliers[['AIR_TIME', 'DIST', 'PLOT_NUM']]
>>> for t, d, n in outs.itertuples(index=False):
...    ax.text(d + 5, t + 5, str(n))
```

```
>>> plt.setp(ax.get_xticklabels(), y=.1)
>>> plt.setp(ax.get_xticklines(), visible=False)
>>> ax.set_xlabel('')
>>> ax.set_title('Flight Time vs Distance with Outliers')
>>> fig.savefig('c13-scat3.png', dpi=300, bbox_inches='tight')
```

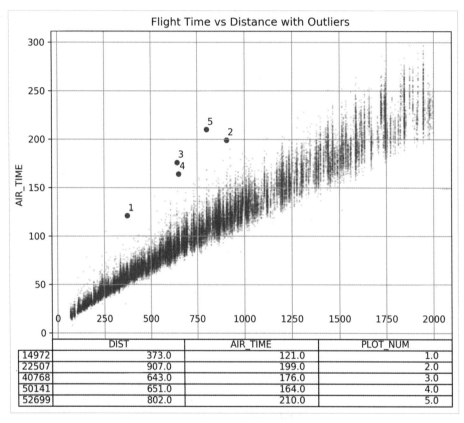

	DIST	AIR_TIME	PLOT_NUM
14972	373.0	121.0	1.0
22507	907.0	199.0	2.0
40768	643.0	176.0	3.0
50141	651.0	164.0	4.0
52699	802.0	210.0	5.0

pandas 산포도

작동 원리

1단계에서 데이터를 읽고 연착과 정시 비행에 대한 열을 계산하면 일변량 도면을
시작할 준비가 된다. 3단계에서 subplots 함수를 호출하면 동일한 크기의 Axes로

680

구성된 2×3 그리드가 생성된다. 각 Axes는 각각을 참조할 변수에 할당한다. 도식화 메서드의 각 호출은 매개변수를 사용해 figure상의 특정 Axes를 참조한다. .value_counts 메서드는 최상단 행의 도면을 형성하는 3개의 Series를 생성하는 데 사용된다. rot 매개변수는 눈금 레이블을 주어진 각도만큼 회전시킨다.

좌하단의 도면은 정시 비행 횟수가 취소된 비행 횟수보다 약 100배 더 많으므로 y축에 대해서는 로그 스케일을 사용한다. 로그 스케일이 아니라면 왼쪽 두 막대는 보이지 않을 수도 있다. 기본적으로 KDE 도면은 맨 아래 행의 도면에서 마이너스 거리와 같이 불가능한 값에 대해 양의 면적이 생성될 수 있다. 따라서 xlim 매개변수를 사용해 x 값의 범위를 제한한다.

도착 지연에 대해 우하단에 생성된 히스토그램에는 range 매개변수가 전달됐다. 이것은 pandas .plot.hist 메서드의 시그니처 일부는 아니다. 대신 이 매개변수는 **kwds 인수에 의해 수집된 다음 matplotlib hist 함수로 전달된다. 이 경우 이전 그림에서와 같이 xlim을 사용하면 작동하지 않는다. 그래프의 해당 부분만큼 새 빈[bin] 너비를 다시 계산하지 않고 도면이 잘릴 수 있다. 그러나 range 매개변수는 x축을 제한하고 해당 범위의 빈 너비를 계산한다.

4단계는 5단계에서 to_datetime 함수를 사용해 각 행을 즉시 Timestamp로 변환할 수 있도록 datetime 구성 요소만 가진 열을 저장할 특수한 열을 갖고 있는 추가적인 DataFrame을 생성한다.

6단계에서는 .resample 메서드를 사용한다. 이 메서드는 인덱스를 사용해 전달된 날짜 오프셋 별칭에 따라 그룹을 형성한다. 여기서는 주별(W) 비행 횟수를 Series로 반환한 다음 .plot.line 메서드를 호출해 인덱스를 x축으로 구성한다. 10월에는 데이터가 빈 곳이 보인다.

이 구멍을 채우려면 .where 메서드를 사용해 7단계에서 600미만의 값만 결측치로 설정한다. 그런 다음 선형 보간을 통해 결측 데이터를 채운다. 기본 설정에서

.interpolate 메서드는 정방향만 보간하므로 DataFrame 최앞단의 결측치는 그대로 남게 된다. limit_direction 매개변수를 both로 설정하면 누락된 값이 없게 할 수 있다.

이제 새로운 데이터가 그려진다. 누락된 데이터를 좀 더 명확하게 표시하고자 원본에서 누락된 점을 선택하고 이전 선 위의 동일한 Axes에 선 그림을 그린다. 일반적으로 도면에 주석을 달 때 데이터 좌표를 사용할 수도 있지만 예제의 경우에는 x축 좌표가 무엇인지 분명하지 않다. Axes 좌표계((0, 0)에서 (1, 1) 범위)를 사용하려면 xycoords 매개변수를 axes fraction으로 설정한다. 이 새로운 도면은 이제 잘못된 데이터는 제거했으므로 추세 파악이 훨씬 쉬워진다. 여름철에는 연중 다른 때보다 훨씬 많은 항공편이 운항된다.

8단계에서는 긴 체인을 사용해 각 도착 공항별로 그룹화하고 mean과 count 두 함수를 DIST 열에 적용한다. .query 메서드는 간단한 필터링 방법으로 잘 작동한다. .plot.bar 메서드에 전달된 DataFrame에는 두 개의 열이 있으며, 기본 설정에서 각 열에 대한 막대그래프를 그린다. 여기서는 count 열에 관심이 없으므로 막대그래프에는 mean 열만 선택한다. 또한 DataFrame으로 도식화할 때 각 열 이름이 범례에 나타난다. 따라서 mean이라는 단어가 범례에 포함되는데, 이는 그다지 유용하지 않으므로 legend 매개변수를 False로 설정해 제거해 버린다.

9단계는 거리와 비행시간 사이의 관계를 살펴보기 시작한다. 데이터 포인트가 매우 많기 때문에 s 매개변수를 사용해 크기를 줄인다. 또한 alpha 매개변수를 사용해 겹치는 점을 표시한다.

상관관계가 보이는데, 10단계에서 그 값을 정량화한다.

목적지까지 도달하는 데 평균 시간보다 훨씬 더 오래 걸린 항공편을 찾고자 11단계에서는 각 항공편을 250마일 단위로 그룹화한 후 12단계에서는 그룹의 평균과 떨어진 표준 편차 수를 찾는다.

13단계에서는 BIN의 모든 고윳값에 대해 동일한 Axes에 새로운 상자 그림을 생성한다.

14단계에서 현재 DataFrame short에는 가장 느린 항공편을 찾는 데 필요한 정보가 들어있지만 추가적인 조사에 필요한 데이터는 원본에 들어있지 않다. **12**단계에서 short의 인덱스를 재설정하므로 이 인덱스를 사용해 원본에서 동일한 행을 식별할 수 있다. 또한 이상치를 가진 행 모두에 고유한 정수인 PLOT_NUM을 부여해 나중에 도식화할 때 식별할 수 있도록 한다.

15단계에서는 **9**단계와 동일한 산포도로 시작하지만 table 매개변수를 사용해 이상치 테이블을 도면의 맨 아래에 추가한다. 그런 다음 이상치를 상단에 산포도로 도식화하고 쉽게 식별할 수 있도록 점을 크게 그린다. .itertuples 메서드는 각 DataFrame 행을 반복하며 해당 값을 튜플로 반환한다. 해당 x, y 값을 도면에 풀고 할당된 숫자에 레이블을 지정한다.

테이블이 도면 아래에 배치되면 x축의 도식화 객체를 방해한다. 눈금 레이블을 축 내부로 이동하고 눈금 선과 축 레이블을 제거한다. 이 테이블은 이상치에 대한 정보를 제공한다.

▌ 새로운 경향을 발견하기 위한 누적 영역 차트

누적 영역 차트는 특히 시장에서 새로운 경향을 발견할 수 있는 훌륭한 시각화 도구다. 인터넷 브라우저, 휴대폰, 차량과 같은 제품의 시장 점유율은 백분율로 표시하는 것이 일반적이다.

이 예제에서는 인기 있는 웹 사이트 meetup.com에서 수집한 데이터를 사용한다. 누적 영역 차트를 사용해 5개의 데이터 과학 관련 모임 그룹 간의 구성원 분포를 보여준다.

작동 방법

1. meetup 데이터셋을 읽고 join_date 열을 Timestamp로 변환한 다음 인덱스로 설정한다.

```
>>> meetup = pd.read_csv('data/meetup_groups.csv',
...     parse_dates=['join_date'],
...     index_col='join_date')
>>> meetup
                                     group  ...  country
join_date                                   ...
2016-11-18 02:41:29    houston machine learning  ...       us
2017-05-09 14:16:37    houston machine learning  ...       us
2016-12-30 02:34:16    houston machine learning  ...       us
2016-07-18 00:48:17    houston machine learning  ...       us
2017-05-25 12:58:16    houston machine learning  ...       us
...                                        ...  ...      ...
2017-10-07 18:05:24   houston data visualization  ...       us
2017-06-24 14:06:26   houston data visualization  ...       us
2015-10-05 17:08:40   houston data visualization  ...       us
2016-11-04 22:36:24   houston data visualization  ...       us
2016-08-02 17:47:29   houston data visualization  ...       us
```

2. 주별로 각 그룹에 참가한 사람의 수를 알아보자.

```
>>> (meetup
...     .groupby([pd.Grouper(freq='W'), 'group'])
...     .size()
... )
join_date    group
2010-11-07   houstonr              5
2010-11-14   houstonr             11
2010-11-21   houstonr              2
2010-12-05   houstonr              1
```

```
2011-01-16    houstonr                            2
                                                  ..
2017-10-15    houston data science               14
              houston data visualization         13
              houston energy data science         9
              houston machine learning           11
              houstonr                            2
Length: 763, dtype: int64
```

3. 그룹 레벨을 언스택해 각 meetup 그룹이 자신의 데이터 열을 갖게 한다.

```
>>> (meetup
...     .groupby([pd.Grouper(freq='W'), 'group'])
...     .size()
...     .unstack('group', fill_value=0)
... )
group          houston data science  ...  houstonr
join_date                            ...
2010-11-07                        0  ...         5
2010-11-14                        0  ...        11
2010-11-21                        0  ...         2
2010-12-05                        0  ...         1
2011-01-16                        0  ...         2
...                             ...  ...       ...
2017-09-17                       16  ...         0
2017-09-24                       19  ...         7
2017-10-01                       20  ...         1
2017-10-08                       22  ...         2
2017-10-15                       14  ...         2
```

4. 이 데이터는 특정 주에 참여한 회원 수를 나타낸다. 이제 총 회원 수를 구하고자 각 열의 누적 합계를 살펴보자.

```
>>> (meetup
...    .groupby([pd.Grouper(freq='W'), 'group'])
...    .size()
...    .unstack('group', fill_value=0)
...    .cumsum()
... )
group          houston data science  ...  houstonr
join_date                             ...
2010-11-07                        0  ...         5
2010-11-14                        0  ...        16
2010-11-21                        0  ...        18
2010-12-05                        0  ...        19
2011-01-16                        0  ...        21
...                             ...  ...       ...
2017-09-17                     2105  ...      1056
2017-09-24                     2124  ...      1063
2017-10-01                     2144  ...      1064
2017-10-08                     2166  ...      1066
2017-10-15                     2180  ...      1068
```

5. 많은 누적 영역 차트는 전체 백분율을 사용해서 각 행의 총합이 항상 1이 되게 한다. 이제 각 행을 그 행의 총합으로 나눠 상대 비율을 구해보자.

```
>>> (meetup
...    .groupby([pd.Grouper(freq='W'), 'group'])
...    .size()
...    .unstack('group', fill_value=0)
...    .cumsum()
...    .pipe(lambda df_: df_.div(
...        df_.sum(axis='columns'), axis='index'))
... )
group          houston data science  ...  houstonr
join_date                             ...
2010-11-07                 0.000000  ...  1.000000
```

2010-11-14	0.000000	...	1.000000
2010-11-21	0.000000	...	1.000000
2010-12-05	0.000000	...	1.000000
2011-01-16	0.000000	...	1.000000
...	...	...	...
2017-09-17	0.282058	...	0.141498
2017-09-24	0.282409	...	0.141338
2017-10-01	0.283074	...	0.140481
2017-10-08	0.284177	...	0.139858
2017-10-15	0.284187	...	0.139226

6. 이제 누적 영역 도면을 만들 수 있다. 이 도면은 하나가 다른 위에 계속해서 누적된다.

```
>>> fig, ax = plt.subplots(figsize=(18,6))
>>> (meetup
...    .groupby([pd.Grouper(freq='W'), 'group'])
...    .size()
...    .unstack('group', fill_value=0)
...    .cumsum()
...    .pipe(lambda df_: df_.div(
...        df_.sum(axis='columns'), axis='index'))
...    .plot.area(ax=ax,
...        cmap='Greys', xlim=('2013-6', None),
...        ylim=(0, 1), legend=False)
... )
>>> ax.figure.suptitle('Houston Meetup Groups', size=25)
>>> ax.set_xlabel('')
>>> ax.yaxis.tick_right()
>>> kwargs = {'xycoords':'axes fraction', 'size':15}
>>> ax.annotate(xy=(.1, .7), s='R Users',
...    color='w', **kwargs)
>>> ax.annotate(xy=(.25, .16), s='Data Visualization',
...    color='k', **kwargs)
```

```
>>> ax.annotate(xy=(.5, .55), s='Energy Data Science',
...    color='k', **kwargs)
>>> ax.annotate(xy=(.83, .07), s='Data Science',
...    color='k', **kwargs)
>>> ax.annotate(xy=(.86, .78), s='Machine Learning',
...    color='w', **kwargs)
>>> fig.savefig('c13-stacked1.png')
```

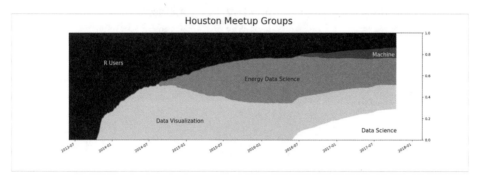

meetup 그룹 분포의 누적 도면

작동 원리

목표는 휴스턴에서 가장 큰 5대 데이터 과학 meetup 그룹의 시간에 따른 구성원 분포를 살펴보는 것이다. 이를 위해서는 각 그룹이 시작된 이후부터 모든 시점에서의 총 회원을 찾아야 한다.

2단계에서는 매주(오프셋 별칭 W)와 meetup 그룹별로 그룹화하고 .size 메서드를 사용해 해당 주의 가입자 수를 반환한다.

결과 Series는 pandas로 도식화하는 데 적합하지 않다. 각 meetup 그룹은 고유한 열이 돼야 하므로 그룹 인덱스 레벨을 열로 재구성한다. 신규 가입이 없었던 특정 주가 포함된 그룹이 결측치를 갖지 않도록 fill_ value 옵션을 0으로 설정한다.

매주 총 회원 수가 필요하다. 이는 4단계의 `.cumsum` 메서드를 사용하면 된다. 이 단계 후에 누적 영역 도면을 만들 수 있다. 이는 가공되지 않은 총 회원 수를 시각화하는 좋은 방법이다.

5단계에서는 각 값을 그 행의 총합으로 나눠 각 그룹의 분포를 전체 회원 수의 비율로 구한다. 기본적으로 pandas는 열을 기준으로 객체를 자동 정렬하므로 나누기 연산자를 사용할 수 없다. 대신 `.div` 메서드를 사용하면서 `axis` 매개변수 값을 `index`로 설정해야 한다.

이제 누적 영역 그림에 대한 데이터가 준비됐고 6단계에서 생성한다. pandas를 사용하면 `datetime` 문자열로 축 제한을 설정할 수 있다는 점에 주목하자. 이 작업은 matplotlib에서 `ax.set_xlim` 메서드를 사용해 수행하면 작동하지 않는다. Houston R Users 그룹이 다른 그룹보다 훨씬 일찍 시작했기 때문에 도면의 시작 날짜가 몇 년 늘어났다.

▌seaborn과 pandas의 차이점

seaborn 라이브러리는 시각화에 널리 사용되는 파이썬 라이브러리다. pandas와 마찬가지로 실제로는 도식화 자체는 수행하지 않으며 matplotlib을 감싸는 래퍼다. seaborn 도식화 함수는 pandas DataFrame과 함께 작동해 미적으로 유쾌한 시각화를 해준다.

seaborn과 pandas는 모두 matplotlib의 오버헤드를 줄이지만 둘의 데이터 접근 방식은 완전히 다르다. 거의 모든 seaborn 도식화 함수에는 정돈된(또는 긴) 데이터가 필요하다.

데이터 분석 중에 정돈된 데이터를 처리하면 종종 집계되거나 와이드wide 데이터가 생성된다. 이 데이터는 와이드 형식으로 pandas가 도식화하는 데 사용한다.

이 예제에서는 seaborn과 pandas를 사용해 유사한 도면을 작성해서 이들이 취하는 데이터 형식(정돈과 와이드)을 표시한다.

작동 방법

1. employee 데이터셋을 읽어 들인다.

```
>>> employee = pd.read_csv('data/employee.csv',
...    parse_dates=['HIRE_DATE', 'JOB_DATE'])
>>> employee
      UNIQUE_ID  POSITION_TITLE   DEPARTMENT  ... \
0             0  ASSISTAN...      Municipa... ...
1             1  LIBRARY ...      Library ...
2             2  POLICE O...      Houston ... ...
3             3  ENGINEER...      Houston ... ...
4             4  ELECTRICIAN      General ... ...
...         ...  ...                      ... ...
1995       1995  POLICE O...      Houston ... ...
1996       1996  COMMUNIC...      Houston ... ...
1997       1997  POLICE O...      Houston ... ...
1998       1998  POLICE O...      Houston ... ...
1999       1999  FIRE FIG...      Houston ... ...
[2000 rows x 10 columns]
```

2. seaborn 라이브러리를 sns라는 별칭으로 임포트한다.

```
>>> import seaborn as sns
```

3. seaborn으로 각 부서 개수를 막대그래프로 그려보자.

```
>>> fig, ax = plt.subplots(figsize=(8, 6))
```

690

```
>>> sns.countplot(y='DEPARTMENT', data=employee, ax=ax)
>>> fig.savefig('c13-sns1.png', dpi=300, bbox_inches='tight')
```

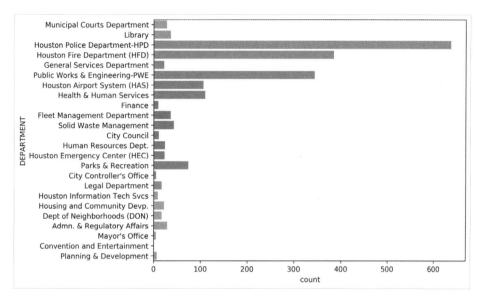

seaborn 막대그래프

4. 이 도면을 pandas로 재현하려면 그전에 데이터를 집계할 필요가 있다.

```
>>> fig, ax = plt.subplots(figsize=(8, 6))
>>> (employee
...     ['DEPARTMENT']
...     .value_counts()
...     .plot.barh(ax=ax)
... )
>>> fig.savefig('c13-sns2.png', dpi=300, bbox_inches='tight')
```

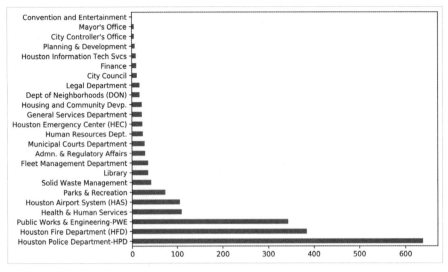

pandas 막대그래프

5. 이제 seaborn으로 각 인종의 평균 급여를 알아보자.

```
>>> fig, ax = plt.subplots(figsize=(8, 6))
>>> sns.barplot(y='RACE', x='BASE_SALARY', data=employee, ax=ax)
>>> fig.savefig('c13-sns3.png', dpi=300, bbox_inches='tight')
```

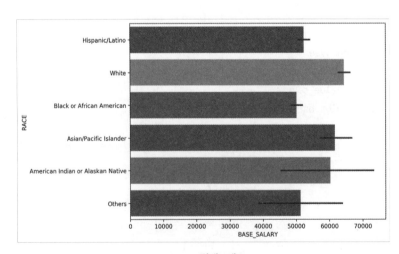

seaborn 막대그래프

6. 이를 pandas로 복제하려면 먼저 **RACE**로 그룹화를 해야 한다.

```
>>> fig, ax = plt.subplots(figsize=(8, 6))
>>> (employee
...     .groupby('RACE', sort=False)
...     ['BASE_SALARY']
...     .mean()
...     .plot.barh(rot=0, width=.8, ax=ax)
... )
>>> ax.set_xlabel('Mean Salary')
>>> fig.savefig('c13-sns4.png', dpi=300, bbox_inches='tight')
```

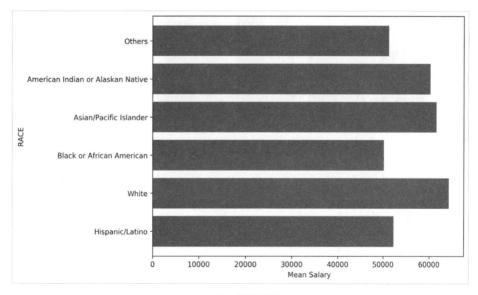

pandas 막대그래프

7. seaborn도 세 번째 변수 hue를 사용해 대부분의 도식화 함수에서는 데이터 내에서 그룹을 구분할 수 있는 기능이 있다. **RACE**와 **GENDER**별 평균 급여를 알아보자.

```
>>> fig, ax = plt.subplots(figsize=(18, 6))
>>> sns.barplot(x='RACE', y='BASE_SALARY', hue='GENDER',
...     ax=ax, data=employee, palette='Greys',
...     order=['Hispanic/Latino',
...            'Black or African American',
...            'American Indian or Alaskan Native',
...            'Asian/Pacific Islander', 'Others',
...            'White'])
>>> fig.savefig('c13-sns5.png', dpi=300, bbox_inches='tight')
```

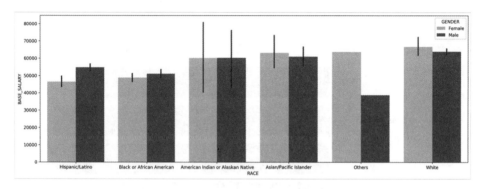

seaborn 막대그래프

8. pandas로는 RACE와 GENDER 모두로 그룹화한 다음 성별을 열 이름으로 언스택해야 한다.

```
>>> fig, ax = plt.subplots(figsize=(18, 6))
>>> (employee
...     .groupby(['RACE', 'GENDER'], sort=False)
...     ['BASE_SALARY']
...     .mean()
...     .unstack('GENDER')
...     .sort_values('Female')
...     .plot.bar(rot=0, ax=ax,
...         width=.8, cmap='viridis')
```

```
... )
>>> fig.savefig('c13-sns6.png', dpi=300, bbox_inches='tight')
```

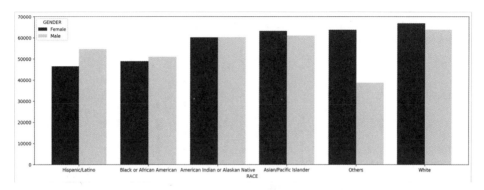

pandas 막대그래프

9. 상자 그림은 seaborn과 pandas가 공통점을 갖고 있는 또 다른 도면이다. 먼저 seaborn으로 RACE와 GENDER별 급여를 상자 그림으로 그려보자.

```
>>> fig, ax = plt.subplots(figsize=(8, 6))
>>> sns.boxplot(x='GENDER', y='BASE_SALARY', data=employee,
... `hue='RACE', palette='Greys', ax=ax)
>>> fig.savefig('c13-sns7.png', dpi=300, bbox_inches='tight')
```

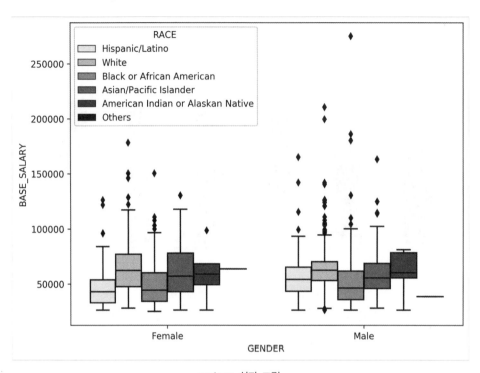

seaborn 상자 그림

10. pandas로는 상자 그림에 대한 정확한 복제를 생성하기가 쉽지 않다. 성별
    에 따라 두 개의 별도 Axes를 만든 다음 인종별로 급여의 상자 그림을 만들
    수 있다.

```
>>> fig, axs = plt.subplots(1, 2, figsize=(12, 6), sharey=True)
>>> for g, ax in zip(['Female', 'Male'], axs):
...     (employee
...         .query('GENDER == @g')
...         .assign(RACE=lambda df_:df_.RACE.fillna('NA'))
...         .pivot(columns='RACE')
...         ['BASE_SALARY']
...         .plot.box(ax=ax, rot=30)
...     )
```

```
...     ax.set_title(g + ' Salary')
...     ax.set_xlabel('')
>>> fig.savefig('c13-sns8.png', bbox_inches='tight')
```

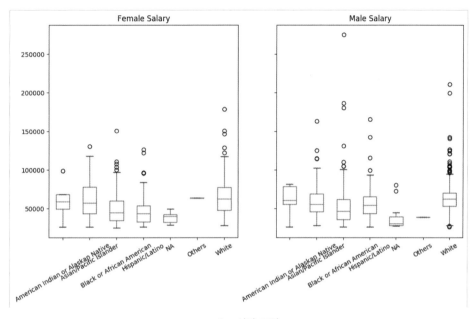

pandas 상자 그림

작동 원리

2단계에서 seaborn을 가져오면 matplotlib의 많은 기본 속성이 변경된다. 딕셔너리와 유사한 객체인 `plt.rcParams` 내에서 액세스할 수 있는 약 300개의 기본 도식화 매개변수가 있다. matplotlib 기본값을 복원하려면 인수 없이 `plt.rcdefaults` 함수를 호출하면 된다.

pandas 도식화 스타일도 seaborn을 임포트할 때 영향을 받는다. employee 데이터셋은 정돈된 데이터라는 요구 조건을 충족하므로 거의 모든 seaborn의 도식화 함수에 완벽하게 사용할 수 있다.

seaborn은 모든 집계를 수행한다. 단지 DataFrame을 data 매개변수에 제공하고 열을 해당 문자열로 참조하면 된다. 예를 들어 3단계에서 countplot 함수는 DEPARTMENT의 각 항목을 손쉽게 계산해 막대 차트를 만든다. 대부분의 seaborn 도식화 함수에는 x와 y 매개변수가 있다. x와 y의 값을 바꾸면 수직 막대그래프를 만들 수 있었을 것이다. pandas로 같은 도면을 얻으려면 좀 더 많은 일을 해야만 한다. 4단계에서는 .value_counts 메서드를 사용해 빈bin의 높이를 미리 계산해야 한다.

seaborn은 barplot 함수를 사용해 5단계와 7단계에서 보는 것 같은 좀 더 복잡한 집계를 수행할 수 있다. hue 매개변수는 x축에서 각 그룹을 추가로 분할한다. pandas는 6단계와 8단계에서 x로 그룹화하고 색조 변수를 이용해 도면을 거의 복제할 수 있다.

상자 그림은 seaborn과 pandas 모두에서 사용할 수 있으며 집계 없이 정돈된 데이터로 도식화할 수 있다. 집계가 필요하지 않더라도 seaborn은 hue 매개변수를 사용해 데이터를 깔끔하게 별도의 그룹으로 나눌 수 있으므로 여전히 우위에 있다. 10단계에서 볼 수 있듯이 pandas는 seaborn의 이 기능을 쉽게 복제할 수 없다. 각 그룹은 .query 메서드로 분할하고 자체 Axes에 도식화해야 한다.

▎seaborn 그리드를 사용한 다변량 분석

seaborn은 여러 도면을 그리드에 나타낼 수 있다. seaborn의 특정 함수는 matplotlib axis 수준에서는 작동하지 않고 figure 수준에서 작동한다. 여기에는 catplot, lmplot, pairplot, jointplot, clustermap 등이 있다.

figure나 grid 함수는 대부분 axes 함수를 사용해 그리드를 만든다. grid 함수에서 반환된 최종 객체는 grid 형식인데, 서로 다른 4가지 형식이 있다. 고급 사용례에서는 그리드 형식을 사용해야 하지만 대부분의 경우는 생성자 자체가 아니라 기저 grid 함수를 호출해 실제 그리드를 생성한다.

이 예제에서는 성별과 인종에 따른 근무 경력과 급여 간의 관계를 조사한다. 먼저 seaborn **Axes** 함수를 사용해 회귀 도면을 만든 다음 **grid** 함수를 사용해 도면에 더 많은 차원을 추가한다.

작동 방법

1. employee 데이터셋을 읽은 후 근무 경력(년) 열을 생성한다.

```
>>> emp = pd.read_csv('data/employee.csv',
...     parse_dates=['HIRE_DATE', 'JOB_DATE'])
>>> def yrs_exp(df_):
...     days_hired = pd.to_datetime('12-1-2016') - df_.HIRE_DATE
...     return days_hired.dt.days / 365.25
>>> emp = (emp
...     .assign(YEARS_EXPERIENCE=yrs_exp)
... )
>>> emp[['HIRE_DATE', 'YEARS_EXPERIENCE']]
       HIRE_DATE  YEARS_EXPERIENCE
0     2006-06-12         10.472494
1     2000-07-19         16.369946
2     2015-02-03          1.826184
3     1982-02-08         34.812488
4     1989-06-19         27.452994
...          ...               ...
1995  2014-06-09          2.480544
1996  2003-09-02         13.248732
1997  2014-10-13          2.135567
1998  2009-01-20          7.863269
1999  2009-01-12          7.885172
```

2. 적합화된 회귀선으로 산포도를 그려서 근무 년수와 급여 간의 상관관계를
   살펴보자.

```
>>> fig, ax = plt.subplots(figsize=(8, 6))
>>> sns.regplot(x='YEARS_EXPERIENCE', y='BASE_SALARY',
...    data=emp, ax=ax)
>>> fig.savefig('c13-scat4.png', dpi=300, bbox_inches='tight')
```

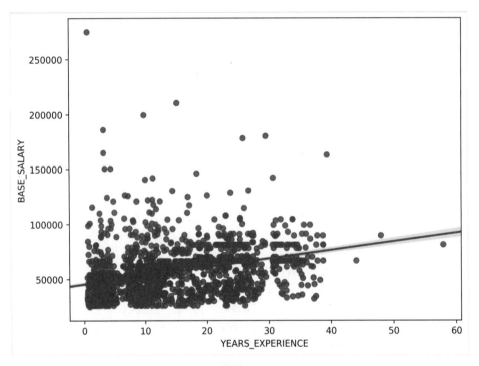

seaborn 산포도

3. regplot 함수는 서로 다른 열에 대한 다중 회귀선을 그리지 못한다. lmplot
   함수를 사용해 남자와 여자에 대한 회귀선을 추가하는 seaborn grid를 그
   려보자.

```
>>> grid = sns.lmplot(x='YEARS_EXPERIENCE', y='BASE_SALARY',
...     hue='GENDER', palette='Greys',
...     scatter_kws={'s':10}, data=emp)
>>> grid.fig.set_size_inches(8, 6)
>>> grid.fig.savefig('c13-scat5.png', dpi=300, bbox_inches='tight')
```

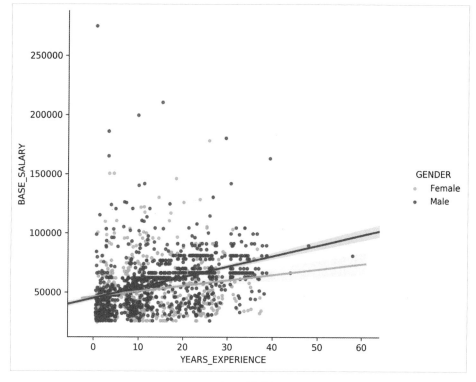

seaborn 산포도

4. seaborn grid 함수의 진정한 위력은 다른 변수에 기반을 두고 **Axes**를 더 추가할 수 있는 기능이다. `lmplot` 함수에는 데이터를 다른 그룹으로 추가적으로 나눌 수 있는 **col**와 **row** 매개변수가 있다. 예를 들어 데이터셋에서 고유한 각 인종에 대해 별도의 도면을 생성해도 각각에 대해 여전히 성별로 회귀선을 만들 수 있다.

```
>>> grid = sns.lmplot(x='YEARS_EXPERIENCE', y='BASE_SALARY',
...     hue='GENDER', col='RACE', col_wrap=3,
...     palette='Greys', sharex=False,
...     line_kws = {'linewidth':5},
...         data=emp)
>>> grid.set(ylim=(20000, 120000))
>>> grid.fig.savefig('c13-scat6.png', dpi=300, bbox_inches='tight')
```

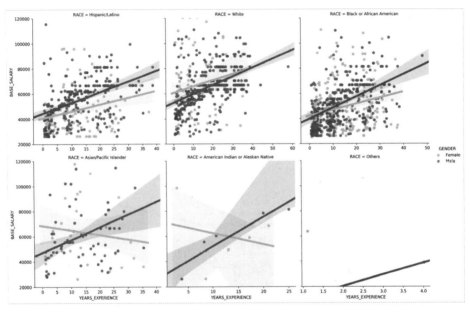

seaborn 산포도

작동 원리

1단계에서는 pandas 날짜 기능을 사용해 또 다른 연속 변수를 만든다. 이 데이터는
2016년 12월 1일에 휴스턴시에서 수집됐다. 이 날짜를 사용해 각 직원이 도시에서
근무한 기간을 알아낸다. 두 번째 코드 줄에서처럼 날짜를 빼면 가장 큰 단위가 일
인 Timedelta 객체가 반환된다. 이 결과의 일수를 365.25로 나눠 연수를 계산했다.

2단계에서는 regplot 함수로 추정한 회귀선이 있는 산포도를 만든다. 여기서 matplotlib Axes가 반환되는데, 이는 figure의 크기를 변경하는 데 사용한다. 각 성별에 따라 두 개의 개별 회귀선을 만들려면 lmplot 함수를 사용해야 한다. 이 함수는 seaborn FacetGrid를 반환한다. 이 함수에는 hue 매개변수가 있고, 이 매개변수는 해당 열의 각 고윳값에 대해 고유한 색상의 새로운 회귀선을 오버레이overlay한다.

seaborn FacetGrid는 본질적으로 matplotlib Figure의 래퍼며 요소를 변경하는 몇 가지 편의 메서드를 갖고 있다. .fig 속성을 사용하면 기저 matplotlib Figure에 액세스할 수 있다. 4단계는 FacetGrid를 반환하는 seaborn 함수의 일반적인 사용례를 보여준다. 이 함수는 세 번째나 네 번째 변수를 기반으로 여러 도면을 작성한다. col 매개변수는 RACE로 설정했다. RACE 열에 있는 6개의 고유한 인종 각각에 대해 6개의 회귀 도면이 작성된다. 이는 일반적으로 하나의 행과 여섯 개의 열로 구성된 그리드를 반환하지만 col_wrap 매개변수를 사용해 세 개의 열 뒤에 행을 줄 바꿈 한다.

Grid를 제어하는 또 다른 매개변수가 있다. 기저 matplotlib line이나 scatter 도식화 함수에서 매개변수를 사용할 수 있다. 그렇게 하려면 matplotlib 매개변수를 키와 값 쌍으로 갖고 있는 딕셔너리로 scatter_kws나 line_kws 매개변수를 설정해야 한다.

추가 사항

범주형 특징이 있을 때 비슷한 형식의 분석을 수행할 수 있다. 먼저 범주형 변수 RACE와 DEPARTMENT의 레벨 수를 각각 최상위 2개와 3개로 줄여보자.

```
>>> deps = emp['DEPARTMENT'].value_counts().index[:2]
>>> races = emp['RACE'].value_counts().index[:3]
>>> is_dep = emp['DEPARTMENT'].isin(deps)
```

```
>>> is_race = emp['RACE'].isin(races)
>>> emp2 = (emp
...    [is_dep & is_race]
...    .assign(DEPARTMENT=lambda df_:
...        df_['DEPARTMENT'].str.extract('(HPD|HFD)',
...        expand=True))
... )

>>> emp2.shape
(968, 11)

>>> emp2['DEPARTMENT'].value_counts()
HPD    591
HFD    377
Name: DEPARTMENT, dtype: int64

>>> emp2['RACE'].value_counts()
White                       478
Hispanic/Latino             250
Black or African American   240
Name: RACE, dtype: int64
```

더 단순한 Axes 레벨 함수(예를 들어 violinplot) 중 하나를 사용해 성별 근무 연수
의 분포를 살펴보자.

```
>>> common_depts = (emp
...    .groupby('DEPARTMENT')
...    .filter(lambda group: len(group) > 50)
... )

>>> fig, ax = plt.subplots(figsize=(8, 6))
>>> sns.violinplot(x='YEARS_EXPERIENCE', y='GENDER',
...    data=common_depts)
>>> fig.savefig('c13-vio1.png', dpi=300, bbox_inches='tight')
```

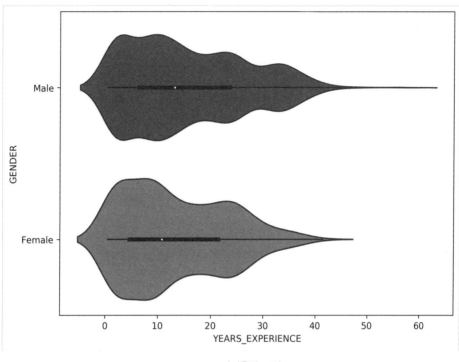

seaborn 바이올린 도면

그런 다음 catplot을 col, row 매개변수와 함께 사용해 고유한 각 부서와 인종 조합에 대해 바이올린 도면을 그릴 수 있다.

```
>>> grid = sns.catplot(x='YEARS_EXPERIENCE', y='GENDER',
...                     col='RACE', row='DEPARTMENT',
...                     height=3, aspect=2,
...                     data=emp2, kind='violin')
>>> grid.fig.savefig('c13-vio2.png', dpi=300, bbox_inches='tight')
```

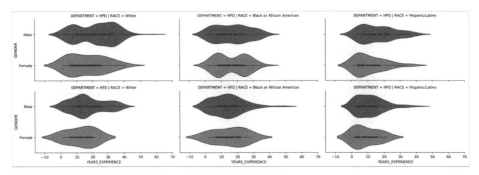

seaborn 바이올린 도면

▍seaborn으로 diamonds 데이터셋의 심슨 역설 발견

불행히도 데이터 분석을 수행할 때 잘못된 결과를 보고하기 쉽다. 심슨Simpson의 역설은 가장 일반적인 그러한 현상 중 하나다. 이 현상은 모든 데이터가 집계됐을 때는 한 그룹이 다른 그룹보다 더 높은 결과를 나타내지만 서로 다른 세그먼트로 세분화되면 정반대 결과가 될 때 나타난다. 예를 들어 A와 B라는 두 명의 학생이 있으며 각각 100개의 질문으로 시험을 봤다고 가정하자. 학생 A는 문제의 50%에 답하고 학생 B는 80%에 답했다. 따라서 명백히 학생 B가 더 좋은 재능을 갖고 있다.

학생	점수	정답 백분율
A	50/100	50
B	80/100	80

두 시험이 매우 다르다고 가정해보자. 학생 A의 시험은 어려운 문제 95개와 쉬운 문제 5개로 구성됐다. 학생 B는 정확히 반대 비율의 시험지를 받았다.

학생	어려움	쉬움	어려운 문제 정답 백분율	쉬운 문제 정답 백분율	정답 백분율
A	45/95	5/5	47	100	50
B	2/5	78/95	40	82	80

결과는 완전히 다른 얘기를 하고 있다. 학생 A는 이제 어려운 문제와 쉬운 문제의 정답 비율이 모두 더 높지만 전체 백분율은 훨씬 낮다. 이는 심슨의 역설의 전형적인 예다. 집계된 전체가 개별 세그먼트와는 반대 결과를 보여준다.

이 예제에서는 먼저 높은 품질의 다이아몬드가 낮은 품질의 다이아몬드보다 더 가치가 없다는 것을 암시하는 황당한 결론에 도달하게 될 것이다. 그리고 그 반대가 사실이라는 것을 알려주는 데이터를 좀 더 정교히 취함으로써 심슨의 역설을 밝혀낸다.

작동 방법

1. diamonds 데이터셋을 읽어 들인다.

```
>>> dia = pd.read_csv('data/diamonds.csv')
>>> dia
       carat        cut color  ...     x     y     z
0       0.23      Ideal     E  ...  3.95  3.98  2.43
1       0.21    Premium     E  ...  3.89  3.84  2.31
2       0.23       Good     E  ...  4.05  4.07  2.31
3       0.29    Premium     I  ...  4.20  4.23  2.63
4       0.31       Good     J  ...  4.34  4.35  2.75
...      ...        ...   ...  ...   ...   ...   ...
53935   0.72      Ideal     D  ...  5.75  5.76  3.50
53936   0.72       Good     D  ...  5.69  5.75  3.61
53937   0.70  Very Good     D  ...  5.66  5.68  3.56
53938   0.86    Premium     H  ...  6.15  6.12  3.74
```

```
53939    0.75      Ideal     D ... 5.83  5.87  3.64
```

2. 분석을 시작하기 전에 cut, color, clarity 열을 정렬된 범주 변수로 변경
해보자.

```
>>> cut_cats = ['Fair', 'Good', 'Very Good', 'Premium', 'Ideal']
>>> color_cats = ['J', 'I', 'H', 'G', 'F', 'E', 'D']
>>> clarity_cats = ['I1', 'SI2', 'SI1', 'VS2',
...                 'VS1', 'VVS2', 'VVS1', 'IF']
>>> dia2 = (dia
...     .assign(cut=pd.Categorical(dia['cut'],
...          categories=cut_cats,
...          ordered=True),
...        color=pd.Categorical(dia['color'],
...          categories=color_cats,
...          ordered=True),
...        clarity=pd.Categorical(dia['clarity'],
...          categories=clarity_cats,
...        ordered=True))
... )

>>> dia2
        carat        cut color ...     x     y     z
0        0.23      Ideal     E ...  3.95  3.98  2.43
1        0.21    Premium     E ...  3.89  3.84  2.31
2        0.23       Good     E ...  4.05  4.07  2.31
3        0.29    Premium     I ...  4.20  4.23  2.63
4        0.31       Good     J ...  4.34  4.35  2.75
...       ...        ...   ... ...   ...   ...   ...
53935    0.72      Ideal     D ...  5.75  5.76  3.50
53936    0.72       Good     D ...  5.69  5.75  3.61
53937    0.70  Very Good     D ...  5.66  5.68  3.56
53938    0.86    Premium     H ...  6.15  6.12  3.74
53939    0.75      Ideal     D ...  5.83  5.87  3.64
```

3. seaborn은 도식화에 범주 순서를 사용한다. cut, color, clarity 열의 각 레벨에 대한 중간 가격을 막대그래프로 그려보자.

```
>>> import seaborn as sns
>>> fig, (ax1, ax2, ax3) = plt.subplots(1, 3, figsize=(14,4))
>>> sns.barplot(x='color', y='price', data=dia2, ax=ax1)
>>> sns.barplot(x='cut', y='price', data=dia2, ax=ax2)
>>> sns.barplot(x='clarity', y='price', data=dia2, ax=ax3)
>>> fig.suptitle('Price Decreasing with Increasing Quality?')
>>> fig.savefig('c13-bar4.png', dpi=300, bbox_inches='tight')
```

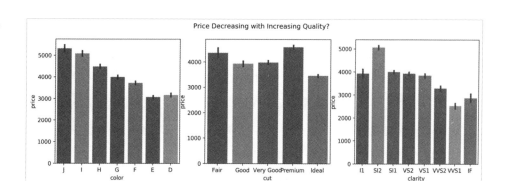

seaborn 막대그래프

4. 색상과 가격 사이에는 감소하는 경향이 있는 듯하다. 가장 높은 품질의 연마^{cut}와 투명도^{clarity} 레벨 역시 가격이 낮다. 어떻게 그럴 수 있는가? 좀 더 파고들어 각 다이아몬드 색에 대해 가격을 다시 도식화하되 clarity 열의 각 레벨에 대해 새로운 도면을 그려보자.

```
>>> grid = sns.catplot(x='color', y='price', col='clarity',
...     col_wrap=4, data=dia2, kind='bar')
>>> grid.fig.savefig('c13-bar5.png', dpi=300, bbox_inches='tight')
```

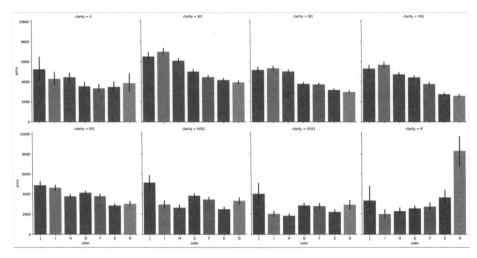

seaborn 막대그래프

5. 이 도면은 좀 더 시사하는 게 있다. 색상의 품질이 증가할수록 가격이 하락하는 것처럼 보였지만 투명도가 최고 수준일 때는 그렇지 않았다. 가격이 크게 상승했다. 우리는 여전히 다이아몬드의 크기에는 주의를 기울이지 않고 그저 다이아몬드의 가격만 살펴보고 있다. 3단계의 도면을 다시 그리되 이번에는 가격 대신 캐럿 크기를 표시해보자.

```
>>> fig, (ax1, ax2, ax3) = plt.subplots(1, 3, figsize=(14,4))
>>> sns.barplot(x='color', y='carat', data=dia2, ax=ax1)
>>> sns.barplot(x='cut', y='carat', data=dia2, ax=ax2)
>>> sns.barplot(x='clarity', y='carat', data=dia2, ax=ax3)
>>> fig.suptitle('Diamond size decreases with quality')
>>> fig.savefig('c13-bar6.png', dpi=300, bbox_inches='tight')
```

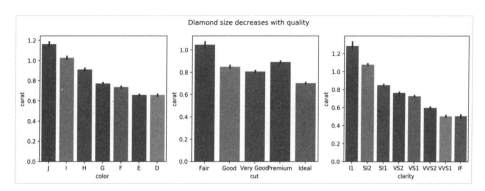

seaborn 막대그래프

6. 이제 좀 이해가 된다. 고품질의 다이아몬드는 크기가 작은 것 같고 이는 직관적으로 말이 된다. 캐럿 값을 5개의 개별 섹션으로 분할하는 새로운 변수를 만든 다음 점 도면을 만들어 보자. 다음 도표는 크기에 따라 분할하면 실제로 고품질 다이아몬드가 더 비싸다는 것을 보여준다.

```
>>> dia2 = (dia2
...    .assign(carat_category=pd.qcut(dia2.carat, 5))
... )

>>> from matplotlib.cm import Greys
>>> greys = Greys(np.arange(50,250,40))
>>> grid = sns.catplot(x='clarity', y='price', data=dia2,
...    hue='carat_category', col='color',
...    col_wrap=4, kind='point', palette=greys)
>>> grid.fig.suptitle('Diamond price by size, color and clarity',
...    y=1.02, size=20)
>>> grid.fig.savefig('c13-bar7.png', dpi=300, bbox_inches='tight')
```

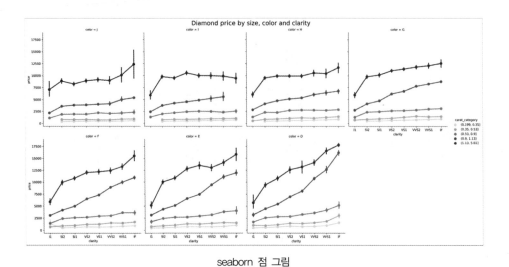

seaborn 점 그림

작동 원리

이 예제에서는 순서를 세울 수 있으므로 범주 열을 생성하는 것이 중요하다. seaborn은 이 순서를 사용해 도면에 레이블을 배치한다. 3단계와 4단계는 다이아몬드 품질이 향상될수록 가격은 하향 추세인 것처럼 보인다. 이것이 바로 심슨의 역설이 중심이 되는 곳이다. 이 전체의 집계 결과는 아직 조사되지 않은 다른 변수에 의해 혼란스러워지고 있다.

이 역설을 밝혀내는 열쇠는 캐럿 크기에 집중하는 것이었다. 5단계는 캐럿 크기가 품질이 향상됨에 따라 감소하고 있음을 보여준다. 이 사실을 고려하고자 qcut 함수를 사용해 다이아몬드 크기를 5개의 동일한 크기의 빈^{bin}으로 나눈다. 기본적으로 이 함수는 변수를 주어진 분위수에 따라 이산 범주로 자른다. 이 단계에서 수행한 것처럼 정수를 전달하면 동일한 간격의 분위수를 작성한다. 또한 명시적인 불규칙 분위수 시퀀스를 전달할 수도 있다.

이 새로운 변수를 사용하면 6단계에서와 같이 그룹별로 다이아몬드 크기당 평균 가격을 도식화할 수 있다. seaborn의 점 그림은 각 범주의 평균을 연결하는 선 그림을 만든다. 각 점의 수직 막대는 해당 그룹의 표준 편차다. 이 플롯은 캐럿 크기를 일정하게 유지하는 한 다이아몬드의 품질이 향상됨에 따라 다이아몬드가 실제로 더 비싸다는 것을 의미한다.

추가 사항

3단계와 5단계의 막대그래프는 고급 seaborn PairGrid 생성자를 사용해서도 만들수 있었으며, 이는 이변량 관계를 도표화할 수 있다. PairGrid의 사용은 두 단계프로세스다. 첫 번째 단계는 생성자를 호출해 각각 x와 y가 될 변수를 알려주는 것이다. 두 번째 단계는 .map 메서드를 호출해 x와 y 열의 모든 조합에 도식화를 적용한다.

```
>>> g = sns.PairGrid(dia2, height=5,
...     x_vars=["color", "cut", "clarity"],
...     y_vars=["price"])
>>> g.map(sns.barplot)
>>> g.fig.suptitle('Replication of Step 3 with PairGrid', y=1.02)
>>> g.fig.savefig('c13-bar8.png', dpi=300, bbox_inches='tight')
```

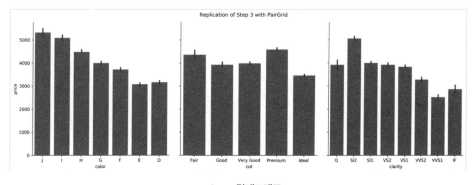

seaborn 막대그래프

pandas 디버깅과 테스트

▍데이터를 변환하는 코드

14장에서는 캐글^{Kaggle}의 2018년 설문조사 데이터를 분석하는 코드를 살펴본다. 설문조사는 캐글 사용자에게 사회 경제적 정보를 문의했다.

이 절에서는 설문조사 데이터와 이를 분석하기 위한 코드를 제공한다. 데이터의 부제는 '머신러닝과 데이터 과학의 상태에 대한 가용한 가장 포괄적인 데이터셋' 이다. 이 데이터가 무엇인지부터 살펴보자. 데이터는 원래 https://www.kaggle. com/kaggle/kaggle-survey-2018에서 구할 수 있었다.

작동 방법

1. 데이터를 DataFrame에 로드한다.

```
>>> import pandas as pd
>>> import numpy as np
>>> import zipfile
>>> url = 'data/kaggle-survey-2018.zip'

>>> with zipfile.ZipFile(url) as z:
...     print(z.namelist())
...     kag = pd.read_csv(z.open('multipleChoiceResponses.csv'))
...     df = kag.iloc[1:]
['multipleChoiceResponses.csv', 'freeFormResponses.csv',
'SurveySchema.csv']
```

2. 데이터와 데이터 형식을 살펴보자.

```
>>> df.T
                       1          2          3   ...     23857
Time from...         710        434        718   ...       370
Q1                Female       Male     Female   ...      Male
Q1_OTHER_...          -1         -1         -1   ...        -1
Q2                 45-49      30-34      30-34   ...     22-24
Q3             United S...  Indonesia United S...  ...    Turkey
...                  ...        ...        ...   ...       ...
Q50_Part_5           NaN        NaN        NaN   ...       NaN
Q50_Part_6           NaN        NaN        NaN   ...       NaN
Q50_Part_7           NaN        NaN        NaN   ...       NaN
Q50_Part_8           NaN        NaN        NaN   ...       NaN
Q50_OTHER...          -1         -1         -1   ...        -1

>>> df.dtypes
Time from Start to Finish (seconds)        object
Q1                                         object
```

```
Q1_OTHER_TEXT                          object
Q2                                     object
Q3                                     object
                                          ...
Q50_Part_5                             object
Q50_Part_6                             object
Q50_Part_7                             object
Q50_Part_8                             object
Q50_OTHER_TEXT                         object
Length: 395, dtype: object
```

3. 대부분의 설문조사 데이터는 응답 옵션 중에서 선택하는 것으로 나타났다. 모든 열의 형식이 object임을 알 수 있다. .value_counts 메서드를 사용하면 이런 값을 탐색하는 표준 프로세스를 진행할 수 있다.

```
>>> df.Q1.value_counts(dropna=False)
Male                              19430
Female                             4010
Prefer not to say                   340
Prefer to self-describe              79
Name: Q1, dtype: int64
```

4. 간단히 말해 여기서는 관심 대상의 모든 열을 Series로 뽑아냈다. 대부분의 값을 필터링해 제한된 개수의 값으로 만들었다. 나는 Series .rename 메서드를 사용해 열에 더 나은 이름을 지정했다. Q2, Q8, Q9와 같은 일부 값에는 범위 답변이 들어 있다. 연령(Q2)의 경우 55-59와 60-69 같은 값이 있다. .str.slice 메서드를 사용해 처음 두 문자를 꺼내고 형식을 문자열에서 정수로 변환한다.

   교육 열(Q4)의 경우 값을 서수로 변환한다. 마지막으로 작업하던 많은 열을 숫자로 변환하고 일부 다른 열을 정리한 후 pd.concat을 사용해 모든

Series를 DataFrame에 다시 넣었다.

이 모든 코드를 tweak_kag 함수로 정리했다.

```python
>>> def tweak_kag(df):
...     na_mask = df.Q9.isna()
...     hide_mask = df.Q9.str.startswith('I do not').fillna(False)
...     df = df[~na_mask & ~hide_mask]
...
...     q1 = (df.Q1
...         .replace({'Prefer not to say': 'Another',
...                   'Prefer to self-describe': 'Another'})
...         .rename('Gender')
...     )
...     q2 = df.Q2.str.slice(0,2).astype(int).rename('Age')
...     def limit_countries(val):
...         if val in {'United States of America', 'India', 'China'}:
...             return val
...         return 'Another'
...     q3 = df.Q3.apply(limit_countries).rename('Country')
...
...     q4 = (df.Q4
...         .replace({'Master\'s degree': 18,
...         'Bachelor\'s degree': 16,
...         'Doctoral degree': 20,
...         'Some college/university study without earning a
bachelor\'s degree': 13,
...         'Professional degree': 19,
...         'I prefer not to answer': None,
...         'No formal education past high school': 12})
...         .fillna(11)
...         .rename('Edu')
...     )
...
...     def only_cs_stat_val(val):
...         if val not in {'cs', 'eng', 'stat'}:
```

```
...          return 'another'
...      return val
...
...  q5 = (df.Q5
...      .replace({
...          'Computer science (software engineering, etc.)': 'cs',
...          'Engineering (non-computer focused)': 'eng',
...          'Mathematics or statistics': 'stat'})
...      .apply(only_cs_stat_val)
...      .rename('Studies'))
...  def limit_occupation(val):
...      if val in {'Student', 'Data Scientist', 'Software
Engineer', 'Not employed',
...                 'Data Engineer'}:
...          return val
...      return 'Another'
...
...  q6 = df.Q6.apply(limit_occupation).rename('Occupation')
...
...  q8 = (df.Q8
...      .str.replace('+', '')
...      .str.split('-', expand=True)
...      .iloc[:,0]
...      .fillna(-1)
...      .astype(int)
...      .rename('Experience')
...  )
...
...  q9 = (df.Q9
...      .str.replace('+','')
...      .str.replace(',','')
...      .str.replace('500000', '500')
...      .str.replace('I do not wish to disclose my approximate
yearly compensation','')
...      .str.split('-', expand=True)
```

```
...          .iloc[:,0]
...          .astype(int)
...          .mul(1000)
...          .rename('Salary'))
...     return pd.concat([q1, q2, q3, q4, q5, q6, q8, q9], axis=1)

>>> tweak_kag(df)
          Gender   Age      Country  ...   Occupation   Experience
2           Male    30      Another  ...      Another            5
3         Female    30    United S...  ...   Data Sci...            0
5           Male    22        India  ...      Another            0
7           Male    35      Another  ...      Another           10
8           Male    18        India  ...      Another            0
...           ...   ...          ...  ...          ...          ...
23844       Male    30      Another  ...   Software...           10
23845       Male    22      Another  ...      Student            0
23854       Male    30      Another  ...      Another            5
23855       Male    45      Another  ...      Another            5
23857       Male    22      Another  ...   Software...            0

>>> tweak_kag(df).dtypes
Gender        object
Age            int64
Country       object
Edu          float64
Studies       object
Occupation    object
Experience     int64
Salary         int64
dtype: object
```

작동 원리

설문조사 데이터에는 정보가 풍부하지만 모든 열이 객체로 들어오기 때문에 분석이 조금 어렵다. tweak_kag 함수는 급여 정보를 제공하지 않은 응답자는 필터링한다. 또한 계량화가 용이하도록 몇 가지 열(Age, Edu, Experience, Salary)을 수치로 변환한다. 나머지 범주 열은 카디널리티를 낮추고자 정리한다.

데이터를 정리하면 좀 더 쉽게 분석할 수 있다. 예를 들어 쉽게 국가별로 그룹화하고 급여와 경력을 연관시킬 수 있다.

```
>>> kag = tweak_kag(df)
>>> (kag
...    .groupby('Country')
...    .apply(lambda g: g.Salary.corr(g.Experience))
... )
Country
Another                     0.289827
China                       0.252974
India                       0.167335
United States of America    0.354125
dtype: flo at64
```

▌Apply 성능

DataFrame의 .apply 메서드는 pandas에서 가장 느린 작업 중 하나다. 이 예제에서는 .apply 속도를 살펴보고 내용을 디버깅할 수 있는지 확인한다.

작동 방법

1. Jupiter에서 **%%timeit** 셀 매직을 써서 .apply 메서드를 한 번 사용하는 데 시간이 얼마나 걸리는지 측정해보자. 다음은 국가 열(Q3)의 카디널리티를 제한하는 **tweak_kag** 함수의 코드 일부다.

```
>>> %%timeit
>>> def limit_countries(val):
...     if val in {'United States of America', 'India', 'China'}:
...         return val
...     return 'Another'

>>> q3 = df.Q3.apply(limit_countries).rename('Country')
6.42 ms ± 1.22 ms per loop (mean ± std. dev. of 7 runs, 100 loops each)
```

2. .apply 대신 .replace를 사용하고 성능이 향상되는지 살펴보자.

```
>>> %%timeit
>>> other_values = df.Q3.value_counts().iloc[3:].index
>>> q3_2 = df.Q3.replace(other_values, 'Another')
27.7 ms ± 535 µs per loop (mean ± std. dev. of 7 runs, 10 loops each)
```

3. .apply 메서드보다 더 느리다. 다시 해보자. 이 코드를 .isin 메서드나 where와 함께 사용하면 .apply보다 두 배 더 빨라진다.

```
>>> %%timeit
>>> values = {'United States of America', 'India', 'China'}
>>> q3_3 = df.Q3.where(df.Q3.isin(values), 'Another')
3.39 ms ± 570 µs per loop (mean ± std. dev. of 7 runs, 100 loops each)
```

4. 마지막으로 **np.where** 함수를 사용해보자. 이 함수는 pandas의 일부는 아니지만 pandas는 종종 NumPy 함수와 함께 작업한다.

```
>>> %%timeit
>>> values = {'United States of America', 'India', 'China'}
>>> q3_4 = pd.Series(np.where(df.Q3.isin(values), df.Q3, 'Another'),
...     index=df.index)
2.75 ms ± 345 µs per loop (mean ± std. dev. of 7 runs, 100 loops each)
```

5. 결과가 동일한지 확인해보자.

```
>>> q3.equals(q3_2)
True
>>> q3.equals(q3_3)
True
>>> q3.equals(q3_4)
True
```

작동 원리

이 예제는 **.apply**, **.replace**, **.where** 메서드를 벤치마킹해 봤다. 이 세 가지 메서드 중에서 **.where** 메서드가 가장 빠르다. 마지막으로 NumPy **where** 함수를 보여줬는데, pandas보다 훨씬 빨랐다. 그러나 NumPy 함수를 사용하는 경우 결과를 다시 Series로 변환해야 한다(그리고 원래 DataFrame과 동일한 인덱스를 제공해야 한다).

추가 사항

.apply 메서드에 대한 문서에는 NumPy 함수를 전달하면 빠른 경로를 실행하고 전체 Series를 함수에 전달한다고 명시돼 있다. 그러나 파이썬 함수를 전달하면

Series의 각 값에 대해 해당 함수가 호출된다. 이 방식은 메서드에 전달된 매개변수에 따라 작동 방식이 달라지므로 혼란스러울 수 있다.

`.apply`에 함수를 전달하고(또는 groupby 작업을 수행하고 `.agg`, `.transform` 함수를 매개변수로 사용하는 다른 메서드를 호출) 함수에 어떤 인수를 전달했는지 기억하지 못하는 경우에는 다음 코드를 사용하면 도움을 받을 수 있다(물론 문서를 보거나 `.apply`의 코드 자체를 볼 수도 있다).

```
>>> def limit_countries(val):
...     if val in {'United States of America', 'India', 'China'}:
...         return val
...     return 'Another'

>>> q3 = df.Q3.apply(limit_countries).rename('Country')

>>> def debug(something):
...     # something의 정체는? 셀, series, dataframe?
...     print(type(something), something)
...     1/0

>>> q3.apply(debug)
<class 'str'> United States of America
Traceback (most recent call last)
...
ZeroDivisionError: division by zero
```

출력은 문자열(Series q3의 스칼라 값)이 **debug** 함수로 전달됐음을 보여준다. 예외 상황이 발생하기를 원치 않는다면 함수에 전달된 매개변수를 간직할 전역 변수를 설정할 수 있다.

```
>>> the_item = None
>>> def debug(something):
```

724

```
...      global the_item
...      the_item = something
...      return something

>>> _ = q3.apply(debug)

>>> the_item
'Another'
```

한 가지 명심해야 할 것은 .apply 메서드에 전달하는 함수는 Series 항목당 한 번씩 호출된다는 것이다. 단일 항목들에 작업하는 것은 느린 경로이므로 가능하면 피해야 한다. 다음 예제는 .apply 호출 속도를 높이기 위한 다른 옵션을 보여준다.

▌ Dask, Pandarell, Swifter 등으로 apply 성능 향상

때로는 .apply가 편리하다. 다양한 라이브러리를 통해 이러한 작업을 병렬화할 수 있다. 이를 위한 다양한 메커니즘이 있다. 가장 쉬운 방법은 벡터화를 시도하고 활용하는 것이다. pandas에서는 많은 수학 연산이 벡터화된다. 수치 Series에 수 (예, 5)를 더하면 pandas는 각 값에 5를 더하지 않는다. 오히려 최신 CPU의 기능을 활용해 작업을 한 번만 수행한다.

limit_countries 함수의 경우에서처럼 벡터화할 수 없는 경우라면 다른 옵션이 있다. 이 절에서는 그중 몇 가지를 보여준다.

이 라이브러리들은 pandas의 일부가 아니므로 별도로 설치해야 한다는 것에 유의하자.

예제는 설문 데이터의 country 열의 값을 몇 가지 값으로 제한한다.

작동 방법

1. Pandarallel 라이브러리를 임포트하고 초기화한다. 이 라이브러리는 사용 가능한 모든 CPU에서 pandas 작업을 병렬화하려고 한다. 이 라이브러리는 리눅스와 맥^{Mac}에서 실행된다는 점에 유의하자. 이 라이브러리가 활용하는 공유 메모리 기술 방식으로 인해 리눅스용 윈도우 서브시스템으로 파이썬을 실행하지 않았다면 윈도우에서는 작동하지 않는다.

```
>>> from pandarallel import pandarallel
>>> pandarallel.initialize()
```

2. 이 라이브러리는 일부 추가 메서드를 더해 DataFrame을 보강한다. `.parallel_apply`를 사용하자.

```
>>> def limit_countries(val):
...     if val in {'United States of America', 'India','China'}:
...         return val
...     return 'Another'

>>> %%timeit
>>> res_p = df.Q3.parallel_apply(limit_countries).rename('Country')
133 ms ± 11.1 ms per loop (mean ± std. dev. of 7 runs, 10 loops each)
```

3. 다른 라이브러리로 해보자. `swifter` 라이브러리를 임포트한다.

```
>>> import swifter
```

4. 이 라이브러리도 `.swifter` 접근자^{accessor}를 DataFrame에 추가해 보강한다. `swifter` 라이브러리를 사용해보자.

```
>>> %%timeit
>>> res_s = df.Q3.swifter.apply(limit_countries).rename('Country')
187 ms ± 31.4 ms per loop (mean ± std. dev. of 7 runs, 10 loops each)
```

5. Dask 라이브러리를 임포트한다.

```
>>> import dask
```

6. Dask .map_partitions 함수를 사용한다.

```
>>> %%timeit
>>> res_d = (dask.dataframe.from_pandas(
...      df, npartitions=4)
...    .map_partitions(lambda df: df.Q3.apply(limit_countries))
...    .rename('Countries')
... )
29.1 s ± 1.75 s per loop (mean ± std. dev. of 7 runs, 1 loop each)
```

7. np.vectorize를 사용한다.

```
>>> np_fn = np.vectorize(limit_countries)

>>> %%timeit
>>> res_v = df.Q3.apply(np_fn).rename('Country')
643 ms ± 86.8 ms per loop (mean ± std. dev. of 7 runs, 1 loop each)
```

8. numba를 임포트하고 함수를 jit 데코레이터decorator로 데코레이트한다.

```
>>> from numba import jit
>>> @jit
... def limit_countries2(val):
```

```
...    if val in ['United States of America', 'India','China']:
...        return val
...    return 'Another'
```

9. 데코레이트된 numba 함수를 사용한다.

```
>>> %%timeit
>>> res_n = df.Q3.apply(limit_countries2).rename('Country')
158 ms ± 16.1 ms per loop (mean ± std. dev. of 7 runs, 10 loops each)
```

작동 원리

코드를 병렬화하는 데는 오버헤드가 있다는 점에 유의하자. 위의 예에서 모든 코드는 일반 pandas 코드에서 직렬로 실행하는 게 더 빨랐다. 오버헤드 페널티가 더 의미 있게 되는 교차점이 있다. Pandarallel 라이브러리의 예제는 최소 백만 개의 샘플을 사용한다. 우리 데이터셋은 그것보다 훨씬 작기 때문에 바닐라 .apply 방법이 더 빠르다.

1단계와 2단계에서는 Pandarallel 라이브러리를 사용한다. 이 라이브러리는 표준 라이브러리의 병렬 처리 라이브러리를 활용해 병렬로 계산을 시도하고 실행한다. 라이브러리를 초기화할 때 사용할 CPU 개수를 지정하는 nb_workers 매개변수를 사용할 수 있다(기본적으로는 모든 CPU를 사용함). 이 예는 pandas의 .apply 메서드와 유사한 .parallel_apply 메서드를 사용하는 방법을 보여준다. 이 라이브러리도 groupby 객체, series 객체와 함께 작동한다.

3단계와 4단계는 swifter 라이브러리 사용을 보여준다. 이 라이브러리는 .swifter 속성을 DataFrame과 series에 추가한다. 이 라이브러리는 코드 속도를 높이기 위해 다른 접근 방식을 취한다. 먼저 작업을 벡터화할 수 있는지 확인하려고 시도한

728

다. 벡터화할 수 없다면 pandas의 실행 시간을 확인한 다음(작은 샘플을 실행시켜봄) Dask 라이브러리를 활용할지 아니면 그냥 pandas를 사용할지를 결정한다. 다시 말하지만 사용할 방법을 판단하는 과정 자체에도 오버헤드가 있으므로 이 라이브러리를 맹목적으로 사용한다고 해서 늘 효율적인 코드가 생성되는 것은 아니다.

Swifter 웹 사이트에는 Swifter, `np.vectorize`, Dask, pandas를 비교한 노트북이 있다. 사이트에는 다양한 형식의 함수에 대한 광범위한 벤치마킹이 있다. 소위 비벡터화 함수라는 것들은(예제의 `limit_countries`는 파이썬 로직을 갖고 있으므로 비벡터화 함수에 해당한다) 백만 개 행에 도달하기 전까지는 바닐라 pandas `.apply`가 더 빠르다.

5단계와 6단계에서 Dask 라이브러리가 등장한다. 데이터를 로드하고 라이브러리가 제공하는 병렬 처리를 활용하려면 약간의 오버헤드가 따른다는 점에 유의하자. Dask를 사용하는 많은 사용자는 pandas를 완전히 버리고 Dask를 사용한다. Dask는 유사한 기능들을 빅데이터로 확장할 수 있으며 클러스터에서 실행되기 때문이다.

다음으로 7단계에서 NumPy의 벡터화 함수를 테스트해본다. 임의의 파이썬 함수에서 NumPy ufunc(NumPy 배열에 작동하는 범용 함수)를 만든다. 함수는 NumPy 브로드캐스트 규칙을 활용하려고 한다. 예제의 경우 이를 사용해도 성능이 향상되지 않는다.

8단계와 9단계는 Numba 라이브러리의 사용을 보여준다. `jit` 데코레이터를 활용해 새로운 함수 `limit_countries2`를 만든다. 이 데코레이터는 파이썬 함수를 기본 코드로 변환한다. 이번에도 이 함수는 이 데코레이터로 속도를 증가시키기에 적합하지 않다.

여기에 설명된 많은 옵션은 더 큰 데이터셋에서 성능을 발휘할 수 있다. 예제의 경우 맹목적으로 적용하면 코드 속도가 느려진다.

코드 검사

Jupyter 환경에는 클래스, 메서드, 함수에 대한 문서나 소스코드를 빠르게 가져올 수 있는 확장 기능이 있다. 이것들을 사용하는 데 익숙해지길 강력히 권장한다. Jupyter 환경에 머물면서 발생할 수 있는 문제를 해결할 수 있다면 생산성이 향상된다.

이 절에서는 .apply 메서드의 소스코드를 보는 방법을 보여준다. DataFrame이나 series 객체에서 직접 DataFrame나 series 메서드에 대한 설명서를 보는 것이 가장 쉽다. 이 책 전반에 걸쳐 pandas 객체에 대한 체인 연산을 적극 권장했다. 안타깝게도 Jupyter(그리고 기타 편집기 환경)는 체인 메서드 호출에서 반환된 중간 객체에 대한 코드 완성이나 문서 검색을 수행할 수 없다. 따라서 체인되지 않은 메서드에서 직접 검색을 수행하도록 권장한다.

작동 방법

1. 설문 데이터를 로드한다.

```
>>> import zipfile
>>> url = 'data/kaggle-survey-2018.zip'

>>> with zipfile.ZipFile(url) as z:
...     kag = pd.read_csv(z.open('multipleChoiceResponses.csv'))
...     df = kag.iloc[1:]
```

2. Jupyter ? 확장을 사용해 .apply 문서를 살펴보자(Jupyter에서 Shift + Tab을 네 번 눌러도 된다).

```
>>> df.Q3.apply?
```

Signature: df.Q3.apply(func, convert_dtype=True, args=(), **kwds)
Docstring:
Invoke function on values of Series.

Can be ufunc (a NumPy function that applies to the entire Series)
or a Python function that only works on single values.

Parameters
----
func : function
    Python function or NumPy ufunc to apply.
convert_dtype : bool, default True
    Try to find better dtype for elementwise function results. If
    False, leave as dtype=object.
args : tuple
    Positional arguments passed to func after the series value.
**kwds
    Additional keyword arguments passed to func.

Returns

Series or DataFrame
    If func returns a Series object the result will be a
DataFrame.

See Also

Series.map: For element-wise operations.
Series.agg: Only perform aggregating type operations.
Series.transform: Only perform transforming type operations.

Examples

...

File: ~/.env/364/lib/python3.6/site-packages/pandas/core/

series.py
Type: method

---

3. ??를 사용해 소스코드를 들여다보자(코드를 보기 위한 Shift + Tab 단축키는 없다).

```
>>> df.Q3.apply??
Signature: df.Q3.apply(func, convert_dtype=True, args=(), **kwds)
Source:
    def apply(self, func, convert_dtype=True, args=(), **kwds):

    ...

        if len(self) == 0:
            return self._constructor(dtype=self.dtype, index=self.
index).__finalize__(
                self
            )

    # dispatch to agg
    if isinstance(func, (list, dict)):
        return self.aggregate(func, *args, **kwds)

    # if we are a string, try to dispatch
    if isinstance(func, str):
        return self._try_aggregate_string_function(func,
*args, **kwds)

    # handle ufuncs and lambdas
    if kwds or args and not isinstance(func, np.ufunc):

        def f(x):
            return func(x, *args, **kwds)

    else:
        f = func
```

```
with np.errstate(all="ignore"):
    if isinstance(f, np.ufunc):
        return f(self)

    # row-wise access
    if is_extension_type(self.dtype):
        mapped = self._values.map(f)
    else:
        values = self.astype(object).values
        mapped = lib.map_infer(values, f, convert=convert_
dtype)

    if len(mapped) and isinstance(mapped[0], Series):
        # GH 25959 use pd.array instead of tolist
        # so extension arrays can be used
        return self._constructor_expanddim(pd.array(mapped),
index=self.index)
    else:
        return self._constructor(mapped, index=self.index).__
finalize__(self)
File:      ~/.env/364/lib/python3.6/site-packages/pandas/core/
series.py
Type:      method
```

---

4. 이 메서드는 호출할 적절한 코드를 찾으려 하는 걸 볼 수 있다. 실패하면 궁
극적으로 mapped 변수를 계산한다. lib.map_infer가 하는 일을 알아보자.

```
>>> import pandas.core.series
>>> pandas.core.series.lib
<module 'pandas._libs.lib' from '.env/364/lib/python3.6/sitepackages/
pandas/_libs/lib.cpython-36m-darwin.so'>

>>> pandas.core.series.lib.map_infer??
Docstring:
```

```
Substitute for np.vectorize with pandas-friendly dtype inference

Parameters
----------
arr : ndarray
f : function

Returns
-------
mapped : ndarray
Type:          builtin_function_or_metho d
```

작동 원리

Jupyter는 docstring과 파이썬 객체의 소스코드를 모두 검사할 수 있다. 표준 파이썬 REPL은 내장 도움말 기능을 사용해 docstring을 볼 수 있지만 소스코드를 표시할 수는 없다.

그러나 Jupyter는 약간의 트릭을 발휘한다. 함수나 메서드 다음에 단일 물음표(?)를 입력하면 해당 코드의 문서가 표시된다. 이것은 유효한 파이썬 구문이 아니라 Jupyter의 기능이라는 점에 유의하자. 두 개의 물음표(??)를 추가하면 Jupyter는 함수나 메서드의 소스코드를 표시한다.

이 예제는 소스코드를 추적해 pandas에서 .apply 메서드가 어떻게 작동하는지 확인해본다.

결과가 없으면 3단계에서 단축키를 볼 수 있다. 또한 문자열 함수(즉, mean처럼 문자열 전달)가 작동하는 방식도 볼 수 있다. getattr 함수는 DataFrame에서 해당 메서드를 가져온다.

다음으로 코드는 NumPy 함수를 다루고 있는지 확인해본다. 궁극적으로 np.ufunc의 인스턴스면 함수를 호출하고, 아니라면 기저 ._values 속성의 .map 메서드를 호출하거나 `lib.map_infer`를 호출한다.

4단계에서는 `lib.map_infer`를 검사하려고 했지만 이것이 파일 so(윈도우에서는 pyd) 임을 알았다. 이것은 컴파일된 파일로, 일반적으로 C로 파이썬을 작성하거나 Cython 을 사용한 결과 파일이다. Jupyter는 컴파일된 파일의 소스코드를 보여줄 수 없다.

추가 사항

함수나 메서드의 소스코드를 보면 Jupyter는 자신이 속한 파일을 창 하단에 표시 한다. 나는 소스코드를 파헤쳐야 할 경우에는 Jupyter 외부의 편집기에서 소스코 드를 연다. 그런 다음 편집기에서 그 코드와 함께 상응하는 코드를 탐색할 수 있다 (대부분의 편집기는 Jupyter보다 코드 탐색 기능이 더 좋다).

▌ Jupyter에서의 디버깅

이전 예제는 pandas 코드를 이해하고 Jupyter에서 검사하는 방법을 보여줬다. 이 절에서는 Jupyter에서 IPython 디버거(ipdb)를 사용하는 방법을 살펴본다.

이 절에서는 series의 `.apply` 메서드와 함께 사용하려고 할 때 오류를 발생시키는 함수를 작성해보고 ipdb를 사용해 디버깅해본다.

작동 방법

1. 서베이 데이터를 읽는다.

```
>>> import zipfile
>>> url = 'data/kaggle-survey-2018.zip'
```

```
>>> with zipfile.ZipFile(url) as z:
...     kag = pd.read_csv(z.open('multipleChoiceResponses.csv'))
...     df = kag.iloc[1:]
```

2. series에 1을 더하는 함수를 실행해본다.

```
>>> def add1(x):
...     return x + 1

>>> df.Q3.apply(add1)
---------------------------------------------------------------
---------
TypeError                                 Traceback (most recent
call last)
<ipython-input-9-6ce28d2fea57> in <module>
      2     return x + 1
      3
----> 4 df.Q3.apply(add1)

~/.env/364/lib/python3.6/site-packages/pandas/core/series.py in
apply(self, func, convert_dtype, args, **kwds)
   4043                 else:
   4044                     values = self.astype(object).values
-> 4045                     mapped = lib.map_infer(values, f,
convert=convert_dtype)
   4046
   4047             if len(mapped) and isinstance(mapped[0], Series):

pandas/_libs/lib.pyx in pandas._libs.lib.map_infer()

<ipython-input-9-6ce28d2fea57> in add1(x)
      1 def add1(x):
----> 2     return x + 1
      3
      4 df.Q3.apply(add1)
```

```
TypeError: must be str, not int
```

3. 예외 직후에 **%debug** 셀 매직을 사용해 디버그 창에 둔다(예외로 셀을 실행한 후 이것을 호출하기 때문에 약간 뒤로 돌아가는 것처럼 보일 수 있다). 이렇게 하면 예외가 발생한 지점까지 디버거가 열린다.

디버거 명령을 사용해 스택을 탐색할 수 있다. U 키를 누르면 현재 행을 호출한 함수 지점까지 스택이 팝업된다. print 명령을 사용하면 객체를 검사할 수 있다(p).

```
<ipython-input-9-6ce28d2fea57> in add1(x)
      1 def add1(x):
----> 2     return x + 1
      3
      4 df.Q3.apply(add1)

TypeError: must be str, not int

In [*]: %debug
      > <ipython-input-9-6ce28d2fea57>(2)add1()
            1 def add1(x):
      ----> 2     return x + 1
            3
            4 df.Q3.apply(add1)

ipdb> p x
'United States of America'
ipdb> u
> /Users/matt/.env/364/lib/python3.6/site-packages/pandas/core/series.py(4045)apply()
   4043                else:
   4044                    values = self.astype(object).values
-> 4045                    mapped = lib.map_infer(values, f, convert=convert_dtype)
   4046
   4047            if len(mapped) and isinstance(mapped[0], Series):

ipdb> p self
1          United S...
2          Indonesia
3          United S...
4          United S...
5              India
          ...
23855         France
23856         Turkey
23857         Turkey
23858      United K...
23859          Spain
Name: Q3, Length: 23859, dtype: object

ipdb>
```

Jupyter 디버깅

4. 예외가 발생하지 않아도 코드에 들어가 보려면 IPython 디버거에서 **set_trace** 함수를 사용하면 된다. 그러면 해당 줄 바로 다음에 디버거가 표시된다.

```
>>> from IPython.core.debugger import set_trace

>>> def add1(x):
...    set_trace()
...    return x + 1

>>> df.Q3.apply(add1)
```

```
from IPython.core.debugger import set_trace

def add1(x):
    set_trace()
    return x + 1

df.Q3.apply(add1)

> <ipython-input-11-cb997d0cb281>(5)add1()
      3 def add1(x):
      4     set_trace()
----> 5     return x + 1
      6
      7 df.Q3.apply(add1)

ipdb>
```

Jupyter 디버깅

작동 원리

Jupyter(IPython에서 파생됨)는 IPython 디버거와 함께 제공된다. 이것은 표준 라이브러리에서 **pdb** 모듈의 기능을 복제하지만 구문 강조와 같은 장점이 있다(또한 탭 완성 기능이 있지만 Jupyter에서는 작동하지 않으며 IPython 콘솔에서만 작동한다).

추가 사항

디버거 사용에 익숙하지 않다면 도움을 받을 곳이 있다. h 명령은 디버거에서 실행할 수 있는 모든 명령을 출력해준다.

```
ipdb> h

Documented commands (type help <topic>):
========================================
EOF      cl         disable  interact  next    psource  rv         unt
a        clear      display  j         p       q        s          until
alias    commands   down     jump      pdef    quit     source     up
args     condition  enable   l         pdoc    r        step       w
b        cont       exit     list      pfile   restart  tbreak     whatis
break    continue   h        ll        pinfo   return   u          where
bt       d          help     longlist  pinfo2  retval   unalias
c        debug      ignore   n         pp      run      undisplay
```

내가 사용하는 가장 일반적인 명령은 s, n, l, u, d, c다. s의 기능을 알고 싶다면 다음처럼 입력하면 된다.

```
ipdb> h s
s(tep)
      Execute the current line, stop at the first possible occasion
      (either in a function that is called or in the current
      function).
```

이 명령은 디버거에게 단계(s)에 관련된 도움(h) 문서를 출력하도록 지시한다. Jupyter에서는 일반적으로 작은 단계로 코딩하기 때문에 디버거가 종종 과도하다. 그러나 특히 pandas 소스코드에 직접 뛰어들어 무엇이 진행되고 있는지 이해하고 싶은 경우 사용법을 알아두면 편리할 수 있다.

▌Great Expectations를 이용한 데이터 무결성 관리

Great Expectations는 데이터셋의 속성을 캡처하고 정의할 수 있는 서드파티 도구다. 이러한 속성을 저장한 다음 이를 사용해 향후 데이터의 유효성을 검사해 데이터 무결성을 보장할 수 있다. 이 방법은 머신러닝 모델을 구축할 때 매우 유용한데, 새로운 범주형 데이터 값과 숫자 이상치로 인해 모델의 성능이 저하되거나 오류가 발생하는 경향이 있기 때문이다.

이 절에서는 캐글^{Kaggle} 데이터셋을 살펴보고 데이터를 테스트하고 검증하고자 Great Expectations를 사용한다.

작동 방법

1. 앞서 정의한 `tweak_kag` 함수를 사용해 데이터를 읽는다.

```
>>> kag = tweak_kag(df)
```

2. `from_pandas` 함수에서 Great Expectations를 사용해 Great Expectations DataFrame(일부 추가적인 메서드를 가진 DataFrame의 서브클래스)을 읽는다.

```
>>> import great_expectations as ge
>>> kag_ge = ge.from_pandas(kag)
```

3. DataFrame의 추가 메서드를 조사해본다.

```
>>> sorted([x for x in set(dir(kag_ge)) - set(dir(kag))
...    if not x.startswith('_')])
['autoinspect',
 'batch_fingerprint',
```

```
'batch_id',
'batch_kwargs',
'column_aggregate_expectation',
'column_map_expectation',
'column_pair_map_expectation',
'discard_failing_expectations',
'edit_expectation_suite',
'expect_column_bootstrapped_ks_test_p_value_to_be_greater_than',
'expect_column_chisquare_test_p_value_to_be_greater_than',
'expect_column_distinct_values_to_be_in_set',
'expect_column_distinct_values_to_contain_set',
'expect_column_distinct_values_to_equal_set',
'expect_column_kl_divergence_to_be_less_than',
'expect_column_max_to_be_between',
'expect_column_mean_to_be_between',
'expect_column_median_to_be_between',
'expect_column_min_to_be_between',
'expect_column_most_common_value_to_be_in_set',
'expect_column_pair_values_A_to_be_greater_than_B',
'expect_column_pair_values_to_be_equal',
'expect_column_pair_values_to_be_in_set',
'expect_column_parameterized_distribution_ks_test_p_value_to_be_
greater_than',
'expect_column_proportion_of_unique_values_to_be_between',
'expect_column_quantile_values_to_be_between',
'expect_column_stdev_to_be_between',
'expect_column_sum_to_be_between',
'expect_column_to_exist',
'expect_column_unique_value_count_to_be_between',
'expect_column_value_lengths_to_be_between',
'expect_column_value_lengths_to_equal',
'expect_column_values_to_be_between',
'expect_column_values_to_be_dateutil_parseable',
'expect_column_values_to_be_decreasing',
'expect_column_values_to_be_in_set',
```

```
'expect_column_values_to_be_in_type_list',
'expect_column_values_to_be_increasing',
'expect_column_values_to_be_json_parseable',
'expect_column_values_to_be_null',
'expect_column_values_to_be_of_type',
'expect_column_values_to_be_unique',
'expect_column_values_to_match_json_schema',
'expect_column_values_to_match_regex',
'expect_column_values_to_match_regex_list',
'expect_column_values_to_match_strftime_format',
'expect_column_values_to_not_be_in_set',
'expect_column_values_to_not_be_null',
'expect_column_values_to_not_match_regex','expect_column_values_
to_not_match_regex_list',
'expect_multicolumn_values_to_be_unique',
'expect_table_column_count_to_be_between',
'expect_table_column_count_to_equal',
'expect_table_columns_to_match_ordered_list',
'expect_table_row_count_to_be_between',
'expect_table_row_count_to_equal',
'expectation',
'find_expectation_indexes',
'find_expectations',
'from_dataset',
'get_column_count',
'get_column_count_in_range',
'get_column_hist',
'get_column_max',
'get_column_mean',
'get_column_median',
'get_column_min',
'get_column_modes',
'get_column_nonnull_count',
'get_column_partition',
'get_column_quantiles',
```

```
'get_column_stdev',
'get_column_sum',
'get_column_unique_count',
'get_column_value_counts',
'get_config_value',
'get_data_asset_name',
'get_default_expectation_arguments',
'get_evaluation_parameter',
'get_expectation_suite',
'get_expectation_suite_name',
'get_expectations_config',
'get_row_count',
'get_table_columns',
'hashable_getters',
'multicolumn_map_expectation',
'profile',
'remove_expectation',
'save_expectation_suite',
'save_expectation_suite_name',
'set_config_value',
'set_data_asset_name',
'set_default_expectation_argument',
'set_evaluation_parameter',
'test_column_aggregate_expectation_function',
'test_column_map_expectation_function',
'test_expectation_function',
'validate']
```

4. Great Expectations는 테이블 모양, 결측치, 형식, 범위, 문자열, 날짜, 집계 함수, 열 쌍, 분포와 파일 속성에 대한 익스펙테이션expectation을 갖고 있다. 그중 일부를 사용해보자. 사용을 해 나가면 라이브러리는 익스펙테이션을 추적할 것이다. 나중에 이것을 익스펙테이션의 스위트suite로 저장할 수 있다.

```
>>> kag_ge.expect_column_to_exist('Salary')
{'success': True}

>>> kag_ge.expect_column_mean_to_be_between(
...     'Salary', min_value=10_000, max_value=100_000)
{'success': True,
 'result': {'observed_value': 43869.66102793441,
 'element_count': 15429,
 'missing_count': 0,
 'missing_percent': 0.0}}

>>> kag_ge.expect_column_values_to_be_between(
...     'Salary', min_value=0, max_value=500_000)
{'success': True,
 'result': {'element_count': 15429,
 'missing_count': 0,
 'missing_percent': 0.0,
 'unexpected_count': 0,
 'unexpected_percent': 0.0,
 'unexpected_percent_nonmissing': 0.0,
 'partial_unexpected_list': []}}

>>> kag_ge.expect_column_values_to_not_be_null('Salary')
{'success': True,
 'result': {'element_count': 15429,
 'unexpected_count': 0,
 'unexpected_percent': 0.0,
 'partial_unexpected_list': []}}

>>> kag_ge.expect_column_values_to_match_regex(
...     'Country', r'America|India|Another|China')
{'success': True,
 'result': {'element_count': 15429,
 'missing_count': 0,
 'missing_percent': 0.0,
 'unexpected_count': 0,
```

```
 'unexpected_percent': 0.0,
 'unexpected_percent_nonmissing': 0.0,
 'partial_unexpected_list': []}}

>>> kag_ge.expect_column_values_to_be_of_type(
...     'Salary', type_='int')
{'success': True, 'result': {'observed_value': 'int64'}}
```

5. 익스펙테이션을 파일에 저장한다. Great Expectations는 JSON을 사용해 이를 지정한다.

```
>>> kag_ge.save_expectation_suite('kaggle_expectations.json')
```

파일은 다음과 같다.

```
{
    "data_asset_name": null,
    "expectation_suite_name": "default",
    "meta": {
        "great_expectations.__version__": "0.8.6"
    },
    "expectations": [
        {
            "expectation_type": "expect_column_to_exist",
            "kwargs": {
                "column": "Salary"
            }
        },
        {
            "expectation_type": "expect_column_mean_to_be_between",
            "kwargs": {
                "column": "Salary",
                "min_value": 10000,
```

```
            "max_value": 100000
          }
        },
        {
          "expectation_type": "expect_column_values_to_be_between",
          "kwargs": {
            "column": "Salary",
            "min_value": 0,
            "max_value": 500000
          }
        },
        {
          "expectation_type": "expect_column_values_to_not_be_null",
          "kwargs": {
            "column": "Salary"
          }
        },
        {
          "expectation_type": "expect_column_values_to_match_regex",
          "kwargs": {
            "column": "Country",
            "regex": "America|India|Another|China"
          }
        },
        {
          "expectation_type": "expect_column_values_to_be_of_type",
          "kwargs": {
            "column": "Salary",
            "type_": "int"
          }
        }
      ],
      "data_asset_type": "Dataset"
}
```

6. 이 스위트를 사용해 CSV 파일에서 찾은 데이터를 평가해보자. 캐글 데이터를 CSV 파일에 남기고 여전히 전달되는지 테스트해보자.

```
>>> kag_ge.to_csv('kag.csv')
>>> import json
>>> ge.validate(ge.read_csv('kag.csv'),
...     expectation_suite=json.load(
...         open('kaggle_expectations.json')))
{'results': [{'success': True,
    'expectation_config': {'expectation_type': 'expect_column_to_exist',
    'kwargs': {'column': 'Salary'}},
    'exception_info': {'raised_exception': False,
        'exception_message': None,
        'exception_traceback': None}},
    {'success': True,
        'result': {'observed_value': 43869.66102793441,
            'element_count': 15429,
            'missing_count': 0,
            'missing_percent': 0.0},
        'expectation_config': {'expectation_type': 'expect_column_mean_
to_be_between',
        'kwargs': {'column': 'Salary', 'min_value': 10000, 'max_
            value': 100000}},
        'exception_info': {'raised_exception': False,
            'exception_message': None,
            'exception_traceback': None}},
    {'success': True,
        'result': {'element_count': 15429,
            'missing_count': 0,
            'missing_percent': 0.0,
            'unexpected_count': 0,
            'unexpected_percent': 0.0,
            'unexpected_percent_nonmissing': 0.0,
            'partial_unexpected_list': []},
        'expectation_config': {'expectation_type': 'expect_column_
```

```
            values_to_be_between',
              'kwargs': {'column': 'Salary', 'min_value': 0, 'max_value':
500000}},
        'exception_info': {'raised_exception': False,
            'exception_message': None,
        'exception_traceback': None}},
        {'success': True,
            'result': {'element_count': 15429,
                'unexpected_count': 0,
                'unexpected_percent': 0.0,
                'partial_unexpected_list': []},
            'expectation_config': {'expectation_type': 'expect_column_
                values_to_not_be_null',
                'kwargs': {'column': 'Salary'}},
            'exception_info': {'raised_exception': False,
                'exception_message': None,
                'exception_traceback': None}},
        {'success': True,
            'result': {'observed_value': 'int64'},
            'expectation_config': {'expectation_type': 'expect_column_
values_to_be_of_type',
                'kwargs': {'column': 'Salary', 'type_': 'int'}},
            'exception_info': {'raised_exception': False,
            'exception_message': None,
            'exception_traceback': None}},
        {'success': True,
            'result': {'element_count': 15429,
                'missing_count': 0,
                'missing_percent': 0.0,
                'unexpected_count': 0,
                'unexpected_percent': 0.0,
                'unexpected_percent_nonmissing': 0.0,
                'partial_unexpected_list': []},
            'expectation_config': {'expectation_type': 'expect_column_
values_to_match_regex',
```

748

```
            'kwargs': {'column': 'Country', 'regex': 'America|India|Anothe
  r|China'}},
          'exception_info': {'raised_exception': False,
            'exception_message': None,
            'exception_traceback': None}}],
      'success': True,
      'statistics': {'evaluated_expectations': 6,
        'successful_expectations': 6,
        'unsuccessful_expectations': 0,
        'success_percent': 100.0},
      'meta': {'great_expectations.__version__': '0.8.6',
        'data_asset_name': None,
        'expectation_suite_name': 'default',
      'run_id': '2020-01-08T214957.098199Z'}}
```

작동 원리

Great Expectations 라이브러리는 pandas DataFrame을 확장한다. 원시 데이터나 pandas를 사용해 조정한 데이터의 유효성을 검사하는 데 사용할 수 있다. 이번 예제에서는 DataFrame에 대한 익스펙테이션을 만드는 방법을 보여줬다.

3단계에는 수많은 기본 제공 익스펙테이션이 나열돼 있다. 이를 활용하거나 원하는 경우 사용자 지정 익스펙테이션을 작성할 수도 있다. 데이터 유효성 검사 결과는 'success'항목이 있는 JSON 객체다. 데이터 처리 파이프라인이 새로운 데이터와 함께 작동하도록 이들을 테스트 스위트에 통합할 수 있다.

▎ pandas와 함께 pytest 사용

이번 예제에서는 pandas 코드를 테스트하는 방법을 보여준다. 이 테스트는 인위적으로 만든 코드로 실행해본다. 테스트를 수행하고자 서드파티 라이브러리인 pytest를 사용한다.

이 예제에서는 Jupyter를 쓰지 않고 커맨드라인을 사용한다.

작동 방법

1. 프로젝트 레이아웃을 생성한다. pytest 라이브러리는 여러 가지 다른 형식의 레이아웃을 지원한다. 여기서는 다음과 같은 폴더 구조를 만든다.

```
kag-demo-pytest/
├──── data
│     └──── kaggle-survey-2018.zip
├──── kag.py
└──── test
      └──── test_kag.py
```

kag.py 파일에는 원시 데이터를 로드하는 코드와 이를 조정하는 코드가 있는데, 다음과 같다.

```
import pandas as pd

import zipfile

def load_raw(zip_fname):
    with zipfile.ZipFile(zip_fname) as z:
        kag = pd.read_csv(z.open('multipleChoiceResponses.csv'))
        df = kag.iloc[1:]
```

750

```
        return df

    def tweak_kag(df):
        na_mask = df.Q9.isna()
        hide_mask = df.Q9.str.startswith('I do not').fillna(False)
        df = df[~na_mask & ~hide_mask]

        q1 = (df.Q1
            .replace({'Prefer not to say': 'Another',
                      'Prefer to self-describe': 'Another'})
            .rename('Gender')
    )
    q2 = df.Q2.str.slice(0,2).astype(int).rename('Age')
    def limit_countries(val):
        if val in {'United States of America', 'India', 'China'}:
            return val
        return 'Another'
    q3 = df.Q3.apply(limit_countries).rename('Country')

    q4 = (df.Q4
        .replace({'Master's degree': 18,
        'Bachelor's degree': 16,
        'Doctoral degree': 20,
        'Some college/university study without earning a bachelor's
    degree': 13,
        'Professional degree': 19,
        'I prefer not to answer': None,
        'No formal education past high school': 12})
        .fillna(11)
        .rename('Edu')
    )

    def only_cs_stat_val(val):
        if val not in {'cs', 'eng', 'stat'}:
            return 'another'
        return val
```

```python
q5 = (df.Q5
    .replace({
        'Computer science (software engineering, etc.)': 'cs',
        'Engineering (non-computer focused)': 'eng',
        'Mathematics or statistics': 'stat'})
    .apply(only_cs_stat_val)
    .rename('Studies'))
def limit_occupation(val):
    if val in {'Student', 'Data Scientist', 'Software
Engineer', 'Not employed',
               'Data Engineer'}:
        return val
    return 'Another'

q6 = df.Q6.apply(limit_occupation).rename('Occupation')

q8 = (df.Q8
    .str.replace('+', '')
    .str.split('-', expand=True)
    .iloc[:,0]
    .fillna(-1)
    .astype(int)
    .rename('Experience')
)

q9 = (df.Q9
    .str.replace('+','')
    .str.replace(',','')
    .str.replace('500000', '500')
    .str.replace('I do not wish to disclose my approximate yearly
compensation','')
    .str.split('-', expand=True)
    .iloc[:,0]
    .astype(int)
    .mul(1000)
    .rename('Salary'))
```

752

```
       return pd.concat([q1, q2, q3, q4, q5, q6, q8, q9], axis=1)
```

test_kag.py 파일은 다음과 같다.

```
import pytest

import kag

@pytest.fixture(scope='session')
def df():
    df = kag.load_raw('data/kaggle-survey-2018.zip')
    return kag.tweak_kag(df)

def test_salary_mean(df):
    assert 10_000 < df.Salary.mean() < 100_000

def test_salary_between(df):
    assert df.Salary.min() >= 0
    assert df.Salary.max() <= 500_000

def test_salary_not_null(df):
    assert not df.Salary.isna().any()

def test_country_values(df):
    assert set(df.Country.unique()) == {'Another', 'United States
of America', 'India', 'China'}

def test_salary_dtype(df):
    assert df.Salary.dtype == int
```

2. 테스트를 kag-demo 디렉터리에서 실행한다. pytest 라이브러리를 설치
   했다면 pytest 실행 파일이 있다. 이 명령을 수행하려고 하면 오류가 발생
   할 것이다.

```
(env)$ pytest
================= test session starts =================
platform darwin -- Python 3.6.4, pytest-3.10.1, py-1.7.0,
pluggy-0.8.0
rootdir: /Users/matt/pandas-cookbook/kag-demo, inifile:
plugins: asyncio-0.10.0
collected 0 items / 1 errors

======================= ERRORS =======================
_____ ERROR collecting test/test_kag.py _____
ImportError while importing test module '/Users/matt/pandascookbook/
kag
demo/test/test_kag.py'.
Hint: make sure your test modules/packages have valid Python
names.
Traceback:
test/test_kag.py:3: in <module>
    import kag
E   ModuleNotFoundError: No module named 'kag'
!!!!!!!! Interrupted: 1 errors during collection !!!!!!!!
================= 1 error in 0.15 seconds =================
```

이 오류는 pytest가 설치된 코드를 사용해 테스트를 실행하려고 하기 때문이다. pip(또는 다른 메커니즘)를 사용해 kag.py를 설치하지 않았으므로 pytest는 코드가 설치된 위치에서 모듈을 찾을 수 없다는 오류가 발생하는 것이다.

3. pytest가 kag.py 파일을 찾을 수 있게 하는 방법은 pytest를 모듈로 작동시키는 것이다. 다음 명령을 실행해보자.

```
$ python -m pytest
========================== test session starts
==========================
```

```
platform darwin -- Python 3.6.4, pytest-3.10.1, py-1.7.0,
pluggy-0.8.0
rootdir: /Users/matt/pandas-cookbook/kag-demo, inifile:
collected 5 items

test/test_kag.py .....
[100%]

================== 5 passed, 1 warnings in 3.51 seconds
==================
```

이 방법으로 pytest를 호출하면 현재 디렉터리가 PYTHONPATH에 추가되고
이제 kag 모듈에 대한 임포트가 성공한다.

작동 원리

pytest 라이브러리 사용에 대한 전체 내용은 이 책의 범위를 벗어난다. 그러나
test_kag.py 파일에는 pytest가 이해할 수 있도록 지정한 테스트가 포함돼 있다.
test_로 시작하는 모든 함수 이름은 테스트로 인식된다. 이러한 테스트 함수의 매
개변수 df의 매개변수는 픽스처^{fixrure}라고 한다.

파일 상단 근처에서 @pytest.fixture(scope='session')으로 데코레이트된 df 함
수를 지정했다. 이 함수는 테스트 세션이 시작될 때 한 번만 호출된다. 매개변수가
df인 모든 테스트 함수는 이 함수의 출력을 얻는다. 범위는 session 범위로 지정되
므로 데이터가 전체 테스트 세션에 대해 한 번 로드된다. 범위를 지정하지 않으면
픽스처 범위는 함수 레벨(기본값)이 된다. 함수 레벨 범위를 사용하면 픽스처는 이
를 매개변수로 사용하는 모든 테스트 함수에 대해 한 번씩 실행되므로 실행에 12초
가 걸렸다(내 컴퓨터로는 3초).

추가 사항

pytest에서도 Great Expectations 테스트를 실행할 수 있다. test_kag에 다음 함수를 추가한다(경로를 익스펙테이션 스위트로 갱신해야 한다).

```python
def test_ge(df):
    import json
    import great_expectations as ge
    res = ge.validate(ge.from_pandas(df),
        expectation_suite=json.load(open('kaggle_expectations.json')))
    failures = []
    for exp in res['results']:
        if not exp['success']:
            failures.append(json.dumps(exp, indent=2))
    if failures:
        assert False, '\n'.join(failures)
    else:
        assert True
```

▌ Hypothesis를 사용해 테스트 생성

Hypothesis는 테스트를 생성하거나 속성 기반 테스트property-based testing를 수행하기 위한 서드파티 라이브러리다. 전략strategy(데이터 샘플을 생성하는 객체)을 생성한 다음 생성된 전략의 출력에 대해 코드를 실행한다. 변하지 않거나 항상 사실이라고 생각하는 데이터에 대해 테스트하려고 한다. 이 형식의 테스트에 대해서만 기술된 책이 있을 정도지만 이 절에서는 라이브러리 사용의 예만 보여준다.

여기서는 캐글Kaggle 설문 데이터를 생성하는 방법을 보여준 다음 생성된 설문 데이터를 사용해 tweak_kag 함수에 대해 데이터를 실행하고 함수가 새로운 데이터에서 작동하는지 검증한다.

앞 절의 테스트 코드를 그대로 활용할 것이다. Hypothesis 라이브러리는 **pytest**와 함께 작동하므로 동일한 레이아웃을 사용할 수 있다.

작동 방법

1. 프로젝트 데이터 레이아웃을 생성한다. 앞 절의 코드가 있다면 test_ hypot.py 파일과 conftest.py 파일을 추가한다.

```
kag-demo-hypo/
├── data
│   └── kaggle-survey-2018.zip
├── kag.py
└── test
        ├── conftest.py
        ├── test_hypot.py
        └── test_kag.py
```

2. 공유된 픽스처를 conftest.py에 넣는다. 이 파일은 픽스처를 찾으려 할 때 **pytest**가 살펴보는 특수 파일이다. 이를 임포트할 필요는 없지만 거기 정 의된 모든 픽스처는 다른 테스트 파일에 의해 사용될 수 있다.

   다음 코드처럼 가능하면 텍스처 코드를 test_kag.py에서 conftest.py로 이 동시킨다. 또한 테스트 외부에서 호출할 수 있는 함수가 아닌 **raw_** 함수를 만들기 위해 약간의 코드 재구성을 수행한다.

```
import pytest

import kag

@pytest.fixture(scope='session')
def raw():
```

```
       return raw_()

def raw_():
    return kag.load_raw('data/kaggle-survey-2018.zip')

@pytest.fixture(scope='session')
def df(raw):
    return kag.tweak_kag(raw)
```

test_hypot.py에 다음 코드를 넣는다.

```
from hypothesis import given, strategies
from hypothesis.extra.pandas import column, data_frames

from conftest import raw_

import kag

def hypot_df_generator():
    df = raw_()
    cols = []
    for col in ['Q1', 'Q2', 'Q3', 'Q4', 'Q5', 'Q6', 'Q8', 'Q9']:
        cols.append(column(col, elements=strategies.sampled_
from(df[col].unique())))
    return data_frames(columns=cols)

@given(hypot_df_generator())
def test_countries(gen_df):
    if gen_df.shape[0] == 0:
        return
    kag_ = kag.tweak_kag(gen_df)
    assert len(kag_.Country.unique()) <= 4
```

hypot_df_generator 함수는 Hypothesis 검색 전략을 구성한다. 검색 전략
은 다른 형식의 데이터를 생성할 수 있다. 이러한 전략을 수동으로 만들 수

있다. 예제의 경우 나는 기존 CSV 파일을 사용해 관심 있는 열에 가능한 다른 값을 채웠다.

test_countries 함수는 @given(hypot_df_generator()) 데코레이터를 사용해 데코레이트된 pytest 테스트다. 데코레이션은 gen_df 객체를 테스트 함수로 전달한다. 이 객체는 검색 전략의 사양을 준수하는 DataFrame이다. 이제 해당 DataFrame에 대해 불변 값을 테스트할 수 있다. 예제의 경우 tweak_kag 함수를 실행하고 Country 열의 고유 국가 수가 4 이하인지 확인한다.

3. kag_demo 디렉터리에서 테스트를 실행한다. 다음은 test_countries 테스트만을 실행하기 위한 코드다.

```
$ python -m pytest -k test_countries
The output looks like this:
===================== test session starts =====================
platform darwin -- Python 3.6.4, pytest-5.3.2, py-1.7.0,
pluggy-0.13.1
rootdir: /Users/matt/kag-demo
plugins: asyncio-0.10.0, hypothesis-5.1.2
collected 6 items / 5 deselected / 1 selected

test/test_hypot.py F                                     [100%]

========================== FAILURES ===========================
_____ test_countries _____

    @given(hypot_df_generator())
>   def test_countries(gen_df):

test/test_hypot.py:19:

_ _ _ _ _ _ _ _ _ _ _ _ _ _ _ _ _ _ _ _ _ _ _ _ _ _ _ _ _ _ _ _
test/test_hypot.py:23: in test_countries
    kag_ = kag.tweak_kag(gen_df)
```

```
kag.py:63: in tweak_kag
    q8 = (df.Q8
/Users/matt/.env/364/lib/python3.6/site-packages/pandas/core/
generic.py:5175: in
__getattr__
    return object.__getattribute__(self, name)
/Users/matt/.env/364/lib/python3.6/site-packages/pandas/core/
accessor.py:175: in
__get__
    accessor_obj = self._accessor(obj)
/Users/matt/.env/364/lib/python3.6/site-packages/pandas/core/
strings.py:1917: in __init__
    self._inferred_dtype = self._validate(data)
_ _ _ _ _ _ _ _ _ _ _ _ _ _ _ _ _ _ _ _ _ _ _ _ _ _ _ _ _ _ _ _

data = Series([], Name: Q8, dtype: float64)

    @staticmethod
    def _validate(data):
        """
```

StringMethods를 위한 보조함수, 데이터 유형을 추론하고 확인한다.
이 부분이 StringMethodsobject 객체(_make_accessor 참조) 생성을 위한 "최초
방어선"으로서 단지 dtype이 아래의 모든 문자열 메소드에 대해 허용된 유형의 *합집합*인지
확인한다. 이 제약은 그다음 @forbid_nonstring_types 데코레이터(자세한 사항은 해당
docstring 참고)를 사용해 메소드 기반으로 정제된다.
이는 문자열 값이 아닌 모든 series/인덱스를 배제해야 하지만 str가 아니면 성능상의 이유로
실용적이지 못하다.

```
        dtype (GH 9343 / 13877)

        Parameters
        ----------
        data : The content of the Series

        Returns
        -------
        dtype : inferred dtype of data
```

```
        """
        if isinstance(data, ABCMultiIndex):
            raise AttributeError(
                "Can only use .str accessor with Index, " "not MultiIndex"
            )

        # 추론된 유형 목록은 _libs/lib.pyx를 참고하라.
        allowed_types = ["string", "empty", "bytes", "mixed", "mixed-integer"]

        values = getattr(data, "values", data) # Series / 인덱스
        values = getattr(values, "categories", values) # 범주형 / 정규

        try:
            inferred_dtype = lib.infer_dtype(values, skipna=True)
        except ValueError:
            # GH#27571 대부분 ExtensionArray에서 발생
            inferred_dtype = None

        if inferred_dtype not in allowed_types:
>           raise AttributeError("Can only use .str accessor with string "
"values!")
E           AttributeError: Can only use .str accessor with string values!

/Users/matt/.env/364/lib/python3.6/site-packages/pandas/core/
strings.py:1967: AttributeError
-------------------------- Hypothesis --------------------------
Falsifying example: test_countries(
    gen_df= Q1 Q2 Q3 ...
Q6    Q8 Q9
    0  Female 45-49 United States of America ... Consultant
NaN NaN

    [1 rows x 8 columns],
)
========== 1 failed, 5 deselected, 1 warning in 2.23s ==========
```

출력에 많은 노이즈가 있지만 스캔해보면 Q8 열을 처리하는 코드에 대해 문제를 표시했음을 알 수 있다. Q8에 대한 NaN 항목이 있는 단일 행을 생성 했기 때문이다. 이 DataFrame과 함께 *tweak_kag*를 실행하면 pandas는 Q8 열에 부동소수점 수 형식이 있다고 추론하므로 `.str` 접근자를 사용하려고 할 때 오류가 발생한다.

이것은 버그인가? 그에 대한 명확한 대답을 하기는 어렵다. 그러나 원시 데 이터에 결측치만 있는 경우에는 코드가 작동하지 않음을 보여준다.

작동 원리

Hypothesis 라이브러리는 사양에 맞는 데이터 범위를 생성하려고 한다. 이 생성된 데이터를 사용해 불변 값이 유지되는지 테스트할 수 있다. 예제의 경우 설문 데이 터에 결측치 데이터가 있음을 확인했다. 누락된 데이터의 단일 행으로 DataFrame 을 생성하면 **tweak_kag** 함수가 작동하지 않았다. `.str` 접근자는 열에 하나 이상의 문자열 값이 있을 때만 작동하지만 예제의 열은 누락된 데이터(부동소수점 값)만 있었다.

이러한 문제를 해결하고 다른 불변량을 계속 테스트할 수 있다. 이는 프로그래밍 할 때 나타나는 또 다른 부분을 보여준다. 우리는 숲에 갇혀 특정 나무만 쳐다 볼 수도 있다. 때때로 한 발 물러나 다른 관점에서 사물을 봐야 한다. Hypothesis를 사용하는 것이 그 방법 중 하나다.

| 찾아보기 |

Pandas Cookbook 2/e

파이썬 데이터 과학 기초

발 행 | 2021년 1월 4일

지은이 | 매트 해리슨 · 시이도어 페트로우
옮긴이 | ㈜크라스랩

펴낸이 | 권 성 준
편집장 | 황 영 주
편 집 | 이 지 은

에이콘출판주식회사
서울특별시 양천구 국회대로 287 (목동)
전화 02-2653-7600, 팩스 02-2653-0433
www.acornpub.co.kr / editor@acornpub.co.kr

한국어판 ⓒ 에이콘출판주식회사, 2020, Printed in Korea.
ISBN 979-11-6175-484-0
http://www.acornpub.co.kr/book/pandas-cookbook-2e

이 도서의 국립중앙도서관 출판시도서목록(CIP)은 서지정보유통지원시스템 홈페이지(http://seoji.nl.go.kr)와
국가자료공동목록시스템(http://www.nl.go.kr/kolisnet)에서 이용하실 수 있습니다.(CIP제어번호: CIP2020052994)

책값은 뒤표지에 있습니다.